SCHWEIZERISCHES PRIVATRECHT

Schweizerisches Privatrecht

Herausgegeben von

JACQUES-MICHEL GROSSEN – ARTHUR MEIER-HAYOZ – PAUL PIOTET
PIERRE TERCIER – FRANK VISCHER – ROLAND VON BÜREN
WOLFGANG WIEGAND

Das «Schweizerische Privatrecht» wurde begründet von

MAX GUTZWILLER – HANS HINDERLING – ARTHUR MEIER-HAYOZ
HANS MERZ

Frühere Herausgeber

ROGER SECRÉTAN – CHRISTOPH VON GREYERZ
WERNER VON STEIGER

HELBING & LICHTENHAHN
BASEL UND FRANKFURT AM MAIN

«Schweizerisches Privatrecht»
erscheint in französischer Sprache in Koedition
mit den Editions Universitaires Fribourg Suisse
unter dem Titel:

«Traité de droit privé suisse»

ACHTER BAND

FÜNFTER HALBBAND

Handelsrecht

Herausgegeben von

ARTHUR MEIER-HAYOZ
em. Professor
an der Universität Zürich

HELBING & LICHTENHAHN
BASEL UND FRANKFURT AM MAIN

Die Genossenschaft

von

JACQUES-ANDRÉ REYMOND
Professor für Handels- und Steuerrecht
an der Universität Genf

Überarbeitet von

Dr. iur. RITA TRIGO TRINDADE

Die Deutsche Bibliothek – CIP-Einheitsaufnahme

Schweizerisches Privatrecht / hrsg. von Jacques-Michel Grossen ...
Wurde begr. von Max Gutzwiller ... – Basel ; Frankfurt am Main :
Helbing und Lichtenhahn
Teilw. hrsg. von Christoph von Greyerz ...

Bd. 8. Handelsrecht / hrsg. von Arthur Meier-Hayoz
Halbbd. 5. Die Genossenschaft / von Jacques-André Reymond.
Überarb. von Rita Trigo Trindade. [Übers.: Elisabeth Gasser-Wolf]. – 1998
ISBN 3-7190-1511-4

Übersetzung: Elisabeth Gasser-Wolf

Alle Rechte vorbehalten.
Das Werk und seine Teile sind urheberrechtlich geschützt.
Jede Verwertung in anderen als den gesetzlich zugelassenen Fällen bedarf deshalb
der vorherigen schriftlichen Einwilligung des Verlages.

ISBN 3-7190-1511-4
Bestellnummer 21 01511
© 1998 by Helbing & Lichtenhahn Verlag AG, Basel
Printed in Germany

Inhaltsverzeichnis

Allgemeine Literatur XVII

Erstes Kapitel
Grundlagen des Genossenschaftsrechts 1

§ 1 Genossenschaft in der schweizerischen Rechtsordnung und Wirtschaft . . 1
    I. Genossenschaft als Körperschaft 2
    II. Wirtschaftliche Bedeutung der Genossenschaft 4

§ 2 Ursprung und Entwicklung des Genossenschaftsrechts 7
    I. Ursprung der genossenschaftlichen Bewegung 7
    II. Rechtsquellen und Entwicklung des schweizerischen
        Genossenschaftsrechts 8
        1. Obligationenrecht 8
        2. Spezialgesetze 10

§ 3 Begriff und konstitutive Merkmale der Genossenschaft 12
    I. Tragweite der Legaldefinition 12
    II. Konstitutive Merkmale 13
        1. Mitglieder 13
        2. Genossenschaftszweck und gemeinsame Selbsthilfe 14
    III. Zukunftsaussichten der Genossenschaft 17

§ 4 Genossenschaft im Steuerrecht 19
    I. Bundessteuern 20
    II. Kantonale Steuern 21

§ 5 Rechtsvergleichende Hinweise 23
    I. Allgemeines 23
    II. Gemeinsamkeiten und Unterschiede 24

Zweites Kapitel
Gründung des Genossenschaft 27

§ 6 Genossenschaft im Gründungsstadium und Gründer 28
    I. Statut der Genossenschaft im Gründungsstadium 28
    II. Gründer und erste Gesellschafter 29

§ 7 Statuten 33

	I. Einführung	33
	II. Statuteninhalt	34
	1. Absolut notwendiger Statuteninhalt	34
	2. Bedingt notwendiger Statuteninhalt	38
	3. Fakultativer Statuteninhalt	39
	III. Reglemente	40
§ 8	Konstituierende Versammlung und Eintragung ins Handelsregister	41
	I. Gründungsversammlung	41
	II. Eintragung in das Handelsregister	43
	1. Die Anmeldung zur Eintragung	44
	2. Pflichten und Befugnisse des Registerführers	45
	3. Wirkungen der Eintragung	46

Drittes Kapitel
Finanzierung und Erscheinungsbild der Genossenschaft 49

§ 9	Grundkapital und Gesellschaftsanteile	49
	I. Schaffung des Genossenschaftskapitals	50
	1. Veränderliches Grundkapital	50
	2. Anteile	51
	a) Art und Höhe	51
	b) Obligatorisch und freiwillig übernommene Anteile	52
	II. Liberierung des Grundkapitals	55
	1. Einführung	55
	2. Liberierungsarten	58
	III. Änderungen des Grundkapitals	61
	1. Kapitalerhöhung	62
	2. Herabsetzung und Aufhebung des Grundkapitals	63
§ 10	Selbstfinanzierung und Finanzierung mit Fremdkapital: Reserven und Anleihen	66
	I. Reserven	66
	1. Gesetzliche Reserve	66
	2. Andere offene Reserven	69
	II. Anleihen und Partizipationsscheine	70
§ 11	Buchführung, Bilanz und stille Reserven	72
	I. Einführung	72
	II. System der Buchführung	73
	III. Bilanzaufstellungs- und Bewertungsregeln	74
	IV. Art. 903 OR	76

Viertes Kapitel
Erwerb und Verlust der Mitgliedschaft 79

§ 12 Erwerb der Mitgliedschaft 79
    I.   Prinzip der offenen Türe 80
    II. Aufnahmeverfahren 82

§ 13 Verlust und Übertragung der Mitgliedschaft 86
    I.   Austritt 87
        1. Gesetzliches Austrittsrecht 87
        2. Statutarische Beschränkungen 88
           a) Angemessenheit der Auslösungssumme 89
           b) Zeitlich beschränkter Ausschluss des Austrittsrechts 91
           c) Andere Beschränkungen 92
        3. «Erzwungener» Austritt 93
    II. Ausschluss 94
        1. Gründe und Voraussetzungen 94
        2. Verfahren 97
           a) Beschluss und interne Rekurse 97
           b) Gerichtlicher Rekurs 99
        3. Wirkungen der Ausschliessung 100
    III. Die Verlustigerklärung 100
    IV. Tod 101
        1. Grundlagen 101
        2. Übergang der Mitgliedschaft von Todes wegen 102
           a) Automatischer Übergang 102
           b) Übergang auf Begehren 104
    V. Wegfall einer Anstellung und Beendigung (oder Übernahme)
        eines Vertrags 106
    VI. Veräusserung eines Grundstückes oder eines Betriebs 109
        1. Nicht vorgemerkte Statutenbestimmung 109
        2. Vorgemerkte statutarische Bestimmung 113

§ 14 Mitgliedschaft und Übertragung der Genossenschaftsanteile 116
    I.   Zulässigkeit der Abtretung der Genossenschaftsanteile 116
    II. Rechte des Zessionars 119
    III. Form und Ausgestaltung der Übertragung von Anteilen 121

Fünftes Kapitel
Rechte und Pflichten der Genossenschafter 123

§ 15 Vermögensrechte und -pflichten 124
     I. Vermögensrechte. 124
          1. Recht auf den jährlichen Reinertrag aus dem Betrieb 125
          2. Abfindungsanspruch des ausscheidenden Genossenschafters . . 128
          3. Recht auf den Liquidationsüberschuss 132
     II. Vermögenspflichten 134

§ 16 Genossenschaftliche Rechte und Pflichten 138
     I. Genossenschaftliche Rechte 138
          1. Recht auf Benützung der genossenschaftlichen Einrichtungen . 139
          2. Recht auf Gleichbehandlung 140
          3. Kontrollrecht 144
     II. Treuepflicht und andere nichtvermögensrechtliche Pflichten 147
          1. Verschiedene Pflichten 147
          2. Treuepflicht 149

Sechstes Kapitel
Persönliche Haftung der Genossenschafter 153

§ 17 Allgemeines 153
     I. Ziel 153
     II. Einführung der Haftung 154

§ 18 Haftungsformen 155
     I. Beschränkte Haftung 155
     II. Unbeschränkte Haftung 157
     III. Nachschusspflicht 158
          1. Zweierlei Nachschüsse 158
          2. Verwendung der Nachschüsse 159

§ 19 Änderungen der Haftungsbestimmungen oder des Kreises
     der Mitglieder 161
     I. Verminderung oder Vermehrung der Haftung 161
     II. Stellung der neuen und der ausscheidenden Mitglieder 163

§ 20 Aktivierung der Haftung 165
     I. Ohne Konkurs 165
     II. Bei Konkurs 166

Siebtes Kapitel
Organisation der Genossenschaft 169

§ 21 Generalversammlung 171
    I. Generalversammlung im traditionellen Sinne 171
        1. Einberufung der Generalversammlung 172
        2. Stimmrecht und Vertretung der Mitglieder 176
        3. Kompetenzen der Generalversammlung 178
            a) Unübertragbare Befugnisse 179
            b) Weitere Befugnisse 182
        4. Beratungen und Beschlüsse der Generalversammlung 182
        5. Anfechtung der Generalversammlungsbeschlüsse 186
    II. Schriftliche Stimmabgabe (Urabstimmung) 189
    III. Delegiertenversammlung 192
        1. Sinn und Rechtsnatur der Delegiertenversammlung 192
        2. Zusammensetzung und Wahl der Versammlung 193
        3. Einberufung der Delegiertenversammlung 195
        4. Beschlüsse und Befugnisse der Versammlung 196
        5. Rechte der Mitglieder, welche nicht Delegierte sind 197
    IV. Ausnahmebestimmungen für konzessionierte Versicherungs-
        genossenschaften 198

§ 22 Verwaltung 202
    I. Zusammensetzung des Verwaltungsrates 202
    II. Wahl und Abberufung der Verwaltungsräte 205
    III. Organisation und Beschlüsse des Verwaltungsrates 208
    IV. Kompetenzen und Pflichten der Verwaltung 210
        1. Befugnisse des Verwaltungsrates gegenüber der General-
           versammlung 210
        2. Gesetzliche und statutarische Pflichten der Verwaltung 211
        3. Aufgabenverteilung innerhalb der Verwaltung 212
        4. Delegation der Geschäftsführung an Dritte 213
        5. Vertretung der Genossenschaft 214
    V. Haftung der Genossenschaft für die Handlungen ihrer Organe ... 215
    VI. Beteiligung einer öffentlich-rechtlichen Körperschaft an der
        Verwaltung 217

§ 23 Kontrollstelle 221
    I. Wahl und Zusammensetzung der Kontrollstelle 221
    II. Kompetenzen und Pflichten der Kontrollstelle 224
        1. Prüfung der Betriebsrechnung 224
        2. Prüfung der Geschäftsführung? 225

    3. Weitere Aufgaben 225
    4. Schriftlicher Bericht und Teilnahme an der Generalversammlung 226
    5. Einberufung der Generalversammlung 227

Achtes Kapitel
Genossenschaftsverbände 229

§ 24 Begriff und Bildung des Verbandes 229
    I. Definition 229
    II. Errichtung 232

§ 25 Organisation des Verbandes 234
    I. Allgemeines 234
    II. Delegiertenversammlung 235
        1. Sinn und Rechtsnatur 235
        2. Zusammensetzung und Wahl der Delegiertenversammlung . . . 236
        3. Stimmrecht der Delegierten 237
        4. Einberufung der Delegiertenversammlung 239
        5. Beschlüsse und Befugnisse der Delegiertenversammlung 240
        6. Individualrechte der Delegierten und Mitglieder 241
    III. Verwaltung 242

§ 26 Beziehungen zwischen Verband und Verbandsgliedern 244
    I. Überwachungsrecht des Verbandes 244
    II. Recht des Verbandes, Beschlüsse der angeschlossenen Genossenschaften anzufechten 246
    III. Beziehungen zwischen dem Verband und den Mitgliedern der angeschlossenen Genossenschaften 248

Neuntes Kapitel
Haftung der Gründer und Organe der Genossenschaft 249

§ 27 In Kreditgenossenschaften und konzessionierten Versicherungsgenossenschaften 249

§ 28 In den übrigen Genossenschaften 251
    I. Gründungshaftung 251
    II. Organhaftung 252
        1. Gesellschaftsklage 252
            a) Passivlegitimation 253
            b) Haftungsvoraussetzungen 253
            c) Haftungsausschlussgründe 256

        d) Beschluss zur Klageerhebung 257
        e) Abtretung der Gesellschaftsklage 258
    2. Klage der Genossenschafter und Gläubiger 258
        a) Geltungsbereich des Art. 917 OR 258
        b) Unmittelbarer Schaden 259
        c) Mittelbarer Schaden 260
        d) Persönliche Haftung der Genossenschafter 261
        e) Gerichtsstand und Verjährung der Klage 263

Zehntes Kapitel
Auflösung und Liquidation der Genossenschaft 265

§ 29 Auflösung mit Liquidation 265
    I.   Gründe und Ausgestaltung der Auflösung 265
    II. Liquidationsverfahren 270

§ 30 Auflösung ohne Liquidation 271
    I.   Umwandlung 271
    II. Fusion 275
        1. Fusionsvertrag 275
        2. Beschlüsse der Generalversammlungen 276
        3. Wechsel der Mitgliedschaft 277
        4. Gläubigerschutz 278
    III. Übernahme durch eine öffentlich-rechtliche Körperschaft 281

Gesetzesregister 283

Sachregister 303

Allgemeine Literatur

Die hier und eingangs zu den einzelnen Paragraphen aufgeführten Werke werden in der Folge nur mit den Namen des Verfassers, gegebenenfalls mit einem zusätzlichen Stichwort zitiert.

BERNHEIMER R., Die Gleichbehandlung der Genossenschaft im schweizerischen Obligationenrecht, Zürich 1949.

BÜRGI W. F., Die Aktiengesellschaft, Kommentar zum schweizerischen Zivilgesetzbuch, V. Band, 5. Teil, b/1, b/2 und b/3 (letzterer in Zusammenarbeit mit U. NORDMANN- ZIMMERMANN), Zürich 1957, 1969 und 1979.

CAPITAINE G., De la nature juridique des parts sociales des sociétés coopératives en droit suisse, ZSR 53, 1934, S. 324 ff. (zit. CAPITAINE, Nature juridique);
- Genossenschaft, SJK Nrn. 1154-1164, 1955 (zit. CAPITAINE, SJK).

FLURI E., Die rechtlichen Möglichkeiten der Kapitalbeschaffung im Schweizerischen Genossenschaftsrecht, Zürich 1973.

FORSTMOSER P., Die Genossenschaft, Berner Kommentar, Band VII, 4. Abteilung, Bern 1972 und 1974;
- Grossgenossenschaften, Bern 1970 (zit. FORSTMOSER, Grossgenossenschaften);
- Schweizerisches Aktienrecht, Band I, Lieferung 1, Zürich 1981 (zit. FORSTMOSER, Aktienrecht).

FRIEDRICH H.-P., Das Genossenschaftskapital im schweizerischen Obligationenrecht, Basel 1943.

GERWIG M., Die Genossenschaft, in: Sieben Vorträge über das neue OR, Basel 1937, S. 419 ff. (zit. GERWIG, SV);
- Schweizerisches Genossenschaftsrecht, Bern 1957 (zit. GERWIG, GR).

VON GREYERZ CH., Die Aktiengesellschaft, Schweizerisches Privatrecht, Band VIII/2, Basel 1982, S. 1 ff.

GUHL TH., Das schweizerische Obligationenrecht, 8. Aufl. aufgrund der Ausgabe von H. MERZ und M. KUMMER, bearbeitet von A. KOLLER und J.N. DRUEY), Zürich 1991.

GUTZWILLER M., Die Genossenschaft, Kommentar zum schweizerischen Zivilgesetzbuch, V. Band, 6. Teil, Zürich 1972 und 1974.

GYSIN A., Ergebnisse und Erfordernisse der Revision des Genossenschaftsrechts, ZSR 50, 1931, S. 317 ff.

HEINI A., Rundgang durch das schweizerische Genossenschaftsrecht, Zg Gen W 10, 1960, S. 191 ff.

HENGGELER U., Berechtigte und unberechtigte Differenzen des Genossenschaftsrechts gegenüber dem Aktienrecht, Zürich 1976.

HENSEL W., Der Genossenschaftsanteil nach schweizerischem OR, Diss. Zürich 1947.

JOMINI F., Parts sociales et capital dans le droit suisse des coopératives, Diss. Lausanne 1966.

KUMMER M., Die Gleichbehandlung der Genossenschafter gemäss Art. 854 OR, untersucht für die verschiedenen Arten von Genossenschaften, ASR, Heft 273, Bern 1949.

OEZGÜR S., Der Begriff der Selbsthilfe-Genossenschaften im schweizerischen Recht, Diss. Zürich 1952.

PATRY R., Précis de droit suisse des sociétés, Band II, Bern 1977.

SIEGWART A., Die Aktiengesellschaft, Kommentar zum schweizerischen Zivilgesetzbuch, V. Band, 5. Teil, a, Zürich 1945.

VON STEIGER F., Grundriss des schweizerischen Genossenschaftsrechts, Zürich 1963;
– Das Recht der Aktiengesellschaft in der Schweiz, Zürich 1970 (zit. VON STEIGER, Das Recht der Aktiengesellschaft).

VON STEIGER W., Die Gesellschaft mit beschränkter Haftung, Kommentar zum Schweizerischen Zivilgesetzbuch, V. Band, 5. Teil, c, Zürich 1965.

TANNER W., Die vermögensrechtlichen Grundlagen der Genossenschaft, Diss. Bern 1953.

VOGEL W., Die Genossenschaft als Rechtsform für Bankunternehmungen nach schweizerischem Recht, Diss. Zürich 1940.

Erstes Kapitel

Grundlagen des Genossenschaftsrechts

§ 1 Genossenschaft in der schweizerischen Rechtsordnung und Wirtschaft

Literatur

Zur Typologie im Gesellschaftsrecht: P. FORSTMOSER, Grossgenossenschaften, S. 64, und Zur Verwendung der Rechtsform der Genossenschaft, ZSR 90 I, 1971, S. 339; M. GUTZWILLER, Gedanken zur Typologie des Gesellschaftsrechts, SJZ 67, 1971, S. 134; A. KOLLER, Grundfragen einer Typuslehre im Gesellschaftsrecht, in: Arbeiten aus dem juristischen Seminar der Universität Freiburg i. Ue., 1967; H.-J. MANTEL, Die vereinsrechtlichen Momente im neuen schweizerischen Genossenschaftsrecht, Diss. Bern 1948; A. MEIER-HAYOZ/W. SCHLUEP/W. OTT, Zur Typologie im schweizerischen Gesellschaftsrecht, in: «Gesellschaftsrecht heute», ZSR 90 I, 1971, S. 293; A. MEILE, Verein und Genossenschaft in der Verschiedenheit ihrer Zwecke, Diss. Bern 1947; P. MENGIARDI, Strukturprobleme des Gesellschaftsrechts, ZSR 87 II, 1968, S. l; F. OEHEN, Das Problem der Pseudogenossenschaft, SJZ 63, 1967, S. 117; R. SECRÉTAN, L'étendue de la liberté du choix entre les diverses corporations de droit privé, ZBJV 96, 1960, S. 173; W. VON STEIGER, Gesellschaftsrecht, Allgemeiner Teil, in: Schweiz. Privatrecht, Band VIII/l, Basel 1976, §§ 19 ff., insbes. § 24.
Zu den verschiedenen Genossenschaftsarten: P. ABRECHT, Die Produktivgenossenschaften in der Schweiz, Diss. Lausanne 1953; P. BELSER, Versicherungsgenossenschaften, Diss. Zürich 1975; H. BIERI, Die Aktiengesellschaft, die Genossenschaft und die Gesellschaft mit beschränkter Haftung in ihrer Eignung für Kartelle, Diss. Bern 1941; D. BIGGER, Die Raiffeisenkassen in der Schweiz, Diss. Bern 1950; M. BOSON, Co-op in der Schweiz, Betrachtungen zu den Anfängen und zur Entwicklung der Co-op Genossenschaften, Basel 1965, Der rechtliche Aufbau der VSK- und der Migros-Genossenschaften, Basel 1957, und Die Genossenschaften des schweizerischen Gewerbes, in: Genossenschaften in der Schweiz, Frankfurt a.M. 1969, S. 71; E. DURTSCHI, Die landwirtschaftlichen Vereine und Genossenschaften in der Schweiz, 2. Aufl., Bern 1963, und Rechtliche Grundlagen, Organisation und Tätigkeit der landwirtschaftlichen Genossenschaften in der Schweiz, Winterthur 1953; A. EDELMANN, 50 Jahre Verband schweiz. Darlehenskassen, St. Gallen 1952, und Die Darlehenskassen (System Raiffeisen), in: Genossenschaftswesen in der Schweiz, Frankfurt a.M. 1969, S. 157; P. EHRET, Das besondere Mitgliedschaftsverhältnis der Versicherungsgenossenschaft, Diss. Bern 1933; F. GALLINGER, Gemeinnützige Bau- und Wohngenossenschaften nach schweizerischem Recht, Diss. Basel 1947; W. GASSER, Die landwirtschaftlichen Bürgschaftsinstitutionen, in: Genossenschaftswesen in der Schweiz, Frankfurt a.M. 1969, S. 63; A. GUTERSOHN, Gewerbliche Einkaufsgenossenschaften, in: Handbuch der schweiz. Volkswirtschaft, Band I, Bern 1955, S. 360; H. HANDSCHIN, Die Konsumgenossenschaften der Schweiz, Basel 1946, und Konsumgenossenschaften, in: Handbuch der schweiz. Volkswirtschaft, Band II, Bern 1955, S. 51; R. HEIZ, Die Gesellschaften des OR als Rechtsformen für Banken, Diss. Bern 1942; E. JAGGI, Die landwirtschaftlichen Genossenschaften und Vereine, Frauenfeld 1972; W. KELLERHALS, Die Bau- und Wohngenossenschaften, in: Genossenschaftswesen in der Schweiz, Frankfurt a.M. 1969, S. 135; R. KOHLER, Fusionen und Separationen von Konsumgenossenschaften in der Schweiz, Diss. Bern 1952; A. KORACH, Die Genossenschaft als

1

Rechtsform für Kartelle, Diss. Zürich 1973; H. KÜNG, Genossenschaftliches Bankwesen, in: Handbuch des Bank-, Geld- und Börsenwesens in der Schweiz, Thun 1964, S. 286; K. MEIER, Die Bürgschaftsgenossenschaften des schweiz. Gewerbes, Diss. St. Gallen 1947; R. MEIER, Die Genossenschaft als Rechtsform für die Pensionskasse, Diss. Zürich 1946; P. MEYER-ORPHANOU, Die schweizerischen Konsumgenossenschaften, in: Genossenschaftswesen in der Schweiz, Frankfurt a.M. 1969, S. 97; S.B. MOSER, Wohnbaugenossenschaften, Diss. Zürich 1978; F. MÜLLER, Die Arbeiter-Produktivgenossenschaften in der Schweiz, in: Genossenschaftliches Jahrbuch 1963, Basel 1963, S. 30; P. SALOMON, Genossenschaften und Wirtschaftsordnung, Diss. St. Gallen 1957; R. SODER, La cooptation et la société d'assurance concessionnaire en droit suisse, Diss. Freiburg i.Ue. 1952; W. STÄHELIN, Die Genossenschaft als Rechtsform für Kartelle, Diss. Basel 1931; P. STEINMANN, Arbeiter-Produktivgenossenschaften, Zürich 1943; A. VIRCHAUX, Les coopératives de cautionnement en Suisse, Neuenburg 1983; W. VOGEL, Die Genossenschaft als Rechtsform für Bankunternehmungen nach schweizerischem Recht, Diss. Zürich 1940; K. WUNDERLE, Konsumgenossenschaften und privater Detailhandel, Diss. Basel 1957; A. WYSS, Die konsumgenossenschaftlichen Grundsätze in der Schweiz von den Anfängen bis zur Gegenwart, Diss. Zürich 1949.

I. Genossenschaft als Körperschaft[1]

Die Genossenschaft ist eine juristische Person (Art. 52 ff. ZGB). Sie besitzt selbständige Rechts- und Handlungsfähigkeit. Für ihre Verbindlichkeiten haftet grundsätzlich nur das Genossenschaftsvermögen (Art. 868 OR).

Die Genossenschaft gehört, wie der Verein (Art. 60 ff. ZGB), die Aktiengesellschaft (Art. 620 ff. OR), die Kommanditaktiengesellschaft (Art. 764 ff. OR) und die Gesellschaft mit beschränkter Haftung (Art. 772 ff. OR), zu den Gesellschaften mit körperschaftlicher Struktur (vgl. Art. 52 ZGB und Art. 828 Abs. 1 OR). Von diesen sind die einem besonderen Zweck gewidmeten Anstalten, vorab die (privatrechtlichen) Stiftungen (Art. 80 ff. ZGB) zu unterscheiden, die ein mit eigener Rechtspersönlichkeit ausgestaltetes Zweckvermögen darstellen. Hingegen sind die Gesellschaften mit körperschaftlicher Struktur durch ihren vertraglichen Charakter, zumindest ihren vertraglichen Ursprung gekennzeichnet. Ihre Mitglieder (Aktionäre, Gesellschafter, Genossenschafter) sind ihnen gegenüber Träger von Rechten und Pflichten und bilden gemeinsam ihr Hauptorgan, die Generalversammlung.

Die privatrechtlichen Körperschaften unterscheiden sich nach Art und Gegenstand der Zweckverfolgung und nach ihrer Vermögensordnung. Der Verein zeichnet sich durch seine zwingend ideale Zwecksetzung aus (Art. 60 Abs. 1 ZGB, insoweit der Stiftung angenähert); er handelt zugunsten wissenschaftlicher, politischer, religiöser, sportlicher oder anderer nichtwirtschaftlicher Zwecke seiner Mitglieder oder hat die Unterstützung Dritter zur Aufgabe. Die Aktiengesellschaft vereinigt Personen, deren

---

1 Vgl. im einzelnen FORSTMOSER, ST, N. 60 ff., 255, 422 ff., und Grossgenossenschaften, insbes. S. 74 ff.; GUTZWILLER, Einleitung, S. 80 ff.

§ 1 Genossenschaft in der schweizerischen Rechtsordnung und Wirtschaft

Einlagen, die das Grundkapital bilden, ausschliesslich kapitalbezogen sind und deren Beteiligung in frei übertragbaren Wertpapieren verkörpert wird; als wichtigste Handelsgesellschaft verfolgt sie meist wirtschaftliche Zwecke; ihre Gewinnstrebigkeit kommt kurz- oder langfristig ihren Mitgliedern zugute, und zwar im Verhältnis zu ihrer kapitalmässigen Beteiligung. Die Gesellschaft mit beschränkter Haftung und die (praktisch bedeutungslose) Kommanditaktiengesellschaft gehören ebenfalls zu den Handelsgesellschaften; bei ihnen ist die Personenbezogenheit stärker ausgeprägt. Die Genossenschaft schliesslich ist zwischen Verein und Handelsgesellschaften einzuordnen. Im Grunde handelt es sich bei ihr um einen Verein mit wirtschaftlicher Zwecksetzung ohne eigene Gewinnstrebigkeit, gerichtet auf die unmittelbare Förderung und Sicherung der wirtschaftlichen Interessen ihrer Mitglieder, mit denen sie in Geschäftsbeziehungen steht. Diese vertraglichen Beziehungen (zum Beispiel Kauf, Darlehen, Miete) zwischen der Genossenschaft und ihren Mitgliedern machen den Kern des Genossenschaftsgedankens, die «gemeinsame Selbsthilfe» (Art. 828 Abs. 1 OR), aus[2].

Aufgrund dieses Selbsthilfeprinzips gehört die Genossenschaft nicht zu den Handels- und Kapitalgesellschaften. Ihre stark ausgeprägte personenbezogene Struktur wird vor allem deutlich in der Treuepflicht der Genossenschafter (Art. 866 OR), im Grundsatz der Gleichbehandlung (Art. 854 OR) und in der Möglichkeit, den Genossenschaftern eine persönliche Haftpflicht aufzuerlegen (Art. 869 ff. OR). Da die Genossenschaft von der Mitwirkung ihrer Mitglieder und den Wirtschaftsbeziehungen, die sie zu ihnen knüpft, lebt, ist die Zahl der Genossenschafter nicht beschränkt, die Türe zur Aufnahme neuer Mitglieder offen (Art. 828 Abs. 1, 839 Abs. 1 OR). Daraus folgt weiter, dass das – nicht obligatorische – Grundkapital seiner Höhe nach variabel ist (Art. 828 Abs. 2 OR).

Auf den ersten Blick hat jede der drei grossen Körperschaften des schweizerischen Rechts ihren festen Platz, erfüllt eine spezifische Funktion. In Wirklichkeit ergeben sich aber recht weitreichende Überschneidungen nach Zielsetzung und Tätigkeit, als Folge gesetzlicher Genehmigung (Art. 620 Abs. 3 OR) oder richterlicher Rechtsfortbildung (wie etwa bei den Vereinen). Die Mehrzahl der Genossenschaften entsprechen zwar ihrem gesetzlichen Typus, aber Annäherungen an den Verein (Art. 828 OR verbietet nicht die Verfolgung eines idealen Zwecks), an die Aktiengesellschaft, und, wenn die Mitglieder nur eine völlig untergeordnete Rolle spielen, sogar an die einem besonderen Zweck gewidmeten Anstalten sind zulässig und finden sich in der Praxis.

---

2   Zur Definition der Genossenschaft und ihren Merkmalen im einzelnen, siehe hinten, § 3.

II. Wirtschaftliche Bedeutung der Genossenschaft[3]

Im Jahre 1991 waren im Handelsregister 13 967 Genossenschaften eingetragen, verglichen mit 166 470 Aktiengesellschaften und 2 964 Gesellschaften mit beschränkter Haftung[4].

Entsprechend ihrer Grösse, dem Bereich ihrer wirtschaftlichen Tätigkeit oder Kreis und Zahl ihrer Mitglieder zeigen die Genossenschaften bekanntlich ein Bild der Vielfalt.

Am zahlreichsten – etwa 2/3 aller eingetragenen Genossenschaften – sind die auf kommunaler oder regionaler Ebene errichteten landwirtschaftlichen Genossenschaften[5]. 1986 erzielten die 98 054 Mitglieder der der Vereinigung der landwirtschaftlichen Genossenschaftsverbände der Schweiz angeschlossenen Genossenschaften einen Gesamtumsatz von 2 623 280 000 Franken. Mehrheitlich handelt es sich um kleine Genossenschaften mit geringer Kapitalbasis, deren Mitglieder sich der persönlichen Haftpflicht unterstellt haben, und die in verschiedenen Zweigen der Landwirtschaft tätig sind (Milch-, Viehzucht-, Weinverwertungs-, Geflügelverwertungsgenossenschaften).

In der Öffentlichkeit am bekanntesten sind die Konsumgenossenschaften[6], vorab die Co-op und die Migros, denen eine überragende wirtschaftliche Bedeutung zukommt. Die Genossenschaften der Ende des 19. Jahrhunderts gegründeten Co-op-Gruppe hatten 1986 1 210 424, der später entstandene Migros-Genossenschaftsbund im gleichen Jahr 1 392 840 Mitglieder. Die Konkurrenz der Konsumgenossenschaften gegenüber Detailhandel und Handwerk, die ständig wachsende Ausdehnung ihrer Aktivitäten und Erweiterung ihrer Marktanteile, ihre Beteiligung am politischen Geschehen sowie Fragen ihrer Fiskalbehandlung gaben häufig Anlass zu Spannungen und leidenschaftlichen Diskussionen. In der Tat ist die Stellung dieser Gesellschaften nicht frei von Widersprüchen. Wenn sie sich dem breiten Publikum öffnen, ohne ihren Mitgliedern besondere wirtschaftliche Vorteile zu gewähren, nehmen sie sowohl den Charakter auf sich selbst beruhender Unternehmensstiftungen wie gemeinnütziger Gesellschaften an, die, aus ihrer Sicht, die Interessen der Gesamtheit der Konsumenten fördern. Die Zahl von mehr als 16 Milliarden Franken, welche die Co-op und Migros-Gruppen 1986 im Detailverkauf erzielten, unterstreicht klar die grosse Bedeutung dieser Genossenschaften.

---

3 Vor allem: H. BAYER, Die Funktion der Genossenschaftsbewegung in der modernen Wirtschaft, in: Aktuelle Genossenschaftsprobleme, Basel 1953, S. 197; FORSTMOSER, ST, N. 109 ff., Grossgenossenschaften, S. 10 ff.; GUTZWILLER, Einleitung, S. 12 ff. und 44 ff.
4 Alle weiteren Angaben in diesem Abschnitt stammen aus dem Statistischen Jahrbuch der Schweiz 1987/88, Basel). Neuere Auflagen enthalten derartige Angaben nicht mehr.
5 Siehe vor allem die Werke von DURTSCHI und JAGGI.
6 Siehe vor allem die Werke von HANDSCHIN, KOHLER und MEYER-ORPHANOU.

Nicht unerheblich ist auch die Rolle der Bank-, Kredit- und Bürgschaftsgenossenschaften[7]. Im Bankensektor war die – allerdings kürzlich in eine Aktiengesellschaft umgewandelte – schweizerische Volksbank, für die das Verbot der Errichtung von Handelsbanken in Genossenschaftsform nicht galt (Art. 13 BankG), die wichtigste und bekannteste, jedoch nicht typische Bankgenossenschaft. Diese sind meist eher klein und haben, als Spar- und Kreditkassen, wie die Raiffeisenkassen in Verbänden zusammengeschlossen, zur Hauptaufgabe, Händlern und Handwerkern Darlehen zu gewähren. Um ihre finanzielle Grundlage zu stärken, bindet das Gesetz die Bank- und Kreditgenossenschaften zwar an die aktienrechtlichen Bilanzvorschriften (Art. 858 Abs. 2 OR) und die Verantwortlichkeitsbestimmungen (Art. 920 OR), lässt sie aber in ihrer Politik zur Verteilung des Reinertrages frei (Art. 861 OR).

Die Versicherung stellt einen weiteren wichtigen Tätigkeitsbereich der Genossenschaften dar[8]. Am zahlreichsten sind die Krankenkassen; die Genossenschaft dient aber auch als Rechtsform für Lebens- (bis 1977: Rentenanstalt) und Unfallversicherungsgesellschaften (Schweizerische Mobiliar). Vorsorgeeinrichtungen sind allerdings meistens als Stiftungen, weniger häufig als Genossenschaften organisiert. Art. 48 Abs. 2 BVG schreibt diesen privatrechtlichen Einrichtungen zwingend vor, eine dieser beiden Rechtsformen anzunehmen. Die konzessionierten Versicherungsgesellschaften unterliegen wie die Kreditgenossenschaften besonderen Bestimmungen: es gelten die Bilanzvorschriften (Art. 858 Abs. 2 OR), die Verantwortlichkeitsregelung (Art. 920 OR) und die Vorschriften für die Amtsdauer der Verwaltung (Art. 896 Abs. 2 OR) des Aktienrechts; die Bildung der Reservefonds hat nach Massgabe ihres vom Bundesrat genehmigten Geschäftsplans zu erfolgen (Art. 860 Abs. 4 OR); die persönliche Haftung der Genossenschafter ist zwingend ausgeschlossen (Art. 869 Abs. 1 und 870 Abs. 1 OR); die meisten, normalerweise der Generalversammlung zustehenden Befugnisse können durch die Statuten der Verwaltung übertragen werden (Art. 893 OR).

In anderen Bereichen ist die Bedeutung der Genossenschaften geringer. Dies gilt für die in einem Genossenschaftsverband zusammengeschlossenen Bau- und Wohngenossenschaften[9], die Einkaufsgenossenschaften[10], zu denen früher die 1970 in eine Aktiengesellschaft umgewandelte USEGO gehörte, die Produktivgenossenschaften der Handwerker und Arbeiter[11], die in der Schweiz nur eine bescheidene

---

7   Vgl. besonders die Werke von BIGGER, EDELMANN, HEIZ, VIRCHAUX und VOGEL.
8   Siehe insbes. BELSER und W. KOENIG, Rechtsfragen der schweizerischen Gegenseitigkeitsversicherung, Mutualité 1965, S. 36.
9   Siehe, zusätzlich zu den Werken von GALLINGER, KELLERHALS und MOSER: H. HANDSCHIN, Die Bau- und Wohngenossenschaften der Schweiz, Basel 1943; P. STEINMANN, Bau- und Wohngenossenschaften in der Schweiz, Zürich 1955, und VSK, Die Bau- und Wohngenossenschaften der Schweiz, Basel 1943.
10 Siehe insbes. die Veröffentlichungen von GUTERSOHN.
11 Siehe die Werke von ABRECHT, MÜLLER und STEINMANN.

Entwicklung kannten, und schliesslich die Kartell-Genossenschaften[12], für die jedoch Art. 885 OR, welcher jede ungleiche Verteilung des Stimmrechts zwingend ausschliesst, ein «unüberwindbares Hindernis» darstellt[13].

---

12 Vgl. die Werke von BIERI, KORACH und STÄHELIN sowie W. STUDER, Sicherung der Kartellbindung durch Vormerkung der Mitgliedschaft nach revidiertem OR Art. 850, Diss. Basel 1937.
13 BGE 90 II, 1964, S. 333, 342.

§ 2 Ursprung und Entwicklung des Genossenschaftsrechts

Literatur

M. ARNOLD, Die privatrechtlichen Allmendgenossenschaften und ähnlichen Körperschaften, Diss. Freiburg i.Ue. 1987; BUREAU INTERNATIONAL DU TRAVAIL, Evolution et tendances du mouvement coopératif dans le monde, Genf 1962; G. CAPITAINE, L'évolution du droit coopératif suisse, Revue des études coopératives, Band 42, 1963, S. 115; L. COUTANT, L'évolution du droit coopératif de ses origines à 1950, Reims 1950; E. DURTSCHI, Zur Revision des Genossenschaftsrechtes, Brugg 1932; H. FAUCHERRE, Umrisse einer genossenschaftlichen Ideengeschichte, Basel 1925 und 1928; H. GEIGER, Genossenschaftliche Bestrebungen in der Schweiz 1800–1850, Diss. Zürich 1920; GERWIG, GR, S. 2 ff. und 76 ff.; E. GRÜNFELD, Das Genossenschaftswesen, volkswirtschaftlich und soziologisch betrachtet, Halberstadt 1928; H. HANDSCHIN, Die Grundsätze der redlichen Pioniere von Rochdale, 5. Aufl., Basel 1944; F. HUMMEL, Die Gesellschaft mit veränderlichem Kapital im französischen und im schweizerischen Recht, Diss. Bern 1926; A. HÜRLIMANN, Das intertemporale Genossenschaftsrecht, Diss. Zürich 1946; H.E. MÜHLEMANN, Anfänge der schweizerischen Konsumgenossenschaftsbewegung, Diss. Bern 1939; H. MÜLLER, Geschichte der internationalen Genossenschaftsbewegung, Halberstadt 1924; I. PEKO-KACIC, Die geschichtliche Entwicklung des genossenschaftlichen Rechtsdenkens in der Schweiz seit der Mitte des 19. Jahrhunderts bis zum Gesetz von 1936, Diss. Bern 1956.
Weitere Angaben bei FORSTMOSER, ST, N. 25 ff., 201 ff.; GUTZWILLER, Einleitung, S. 12, 20, 28, 29 f. und 34 f.

I. Ursprung der genossenschaftlichen Bewegung

Die ersten Zusammenschlüsse zur wirtschaftlichen Selbsthilfe reichen bis ins Mittelalter, ja sogar bis in die Frühzeit zurück, als der Nomadismus dem Ackerbau und der Viehzucht Platz machte. Die Allmendgenossenschaften (Art. 59 Abs. 3 ZGB) sind Zeugen dieser frühen genossenschaftlichen Bewegung[14].

Die Genossenschaft, wie wir sie heute kennen, ist jedoch erst um die Mitte des 19. Jahrhunderts entstanden, und zwar als Folge der industriellen Revolution und der wirtschaftlichen Schwierigkeiten im Europa der nachnapoleonischen Epoche. Der Ruin der traditionellen Landwirtschaft sowie die Entstehung grosser Fabriken haben damals sowohl auf dem Land als auch in der Stadt eine starke Proletarisierung der sozial benachteiligten Klassen nach sich gezogen. Die Genossenschaften, «Kinder der Not»[15], erlaubten es den Bauern, Handwerkern und Arbeitern, durch den Zusammenschluss ihr schweres Los etwas zu erleichtern.

Die genossenschaftliche Bewegung hat verschiedene Propheten und Initiatoren: Robert Owen in Grossbritannien, Hermann Schulze-Delitzsch und Friedrich

---

14 Vgl. hierzu ARNOLD und GUTZWILLER, Einleitung, S. 12 ff.
15 GERWIG, GR, S. 24.

W. Raiffeisen in Deutschland, Charles Fourier, Louis Blanc und Saint Simon in Frankreich. Sie kennt auch ihre Legenden und Heldentaten, wie etwa die Gründung der Genossenschaft von Rochdale durch 28 Leinenweber, die sog. redlichen Pioniere von Rochdale. Es ist dies die erste Konsumgenossenschaft; ihre Grundsätze, u.a. Rückvergütung proportional zu den Einkäufen, offene Mitgliedschaft usw., unterscheiden sich nur wenig von den wichtigsten Bestimmungen unseres geltenden Rechts. Grossbritannien darf somit als Heimat der Konsumgenossenschaft bezeichnet werden. Dagegen ist Deutschland die Wiege der Kreditgenossenschaft, und Frankreich, wo die Genossenschaftsbewegung von militanten und revolutionären Ideen geprägt war, erlebte die Gründung der ersten Arbeiter-Produktivgenossenschaft.

Der 1851 gegründete «Konsumverein der Stadt Zürich» wird allgemein als erste schweizerische Genossenschaft bezeichnet. Ähnliche Zusammenschlüsse erfolgten bald darauf in anderen schweizerischen Städten, und auch die landwirtschaftlichen Genossenschaften moderner Prägung entstanden zur gleichen Zeit. Aber der eigentliche und bemerkenswerte Aufstieg des Genossenschaftswesens in der Schweiz begann erst nach Inkrafttreten des OR von 1881.

II. Rechtsquellen und Entwicklung des schweizerischen Genossenschaftsrechts[16]

1. Obligationenrecht

Das OR vom 14. Juni 1881[17] unterstellte die Genossenschaften, welche damals «Vereine» genannt wurden[18], in den Art. 678 bis 715 einer recht allgemein gehaltenen Regelung mit nur wenigen zwingenden Bestimmungen. Diese Gestaltungsfreiheit begünstigte zwar die Weiterentwicklung der Genossenschaftsbewegung, aber auch die Entstehung von sog. Pseudogenossenschaften, d.h. von Körperschaften, die sich unter dem Deckmantel des Genossenschaftsrechts aktienrechtlich organisierten und aktienrechtliche Ziele verfolgten.

Durch diese Entwicklung veranlasst, untersagte der Bundesrat durch Bundesratsbeschluss vom 8. Juli 1919 die Neugründung von Genossenschaften mit festem Grundkapital und die Verbriefung der Mitgliedschaftsrechte in Inhaberpapieren. Gleichzeitig arbeitete Eugen Huber einen Bericht über die Revision der Titel 24 ff. des schweizerischen Obligationenrechts aus, die 1911 nicht geändert worden wa-

---

16 Vgl. insbes. FORSTMOSER, ST, N. 201 ff.; GUTZWILLER, Einleitung, S. 57 ff.; F. VON STEIGER, S. 7 ff.
17 Zu den früheren kantonalen Rechten, siehe PECO-KACIC, S. 11 ff.
18 Der Begriff «Genossenschaft» wird erst seit 1907 gebraucht (Art. 62 Schlusstitel ZGB, vom 10. Dezember 1907, AS 1908, 543).

ren[19]. Jedoch entfachte dieser Entwurf lebhafte Kritik in genossenschaftlichen Kreisen, die gegen ihn vorbrachten, das auf die Genossenschaft anwendbare Recht, welches diese Gesellschaft im Titel über die Handelsgesellschaften regelt, bliebe zu stark vom Aktienrecht beeinflusst.

Nach dem Tod von Eugen Huber im Jahre 1923 wurde alt Bundesrat Arthur Hoffmann mit der Revision des Dritten Titels des OR betraut[20]. Gestützt auf die 1922 von August Egger in seinem Bericht an den Schweizerischen Juristenverein entwickelten Ideen[21] gab er der Genossenschaft die Struktur, die sie im wesentlichen auch heute noch hat.

Die Expertenkommission zur Beratung des Entwurfs Hoffmann arbeitete von 1924 bis 1925[22] und nahm keine grundlegenden Änderungen im Genossenschaftsrecht vor. Kleinere Änderungen, deren wichtigste das Auseinanderfallen von Mitgliedschaft und Inhaberschaft von Anteilscheinen ist, zeugen vom Willen der Kommission, die Gründung von Pseudogenossenschaften unmöglich zu machen. Im gleichen Sinn entschieden die Räte, welche den Entwurf des Bundesrates vom 21. Februar 1928 und die Botschaft dazu[23] in den Jahren von 1931 bis 1936 behandelten.

Das revidierte OR trat am 1. Januar 1937 in Kraft. Gemäss Art. 2 der Schluss- und Übergangsbestimmungen zu den Titeln XXIV – XXXIII hatten die Genossenschaften fünf Jahre Zeit, um sich dem neuen Recht anzupassen, andernfalls sie nach Ablauf der Frist durch den Handelsregisterführer aufgelöst würden[24]. Ausserdem stellte Art. 7 ÜBest. Spezialvorschriften zur persönlichen Haftung der Genossenschafter auf. Der Bundesrat hatte von der in Art. 4 ÜBest. enthaltenen Ermächtigung Gebrauch gemacht und in einer Verordnung vom 29. Dezember 1939 Vorschriften über die Umwandlung einer Genossenschaft in eine Aktiengesellschaft erlassen[25], die jedoch mit Beschluss vom 1. April 1966 aufgehoben wurden.

Seit 1937 haben die Art. 828 ff. OR nur eine Änderung erfahren. Art. 862 Abs. 2 bis 4 OR wurde durch ein Bundesgesetz vom 21. März 1958 aufgehoben[26].

---

19 Bericht über die Revision der Titel 24 bis 33 des schweizerischen Obligationenrechts, Bern 1920.
20 Zweiter Bericht über die Revision der Titel 24 bis 33 des schweizerischen Obligationenrechts, Bern 1925.
21 Revision des Genossenschaftsrechtes, ZSR 4 II, 1922, S. 107a ff.
22 Vgl. Protokoll der Expertenkommission, Bern 1928.
23 BBl 1928 I, S. 284 ff. und 423 ff.
24 Vgl. BGE 74 I, 1948, S. 517 (Pseudogenossenschaft). Zum Übergangsrecht vgl. HÜRLIMANN.
25 V des Bundesrates über die Umwandlung von Genossenschaften in Handelsgesellschaften, BS 2, 681; vgl. hinten Zehntes Kapitel.
26 BG betreffend Ergänzung des Dienstvertrags- und des Stiftungsrechts, vom 21. März 1958, AS 1958, 379.

2. Spezialgesetze

Das Genossenschaftsrecht ist im wesentlichen in den Art. 828 bis 926 OR geregelt, die einige Verweise auf das Aktienrecht enthalten (vgl. insbesondere Art. 858 Abs. 2, 874 Abs. 2, 896 Abs. 2, 913 Abs. 1, 917 Abs. 2 und 920 OR). Ausserdem sind die Art. 927 ff. OR (Handelsregister), ergänzt durch die Bestimmungen der HRegV (insbesondere Art. 92 bis 96), sowie die Art. 950 und 951 Abs. 2 OR (Firmenrecht) und Art. 957 ff. OR (kaufmännische Buchführung) anwendbar. Nach der Revision des Aktienrechts, die am 1. Juli 1992 in Kraft trat, sind auch die entsprechenden aktienrechtlichen Vorschriften in der geänderten Fassung auf die Genossenschaften anzuwenden[27], da es zweckmässig und logisch ist, den Willen des Gesetzgebers von 1937, in bestimmten Bereichen Genossenschaften und Aktiengesellschaften gleich zu behandeln, auch in Zukunft zu respektieren. Die Frage betrifft vor allem die Bilanzvorschriften und die Regelung der Verantwortlichkeit.

Im Zwangsvollstreckungs- und Konkursrecht ist, abgesehen von einigen Hinweisen auf die Genossenschaft im SchKG (Art. 192 und 213 Abs. 3 SchKG), die Verordnung des Bundesgerichtes vom 20. Dezember 1937 über den Genossenschaftskonkurs[28] zu nennen, die sich auf Art. 873 Abs. 4 OR stützt.

Eine Genossenschaft kann auf Grund ihrer Tätigkeit besonderen Bestimmungen unterworfen sein. Zu denken ist etwa an Kreditgenossenschaften, die in Art. 858 Abs. 2, 861 und 920 OR speziell angesprochen werden und dem Bankengesetz unterstehen. Insbesondere Art. 13 BankG, der die Errichtung neuer Handelsbanken in der Form der Genossenschaft untersagt, ferner Art. 12 BankG i.V.mit Art. 30 VBankG, der in bezug auf die Rückzahlung der Anteilscheine von Art. 864 OR abweicht, und schliesslich Art. 14 BankG, in dem der Bundesrat ermächtigt wird, erleichternde Vorschriften über die Umwandlung einer Genossenschaftsbank in eine Handelsgesellschaft zu erlassen, sind ausschliesslich auf Genossenschaften anwendbar. Im Kreditbereich sei noch auf den Bundesbeschluss vom 22. Juni 1949 über die Förderung der gewerblichen Bürgschaftsgenossenschaften hingewiesen[29].

Für bewilligungspflichtige Versicherungsgenossenschaften gelten einerseits mehrere Spezialvorschriften des OR (Art. 841, 858 Abs. 2, 860 Abs. 4, 869 Abs. 1, 870 Abs. 1, 877 Abs. 3, 893, 903 Abs. 6 und 920). Ausserdem sind sie dem Versiche-

---

27 Ebenso P. BÖCKLI, Das neue Aktienrecht, Zürich 1982, S. 555. Einschränkend P. FORSTMOSER, Ungereimtheiten und Unklarheiten im neuen Aktienrecht, SZW 1992, S. 58ff., 72, m.w.H. in Anm. 118. Ausführlich zu dieser Frage B. TANNER, Die Auswirkungen des neuen Aktienrechts auf Gesellschaften mit beschränkter Haftung, Genossenschaften und Bankaktiengesellschaften, in: Neues zum Gesellschafts- und Wirtschaftsrecht, Zürich 1993, S. 31.
28 SR 281.52; vgl. hinten, Sechstes Kapitel.
29 SR 951.24.

rungsaufsichtsgesetz[30] sowie seinen Ausführungsverordnungen und ergänzenden Bundesbeschlüssen unterstellt.

Schliesslich seien die Vorsorgeeinrichtungen erwähnt, auf die Art. 331 ff. OR und gegebenenfalls die Vorschriften des BVG anwendbar sind. Gemäss Art. 48 Abs. 2 BVG müssen Vorsorgeeinrichtungen der «Zweiten Säule» die Rechtsform einer Stiftung oder einer Genossenschaft haben.

---

30 SR 961.01.

§ 3 Begriff und konstitutive Merkmale der Genossenschaft

Literatur

Zu den verschiedenen Genossenschaftsarten siehe die vorn, zu § 1 genannte Literatur; vgl. ferner FORSTMOSER, ad Art. 828 OR, N. 1 ff., und Atypische und widerrechtliche Genossenschaften und Vereine sowie ihre registerrechtliche Behandlung, SAG 1983, S. 142; R. VON GRAFFENRIED, Wirtschaftlicher und nichtwirtschaftlicher Zweck im privaten Körperschaftsrecht, Diss. Bern 1948; GUTZWILLER, ad Art. 828 OR, N. 143 ff., und Zum Problem der Freiheit bei der Wahl der Verbandsform, ZSR 84 I, 1965, S. 233; HEINI; R. ISELI, Das Nichtmitgliedergeschäft der Genossenschaften, Diss. Zürich 1973; H.L. JUNG, Über das Prinzip der offenen Türe im Recht der Verbände, Diss. Bern 1956; A. MEIER-HAYOZ, Gesellschaftszweck und Führung eines kaufmännischen Unternehmens, SAG 1973, S. 2; J. MONNIER, De l'entrée dans une société coopérative en droit positif anglais, allemand, français et suisse, Diss. Neuenburg 1957; OEZGÜR; N. OGRIN, Die rechtliche Natur der Genossenschaft, Diss. Bern 1930; A. SIEGWART, Die Freiheit bei der Wahl der Verbandsform und bei der Einzelgestaltung ihres Inhaltes, in: Freiburger Festgabe zum Juristentag 1943, S. 173; C. SPECKER, Die Abgrenzung des Vereins von der wirtschaftlichen Verbandsperson, Diss. Freiburg i.Ue. 1948.

I. Tragweite der Legaldefinition

Art. 828 OR, der die Genossenschaft definiert und ihren Zweck mit der Förderung der wirtschaftlichen Interessen der Mitglieder in gemeinsamer Selbsthilfe umschreibt, ist zwingendes Recht[31]. Folglich muss der Handelsregisterführer die Eintragung einer «Genossenschaft», die den gesetzlichen Anforderungen nicht entspricht, verweigern.

In Rechtsprechung und Lehre ist umstritten, wie die Rechtslage zu beurteilen ist, falls eine solche Vereinigung dennoch eingetragen wird.

Nach der Rechtsprechung des Bundesgerichts hat die Eintragung einer Aktiengesellschaft oder einer Genossenschaft, die einen widerrechtlichen oder sittenwidrigen Zweck verfolgt, gemäss Art. 643 Abs. 2 OR (der analog auf die Genossenschaft anwendbar ist)[32] und entgegen Art. 52 Abs. 3 ZGB konstitutive Wirkung. Die Vereinigung muss aber gemäss Art. 57 Abs. 3 ZGB gerichtlich aufgehoben werden, wobei ihr Vermögen an das Gemeinwesen fällt[33].

Dagegen wird in der Lehre allgemein angenommen, die Widerrechtlichkeit des Zwecks einer Genossenschaft, i.S. des Art. 52 Abs. 3 ZGB, erfordere einen Verstoss

---

31 BGE 92 I, 1966, S. 400, 404; 74 I, 1948, S. 517, 519.
32 Vgl. hinten, Zweites Kapitel, § 8.
33 BGE 112 II, 1986, S. 1; 110 Ib, 1984, S. 105; 107 Ib, 1981, S. 12 und S. 186 = Pra 71, 1982, Nr. 43, S. 102. Zu dieser äusserst umstrittenen Rechtsprechung, siehe die Bemerkungen von A. HEINI, A. HIRSCH und J.N. DRUEY, SAG 1986, S. 180.

gegen die öffentliche Ordnung durch Ausübung einer verbotenen Tätigkeit[34]. Wenn die Genossenschaft zwar nicht der gesetzlichen Definition entspreche, aber auch nicht gegen die öffentliche Ordnung verstosse, könne eine Verletzung des Art. 828 OR nur durch Anfechtung der Beschlüsse der konstituierenden Versammlung oder späterer Generalversammlungsbeschlüsse, die den widerrechtlichen Zweck bestätigen, geahndet werden[35]. Ebenso wäre zu verfahren, wenn eine Genossenschaft zwar formell der gesetzlichen Zweckbestimmung entspreche, sie tatsächlich aber missachte[36].

Dieser Auffassung kann nicht uneingeschränkt beigepflichtet werden. Da die vor 1937 gegründeten Pseudogenossenschaften aufgelöst werden mussten[37], ist nicht einzusehen, warum eine heutzutage zu Unrecht eingetragene Vereinigung bestehen bleiben soll. Die beste Lösung wäre sicherlich, die Nichtigkeit derartiger Gesellschaften festzustellen, allerdings ohne daran die in Art. 57 Abs. 3 ZGB vorgesehene Rechtsfolge des Verfalls des Vermögens an das Gemeinwesen zu knüpfen, die in einem solchen Fall unzumutbar wäre.

II. Konstitutive Merkmale

1. Mitglieder

Eine Genossenschaft wird von «Personen oder Handelsgesellschaften» gebildet, also von juristischen Personen des privaten oder des öffentlichen Rechts sowie von natürlichen Personen, selbst wenn sie handlungsunfähig sind[38], von Kollektiv- und Kommanditgesellschaften (vgl. Art. 562 und 602 OR i.V. mit Art. 94 Abs. 2 HRegV) und von Stockwerkeigentümergemeinschaften (vgl. Art. 712 1 Abs. 2 ZGB), nicht dagegen von Gemeinschaften ohne Rechtspersönlichkeit oder ohne Quasi-Rechtspersönlichkeit, wie etwa einfache Gesellschaften, Erbengemeinschaften, eheliche Gütergemeinschaften und Gemeinderschaften[39].

---

34 J.N. Druey, SAG 1986, S. 183; J. Engeli, Die Verneinung der Einführung einer Auflösungsklage im Genossenschaftsrecht als Sanktion gegen Mängel des Gründungsvorganges, Diss. Basel 1954, S. 10; Forstmoser, ad Art. 828 OR, N. 11 und Art. 838 OR, N. 25; F. von Steiger, S. 149; contra: Heini, S. 196 ff.
35 Forstmoser, ad Art. 828 OR, N. 17. Vgl. hinten, Zweites Kapitel, § 8.
36 Forstmoser, ad Art. 828 OR, N. 22, der ferner in Art. 828 OR, N. 20 die Möglichkeit erwähnt, nach Art. 60 HRegV vorzugehen.
37 Siehe dazu hinten, § 2 II.
38 Forstmoser, ad Art. 828 OR, N. 55; F. von Steiger, S. 102.
39 Forstmoser, ad Art.828 OR, N. 58; Gerwig, GR, S. 117; Monnier, S. 118; F. von Steiger, S. 102; P. Troller, Betrachtungen zur Gründung der Genossenschaft mit spezieller Berücksichtigung der rechtlichen Verhältnisse während der Gründungsphase, Diss. Basel 1948, S. 78; contra für Erbengemeinschaften: Vogel, S. 57. Eine Erbengemeinschaft kann vorübergehend Mitglied sein, siehe

Gemäss Art. 828 OR besteht die Genossenschaft aus «einer nicht geschlossenen Zahl» von Mitgliedern. Dadurch ist der sog. Grundsatz der offenen Türe und das freie Austrittsrecht der Genossenschafter zwingend festgelegt[40]. Das Verbot einer geschlossenen Mitgliederzahl schliesst aber nicht aus, dass in den Statuten eine Mindestzahl von Mitgliedern vorgesehen ist, die diejenige der Art. 831 Abs. 1 und 921 OR übersteigt. Dagegen ist die Festsetzung einer Obergrenze nur zulässig, wenn die Gesellschaftseinrichtungen, z.B. Wohnungen, die Mitgliederzahl ohne weiteres begrenzen[41].

Aus der variablen Mitgliederzahl ergibt sich für Genossenschaften mit Gesellschaftskapital das Erfordernis des ebenfalls variablen Grundkapitals (Art. 828 Abs. 2 OR)[42], da jeder Genossenschafter mindestens einen Anteilschein übernimmt (Art. 853 Abs. 1 OR) und die Anteilscheine des ausscheidenden Genossenschafters grundsätzlich vernichtet werden (Art. 864 und 865 OR).

2. Genossenschaftszweck und gemeinsame Selbsthilfe

Es ist nicht einfach, die Begriffe «idealer Zweck» und «wirtschaftlicher Zweck» (letzterer noch zu unterteilen in gewinnstrebig oder zur konkreten Förderung der Mitglieder, also genossenschaftlich) zu umschreiben und genau voneinander abzugrenzen[43]. Letztlich bedeutet die Verfolgung wirtschaftlicher Genossenschaftszwecke, dass die Gesellschaft durch ihre Tätigkeit und die Beziehungen, die sie mit ihren Mitgliedern unterhält, deren wirtschaftliche Interessen und Bedürfnisse direkt und unmittelbar fördert. Die in Art. 828 OR erwähnte «gemeinsame Selbsthilfe» gehört somit zum Kernbereich der Genossenschaftsidee und bedeutet «persönliche Mitwirkung»[44]). Jeder Genossenschafter nimmt am Gesellschaftsleben teil, erbringt über die Übernahme des Gesellschaftsanteils hinaus weitere Leistungen und knüpft mit seiner Gesellschaft vertragliche Beziehungen durch Kauf, Verkauf, Leihe, Miete usw. Das Bundesgericht hat zwar entschieden, dass eine Genossenschaft gegründet werden könne, ohne dass die Mitglieder eine Leistungspflicht träfe[45]. Damit sollte aber keineswegs das Erfordernis der gemeinsamen Selbsthilfe verneint, sondern nur das Recht eines Mitgliedes bestätigt werden, sich nicht am Genossenschaftsleben zu

---

hinten, Viertes Kapitel, § 13.
40 Vgl. hierzu hinten, Viertes Kapitel, §§ 12 und 13.
41 MONNIER, S. 119; OEZGÜR, S. 94; VOGEL, S. 59. Im gleichen Sinn, aber mit Bedenken zur Beschränkung nach oben, FORSTMOSER, ad Art. 828 OR, N. 50 ff.; FRIEDRICH, S. 61; F. VON STEIGER, S. 63.
42 Siehe hinten, Drittes Kapitel, § 9.
43 Siehe FORSTMOSER, ad Art. 828 OR, N. 61 ff. (mit Hinweisen).
44 Vgl. insbes. OEZGÜR, S. 155 ff.
45 BGE 93 II, 1967, S. 30 = Pra 56, 1967, Nr. 118, S. 368. Diese Auffassung wird kritisiert von FORSTMOSER, ST, N. 433 und ad Art. 828 OR, N. 104 ff., und Grossgenossenschaften, S. 180 ff.

§ 3 Begriff und konstitutive Merkmale der Genossenschaft

beteiligen, solange die Statuten ihm nicht ausdrücklich bestimmte Pflichten auferlegen[46].

Obwohl die gemeinsame Selbsthilfe in der gesetzlichen Definition als Mittel zur Zweckverfolgung umschrieben wird, ist sie in Wirklichkeit ein grundlegender Bestandteil des genossenschaftlichen Zwecks, der diesen vom gewinnstrebigen Zweck der Handelsgesellschaften unterscheidet. In einer Genossenschaft, die dem gesetzlichen Typus entspricht, erlangen die Mitglieder direkte und unmittelbare Vorteile aus ihren Vertragsbeziehungen zur Gesellschaft. Denn statt für sich selbst eine maximale Rendite zu erwirtschaften und die Mitglieder am Gewinn durch Dividende zu beteiligen, gewährt sie ihnen Vorzugspreise oder vergütet ihnen in der Form der Rückerstattung einen allfälligen Überschuss im Verhältnis zu ihrer wirtschaftlichen (nicht aber finanziellen) Beteiligung.

Wenn auch der Begriff der Genossenschaft durch die Merkmale des wirtschaftlichen Zwecks und der gemeinsamen Selbsthilfe klar gefasst ist, ist doch ihr Typus aus mehreren Gründen weniger scharf abgegrenzt[47], sei es, dass ihr Tätigkeitsbereich sich mit dem anderer juristischer Personen überschneidet, sei es, dass letztere gewisse genossenschaftliche Züge aufweisen.

Erstens ist es oft schwierig, zwischen «idealem» und «wirtschaftlichem» Zweck zu unterscheiden. In den Bereichen von Erziehung und Freizeitgestaltung etwa treffen sich ideale und wirtschaftliche Aspekte, und so kann unbestritten eine Schule oder ein Sportklub sich als Verein (oder Stiftung) oder als Genossenschaft konstituieren.

Zweitens hat die Rechtsprechung den Vereinen lediglich untersagt, wirtschaftliche Zwecke mittels eines kaufmännischen Unternehmens[48], nicht hingegen genossenschaftliche Zwecke zu verfolgen[49]. Damit wurde das Erfordernis des idealen Vereinszweckes praktisch aufgehoben.

Drittens kann selbst eine Aktiengesellschaft «für andere als wirtschaftliche Zwecke gegründet werden» (Art. 620 Abs. 3 OR). Die Rechtmässigkeit eines idealen Zweckes bei einer Körperschaft, die gewöhnlich einen gewinnstrebigen Zweck verfolgt, schliesst die Zulässigkeit eines genossenschaftlichen Zweckes ein[50].

Viertens ist gemäss Art. 92 Abs. 2 HRegV die Gründung von Genossenschaften mit ausschliesslich gemeinnützigem Zweck, also ohne gemeinsame Selbsthilfe zur Förderung der Mitgliederbelange zulässig. Zwar ist die Rechtmässigkeit dieser Verordnungsbestimmung mehr als fragwürdig. Jedoch sprechen sich selbst Autoren,

---

46   Davon zu unterscheiden sind in den Statuten vorgesehene sog. Passiv- oder Sympathiemitglieder, vgl. BGE 89 II, 1963, S. 138; s. auch FORSTMOSER, ad Art. 828 OR, N. 98.
47   Wie vorn, § 1 I, erwähnt.
48   BGE 90 II, 1964, S. 333 = Pra 54, 1965, Nr. 35, S. 109. In diesem Zusammenhang sei angemerkt, dass die Genossenschaft kein nach kaufmännischer Art geführtes Gewerbe betreiben muss, FORSTMOSER, ad Art. 828 OR, N. 102; GERWIG, GR, S. 119; HEINI, S. 194; F. VON STEIGER, S. 26.
49   BGE vom 26. März 1953, SJ 1954, S. 85.
50   A. LASSERRE, La société anonyme à but non économique en droit suisse, Freiburg i.Ue. 1976, S. 32 ff.

die das Fehlen einer Rechtsgrundlage klar erkennen, für ihre Geltung aus, da Genossenschaften mit gemeinnützigem Zweck praktischen Bedürfnissen entsprächen, nicht grundsätzlich gegen die Rechtsordnung verstossen und keine Interessen der Mitglieder oder von Dritten verletzen würden, und da schliesslich kein Grund bestehe, der Genossenschaft einen Zweck zu verbieten, der der Aktiengesellschaft erlaubt sei[51].

Fünftens kann die gemeinsame Selbsthilfe der Mitglieder dazu führen oder sogar bezwecken, dass die Genossenschaft selbst Gewinne erzielt, die sie dann nach finanziellen Kriterien, und nicht nach Massgabe der Benützung der genossenschaftlichen Einrichtungen, an die Mitglieder weitergibt. Nur Art. 859 Abs. 3 OR, der auf Kreditgenossenschaften nicht anwendbar ist (Art. 861 OR), steht einer kapitalistischen Finanzierungsstruktur entgegen.

Endlich verlangt Art. 828 OR nur einen «in der Hauptsache» genossenschaftlichen Zweck. Also kann eine Genossenschaft subsidiär[52], ja sogar, wie teilweise vertreten wird[53], gleichgeordnet neben dem wirtschaftlichen einen idealen Zweck verfolgen, der entweder gemeinnützig ist[54] oder nichtwirtschaftliche Interessen der Mitglieder begünstigen soll.

Die Formulierung des Art. 828 OR erlaubt der Genossenschaft weiter, ihre Einrichtungen auch Dritten zu öffnen und so ihren Ertrag zu steigern, sei es zur Selbstfinanzierung, sei es, damit die Ausschüttungen an die Mitglieder in den Grenzen und nach den Modalitäten der Art. 858–861 OR erhöht werden können. Das Nichtmitgliedergeschäft ist somit rechtlich zulässig[55] und praktisch gängig, insbesondere bei Kredit- und Versicherungsgenossenschaften. Es wird aber fragwürdig, wenn eine Genossenschaft mit Mitgliedern und Dritten Geschäfte tätigt, ohne den Mitgliedern Pflichten aufzuerlegen und Vorteile einzuräumen[56].

Hingegen ist die Festlegung einer rein gewinnstrebigen Zweckverfolgung jedenfalls dann unzulässig, wenn damit die Schaffung einer den Kapitalgesellschaften entsprechenden Organisationsstruktur verbunden wäre, in Abweichung zwingender Bestimmungen des Genossenschaftsrechts, wie etwa Art. 828 Abs. 2, 853 Abs. 3, 859 Abs. 3 und 885 OR.

---

51 FORSTMOSER, ad Art. 828 OR, N. 125 ff.; GERWIG, GR, S. 121; VON GRAFFENRIED, S. 131; HEINI, S. 196; OEZGÜR, S. 74; F. VON STEIGER, S. 25 ff.; VOGEL, S. 35.
52 Einhellige Lehre, bestritten nur von E. REGLI, Die Umwandlung von Genossenschaften in Handelsgesellschaften nach der Verordnung des Bundesrates vom 29. Dezember 1939, Diss. Bern 1942, S. 35 ff.
53 FORSTMOSER, S. 828, N. 67, der A. MEILE, Verein und Genossenschaft in der Verschiedenheit ihrer Zwecke, Diss. Bern 1947, S. 65, zustimmend zitiert; a.A. GUTZWILLER, ad Art. 828 OR, N. 15 und HEINI, S. 196, für die der wirtschaftliche Zweck überwiegen muss; vgl. auch BGE 80 II, 1954, S. 71.
54 Nicht relevant, wenn man von der Wirksamkeit des Art. 92 Abs. 2 HRegV ausgeht.
55 FORSTMOSER, ad Art. 828 OR, N. 71 ff., und Grossgenossenschaften, S. 212 ff.; ISELI, insbes. S. 154 ff.; OEZGÜR, S. 76 ff.; A. WYSS, Die konsumgenossenschaftlichen Grundsätze in der Schweiz von den Anfängen bis zur Gegenwart, Diss. Zürich 1949, S. 57 ff.
56 FORSTMOSER, ad Art. 828 OR, N. 86.

III. Zukunftsaussichten der Genossenschaft

Wenn es die Genossenschaft nicht schon gäbe, würde wahrscheinlich niemand auf den Gedanken kommen, sie heutzutage zu «erfinden». Auch ist äusserst fraglich, ob die Genossenschaft in ihrer jetzigen Form noch eine Zukunft vor sich hat. Die mitgliederstarken Konsum- und Versicherungsgenossenschaften sind, weil sie in grossem Umfang das Nichtmitgliedergeschäft betreiben, zu Unternehmen mit stiftungsähnlichen Tendenzen, die Kreditgenossenschaften, die ihre Dividende frei festsetzen, zu Kapitalgesellschaften geworden. Die «echten» Genossenschaften, insbesondere im landwirtschaftlichen und handwerklichen Bereich, verlieren durch zunehmende Verstädterung und Unternehmenskonzentration nach und nach ihre potentiellen Mitglieder. So stagniert denn auch seit einigen Jahrzehnten die Zahl der schweizerischen Genossenschaften (1965: 13 383; 1991: 13 967). In der Praxis wird sie meist durch die anpassungsfähige Aktiengesellschaft oder durch den Verein ersetzt, dessen Tätigkeitsbereich von der Rechtsprechung stark ausgedehnt wurde. Nur selten liegen die tatsächlichen Gegebenheiten so, dass die Rechtsform der Genossenschaft die einzig mögliche wäre[57].

Dennoch wird es die Genossenschaft weiterhin geben, zumal sie für bestimmte Tätigkeitsbereiche – zu denken ist etwa an die Versicherungsgesellschaften auf Gegenseitigkeit – den bestmöglichen rechtlichen Rahmen darstellt. Insofern ist es durchaus von Interesse, sich über eine etwaige Revision des Genossenschaftsrechts, 50 Jahre nach seinem Inkrafttreten, Gedanken zu machen.

Es wäre unzweckmässig, die Finanzstruktur der Genossenschaft zu ändern und ihre kapitalgesellschaftsähnlichen Züge zu verstärken. Die Rechtsform der Aktiengesellschaft braucht keine Ersatzform, zumal die Unternehmensfinanzierung durch die Aktienrechtsrevision, insbesondere durch Einführung des genehmigten und des bedingten Kapitals und durch eine eingehende Regelung des Partizipationsscheins, den Bedürfnissen der Praxis stärker entsprechen wird. Unseres Erachtens sollten nur die Art. 864 und 865 OR geändert werden, damit dem ausscheidenden Mitglied ein wohlerworbenes Recht auf Rückzahlung seines Anteils von Gesetzes wegen zusteht und eine Beteiligung am Wertzuwachs der Gesellschaft zu seinen Gunsten statutarisch vorgesehen werden kann[58]. Im Gegensatz zum geltenden Recht[59] sollten die Anteile nur unter Mitgliedern übertragbar sein.

Eine andere grundlegende Änderung, die allein der Genossenschaft in der Praxis neue Anziehungskraft verleihen könnte, wäre die Aufhebung des Art. 885 OR. Dann

---

57 FORSTMOSER, Die Genossenschaft – Anachronismus oder Rechtsform der Zukunft?, SAG 1974, S. 155, schätzt die Zukunftsaussichten der Genossenschaft optimistischer ein.
58 Zu den Art. 864 f., siehe hinten, Fünftes Kapitel, § 15.
59 Wie Art. 849 Abs. 1 OR im allgemeinen ausgelegt wird, vgl. hinten, Viertes Kapitel, § 14.

wäre eine statutarische Ausgestaltung des Stimmrechts nur noch Art. 854 OR unterworfen, der einem Pluralstimmrecht, falls es sich auf genossenschaftliche und nicht nur finanzielle Kriterien stützt, nicht im Wege stünde.

§ 4 Genossenschaft im Steuerrecht

Literatur

H. AMMAN, Die Frage der Bevorzugung der Konsumenten-Genossenschaften in der Besteuerung, Diss. Bern 1948; R. ARCIONI, Die direkte Besteuerung der Konsumgenossenschaften nach schweizerischem Recht, Diss. Basel 1947; I. BLUMENSTEIN, Die Minimalsteuer der Kantone Waadt, Wallis und Thurgau unter dem Gesichtspunkt des Verfassungsrechts, ASA 34, 1965/66, S.1; P. BÖCKLI, Reform der Genossenschaftsbesteuerung, StR 35, 1980, S. 235; EIDGENÖSSISCHES FINANZ- UND ZOLLDEPARTEMENT, Zum Problem der gleichmässigen Besteuerung der Erwerbsunternehmungen, Bericht vom 14. Februar 1955 der Expertenkommission für die Motion Piller, Basel 1955; P. FORSTMOSER, ST, N. 506 ff., und Grossgenossenschaften, S. 91 ff. und 257 ff.; M. IMBODEN, Die Voraussetzungen einer verfassungsmässigen Minimalsteuer, ASA 34, 1965/66, S. 193; R. ISELI, Das Nichtmitgliedergeschäft der Genossenschaften, Diss. Zürich 1973; W. MAUTE, Die direkten Steuern der Genossenschaft in der Schweiz, Diss. St. Gallen 1988; P.A. MÜLLER, Eine Minimalsteuer für juristische Personen, Diss. Bern 1974; M. REICH, Zur Frage der Genossenschaftsbesteuerung, ASA 50, 1981/82, S. 593 ff.; J.A. REYMOND, L'influence du droit fiscal sur le droit commercial, ZSR 97 II, S. 1978, S. 302 ff. und 464 ff.; K. VALLENDER, Die Minimalsteuer auf dem Umsatz der juristischen Personen im Lichte der neueren Rechtsprechung des Bundesgerichtes – dargestellt am Beispiel der sanktgallischen Minimalsteuer auf den Bruttoeinnahmen, ASA 45, 1976/77, S. 145; J. WACKERNAGEL, Zur Frage der Besteuerung von Aktiengesellschaften und Genossenschaften, ZSR 74 I, 1955, S. 551.

Die dem gesetzlichen Typus entsprechenden Genossenschaften verhandeln nicht «at arm's length» mit ihren Mitgliedern, sondern überlassen ihnen durch Rabatte, Vorzugspreise u.ä. ganz oder teilweise die Erträge, die sie durch Verfolgung bestimmter wirtschaftlicher Zwecke erzielen könnten. Diese – fast möchte man sagen – fiduziarische Tätigkeit der Genossenschaften, die die gemeinsame Selbsthilfe der Mitglieder untereinander erst möglich macht, lässt sich mit der wirtschaftlichen Doppelbelastung des schweizerischen Steuerrechts kaum vereinbaren. Zwar stellt die verdeckte Gewinnausschüttung sicher keine Steuerumgehung dar, denn sie ist erlaubt, ja sogar gesetzlich gefordert (Art. 828 OR). Sie führt aber dazu, die Genossenschaft steuerlich zu bevorzugen und dadurch den Wettbewerb zu verfälschen.

In Wirklichkeit hat niemand etwas gegen Steuervorteile für kleine Selbsthilfegenossenschaften einzuwenden. Die Kritik betrifft vielmehr die Konsumgrossgenossenschaften, die das Nichtmitgliedergeschäft betreiben und ihre Tätigkeit mehr und mehr auf andere Bereiche ausdehnen. Diese Genossenschaften gewähren heutzutage weder Rückvergütungen noch Rabatte, sondern praktizieren, ohne zwischen Mitgliedern und Nichtmitgliedern zu unterscheiden, sehr niedrige Preise, wobei sie die geringe Gewinnspanne durch grossen Umsatz ausgleichen. Die Anwendung der steuerrechtlichen Regeln zur verdeckten Gewinnausschüttung und zu den nicht geschäftsmässig begründeten Unkosten läuft hier ins Leere. Nur eine Minimalsteuer auf dem Umsatz oder der Ersatz der Steuer vom Reinertrag durch eine eventuell progressive Steuer auf dem Gewinn könnte ein gewisses Gleichgewicht zwischen

Supermärkten und kleinen Einzelhandelsgeschäften wiederherstellen. Es muss aber klar gesagt werden, dass diese Forderung keineswegs rein rechtlich begründet ist. Die Besteuerung der Genossenschaft ist vielmehr, ebenso wie früher die Progression bei der Einkommensteuer, ein politisches Problem, denn das Konzept der Gleichbehandlung ist weder absolut, noch unveränderlich. Auch der verfassungsmässig verankerte Grundsatz der steuerlichen Belastung der juristischen Personen nach Massgabe ihrer wirtschaftlichen Leistungsfähigkeit «ohne Rücksicht auf ihre Rechtsform» (Art. 41ter Abs. 5 lit. a BV) ist nicht genau definiert.

Die steuerliche Behandlung der Genossenschaft ist und bleibt ein umstrittenes und teilweise unbefriedigend geregeltes Problem. Im schweizerischen Steuerrecht werden die Genossenschaften zunehmend den Kapitalgesellschaften gleichgestellt. Allerdings erlauben manche Steuergesetze, Rabatte und Rückvergütungen an Kunden bis zu einem vertretbaren Prozentsatz vom Gewinn abzuziehen. Andere sehen eine Minimalsteuer auf dem Bruttogewinn vor. Im übrigen vertritt die neuere Lehre, dass eine richtig verstandene Anwendung der Korrekturvorschriften des Bilanzsteuerrechts dazu führe, die tatsächliche wirtschaftliche Leistungsfähigkeit der Genossenschaften zuverlässig zu ermitteln[60].

I. Bundessteuern

Nach dem am 1. Januar 1995 in Kraft getretenen DBG (Art. 49 ff.) unterliegen Genossenschaften, wie bereits nach dem BdBSt den gleichen Steuern wie Kapitalgesellschaften. Jedoch sind die Rückvergütungen und Rabatte vom steuerbaren Reinertrag abzugsfähig[61]. Die anderen freiwilligen und kostenlosen Zuwendungen der Genossenschaft an ihre Mitglieder (unentgeltliche Ausgabe von Anteilscheinen, Eintrittskarten für kulturelle und ähnliche Anlässe, Reisemarken, Zeitungen usw.) fallen in den steuerbaren Ertrag, wenn sie keinen Werbecharakter aufweisen und deshalb nicht als steuerlich zulässiger Aufwand qualifiziert werden können[62]. Gleiches gilt für die eher traditionellen Formen verdeckter Gewinnausschüttung, wie etwa Verschaffung preisgünstiger Mietwohnungen, Verkauf von Waren zu ungenügenden oder Ankauf von Waren zu überhöhten Preisen («Überzahlung»)[63] oder auch Zahlung

---

60 Vgl. die Beiträge von BÖCKLI und REICH.
61 Anders als der BdBSt sieht das DBG keine besondere Steuer in Höhe von 3% für Rabatte und Rückvergütungen mehr vor, die 5,5% des Warenpreises übersteigen. Zur Auslegung des entsprechenden Art. 63 BdBSt, vgl. BGE vom 9. September 1988, ASA 59, 1990/91, S. 302.
62 Einzelheiten im Kreisschreiben der eidgenössischen Steuerverwaltung, vom 24. März 1983, ASA 51, 1982/83, S. 529, als Antwort auf eine Motion der eidg. Räte vom Dezember 1981.
63 BGE vom 28. April 1989, Der Steuerentscheid 1989, B.72.14.2, Nr. 9; BGE vom 27. Mai 1988, ASA 59, 1990/91, S. 409; BGE vom 10. April 1987, ASA 58, 1989/90, S. 148; BGE vom

von Passivzinsen auf Gesellschafterdarlehen, wenn diese in Wirklichkeit verdecktes Eigenkapital darstellen[64].

Der Ertrag der Genossenschaftsanteile sowie verdeckte Gewinnausschüttungen sind der Verrechnungssteuer unterworfen (Art. 4 Abs. 1 lit. b VStG)[65], nicht dagegen die Rabatte und Rückvergütungen, und zwar nach der Praxis der eidgenössischen Steuerverwaltung selbst dann nicht, wenn sie die Dritten hypothetisch gewährten Vergütungen übersteigen[66]. Gratisanteile sind steuerbar, es sei denn, eine Genossenschaft ohne Genossenschaftskapital verschaffe sich durch die Ausgabe von Gratisanteilen ein Grundkapital[67].

Grundsätzlich werden auf der Ausgabe von Anteilscheinen Stempelabgaben erhoben (Art. 1 Abs. 1 lit. a und Art. 5 Abs. 1 lit. a und c StG). Ausgenommen sind Beteiligungen, solange die Leistungen der Genossenschafter gesamthaft 50 000 Franken nicht erreichen (Art. 6 Abs. 1 lit. b StG). Ausserdem sind die Anteilscheine steuerbare Urkunden i.S. des Art. 13 Abs. 2 lit. a StG, für die eine Umsatzabgabe zu entrichten ist.

II. Kantonale Steuern

In der Mehrzahl der Kantone (in etwa 15 Kantonen) unterstehen die Genossenschaften den gleichen gesetzlichen Regelungen wie die Kapitalgesellschaften. Nach einigen Gesetzen sind Rabatte und Rückvergütungen abzugsfähig, in der Regel bis zu 5 oder 5,5% des Preises der verkauften Waren. In anderen Kantonen wird der steuerbare Gewinn der Genossenschaft wie derjenige der AG berechnet, ist aber einem anderen[68] oder dem auf natürliche Personen anwendbaren Steuersatz unterworfen[69]. Endlich unterscheiden manche kantonalen Gesetze zwischen Erwerbsgenossenschaften, die den Kapitalgesellschaften gleichgestellt werden, und Selbsthilfegenossenschaften,

---

16. Januar 1986, ASA 56, 1987/88, S. 244; BGE vom 26. November 1981, ASA 51, 1982/83, S. 538; BGE 71 I, 1945, S. 412. Diese Dividenden sind auch bei den Mitgliedern steuerbar, vgl. BGE vom 30. Oktober 1987, ASA 58, 1989/90, S. 427.

64   BGE 99 Ib, 1973, S. 371.
65   Vgl. zur früheren Couponsteuer BGE vom 14. November 1952, ASA 23, 1954/55, S. 42.
66   W.R. Pfund, Die eidgenössische Verrechnungssteuer, I.Teil (Art. 1–20), Basel 1971, Art. 4, N. 3.17.
67   Pfund, a. a. O., Art. 4, N. 3.15.
68   In Genf sowie Thurgau und Wallis, wo Rabatte und Rückvergütungen abzugsfähig sind.
69   In Neuenburg und Schwyz, wo Rabatte und Rückvergütungen ebenfalls abzugsfähig sind.

die entweder steuerliche Privilegien geniessen[70] oder Sonderbestimmungen unterstehen[71], oder schliesslich wie natürliche Personen besteuert werden[72].

Die in einigen Kantonen[73] erhobene Minimalsteuer auf den Bruttoeinnahmen ist in der Lehre äusserst umstritten und wird von einigen Autoren scharf kritisiert[74]. Das Bundesgericht hatte zunächst 1935 entschieden, dass der Umsatz unmöglich eine taugliche Berechnungsgrundlage der wirtschaftlichen Leistungsfähigkeit sein könne[75]. Dagegen vertritt es 35 Jahre später, der Umsatz stelle bei verhältnismässig grossen, nicht gewinnstrebigen Betrieben ein geeignetes Kriterium dar, die «tatsächliche steuerliche Leistungsfähigkeit» zu bestimmen[76].

Gemäss dem am 1. Januar 1993 in Kraft getretenen StHG müssen die Kantone bis zum 31. Dezember 2000 ihre Gesetzgebung dahingehend ändern, dass die Genossenschaften denselben Steuern (Art. 20 StHG) und Steuersätzen (Art. 27 Abs. 1 StHG) unterworfen sind wie die Kapitalgesellschaften. Allerdings bleiben allfällige Minimalsteuern vorbehalten (Art. 27 Abs. 2 StHG). Rabatte und Rückvergütungen sind – ohne Höchstgrenze – abzugsfähig (Art. 25 Abs. 1 lit. d StHG).

---

70 In Glarus.
71 In Solothurn und Waadt. In Zug haben Selbsthilfegenossenschaften die Wahl, sich wie Kapitalgesellschaften oder wie natürliche Personen besteuern zu lassen.
72 In Freiburg und Appenzell Innerrhoden.
73 Insbesondere in Appenzell Innerrhoden, Freiburg, Nidwalden, Schaffhausen, Waadt und Wallis.
74 Vgl. die Abhandlungen von BLUMENSTEIN, IMBODEN und VALLENDER.
75 BGE 61 I, 1935, S. 321, 327.
76 BGE 96 I, 1970, S. 560, 570; vgl. auch BGE 102 Ia, 1976, S. 254, 262.

§ 5 Rechtsvergleichende Hinweise

Literatur

W.S. BARNES, Les principes fondamentaux de la coopération en droit comparé, Diss. Genf 1962; K.H. EBERT, Genossenschaftsrecht auf internationaler Ebene, Marburg an der Lahn 1966; P. FORSTMOSER, ST, N. 640 ff.; HALSBURY's Statutes of England and Wales, Band 21, 4. Aufl., London 1986; J.-P. LAIRE, Guide juridique des sociétés coopératives, Paris 1985; K. MÜLLER, Kommentar zum Gesetz betreffend die Erwerbs- und Wirtschaftsgenossenschaften, 3 Bände, Bielefeld 1976/1980; L. VALKO, International Handbook of Cooperative Legislation, Washington 1954.

I. Allgemeines

Da das Genossenschaftsrecht im germanischen, romanischen und angelsächsischen Rechtskreis weitgehend übereinstimmt, ist die Rechtsvergleichung[77] in diesem Bereich einerseits wenig interessant, wenn man die Grundlagen ins Auge fasst, andererseits von nicht zu unterschätzendem praktischen Nutzen, wenn man Einzelfragen prüft. Die Genossenschaft ist in allen Ländern, in denen man diese Rechtsform kennt[78], eine Körperschaft mit ausgeprägt personalistischem Charakter, die im Interesse und unter Mitwirkung ihrer Mitglieder einen wirtschaftlichen Zweck verfolgt. Als Folge des Grundsatzes der «offenen Türe» ist ihr oft zwingend vorgeschriebenes Kapital veränderlich und steht den Mitgliedern ein mehr oder weniger weitgehendes Austrittsrecht zu. Hinsichtlich ihrer Organisation bestehen im Ausland nur geringe Unterschiede zur schweizerischen Regelung, vorbehaltlich der Rechtsordnungen, die als zusätzliches Organ einen Aufsichtsrat vorsehen. Auch die Ausgestaltung der Anteile, die nur selten Wertpapiereigenschaft haben, sowie die Vermögensrechte der Mitglieder und schliesslich die Voraussetzungen und Formen von Gründung und Auflösung der Genossenschaft sind in den einzelnen Ländern recht ähnlich. Somit beruhen die Genossenschaften, obwohl eine Detailprüfung oft wichtige Unterschiede aufzeigt, überall auf den gleichen Grundsätzen und spielen dieselbe Rolle.

Diese Einheitlichkeit lässt sich leicht erklären. Die Genossenschaft ist in allen Ländern etwa zur selben Zeit als Reaktion auf vergleichbare wirtschaftliche und soziale Gegebenheiten entstanden. Diese Körperschaft mit ihren charakteristischen Merkmalen hat sich im Laufe des 20. Jahrhunderts wenig verändert. In einer in völligem Wandel begriffenen Welt bleibt sie Zeuge einer Epoche, die, jedenfalls in

---

77 Zum Ganzen, siehe FORSTMOSER, ST, N. 644.
78 Praktisch alle europäischen und angelsächsischen Länder kennen die Genossenschaft. Nur in den skandinavischen Ländern ist sie wenig entwickelt.

Westeuropa, zu Ende geht. Zwar hat die Genossenschaft ihre Daseinsberechtigung noch nicht verloren, aber ihr Handlungsspielraum wird mehr und mehr eingeengt, und die Gedanken von Einheit und Solidarität, die sie prägen, verleihen ihr im Zeitalter der multinationalen Unternehmen einen gewissen anachronistischen Charme.

Das Genossenschaftsrecht ist in der Regel in einem oder mehreren Spezialgesetzen enthalten. In der Bundesrepublik Deutschland sind das häufig geänderte «Gesetz betreffend die Erwerbs- und Wirtschaftsgenossenschaften» (GenG), vom 1. Mai 1889/20. Mai 1898, sowie ergänzend insbesondere das «Gesetz über das Kreditwesen» (KWG), vom 10. Juli 1961 und das «Gesetz über die Gemeinnützigkeit im Wohnungswesen» (WGG), vom 29. Februar 1940 anwendbar. In Grossbritannien ist das Genossenschaftsrecht seit 1852 in einer Reihe von «Industrial and Provident Societies Acts» geregelt. Die heute geltenden Erlasse stammen aus den Jahren nach 1965. Je nach Verbandszweck sind die Genossenschaften ferner Spezialgesetzen, wie dem «Consumer Credit Act» oder dem «Insurance Companies Act» von 1974 unterworfen. Das französische Recht kennt nicht die Genossenschaft als solche, mit Ausnahme der landwirtschaftlichen Genossenschaft. Vielmehr sind die Genossenschaften in der Form der AG oder GmbH organisiert, auf die das durch Gesetz vom 20. Juli 1983 geänderte Gesetz vom 10. September 1947 «portant statut de la coopérative» (Gesetz 1947) anwendbar ist. Bestimmte Genossenschaftsarten, z.B. die Produktions- und Konsumgenossenschaften, sind ferner in Spezialgesetzen geregelt.

II. Gemeinsamkeiten und Unterschiede

Die Genossenschaft ist einheitlich als juristische Person ausgestaltet, deren Ziel es ist, die wirtschaftlichen Interessen der Mitglieder durch gemeinsame Selbsthilfe zu fördern. Jedoch besteht allgemein die Tendenz (in der Schweiz besonders deutlich in den Konsumgenossenschaften), die gesellschaftlichen Einrichtungen für Dritte zu öffnen. Zwar schliessen verschiedene Gesetzgebungen das sog. Nichtmitgliedergeschäft aus; aber diese Regelung hat selten zwingenden Charakter. In der BRD etwa kann das Nichtmitgliedergeschäft in den Statuten vorgesehen werden (§ 8 Abs. 1 Ziff. 5 GenG). In Frankreich ist es im Grundsatz verboten (Art. 3 Gesetz 1947); aber mehrere Spezialgesetze, wie das auf Konsumgenossenschaften anwendbare Gesetz vom 17. Mai.1917, sehen Ausnahmen vor.

Das Prinzip der einen Stimme pro Mitglied, das zwar den demokratischen Charakter der Genossenschaft verankert, aber diese Gesellschaftsform oft wenig anziehend macht, ist nicht überall zwingend, vielmehr in manchen Rechtsordnungen, wie z.B. in Grossbritannien, rein dispositiv. Nach deutschem Recht kann durch Statut einem «Genossen», der den Geschäftsbetrieb besonders fördert, ein Mehrstimmrecht bis zu 3 Stimmen gewährt werden; vorbehalten bleiben grundlegende Beschlüsse, bei denen jeder Genosse nur eine Stimme hat. In Frankreich sind Ausnahmen vom Grundsatz (Art. 4 und 9 Gesetz 1947) für Genossenschaftsverbände und bestimmte Genossenschaftsarten, z.B. Kreditgenossenschaften, in Spezialgesetzen vorgesehen.

Im Bereich der Vermögensrechte der Mitglieder decken die ausländischen Regelungen deutlich die Zwiespältigkeit einer Gesellschaftsform auf, die einerseits den Idealen der Bindung der Mitgliedschaft an die Persönlichkeit und der Gleichheit der Mitglieder und andererseits der durch ein kapitalistisches Wirtschaftssystem bedingten Notwendigkeit, Gewinne an die Mitglieder auszuschütten und für den Erhalt ihrer Kapitalbeteiligung zu sorgen, Rechnung tragen soll.

In Frankreich kann das Genossenschaftskapital, dessen Bildung zwingend vorgeschrieben ist, zu höchstens 8,5% jährlich «verzinst» werden; ein allfälliger Ertragsüberschuss muss anschliessend nach dem System der Rückvergütungen verteilt werden (Art. 14 und 15 Gesetz 1947). Die Genossenschafter haben sowohl bei Ausscheiden (Art. 18 Gesetz 1947) als auch bei Auflösung der Gesellschaft Anspruch auf Rückzahlung ihrer Kapitaleinlage zum Nominalwert, dagegen nicht auf einen Anteil am Liquidationsüberschuss, der zu genossenschaftlichen oder gemeinnützigen Zwecken verwendet werden muss (Art. 19 Gesetz 1947). Auch nach deutschem Recht ist das Eigenkapital obligatorisch (§ 7 GenG). Wenn das Statut nichts anderes vorsieht, wird der Gewinn auf die Genossen entsprechend ihrer finanziellen Beteiligung verteilt (§ 19). Diese rein kapitalistische, und deshalb der Genossenschaftsideologie fremde Regelung ist jedoch bei Auflösung der Gesellschaft nur teilweise anwendbar. Dann nämlich ist ein eventueller Überschuss, der sich über den Gesamtbetrag der Gesellschaftsguthaben hinaus ergibt, nach Köpfen zu verteilen, vorbehaltlich anderer statutarischer Regelungen (§ 91 Abs. 2 GenG). Bei Ausscheiden eines Mitgliedes ist ihm sein Geschäftsguthaben sowie, falls im Statut vorgesehen, ein Anteil an den Rücklagen auszuzahlen (§ 73 GenG).

Nach schweizerischem Recht können die Anteilscheine nie als Wertpapiere errichtet werden (Art. 853 Abs. 3 OR), aber sie können, ohne Übertragung der Mitgliedschaft, grundsätzlich frei an andere Genossenschafter oder an Dritte abgetreten werden (Art. 849 Abs. 1 OR). Dagegen darf in Frankreich der Anteilschein in der Form des Namenpapiers ausgestaltet sein, dessen Verkauf, bei Zustimmung der Gesellschaft, die Übertragung der Mitgliedschaft nach sich zieht (Art. 11 Gesetz 1947). Gleiches gilt nach angelsächsischem Recht. Gemäss § 76 GenG kann nach deutschem Recht ein Genosse sein Geschäftsguthaben an ein anderes Mitglied (in bestimmten Grenzen) oder an einen Dritten übertragen, falls dieser Mitglied wird. Dadurch endet die Mitgliedschaft des Veräusserers.

Eine subsidiäre persönliche Haftung der Genossenschafter ist dem angelsächsischen Recht unbekannt. Sie besteht dagegen in Frankreich von Gesetzes wegen bei einigen Genossenschaftsarten (die Mitglieder von sociétés civiles sind unbeschränkt haftbar). Ist sie in den Statuten vorgesehen, setzt das Gesetz manchmal eine Haftungsobergrenze fest (z.B. in doppelter Höhe des Anteilscheines bei landwirtschaftlichen oder in dreifacher Höhe bei handwerklichen Genossenschaften). Nach deutschem Recht sind die Genossen verpflichtet, (nach Köpfen bemessene) Nachschüsse zur Konkursmasse zu leisten, sofern das Statut die Nachschusspflicht nicht ausschliesst (§ 98 ff., insbes. § 105 GenG).

Diese wenigen Beispiele verdeutlichen den Sinn der Rechtsvergleichung im Genossenschaftsrecht. Auf den ersten Blick scheint dieses Rechtsinstitut überall gleich ausgestaltet zu sein. Erst bei näherer Betrachtung entdeckt man die ländermässig bedingten Unterschiede. Gerade wegen der Ähnlichkeit der Grundidee und der Organisationsprinzipien können die ausländischen Rechtsordnungen sowohl für die Rechtsanwendung als auch für die Gesetzgebung mit grossem Gewinn herangezogen werden[79].

---

79 Vgl. FORSTMOSER, ST, N. 736 ff.

Zweites Kapitel

Gründung der Genossenschaft

Art. 830 ff. OR stellen für die Gründung der Genossenschaft folgende Erfordernisse auf: 1. die Abfassung der Statuten; 2. ihre Genehmigung und die Bestellung der notwendigen Organe durch die konstituierende Generalversammlung (ohne dass deren Beschlüsse in einer öffentlichen Urkunde niedergelegt werden müssen (vgl. Art. 637 OR); 3. die Eintragung der Gesellschaft in das Handelsregister.

Der Gesetzgeber hat für die Genossenschaft, insbesondere im Hinblick auf den volksnahen Charakter dieser Verbandsform und das Fehlen eines obligatorischen Grundkapitals, ein recht einfaches Gründungsverfahren vorgesehen. Deshalb kennt das Genossenschaftsrecht auch keine besonderen Bestimmungen zur Verantwortlichkeit der Gründer (vgl. dazu hinten, Neuntes Kapitel). Trotz dieser Unterschiede sind die Entstehungsvoraussetzungen der verschiedenen Körperschaften des OR und die anwendbaren Bestimmungen weitgehend identisch; dies gilt für das Statut der Gesellschaft im Gründungsstadium, die von den Gründern eingegangenen Verbindlichkeiten, die Rechtsnatur und den Mindestinhalt der Statuten oder auch die Wirkungen der Eintragung in das Handelsregister. Daher kann in diesem Kapitel häufig auf das Aktienrecht und subsidiär auf das GmbH-Recht verwiesen werden.

§ 6 Genossenschaft im Gründungsstadium und Gründer

Literatur

CAPITAINE, SJK 1155; J. ENGELI, Die Verneinung der Einführung einer Auflösungsklage im Genossenschaftsrecht als Sanktion gegen Mängel des Gründungsvorgangs, Diss. Basel 1954; FORSTMOSER, ad Art. 830 OR, N. 8 ff. und Art. 838, N. 28 ff., und Aktienrecht, S. 403 ff.; GERWIG, GR, S. 163 ff., und SV, S. 155 ff.; VON GREYERZ, SPR VIII/2, § 6, S. 81 ff.; GUHL, S. 742 ff.; GUTZWILLER, ad Art. 838 OR; PATRY, S. 338 ff.; SIEGWART, ad Art. 645 OR; F. VON STEIGER, S. 20 ff., und Recht der AG, S. 143 ff.; W. VON STEIGER, Art. 783 OR; P. TROLLER, Betrachtungen zur Gründung der Genossenschaft mit spezieller Berücksichtigung der rechtlichen Verhältnisse während der Gründungsphase, Diss. Basel 1948; H. WOHLMANN, SPR VIII/2, S. 326 ff.

I. Statut der Genossenschaft im Gründungsstadium

Solange die Genossenschaft noch nicht die Rechtsfähigkeit durch Eintragung in das Handelsregister erlangt hat (Art. 838 OR), bilden die Gründer eine einfache Gesellschaft[1]. Ihre Beziehungen untereinander unterstehen somit den Art. 530 ff. OR[2], wobei allerdings, soweit erforderlich, den Besonderheiten ihres Zusammenschlusses Rechnung getragen werden muss. So ist allgemein anerkannt, dass etwa Art. 545 Abs. 1 Ziff. 2 OR nicht anwendbar ist und der Tod eines Gründers nicht die Auflösung der Gesellschaft nach sich zieht[3]. Die konstituierende Versammlung untersteht grundsätzlich den auf die Generalversammlung anwendbaren Bestimmungen[4]. Während der Zeitspanne zwischen der konstituierenden Versammlung und der Eintragung in das Handelsregister sind auf die Innenbeziehungen teilweise bereits die von ihr genehmigten Statuten anwendbar[5]; so wird etwa die Geschäftsführung der in Entste-

---

1   Obergericht Aargau, vom 15. März 1935, SJZ 33, 1936/37, S. 221; Appellationsgericht Tessin, vom 24. Juni 1924, SJZ 21, 1924/25, S. 258. Zur Aktiengesellschaft vgl. BGE 95 I, 1969, S. 276, 278; 85 I, 1959, S. 128, 131 = Pra 48, 1959, Nr. 124, S. 355. Vgl. auch CAPITAINE, SJK 1155, S. 3 ff.; FORSTMOSER, ad Art. 830 OR, N. 13; GERWIG, GR, S. 163; GUTZWILLER, ad Art. 834 OR, N. 5; GYSIN, S. 357; HEINI, S. 200; HENGGELER, S. 30; F. VON STEIGER, S. 20 und 107; C.-E. STIEHLE, Der Eintritt in die Genossenschaft und die daran geknüpften Rechte und Pflichten, Diss. Bern 1947, S. 11; TROLLER, S. 23 und 89 ff.
2   FORSTMOSER, ad Art. 830 OR, N. 14 ff.; GERWIG, GR, S. 164 ff.; TROLLER, S. 89 ff.
3   FORSTMOSER, ad Art. 830 OR, N. 15; TROLLER, S. 123.
4   Siehe hinten, § 8.
5   FORSTMOSER, ad Art. 834 OR, N. 49; VOGEL, S. 41; H. WENNINGER, Das Stimmrecht des Genossenschafters nach dem revidierten schweizerischen OR, Diss. Zürich 1944, S. 142. Zurückhaltender TROLLER, S. 122.

hung begriffenen Gesellschaft von den durch die konstituierende Versammlung bestellten Organen ausgeübt[6].

Im Aussenverhältnis wird das Recht der einfachen Gesellschaft durch Art. 838 Abs. 2 und 3 OR ergänzt, wenn die Gründer «ausdrücklich», d.h. klar erkennbar im Namen ihrer Vereinigung gehandelt haben[7]. Es gelten folgende Grundsätze[8]:

1. Der in Art. 838 OR bezeichnete Personenkreis schliesst nicht nur die Gründer i.e.S. ein, die Mitglieder der einfachen Gesellschaft sind, sondern jeden, «der als intellektueller Urheber von Rechtshandlungen anzusehen ist, welche für das werdende Gebilde vorgenommen werden»[9].
2. Die bezeichneten Personen werden wirksam Träger der Rechte und Pflichten aus den namens der zu bildenden Genossenschaft geschlossenen Verträgen. Sie können also persönlich zur Erfüllung oder zur Schadenersatzleistung angehalten werden.
3. Die Übernahme der in ihrem Namen eingegangenen Verpflichtungen durch die Genossenschaft, d.h. durch ihre Verwaltung, ist formlos gültig. Jedoch haben weder die handelnden Gründer noch ihre Vertragspartner gegen sie einen Anspruch auf Übernahme.
4. Art. 838 Abs. 2 OR gilt auch bei Sachübernahmen (Art. 833 Ziff. 3 OR), d.h. bei Kaufverträgen oder ähnlichen Geschäften von einer gewissen wirtschaftlichen Bedeutung, im Vergleich zum Grundkapital oder Vermögen der Genossenschaft. Hingegen findet Art. 838 Abs. 3 OR keine Anwendung auf die Übernahme von Vermögenswerten, deren Aufnahme in die Statuten zwingend vorgesehen ist. Die gegenteilige Ansicht wäre mit Art. 833 Ziff. 3, 834 Abs. 2 und 835 Abs. 4 OR nicht vereinbar.

II. Gründer und erste Gesellschafter

Der Gesetzgeber wollte die Gründung einer Genossenschaft von geringeren formellen Voraussetzungen als diejenige einer Aktiengesellschaft abhängig machen, hat in diesem Bestreben aber ein in sich widersprüchliches Verfahren gewählt. Die Anwen-

---

6 FORSTMOSER, ad Art. 834 OR, N. 51; TROLLER, S. 121.
7 Vgl. FORSTMOSER, ad Art. 838 OR, N. 28 ff. und N. 41 f.; GERWIG, GR, S. 197 ff.; TROLLER, S. 137 ff.
8 Wegen der Ähnlichkeit der gesetzlichen Bestimmungen kann auf Lehre und Rechtsprechung zu den Art. 645 und 783 OR verwiesen werden, vor allem auf VON GREYERZ, SPR VIII/2, § 6, und WOHLMANN, SPR VIII/2, § 31; siehe ferner FORSTMOSER, Aktienrecht, S. 403 ff.; W. VON STEIGER, Art. 783 OR, N. 21 f.; BGE 83 II, 1957, S.291, 294; 79 II, 1953, S. 174, 177; 76 II, 1950, S. 164; 63 II, 1937, S. 295, 298 ff.
9 BGE 76 II, 1950, S. 164.

dung der Art. 831 und 834 OR wirft Probleme auf, die unlösbar erscheinen, auch wenn sie mehr theoretischer als praktischer Art sein mögen. Denn wenn die Mitgliedschaft nur durch Unterzeichnung der Statuten begründet werden kann (Art. 834 Abs. 4 OR), wenn an der Gründung mindestens sieben Mitglieder beteiligt sein müssen (Art. 831 Abs. 1 OR), wenn schliesslich die Mehrheit der von der konstituierenden Versammlung zu bestellenden Verwaltung Genossenschafter sein muss (Art. 894 Abs. 1 OR), ist schwer festzustellen, wer an der konstituierenden Versammlung teilnehmen kann oder muss, wie diese ihre Entscheidungen trifft, ab welchem Zeitpunkt, vor Eintragung, die Gesellschaft als «entstanden» oder «begründet» angesehen werden muss: «Wir scheinen uns in seltsamster Weise im Kreise zu bewegen»[10].

Es wäre sicher zweckmässiger gewesen, ein dem Aktienrecht (Art. 629 OR) entsprechendes Gründungsverfahren vorzusehen, allerdings wohl ohne das Erfordernis der öffentlichen Beurkundung des Gründungsaktes[11]. Vielleicht liesse sich auch schon nach geltendem Recht vertreten, das «Gründungsprotokoll» der konstituierenden Versammlung (Art. 834 OR) sei als Errichtungsakt anzusehen, und auf jene seien die Vorschriften zur Simultangründung durch die Generalversammlung der Aktiengesellschaft nach Art 629 OR anzuwenden. Mit anderen Worten wären die (mindestens sieben) Teilnehmer an der konstituierenden Versammlung notwendigerweise die ersten Gesellschafter; sie fassten ihre Beschlüsse einstimmig; die Verwaltung wäre aus ihrer Mitte zu bestimmen; und die Gesellschaft würde als errichtet gelten, sobald jeder von ihnen die Statuten unterzeichnet hat.

In der Lehre wird hingegen vertreten, die konstituierende Versammlung der Genossenschaft sei eine echte körperschaftliche Versammlung, auf die die Bestimmungen über die Generalversammlung Anwendung finden[12]. Bei der Beurteilung der Erfordernisse betreffend die Genehmigung der Statuten soll nach einigen Autoren analog Aktienrecht, insbesondere Art. 635 Abs. 2 OR 1936[13], nach anderen das Generalversammlungsrecht der bestehenden Genossenschaft, sozusagen im Vorgriff, anwendbar sein[14]. Diese Frage ist jedoch praktisch bedeutungslos, da eine allfällige Minderheit die Unterzeichnung der Statuten verweigern kann und somit nicht Mitglied wird. Im übrigen bleibt die Frage der Anzahl der Gesellschafter weiterhin offen.

---

10 GERWIG, GR, S. 183.
11 Aber auch nicht untersagt, vgl. F. VON STEIGER, S. 95.
12 Vgl. Art. 634 Abs. 2 OR 1936, und FORSTMOSER, ad Art. 834 OR, N. 19 ff., der in N. 20 präzisiert, dass die statutarischen Regeln über die Generalversammlung nicht anwendbar seien; HENGGELER, S. 57; E. HENSEL, Das Generalversammlungsrecht der Genossenschaft nach dem neuen schweizerischen OR, Diss. Zürich 1942, S. 44; TROLLER, S. 66.
13 GERWIG, GR, S. 184 f., der für wesentliche Änderungen am Statutenentwurf Einstimmigkeit verlangt; VOGEL, S. 43.
14 FORSTMOSER, ad Art. 834 OR, N. 30 ff., für den aber die Abänderung des Statutenentwurfs Art. 888 Abs. 1 OR und nicht Art. 888 Abs. 2 OR unterworfen ist; GUTZWILLER, ad Art. 834 OR, N. 8; WENNINGER (Anm. 5), S. 142.

Art. 831 Abs. 1 OR dürfte auf die konstituierende Versammlung nicht anwendbar sein[15], da es sich um eine Versammlung der Initiatoren und Organisatoren der Gesellschaftsgründung handelt, ohne dass diese sich zur Mitgliedschaft verpflichteten. Fraglich ist dann aber, wie auf die Gründerversammlung die Bestimmungen über die Generalversammlung anwendbar sein sollen und wie eine Genossenschaft, die am Ende ihrer konstituierenden Versammlung noch kein einziges Mitglied aufweist, als errichtet angesehen werden kann. Auch der gegenteiligen Auffassung eines Teils der Lehre[16] kann nicht beigepflichtet werden, erscheint es doch kaum vertretbar, die Anwesenheit von sieben Gesellschaftern bei einer Versammlung zu fordern, deren Sinn es gerade ist, die Urkunde zu genehmigen, deren Unterzeichnung die Mitgliedschaft nach sich zieht. Ferner ist die Rechtslage unklar, wenn z.B. die Statutengenehmigung oder die Bestellung der Organe mehrheitlich, aber mit weniger als sieben der Stimmen, die am Ende der Gründerversammlung die Statuten unterzeichnet haben, erfolgt[17].

Es sollte daher davon ausgegangen werden, dass Art. 831 Abs. 1 OR nicht anwendbar ist und folglich zwei Personen, die nicht unbedingt Gesellschafter werden müssen, für eine konstituierende Versammlung genügen, während der sie die Statuten Dritten zur Unterschrift vorlegen (Art. 834 Abs. 4 OR)[18]. Jedoch ist die Genossenschaft erst ab dem Zeitpunkt als errichtet anzusehen und gelten die Statuten im Innenverhältnis, ab dem ihre Eintragung im Handelsregister möglich ist (Art. 831 Abs. 1 i.V. mit Art. 940 OR), d.h. sobald sie sieben Mitglieder zählt oder die statutarisch erhöhte Mindestmitgliederzahl erreicht[19], und wenn die Mehrheit der Verwaltung aus Gesellschaftern besteht (Art. 894 Abs. 1 OR).

Die Beteiligung von Strohmännern an der Genossenschaftsgründung, schon bei der konstituierenden Versammlung oder später durch Unterzeichnung der Statuten, ist möglich und stellt nach der herrschenden Lehre für den Registerführer keinen Grund dar, die Eintragung zu verweigern[20]. Gegen diese Meinung bestehen aber Bedenken, da sich der Strohmann-Genossenschafter in einer anderen Lage befindet als der Strohmann-Aktionär. Da die Mitgliedschaft nicht abtretbar ist, kann sie – anders als ein Genossenschaftsanteil – nicht fiduziarisch erworben werden. Ferner steht offensichtlich Art. 885 OR einer Mitwirkung von Strohmännern an Gesellschaftsbeschlüssen nach Gründung der Genossenschaft entgegen. Folglich ist der Erwerb der Mitgliedschaft zu dem alleinigen Zweck, die Anforderungen des

---

15 FORSTMOSER, ad Art. 834 OR, N. 27 und 53.
16 CAPITAINE, SJK 1155, S. 1 und 3; GERWIG, GR, S. 182; ENGELI, S. 164; F. VON STEIGER, S. 96 f.
17 Nach ENGELI, S. 23 und 163, müssen die Statuten von wenigstens sieben Personen genehmigt werden.
18 Sie müssen selbstverständlich die Voraussetzungen erfüllen, von denen das Gesetz (insbesondere Art. 828 OR) und die Statuten den Erwerb der Mitgliedschaft abhängig machen.
19 FORSTMOSER, ad Art. 828 OR, N. 52.
20 FORSTMOSER, ad Art. 831 OR, N. 15 ff., mit Nachweisen zum Aktienrecht.

Art. 831 OR formell zu respektieren, rechtswidrig. Falls der Registerführer die wahre Rechtslage kennen sollte, was unwahrscheinlich sein dürfte, müsste er die Eintragung der Gesellschaft verweigern.

§ 7 Statuten

Literatur

CAPITAINE, SJK 1155; FORSTMOSER, ad Art. 832/833 OR; GERWIG, GR, S. 167 ff.; GUTZWILLER, ad Art. 832/833 OR; HENGGELER, S. 31 ff.; F. VON STEIGER, S. 34 ff.
Zu den entsprechenden Rechtsfragen bei AG und GmbH, siehe auch: FORSTMOSER, Aktienrecht, S. 63 ff., 149 ff.; VON GREYERZ, S. 100 ff.; SIEGWART, Art. 626 und 627 OR; F. VON STEIGER, Recht der AG, S. 38 ff.; W. VON STEIGER, Art. 776 und 777 OR; WOHLMANN, S. 340 ff.

I. Einführung

Die zwingend schriftlich abgefassten Statuten (Art. 834 Abs. 1 OR), der Gesellschaftsvertrag, haben für die Genossenschaft Normcharakter[21]. Die Gründer bringen in ihnen ihren Willen zum Ausdruck, eine Genossenschaft zu gründen; sie geben ihr Firma und Sitz, bestimmen ihren Zweck, regeln ihre Organisation und legen Rechte und Pflichten der Gesellschafter fest. Grundsätzlich werden die Statuten wie Verträge nach dem Vertrauensprinzip ausgelegt[22], ausnahmsweise jedoch nach den für Gesetze geltenden Auslegungsregeln[23].

Die Statuten sind auf Mitglieder und Organe der Gesellschaft, deren Rechte und Pflichten sie regeln, sowie auf die Gesellschaft selbst anwendbar. Gelegentlich räumen sie Dritten Rechte ein, insbesondere den Begünstigten von Sondervorteilen oder von Genussscheinen[24], den Gesellschaftsgläubigern (Art. 869 ff. OR) oder Körperschaften des öffentlichen Rechts (Art. 926 OR). Darüber hinaus beeinflussen Statuten wegen der sich aus ihrer Hinterlegung beim Handelsregister ergebenden Publizität (Art. 933 Abs. 1 OR) wenigstens mittelbar Drittpersonen, die mit der Gesellschaft in Beziehung treten[25]. Ihre Rechte und Pflichten können etwa durch die Umschreibung des Gesellschaftszwecks sowie die Abgrenzung der Organkompetenzen und die Regelung der Vertretung der Gesellschaft tangiert werden.

---

21 Zur früher äusserst umstrittenen Rechtsnatur der Statuten, vgl. FORSTMOSER, ad Art. 832/833 OR, N. 12 ff., und Aktienrecht, S. 149 ff.; siehe ferner VON GREYERZ, S. 101 f., und OEZGÜR, S. 46 ff.
22 BGE 87 II, 1961, S. 89, 95. Zu Recht bemerkt GUTZWILLER, Art. 833 OR, N. 9 ff., dass bei der Auslegung Eigenart und Bedürfnisse des Genossenschaftstyps berücksichtigt werden müssen; einschränkender FORSTMOSER, ad Art. 832/833 OR, N. 59.
23 Zum Ganzen FORSTMOSER, ad Art. 832/833 OR, N. 57 ff., insbes. N. 63 ff.
24 Soweit diese mit Genossenschaftsrecht vereinbar sind, vgl. hinten, Drittes Kapitel, § 10.
25 Vgl. hierzu FORSTMOSER, ad Art. 832/833 OR, N. 17; F. VON STEIGER, S. 34 sowie die aktienrechtliche Lehre, insbes. FORSTMOSER, Aktienrecht, S. 151 f. und 161 ff., und VON GREYERZ, S. 104.

Selbstverständlich müssen die Statuten gesetzeskonform sein. Lässt der Handelsregisterführer Statutenbestimmungen zu, obwohl sie gegen zwingendes Recht verstossen und er sie also zurückweisen müsste, sei es irrtümlich, sei es, weil die Rechtswidrigkeit nicht offensichtlich ist, bleiben sie dennoch nichtig[26]. Das bedeutet allerdings nicht, dass sie in der Praxis keine Wirkungen entfalten könnten. Die aufgrund nichtiger Statutenbestimmungen von der Verwaltung vorgenommenen Rechtshandlungen und von der Generalversammlung gefassten Beschlüsse sind zum Schutz Dritter gelegentlich als gültig anzusehen oder nur anfechtbar[27].

II. Statuteninhalt

Die Statuten der Genossenschaften weisen in der Praxis – wie diejenigen der Aktiengesellschaften – eine ähnliche Struktur auf[28]. Sie enthalten meist drei Gruppen von Bestimmungen. Die erste ist zwingend und wird vom Gesetz «vorgeschriebener Inhalt» (Art. 832 OR), von der Lehre «absolut notwendiger Statuteninhalt» genannt. Die zweite enthält die sog. «weiteren Bestimmungen» (Art. 833 OR) oder den «bedingt notwendigen Statuteninhalt». Hierbei handelt es sich um Angaben, die nur durch die Statuten, nicht aber durch einfache Gesellschaftsbeschlüsse geregelt werden können. Die dritte Gruppe schliesslich wird «fakultativ notwendiger Statuteninhalt» genannt und enthält drei Arten von Bestimmungen: solche, die das Gesetz wiederholen oder umschreiben, solche, die vom dispositiven Recht abweichen, und solche, die eine gesetzliche Regelung präzisieren.

1. Absolut notwendiger Statuteninhalt

Nur die Bestimmungen zu Firma, Sitz und Zweck der Genossenschaft gehören zum absolut notwendigen Inhalt der Statuten in dem Sinne, dass sie nicht durch gesetzliche oder reglementarische Vorschriften ersetzt werden können, sondern materiell in den Statuten enthalten sein müssen. Fehlt eine dieser Klauseln, darf die Gesellschaft nicht ins Handelsregister eingetragen werden. Art. 832 Ziff. 1 und 2 OR entspricht Art. 626 Ziff. 1 und 2 OR (früher entsprach diese Bestimmung Art. 626 Ziff. 1 und 2 OR 1936), mit dem – allerdings nicht sachlichen, sondern nur redaktionellen –

---

26 FORSTMOSER, ad Art. 832/833 OR, N. 31.
27 Siehe hinten, Siebtes Kapitel, § 21.
28 Die Benutzung von Normal- oder Musterstatuten ist häufig, siehe FORSTMOSER, Art. 832/833 OR, N. 19; GUTZWILLER, ad Art. 833 OR, N. 6 ff. und 27 ff.

Unterschied[29], dass ersterer den Gegenstand der Gesellschaft nicht erwähnt[30]. Auch hier muss folglich auf Aktienrecht[31] und auf die allgemeinen Bestimmungen zum Firmenrecht (Art. 944 ff. OR)[32] zurückgegriffen werden.

Im Rahmen der gesetzlichen Vorschriften sind die Genossenschaften bei der Firmenbildung frei (Art. 950 Abs. 1 OR)[33]. Gemäss Art. 944 Abs. 1 OR muss der Inhalt der Firma der Wahrheit entsprechen, darf nicht zu Täuschungen Anlass geben und kein öffentliches Interesse verletzen[34]. Enthält sie Personennamen, muss ihr die Bezeichnung «Genossenschaft» beigefügt werden (Art. 950 Abs. 2 OR). Schliesslich unterliegt die Verwendung von nationalen und territorialen Bezeichnungen gewissen Einschränkungen und Bedingungen und erfordert eine Bewilligung des Eidgenössischen Amtes für das Handelsregister (Art. 45 und 46 HRegV).

Auch ihren Sitz können die Genossenschaften frei wählen[35]. Er muss fest und einheitlich sein, braucht allerdings, wenn er in der Schweiz gelegen ist, nach herrschender Lehre nicht mit dem Ort übereinzustimmen, an dem der Geschäftsbetrieb und die Verwaltung geführt werden[36]. In den Statuten muss die Gemeinde bestimmt sein[37], nicht dagegen die Adresse der Gesellschaft. Der Sitz ist gleichzeitig Ort der Eintragung der Genossenschaft in das Handelsregister (Art. 835 Abs. 1 OR), bestimmt den allgemeinen Gerichtsstand für Klagen gegen die Gesellschaft[38] sowie den Betreibungsort (Art. 46 Abs. 2 SchKG) und, Ausnahmen vorbehalten, das Hauptsteuerdomizil der Gesellschaft.

Schliesslich können die Genossenschaften ihren Zweck frei wählen, solange er nicht widerrechtlich oder unsittlich ist[39]. Im Gegensatz zu Art. 828 OR ist hier nicht der Endzweck angesprochen, nämlich Mitgliederförderung im Gegensatz zu ideellen

---

29 FORSTMOSER, ad Art. 832/833 OR, N. 98.
30 Dagegen spricht Art. 776 Ziff. 2 OR nur vom Gegenstand.
31 Siehe insbes. FORSTMOSER, Aktienrecht, S. 63–112; VON GREYERZ, S. 100 ff.; F. VON STEIGER, Recht der AG, S. 39 ff.
32 E. HIS, Handelsregister, Geschäftsfirmen und kaufmännische Buchführung, Berner Kommentar, Band VII, 4. Abteilung, Bern 1940; R. PATRY, Grundlagen des Handelsrechts, SPR VIII/1, Basel/Stuttgart 1976, S. 154 ff.
33 Im Einzelnen, siehe FORSTMOSER, ad Art. 832/833 OR, N. 73 ff.; F. VON STEIGER, S. 35 ff.
34 Vgl. auch Art. 44 HRegV. Gemäss Art. 955 OR hält der Handelsregisterführer die Gesellschaft dazu an, diese Bestimmung zu beachten; er verweigert die Eintragung jedoch nur, wenn die gleiche Firma schon eingetragen ist.
35 Vgl. FORSTMOSER, ad Art. 832/833 OR, N. 84 ff.; GUTZWILLER, ad Art. 833 OR, N. 32 ff.; F. VON STEIGER, S. 37 ff.
36 Siehe auch Art. 56 ZGB; FORSTMOSER, ad Art. 832/833 OR, N. 84 ff. mit weiteren Hinweisen.
37 Falls die Angabe des Kantons oder des Distrikts ausreicht, um die zuständigen Behörden und Gerichte zu bestimmen, wie z.B. in Genf, dürfte dies ausreichen.
38 Dagegen bestimmt er nicht den Gerichtsstand – oder einen der Gerichtsstände – bei Verantwortlichkeitsklagen gemäss Art. 916 ff., ausser gemäss Art. 920 und 761 OR bei Kredit- und Versicherungsgenossenschaften.
39 Z.B. Art. 13 Abs. 1 BankG. Zum Genossenschaftszweck im einzelnen: FORSTMOSER, ad Art. 832/833 OR, N. 94 ff.; GUTZWILLER, ad Art. 833 OR, N. 37 ff.; F. VON STEIGER, S. 40 ff.

Zwecken oder Erwerbszwecken, sondern der (oder die) Wirtschaftszweig(e), in denen die Genossenschaft tätig werden soll[40]. Die Mittel, mit denen dieses Ziel erreicht werden soll, können, müssen aber nicht in den Statuten genannt werden. In der Praxis ist der Zweck im allgemeinen recht weit und ungenau formuliert. Folglich ist der Umfang der Vertretungsmacht der für die Genossenschaft handelnden Personen gemäss Art. 899 Abs. 1 OR entsprechend weit und ungenau festgelegt – oft ein Vorteil, gelegentlich aber auch eine Gefahr für die Gesellschaft.

Nach Art. 832 Ziff. 3 OR müssen die Statuten Bestimmungen über «eine allfällige Verpflichtung der Genossenschafter zu Geld- oder anderen Leistungen» enthalten. Da aber eine Genossenschaft ihren Mitgliedern nicht zwingend Beitrags- oder andere finanzielle Pflichten auferlegt, hätte diese Vorschrift nach Ansicht des Bundesgerichtes[41] eher in Art. 833 OR aufgenommen werden müssen. Obwohl die gesetzliche Formulierung («eine allfällige Verpflichtung», «pourraient») den nicht obligatorischen Charakter der Gesellschafterpflichten unterstreicht, nimmt die herrschende Lehre dennoch an, das Erfordernis der gemeinsamen Selbsthilfe nach Art. 828 OR ziehe notwendigerweise gewisse Verpflichtungen zu Lasten der Genossenschafter nach sich[42]. Dem kann nicht zugestimmt werden, da eine Genossenschaft durchaus viele Mitglieder aufnehmen kann, die alle den gemeinsamen Zweck unterstützen sollen, ohne aber zu bestimmten und regelmässig wiederkehrenden Leistungen verpflichtet zu sein.

Sobald, wie in der Praxis üblich, eine Genossenschaft ihren Mitgliedern gewisse Pflichten auferlegt, müssen diese jedenfalls in die Statuten aufgenommen werden[43], andernfalls der diesbezügliche Beschluss nichtig ist[44]. Gemäss Art. 832 Ziff. 3 OR müssen «Art und Höhe» der vorgesehenen Leistungen in den Statuten bestimmt sein, d.h. sie müssen ausreichend genau, wenn auch bei finanziellen Verpflichtungen nicht unbedingt ziffernmässig umschrieben sein. Jedoch sind in die Statuten je nach Art der Leistung ein Höchstbetrag oder Berechnungskriterien aufzunehmen, damit sowohl die Mitglieder als auch Dritte unter Berücksichtigung der gesetzlichen Vorschriften wie etwa Art. 842 Abs. 2 OR sich ein klares Bild von den Beträgen und anderen Leistungen machen können, die die Gesellschaft verlangen darf[45].

---

40 FORSTMOSER, ad Art. 832/833 OR, N. 97 ff.
41 BGE 93 II, 1967, S. 30 = Pra 56, 1967, Nr. 118, S. 368, 371. Siehe auch hinten, Fünftes Kapitel, § 15.
42 FORSTMOSER, ad Art. 828 OR, N. 104 ff., und ad Art. 832/833 OR, N. 299, und Grossgenossenschaften, S. 181; F. VON STEIGER, S. 42 ff.; a.A. VOGEL, S. 132.
43 Davon ausgenommen ist die Pflicht, nach Treu und Glauben zu handeln, die sich unmittelbar aus dem Gesetz ergibt (Art. 866 OR), ferner diejenige, einen Anteilschein zu übernehmen (Art. 853 Abs. 1 OR).
44 BGE 93 II, 1967, S. 30 = Pra 56, 1967, Nr. 118, S. 368, 371.
45 Hierzu FLURI, S. 24 ff.; FORSTMOSER, ad Art. 832/833 OR, N. 108 ff.; GERWIG, GR, S. 174; F. VON STEIGER, S. 45; F. ZUMBÜHL, Die korporationsrechtlichen Leistungspflichten in der Genossenschaft, Diss. Zürich 1944, S. 69 ff. Vgl. auch Fünftes Kapitel, § 15.

§ 7 Statuten

Die Pflichten der Genossenschafter können unterschiedlichster Art sein[46]. Meist handelt es sich um Geldleistungen: Zahlung von jährlichen Mitgliederbeiträgen, Übernahme von einem oder mehreren Anteilscheinen nach Art. 853 Abs. 1 OR, Entrichtung einer Eintrittsgebühr gemäss Art. 839 Abs. 2 OR oder einer Auslösungssumme bei Austritt aus der Gesellschaft gemäss Art. 842 Abs. 2, 843 Abs. 2, 846 Abs. 4 OR, persönliche Haft- und Nachschusspflicht nach Art. 869 ff. OR, Zahlung von Bussen und Konventionalstrafen usw.[47]. Das Konzept der gemeinsamen Selbsthilfe kommt in anderen Pflichten deutlicher zum Ausdruck, z.B. bei Leistungs-, Duldungs- oder Unterlassungspflichten, insbesondere dem Konkurrenzverbot. Ausnahmsweise können sich die letztgenannten Pflichten direkt aus der in Art. 866 OR verankerten Treuepflicht ergeben.

Wie in Art. 832 Ziff. 4 OR vorgesehen, enthalten die Statuten immer Bestimmungen zu den für Verwaltung und Kontrolle zuständigen Organen. Diese Bestimmungen sind notwendig, aber nicht wesentlich, da die Organisation der Genossenschaft im Gesetz selbst geregelt ist. Folglich reicht es, wenn in den Statuten das Gesetz wiederholt oder umschrieben wird[48]. Zur «Art der Ausübung der Vertretung» verlangt Art. 895 Abs. 1 OR, dass wenigstens eines der in der Schweiz wohnhaften Mitglieder der Verwaltung mit Schweizerbürgerrecht zur Vertretung der Genossenschaft berechtigt sein muss. Im übrigen muss in den Statuten, da das Genossenschaftsrecht keine dem Art. 716b Abs. 3 OR entsprechende Vorschrift enthält, entweder die Einzel- oder Kollektivunterschrift der Mitglieder der Verwaltung festgelegt oder das Organ bestimmt werden, das für die Regelung der Zeichnungsbefugnis zuständig sein soll[49]. Ausserdem kann in den Statuten gemäss Art. 898 OR die Generalversammlung oder die Verwaltung ermächtigt werden, Vertretungsaufgaben an untergeordnete Organe zu übertragen.

Schliesslich müssen gemäss Art. 832 Ziff. 5 OR die Statuten Bestimmungen zur «Form der von der Genossenschaft ausgehenden Bekanntmachungen» enthalten. Zu unterscheiden sind

(1) die gesetzlich vorgeschriebenen Bekanntmachungen[50], die in jedem Fall im Schweizerischen Handelsamtsblatt erscheinen müssen. Selbstverständlich können die Statuten weitere Veröffentlichungen in anderen Zeitungen vorsehen;

---

46 Einzelheiten bei CAPITAINE, SJK 1157, S. 2 ff.; FORSTMOSER, ad Art. 832/833 OR, N. 112 ff.; GUTZWILLER, ad Art. 832/833 OR, N. 48 ff.; KUMMER, S. 102 ff.; F. VON STEIGER, S. 43 ff.; ZUMBÜHL (Anm. 45), S. 62 ff.
47 Die aus der Mitgliedschaft entspringenden Pflichten werden hinten, Drittes Kapitel ff., ausführlich dargestellt.
48 FORSTMOSER, ad Art. 832/833 OR, N. 118 ff.; HENGGELER, S. 34 ff.
49 F. VON STEIGER, S. 56.
50 So Art. 93 Abs. 2 HRegV, Art. 874 Abs. 2 OR i.V.m. Art. 733 OR, Art. 913 Abs. 1 OR i.V.m. Art. 742 Abs. 2 OR. Vgl. FORSTMOSER, ad Art. 832/833 OR, N. 121 ff.; GUTZWILLER, ad Art. 832/833 OR, N. 77; F.VON STEIGER, S. 57.

(2) die übrigen Bekanntmachungen der Genossenschaft, die in einem öffentlichen Blatt, d.h. in einer nicht unbedingt amtlichen, aber weit verbreiteten Zeitung erscheinen müssen (Art. 82 Abs. 1 und 93 Abs. 1 lit. f HRegV), welche in den Statuten selbst bezeichnet oder vom in den Statuten genannten Organ ausgewählt wird (Art. 82 Abs. 2 und 93 Abs. 1 lit. f HRegV)[51];

(3) die Mitteilungen der Verwaltung an die Mitglieder, für die das Gesetz keine bestimmte Form vorschreibt (vgl. Art. 641 Ziff. 9 OR) und die somit nicht unter Art. 832 Ziff. 5 OR fallen.

Die auf Art. 832 OR gegründeten Statutenbestimmungen können gemäss Art. 888 Abs. 2 OR jederzeit durch Generalversammlungsbeschluss mit Zweidrittelmehrheit der abgegebenen Stimmen geändert werden, es sei denn, die Statuten selbst sähen für diese Art von Beschlüssen strengere Regeln vor. Art. 889 OR ist trotz seines Randtitels nicht auf Beschlüsse anwendbar, die andere als die in Art. 869 ff. OR vorgesehenen Leistungspflichten der Genossenschafter erhöhen[52]. Bei Änderung des absolut notwendigen Statuteninhalts haben die Genossenschafter nicht unbedingt ein sofortiges Austrittsrecht (vgl. Art. 889 Abs. 2 OR); jedoch kann eine grundlegende Änderung wie etwa diejenige des Genossenschaftszweckes oder die Einführung neuer Pflichten einen wichtigen Austrittsgrund darstellen[53].

2. Bedingt notwendiger Statuteninhalt

Art. 833 OR zählt eine Reihe von Bestimmungen auf, die nur gültig sind, wenn sie in den Statuten eine Grundlage haben. Von einem Gesellschaftsorgan in den betreffenden Bereichen gefasste Beschlüsse ohne statutarische Grundlage sind unverbindlich. So darf z.B. die Generalversammlung ausserhalb der Statuten kein von Art. 888 Abs. 1 OR abweichendes Quorum oder keine generelle von Art. 859 OR abweichende Verteilung des Reinertrages beschliessen. Derartige Beschlüsse sind eindeutig nichtig. Dagegen sind vereinzelte unmittelbar anwendbare Generalversammlungsbeschlüsse, welche entweder auf einer früheren widerrechtlichen Regelung beruhen oder Art. 833 OR direkt verletzen, nicht nichtig, sondern lediglich anfechtbar. Zu denken wäre etwa an die Verteilung des Reinertrages – ohne statutarische Grundlage – nur für ein bestimmtes Geschäftsjahr. Gegen einen solchen Beschluss könnte ein Genossenschafter nach Ablauf der zweimonatigen Frist (Art. 891 Abs. 2 OR) keine Anfechtungsklage mehr erheben[54].

---

51 BGE 69 I, 1943, S. 51, 57.
52 Siehe hinten, Siebtes Kapitel, § 21.
53 Siehe hinten, Viertes Kapitel, § 13.
54 FORSTMOSER, ad Art. 832/833 OR, N. 132 ff.

§ 7 Statuten

Die Aufzählung des Art. 833 OR ist nicht abschliessend. Zahlreiche andere Bestimmungen sind nur mit statutarischer Grundlage gültig, so vor allem ein allfälliger Abfindungsanspruch eines aus der Genossenschaft ausscheidenden Gesellschafters (Art. 864 OR)[55]. In manchen Fällen ist die Notwendigkeit einer statutarischen Grundlage fragwürdig; so etwa ist nicht einzusehen, warum entgegen Art. 852 Abs. 1 OR für das Ausstellen eines Mitgliedschaftsausweises nicht der Beschluss der Verwaltung oder der Generalversammlung ausreichen soll.

3. Fakultativer Statuteninhalt

Es handelt sich um Bestimmungen, die das Gesetz wiederholen oder umschreiben, vom Gesetz abweichen oder vom Gesetz nicht geregelte Fragen beinhalten. Die Aufnahme von Normen in die Statuten, welche auch in der Form des Reglements oder des einfachen Gesellschafterbeschlusses Gültigkeit hätten, verschafft diesen vermehrte Publizität und erhöhte Stabilität[56], da sie nur mit Zweidrittelmehrheit der abgegebenen Stimmen geändert werden können (Art. 888 Abs. 2 OR). Ein Teil der Lehre vertritt allerdings die Ansicht, dass die Änderung einer fakultativen Klausel, die ohne Absicht auf verstärkten Bestandesschutz in die Statuten aufgenommen wurde, nicht ohne weiteres wie eine Statutenänderung zu behandeln sei (einzig Art. 888 Abs. 1 OR wäre in einem solchen Fall anwendbar)[57], d.h. dass es in diesem Fall jedenfalls zulässig sei, von der Regelung des Art. 888 Abs. 2 OR abzuweichen[58]. Diese Unterscheidungen mögen richtig sein, sind aber mit dem Postulat der Rechtssicherheit nur schwer vereinbar.

---

55 Weitere Beispiele bei FORSTMOSER, ad Art. 832/833 OR, N. 198.
56 Wie FORSTMOSER, ad Art. 832/833 OR, N. 29 und 201, bemerkt, können fakultative Bestimmungen bei Gesetzesänderung bedeutsam werden.
57 W. VON STEIGER, Art. 784 OR, N. 3.
58 FORSTMOSER, ad Art. 832/833 OR, N. 203.

III. Reglemente

Im Genossenschaftsrecht werden Reglemente nur in dem Art. 722 Abs. 2 Ziff. 3 OR 1936[59] nachgebildeten Art. 902 Abs. 2 Ziff 2 OR erwähnt, der sich denn auch, entsprechend der altaktienrechtlichen Terminologie, auf die sog. Geschäftsreglemente bezieht, die die kaufmännische, technische und finanzielle Organisation der Gesellschaft betreffen und keiner statutarischen Grundlage bedürfen[60].

Dagegen ist fraglich, ob die sog. Organisationsreglemente, die im Aktienrecht in den Statuten vorgesehen sein mussten (Art. 712 Abs. 2, 717 Abs. 2, 721 Abs. 1 OR 1936), im Genossenschaftsrecht überhaupt zulässig sind. Zwar stehen jedem körperschaftlichen Organ gewisse Freiheiten bezüglich seiner Organisation zu. So kann der Verwaltungsrat oder die Direktion einer Genossenschaft – ebenso wie in einer Aktiengesellschaft – für sich selbst Reglemente aufstellen, selbst wenn eine entsprechende Zuständigkeit in den Statuten nicht vorgesehen ist[61]. Aber es ist wohl nicht zulässig, insbesondere im Hinblick auf die erschwerte Statutenänderung des Art. 888 Abs. 2 OR, dass die Verwaltung durch Reglement die Geschäftsführung und Vertretung der Genossenschaft an die Geschäftsführer oder Direktoren delegiert, da Art. 898 OR anders als Art. 717 Abs. 2 OR 1936 diese Möglichkeit nicht vorsieht und Art. 833 Ziff. 6 OR bestimmt, dass «von den gesetzlichen Bestimmungen abweichende Vorschriften über die Organisation (und) die Vertretung» in die Statuten aufgenommen werden müssen[62]. Dennoch kommen derartige Reglemente in der Praxis häufig vor[63].

---

59 Zum Aktienrecht von 1936, vgl. E.J. EIGENMANN, Das Reglement der AG, Zürich 1952, und W.KOENIG, Statut, Reglement, Observanz, Diss. Zürich 1934. Zum neuen Recht siehe Art. 716b OR.
60 Siehe BÜRGI, Art. 712 OR, N. 30 ff.; FORSTMOSER, Aktienrecht, S. 190 ff.
61 FORSTMOSER, ad Art. 832/833 OR, N. 36.
62 FORSTMOSER, ad Art. 832/833 OR, N. 41, der aber die Zulässigkeit von Organisationsreglementen nicht bezweifelt.
63 FORSTMOSER, ad Art. 832/833 OR, N. 38; GUTZWILLER, ad Art. 833 OR, N. 16.

§ 8 Konstituierende Versammlung und Eintragung ins Handelsregister

Literatur

CAPITAINE, SJK 1155; J. ENGELI, Die Verneinung der Einführung einer Auflösungsklage im Genossenschaftsrecht als Sanktion gegen Mängel des Gründungsvorganges, Diss. Basel 1954; FORSTMOSER, ad Art. 834–838 OR; GERWIG, GR, S. 182 ff.; GUTZWILLER, ad Art. 834–838 OR; GYSIN, S. 356 ff.; HENGGELER, S. 54 ff.; F. VON STEIGER, S. 95 ff. und 105 ff.; P. TROLLER, Betrachtungen zur Gründung der Genossenschaft mit spezieller Berücksichtigung der rechtlichen Verhältnisse während der Gründungsphase, Diss. Bern 1948; VOGEL, S. 40 ff.
Zur Eintragung ins Handelsregister siehe auch E. HIS, Handelsregister, Geschäftsfirmen und kaufmännische Buchführung, Berner Kommentar, Band VII, 4. Abteilung, Bern 1940, Art. 927 ff. OR, sowie R. PATRY, SPR VIII/1, S. 121 ff.

I. Gründungsversammlung

Gemäss Art. 834 OR ist es Aufgabe der Gründungsversammlung, die Statuten der neuen Gesellschaft zu genehmigen, einen allfälligen Gründerbericht zu beraten und die in den Statuten vorgesehenen Organe zu bestellen.

Da man wohl davon ausgehen muss, dass Art. 831 Abs. 1 OR nicht auf die konstituierende Versammlung anwendbar ist[64], reicht es aus, wenn weniger als sieben Personen an ihr teilnehmen. In der Praxis allerdings besteht die Gründungsversammlung aus mindestens sieben Personen, die die genehmigten Statuten unterzeichnen und die ersten Mitglieder der Genossenschaft werden.

Die Gründungsversammlung wird vom Gründungskonsortium einberufen, das mit Zustimmung sämtlicher Initianten weitere Personen einladen kann[65]. Einer der Gründer übernimmt den Vorsitz; ferner wird ein Protokollführer bestimmt[66], der zwar in Art. 834 OR nicht erwähnt ist, aber gemäss Art. 28 Abs. 2 HRegV bzw. Art. 902 Abs. 3 OR, falls man die analoge Anwendung des auf die Generalversammlung anwendbaren Rechts annimmt[67], anwesend sein muss. Das vom Vorsitzenden und Protokollführer zu unterzeichnende Protokoll identifiziert die Anwesenden, es sei denn, eine separate Präsenzliste werde aufgestellt, nennt die Namen des Vorsitzenden und des Protokollführers sowie Datum, Ort und Uhrzeit der Versammlung, und

---

64 Vgl. vorn, Zweites Kapitel, § 6.
65 Art. 542 Abs. 1 OR, vgl. FORSTMOSER, ad Art. 834 OR, N. 25 f.
66 FORSTMOSER, ad Art. 834 OR, N. 22.
67 FORSTMOSER, ad Art. 834 OR, N. 42; F. VON STEIGER, S. 95. Nach GUTZWILLER, ad Art. 834 OR, N. 17, ist Art. 902 Abs. 3 OR nicht anwendbar.

Gründung der Genossenschaft

enthält eine Zusammenfassung der Beratungen und genaue Angaben der Beschlüsse der Versammlung, gegebenenfalls Angaben zur Übernahme von Anteilscheinen und bei qualifizierten Gründungen die Feststellung, dass der schriftliche Gründerbericht beraten wurde[68]. Das Gesetz enthält keine Angaben über den Inhalt des Gründerberichts; aber aus Art. 833 Ziff. 2 und 3 OR sowie Art. 635 OR und 630 Abs. 2 OR 1936, die analog anwendbar sind[69], lässt sich entnehmen, dass er «ausführlich» Auskunft erteilen muss über «Art und Zustand der einzubringenden oder zu übernehmenden Vermögenswerte und die Angemessenheit der dafür berechneten Wertansätze», ferner über die Gegenleistungen der Gesellschaft[70]. Der Bericht muss nicht ausdrücklich genehmigt, sondern nur beraten werden. Eine den Art. 704 Abs. 1 Ziff. 4 OR und Art. 636 OR 1936, deren analoge Anwendung sich nicht rechtfertigt[71], entsprechende Vorschrift ist dem Genossenschaftsrecht unbekannt. Der Vorsitzende kann aber am Ende der Beratung abstimmen lassen, wenn der Bericht kritisiert wird.

Die Gründungsversammlung, die die nach den Statuten notwendigen Organe bestellen soll (Art. 834 Abs. 3 OR), kann Art. 894 Abs. 1 OR (die Mehrheit der Verwaltung muss aus Genossenschaftern bestehen) nur respektieren, wenn dies nach Annahme der Statuten und Unterzeichnung durch die zu wählenden Personen geschieht. Es sollte aber zulässig sein, dass diese erst nach ihrer Bestellung die Statuten unterzeichnen und Mitglied der Gesellschaft werden. Die Notwendigkeit, die Wahlen erst nach Genehmigung der Statuten vorzunehmen, ergibt sich logisch auch aus der Überlegung, dass es vorher noch keine echten statutarischen Organe gibt[72]. Der Nachweis, dass diese Regeln befolgt wurden, muss sich entweder aus dem Protokoll der Gründungsversammlung oder aus einem besonderen Ausweis ergeben[73].

Geht man davon aus, dass die Beschlussfassung der Gründungsversammlung dem Genossenschaftsrecht untersteht[74], dann ist die einfache Mehrheit der abgegebenen Stimmen massgebend (Art. 888 Abs. 1 OR), gegebenenfalls die Zweidrittelmehrheit der abgegebenen Stimmen (Art. 888 Abs. 2 OR) bei Genehmigung der Statuten oder vor allem bei Änderung des Statutenentwurfs durch die Gründungsversammlung.

Die Frage, ob die Beschlüsse der Gründungsversammlung im Wege der Klage nach Art. 891 OR durch die Verwaltung oder eines oder mehrere Mitglieder ange-

---

68 F. VON STEIGER, S. 95 ff., und ihm folgend FORSTMOSER, ad Art. 834 OR, N. 42, sowie GUTZWILLER, ad Art. 834 OR, N. 17, und TROLLER, S. 67 ff.
69 Einschränkend FORSTMOSER, ad Art. 834 OR, N. 12, zu Art. 630 OR als Ganzem.
70 FORSTMOSER, ad Art. 834 OR, N. 12; FRIEDRICH, S. 77; F. VON STEIGER, S. 98 f.
71 G. CAPITAINE, Particularités et anomalies du droit coopératif suisse, ZBJV 89, 1953, S. 102; FORSTMOSER, ad Art. 834 OR, N. 37; GERWIG, GR, S. 185; HENSEL, S. 73; E. STEINER, Verschiedenartige Behandlung von AG und Genossenschaft im neuen OR, SAG 1941/42, S. 95 f.
72 FORSTMOSER, ad Art. 834 OR, N. 38; GERWIG, GR, S. 185.
73 Vgl. Art. 640 Abs. 3 Ziff. 3 OR, sowie FORSTMOSER, ad Art. 834 OR, N. 43, und F. VON STEIGER, S. 100.
74 Die Frage ist umstritten, vgl. vorn, Zweites Kapitel, § 6.

fochten werden können, wird im allgemeinen bejaht. Nach einem Teil der Lehre[75] gilt dies für jeden Beschluss der Gründungsversammlung, nach anderer Auffassung[76] nur für jene Beschlüsse, die nach Genehmigung der Statuten gefasst wurden. Ferner wird die Ansicht vertreten, dass jedenfalls dann, wenn der in Frage stehende Beschluss wesentliche Grundlagen der Gesellschaft betrifft, die Kläger die Auflösung verlangen können. Durch Anwendung des Art. 891 OR schon auf Gründungsversammlungsbeschlüsse würde somit die im Genossenschaftsrecht – im Gegensatz zum Aktienrecht (Art. 643 Abs. 3 und 4 OR) – fehlende Auflösungsklage ersetzt[77].

Diese Meinungen vermögen nicht völlig zu überzeugen. Richtigerweise ist Art. 891 OR nur auf Beschlüsse anwendbar, die nach Genehmigung der Statuten und Unterzeichnung durch alle Anwesenden gefasst wurden. Denn erst dadurch wird die Gründungsversammlung zu einer echten körperschaftlichen Versammlung, bestehend ausschliesslich aus Mitgliedern einer schon «gegründeten» Gesellschaft. Allerdings ist die Anfechtung der Beschlüsse nur von geringem praktischen Interesse. Denn zum einen läuft die zweimonatige Frist des Art. 891 Abs. 2 OR seit Beschlussfassung, und die Gesellschaft wird oft erst später eingetragen. Zum anderen werden diejenigen, die dem einen oder anderen Beschluss nicht zugestimmt haben, später oft auch nicht Mitglied, so dass ihnen die Klagebefugnis fehlt[78].

II. Eintragung in das Handelsregister

Mit Abschluss der Gründungsversammlung und Unterzeichnung der Statuten durch mindestens sieben Personen ist die Genossenschaft gegründet, errichtet. Aber sie «entsteht» erst durch Eintragung in das Handelsregister (Art. 830 OR). Vorher ist sie im Aussenverhältnis als einfache Gesellschaft zu behandeln[79]. Die Wirkungen der Handlungen der Gesellschaft richten sich nach Art. 838 Abs. 2, eventuell Abs. 3 OR. Im Innenverhältnis sind aber schon die genehmigten und unterzeichneten Statuten sowie die Art. 828 ff. OR anwendbar. Insbesondere tritt Art. 888 Abs. 1 OR an die Stelle von Art. 534 Abs. 1 OR; ferner ist die Verwaltung den in den Statuten vorgesehenen Organen anvertraut. Mitglied der einfachen Gesellschaft sind nur die ursprünglichen und nachträglichen Unterzeichner der Statuten (Art. 834 Abs. 4 OR). Ihre Aufnahme unterliegt den Art. 839 f. OR und den Bestimmungen der Statuten

---

75 FORSTMOSER, ad Art. 838 OR, N. 23, und indirekt ad Art. 834, N. 13 und 36; GERWIG, GR, S. 193.
76 ENGELI, S. 28.
77 FORSTMOSER, ad Art. 838 OR, N. 23; GERWIG, GR, S. 193; F. VON STEIGER, S. 148 f. Anderer Ansicht ENGELI, S. 29; GUTZWILLER, ad Art. 838 OR, N. 12. Vgl. auch hinten, II.
78 Vgl. ENGELI, S. 29.
79 Vgl. vorn, I.

zum Erwerb der Mitgliedschaft[80]. Die Eintragung in das Handelsregister untersteht Art. 835–838 OR und insbesondere Art. 92–96 HRegV. Diese Vorschriften werden hier nur knapp behandelt, da zwischen Verfahren und Wirkung der Eintragung einer Genossenschaft und einer AG oder GmbH keine nennenswerten Unterschiede bestehen[81].

1. Die Anmeldung zur Eintragung

Die Anmeldung erfolgt durch die Verwaltung, die alle notwendigen Schritte so schnell wie möglich vorzunehmen hat, hierzu aber nicht – unter Androhung einer Eintragung von Amtes wegen – vom Handelsregisterführer gezwungen werden kann[82]. Art. 941 OR ist nicht anwendbar, da die Eintragung der Genossenschaft nicht obligatorisch, sondern konstitutiv ist.

Gemäss Art. 835 Abs. 1 OR ist die Gesellschaft im Registerkreis ihres Sitzes anzumelden. Gemeint ist der statutarische Sitz (Art. 832 Ziff. 1 OR), selbst wenn die Verwaltung oder die Hauptgeschäftsstelle an einem anderen Ort gelegen ist[83]. Gemäss Art. 835 Abs. 3 OR i.V.m. Art. 22 f. HRegV erfolgt die Anmeldung durch zwei Mitglieder der Verwaltung (grundsätzlich der Vorsitzende und der Sekretär des Verwaltungsrates), die sie entweder vor dem Registerführer unterzeichnen oder schriftlich mit beglaubigten Unterschriften einreichen. In jedem Fall muss persönlich unterschrieben werden; eine Vertretung durch Bevollmächtigte ist nicht statthaft[84].

Gemäss Art. 835 Abs. 2 OR i.V.m. Art. 40 HRegV müssen in der Anmeldung Namen, Vornamen, Wohnort und Staatsangehörigkeit bzw. Heimatort bei Schweizerbürgern aller Mitglieder der Verwaltung und aller zur Vertretung der Gesellschaft befugten Personen bezeichnet sein. Der Anmeldung beizufügen sind die in Art. 835 Abs. 4 OR genannten Unterlagen, also die Statuten in Urschrift oder in beglaubigter Ausfertigung, bei Sacheinlagen oder zu übernehmenden Vermögenswerten der Gründerbericht, schliesslich ein Genossenschafterverzeichnis, dessen Form und Inhalt den Art. 94 f. HRegV unterstehen, falls die Statuten eine persönliche Haftbarkeit oder eine Nachschusspflicht der Genossenschafter vorsehen. Obwohl in Art. 835 Abs. 4 OR nicht erwähnt, muss auch das Protokoll der Gründungsversammlung eingereicht werden (Art. 28 HRegV), gegebenenfalls der separate Beleg über die

---

80 FORSTMOSER, ad Art. 834 OR, N. 56.
81 Zu letzteren siehe vor allem FORSTMOSER, Aktienrecht, S. 339 ff.; W. VON STEIGER, Art. 780 ff. Zu den Zweigniederlassungen, die im Genossenschaftsrecht keine Besonderheiten aufweisen, siehe FORSTMOSER, Aktienrecht, S. 413 ff.; W. VON STEIGER, Art. 782 OR, sowie P. GAUCH, Der Zweigbetrieb im schweizerischen Zivilrecht, Zürich 1974; vgl. aber auch FORSTMOSER, ad Art. 837 OR.
82 ENGELI, S. 43, und FORSTMOSER, ad Art. 835 OR, N. 9.
83 FORSTMOSER, ad Art. 835 OR, N. 12; siehe auch GUTZWILLER, ad Art. 835 OR, N. 6.
84 FORSTMOSER, ad Art. 835 OR, N. 15; F. VON STEIGER, S. 105.

Bestellung der notwendigen Organe und die Protokolle über die Beschlüsse der Verwaltung zur Bestellung von Präsident, Sekretär, Geschäftsführern und Direktoren.

2. Pflichten und Befugnisse des Registerführers

Gemäss Art. 940 OR i.V.m. Art. 21 HRegV prüft der Registerführer, ob die gesetzlichen Voraussetzungen für eine Eintragung erfüllt sind, insbesondere, ob die Statuten alle absolut notwendigen Bestimmungen enthalten und nicht gegen zwingendes Recht verstossen. Hierauf wird nicht näher eingegangen, da dies für alle juristischen Personen gilt. Lehre und Rechtsprechung weisen einhellig auf die beschränkte Prüfungsbefugnis des Registerführers hin, der nur einschreiten kann, wenn Statutenbestimmungen offensichtlich und unzweideutig rechtswidrig sind[85]. Die teilweise vertretene[86], weitergehende Einschränkung, dass das zwingende Recht, gegen welches die Statuten verstossen, zur Wahrung öffentlicher Interessen statuiert sein muss, geht hier wohl zu weit.

Nimmt der Registerführer die Anmeldung an, trägt er die Gesellschaft in das Tagebuch ein (Art. 11 HRegV) und übermittelt eine Abschrift dieser Eintragung dem Eidgenössischen Amt für das Handelsregister (Art. 114 HRegV), das nach Prüfung die Veröffentlichung im Schweizerischen Handelsamtsblatt anordnet (Art. 115 HRegV)[87]. Danach wird die Eintragung in das Hauptregister übertragen (Art. 11 HRegV). Inhalt der Eintragung und des veröffentlichten Auszuges bestimmen sich nach den Art. 836 OR und 93 HRegV.

Weist dagegen der Registerführer die Anmeldung zurück, erlässt er eine begründete Verfügung, gegen welche die Gesellschaft Beschwerde erheben kann, zunächst bei der kantonalen Aufsichtsbehörde (Art. 3 Abs. 3 und 4 HRegV), dann beim Bundesgericht mit Verwaltungsgerichtsbeschwerde (Art. 5 HRegV)[88]. Stellt der Registerführer nach Eintragung der Gesellschaft Fehler in der Anmeldung fest, ist Art. 60 HRegV anwendbar[89].

---

85 FORSTMOSER, ad Art. 835 OR, N. 38; ENGELI, S. 49 ff.; siehe auch BGE 91 I, 1965, S. 360.
86 FORSTMOSER, ad Art. 835 OR, N. 39 (mit Hinweisen).
87 Zum Fall, dass das Eidgenössische Amt die Genehmigung der Eintragung verweigert, vgl. Art. 117 HRegV.
88 Zum Einspruch Dritter, siehe Art. 32 HRegV, und FORSTMOSER, ad Art. 835 OR, N. 44 f.
89 FORSTMOSER, ad Art. 835 OR, N. 49.

3. Wirkungen der Eintragung

Massgebender Zeitpunkt der Eintragung ist die Einschreibung der Anmeldung in das Tagebuch. Dritten gegenüber wird die Eintragung jedoch erst einen Tag nach ihrer Veröffentlichung wirksam (Art. 932 OR). Dann entfaltet sie die in Art. 933 OR vorgesehene positive und negative Publizitätswirkung. Obwohl der Einschreibung ins Handelsregister kein öffentlicher Glaube zukommt (vgl. etwa Art. 973 ZGB für das Grundbuch), hat das Bundesgericht ausnahmsweise angenommen, dass eine fehlerhafte Eintragung (hier eines nichtigen Beschlusses über die Einführung einer persönlichen Haftung der Mitglieder) «nach längerer Dauer der Eintragung» den Gesellschaftsgläubigern, «die sich in guten Treuen auf den Eintrag verlassen haben», gewisse Rechte verleiht[90].

Gemäss Art. 830 und 838 Abs. 1 OR «entsteht» die Genossenschaft durch Eintragung und erlangt so Rechtspersönlichkeit. Von dieser Regel machen nur die vom Bund anerkannten Krankenkassen eine Ausnahme. Sie entstehen durch Anerkennung durch das Bundesamt für Sozialversicherung[91]. Genossenschaftlich organisierte Banken können nur nach Bewilligung der Eidgenössischen Bankenkommission eingetragen werden (Art. 3 Abs. 1 BankG)[92]. Andere Genossenschaften benötigen wegen ihres Gesellschaftszweckes eine Bewilligung, um ihre Tätigkeit aufzunehmen, was allerdings keinen Einfluss auf den Zeitpunkt ihrer Entstehung hat. Dies gilt für konzessionierte Versicherungsgenossenschaften, die dem BG vom 23. Juni 1978 betreffend Beaufsichtigung von Privatunternehmungen im Gebiet des Versicherungswesens unterstehen, für Anlagefonds (Art. 3 Abs. 1 AFG) sowie für genossenschaftlich organisierte Vorsorgeeinrichtungen (Art. 48 BVG).

Die in Art. 643 Abs. 2 OR vorgesehene heilende Wirkung der Eintragung gilt analog auch im Genossenschaftsrecht[93]. Eine Genossenschaft behält somit, jedenfalls vorläufig, ihre Rechtspersönlichkeit, selbst wenn ihre Gründung fehlerhaft oder ihr Zweck rechts- oder sittenwidrig ist[94]. Jedoch bezieht sich die heilende Wirkung nur auf die Rechtspersönlichkeit; rechtswidrige Statutenbestimmungen etwa sind und bleiben ungültig und dürfen nicht angewendet werden[95].

Das Genossenschaftsrecht sieht im Gegensatz zu Art. 643 Abs. 3 und 4 OR keine Auflösungsklage vor[96]. Eine analoge Anwendung dieser Bestimmungen wird von der ganzen herrschenden Lehre abgelehnt[97]. Die Frage hat aber keine praktische Bedeu-

---

90 BGE 78 III, 1952, S. 33, 45 f.
91 Vgl. Art. 12 KVV, vom 27. Juni 1995 (SR 832.102).
92 Siehe insbes. VOGEL, S. 44 ff.
93 Vgl. vorn, § 3, Text zu Anm. 32.
94 Vgl. vorn, § 3, I; siehe auch FORSTMOSER, ad Art. 838 OR, N. 18 (mit zahlreichen Hinweisen).
95 FORSTMOSER, ad Art. 383 OR, N. 19 ff.
96 Vgl. vorn, I.
97 Hierzu insbes. ENGELI; a.A. nur TROLLER, S. 84.

tung, da die Auflösung der Gesellschaft im allgemeinen nichts bringt und da nach der Lehre die Anfechtung der Beschlüsse der konstitutiven Versammlung – wobei allerdings die Gesellschaftsgläubiger nicht klagebefugt sind – unter gewissen Umständen zur Auflösung der Gesellschaft führen kann[98].

Eine genossenschaftlich organisierte Vereinigung kann selbstverständlich darauf verzichten, die Eintragung zu beantragen oder gegen die Verweigerung der Eintragung vorzugehen, und trotzdem ihrer Tätigkeit nachgehen. Sie bleibt dann eine einfache Gesellschaft oder wird eine Kollektivgesellschaft, wenn sie die Voraussetzungen des Art. 552 OR erfüllt, d.h. ein kaufmännisches Gewerbe unter gemeinsamer Firma betreibt[99]. Auch ist nicht auszuschliessen, dass es sich bei einer solchen Verbindung wegen der genossenschaftlichen Organisation und der Absicht, die Haftung der Mitglieder zu beschränken, in Wirklichkeit um einen Verein handelt.

---

98 * Vgl. vorn, § 8, I.
99 Zutreffend FORSTMOSER, ad Art. 828, N. 40, und Art. 838, N. 15.

Drittes Kapitel

Finanzierung und Erscheinungsbild der Genossenschaft

§ 9 Grundkapital und Gesellschaftsanteile

Literatur

BERNHEIMER, S. 82 ff.; B. BÜRGISSER, Der Erwerb der Mitgliedschaft bei Genossenschaften, Diss. Basel 1942; CAPITAINE, SJK 1157, und Nature juridique; FLURI; FORSTMOSER, ad Art. 828, N. 107 ff., Art. 832/833, N. 138 ff., und Grossgenossenschaften, S. 228 ff.; J.G. FREY, Mitgliedschaft und Mitgliedschaftswechsel bei der Genossenschaft, Diss. Basel 1943; FRIEDRICH; GERWIG, GR, S. 177 ff. und 206 ff., und SV, S. 180 ff.; H. GUTKNECHT, Die finanziellen Berechtigungen und Verpflichtungen der Genossenschafter, Diss. Bern 1937; GUTZWILLER, Einleitung, S. 99 ff., und ad Art. 828, 833 und 852/853 OR; HENSEL; JOMINI; W. SCHNEIDER, Der Schutz des Genossenschaftskapitals, Diss. Bern 1949; F. VON STEIGER, S. 30 ff. und 58 ff.; TANNER; VOGEL.

Die Genossenschaften können, aber müssen nicht ein Grundkapital haben (Art. 828, 833 Abs. 1, 859 Abs. 3 OR usw.)[1]. Dieses ist anders ausgestaltet als dasjenige der Aktiengesellschaft und hat auch nicht die gleiche Funktion. Zum einen ist es nicht in Aktien aufgeteilt, sondern in Anteile (Art. 833 Ziff. 1 OR) mit frei bestimmbarem Nennwert, die keinen Wertpapiercharakter haben (Art. 853 Abs. 3 OR) und nicht die Mitgliedschaft verkörpern (vgl. Art. 849 Abs. 1 OR). Zum anderen stellt das Genossenschaftskapital für die Gesellschaftsgläubiger nur eine ungenügende Sicherheit dar, weil das Gesetz keine, nicht einmal eine teilweise Liberierung verlangt und auch keinen Mindestbetrag vorschreibt. Ausserdem unterliegt die Herabsetzung des Genossenschaftskapitals, wenn ein Gesellschafter ausscheidet und seine Anteile annuliert und gegebenenfalls zurückgezahlt werden, keinem besonderen Verfahren.

Durch die recht lückenhafte Reglementierung des Gesellschaftskapitals und der Anteile wird der personalistische Charakter der Genossenschaft unterstrichen. Es besteht kein Zusammenhang zwischen der finanziellen Beteiligung der Gesellschafter und ihren Mitgliedschaftsrechten: Selbst wenn das Genossenschaftskapital in Anteile aufgeteilt ist, hat jeder Genossenschafter unabhängig von der Höhe seiner Kapitalbeteiligung eine Stimme (Art. 885 OR); ferner ist die Verteilung eines allfäl-

---

1 Zu den gesetzgeberischen Gründen, siehe insbes. CAPITAINE, Nature juridique, S. 325 ff., und HENSEL, S. 23 ff.

ligen Reinertrags fakultativ und beschränkt (Art. 859 OR); schliesslich werden die Anteile bei Ausscheiden grundsätzlich nicht zurückgezahlt (Art. 865 OR), sondern nur bei Auflösung der Genossenschaft unter den Voraussetzungen des Art. 913 Abs. 2 OR.

I. Schaffung des Genossenschaftskapitals

Eine Genossenschaft kann seit ihrer Gründung ein Grundkapital haben oder es während ihres Bestehens schaffen. In diesem Fall muss die notwendige Statutenbestimmung (Art. 833 Ziff. 1 OR) gemäss Art. 888 Abs. 2 OR mit einer Mehrheit von zwei Dritteln der abgegebenen Stimmen angenommen werden. Art. 889 OR ist grundsätzlich nicht anwendbar, da er, entgegen der Formulierung seines Randtitels, nur die in Art. 869 ff. OR vorgesehenen Verpflichtungen betrifft[2]. Dagegen wäre denkbar, dass den Genossenschaftern ein Austrittsrecht aus wichtigem Grund zusteht, wenn die in den Statuten vorgesehene Übernahme der Anteile (Art. 853 Abs. 1, 832 Ziff. 3 OR) eine schwere finanzielle Belastung darstellt.

1. Veränderliches Grundkapital

Gemäss zwingendem Recht (Art. 828 Abs. 2 OR) ist die Höhe des Grundkapitals von Genossenschaften veränderlich. Logischerweise ist es nicht in den Statuten angegeben oder im Handelsregister eingetragen. Dritte können den Nominalwert der Anteile erfahren sowie die Anzahl von Anteilen, die ein Gesellschafter erwerben muss (Art. 93 Abs. 1 lit. d und Abs. 2 HRegV). Da aber die Mitgliederzahl veränderlich ist und gegebenenfalls jedes Mitglied zusätzliche Anteile erwerben kann, lässt sich die Gesamthöhe des Kapitals nicht errechnen.

Das Verbot eines «zum voraus festgesetzten» Grundkapitals folgt notwendig aus dem Prinzip der offenen Türe: Da die Zahl der Mitglieder, von denen jeder wenigstens einen Anteil übernehmen muss, veränderlich ist (Art. 853 Abs. 2 OR), darf es kein festes Grundkapital geben[3]. Jedoch ist in der Lehre anerkannt, dass die Statuten ein Mindestkapital bestimmen sowie vorsehen können, die Gesellschaft

---

[2] Weniger einschränkend der Entwurf von 1928, der in Art. 877 die Beschlüsse, welche Bestimmungen zu Art und Höhe der finanziellen und anderen Verpflichtungen der Gesellschafter verstärken sollten, ausdrücklich erwähnte. Diese Vorschrift wurde allerdings von der nationalrätlichen Kommission gestrichen (vgl. Protokoll der 5. Session, S. 47 ff.). Zu einer ausnahmsweisen Anwendung des Art. 889 OR, siehe hinten, III 1.

[3] FLURI, S. 46; FORSTMOSER, ad Art. 828 OR, N. 118; FRIEDRICH, S. 104; GUTZWILLER, Einleitung, S. 99; JOMINI, S. 104; F. VON STEIGER, S. 30.

werde automatisch aufgelöst, wenn das Kapital die vorgeschriebene Höhe nicht mehr erreicht[4]. Auch die statutarische Festsetzung eines Höchstkapitals – und damit indirekt einer maximalen Mitgliederzahl – ist zulässig, wenn Zweck und Tätigkeit der Gesellschaft dies rechtfertigen[5]. Denn das Prinzip der offenen Türe bedeutet nicht, dass eine Genossenschaft verpflichtet wäre, ihre Einrichtungen zu entwickeln und zu vergrössern, nur um alle beitrittswilligen Personen aufnehmen zu können.

2. Anteile

a) Art und Höhe[6]

Das Genossenschaftskapital ist zwingend in Anteile aufgeteilt (Art. 833 Ziff. 1 OR). Der Genossenschaftsanteil ist ein Bruchteil des Grundkapitals. Er verkörpert nicht die Mitgliedschaft (die er höchstens feststellen kann, Art. 852 Abs. 2 OR), sondern gewährt dem Inhaber gewisse, gesetzlich (Art. 913 Abs. 2 OR) oder statutarisch vorgesehene (Art. 859 und 864 OR) Vermögensrechte. In diesem Zusammenhang muss scharf zwischen den Rechten, die ein Anteil gewährt, und den Rechten und Pflichten, deren Umfang er gelegentlich bestimmt, wie dem Recht auf einen Teil des Liquidationsüberschusses (Art. 913 Abs. 3 OR) oder der Nachschusspflicht (Art. 870 Abs. 2 und 3 OR) unterschieden werden.

Die Anteile haben notwendigerweise einen bestimmten Nennwert in Schweizerfranken, der in den Statuten erwähnt werden muss[7]. Das Gesetz schreibt keinen Mindest- oder Höchstbetrag vor. Die Ausgabe von Anteilen mit unterschiedlichem Nennwert ist an sich denkbar und kann insbesondere gerechtfertigt sein, wenn die Statuten den Erwerb mehrerer Anteile verlangen oder gestatten[8]. Zweifelhaft dagegen ist die Zulässigkeit von Prioritätsanteilen, die andere (vgl. Art. 859 Abs. 1 und 865 OR) oder weitergehende Rechte verleihen als die übrigen Anteile, unter Vorbehalt von Sanierungsfällen, die nach allgemeiner Auffassung ein Abgehen vom

---

4   FLURI, S. 54; FORSTMOSER, ad Art. 828 OR, N. 121 f.; FRIEDRICH, S. 60; GUTZWILLER, Einleitung, S. 100; JOMINI, S. 41; F. VON STEIGER, S. 31; VOGEL, S. 131.
5   FLURI, S. 55; FORSTMOSER, ad Art. 828 OR, N. 122 ff., und Grossgenossenschaften, S. 234 ff.; FRIEDRICH, S. 60; GUTZWILLER, Einleitung, S. 100; JOMINI, S. 42; F. VON STEIGER, S. 31; VOGEL, S. 56.
6   Zur Rechtsnatur des Anteilscheines, siehe insbes. BÜRGISSER, S. 26 ff.; CAPITAINE, Nature juridique, S. 371 ff.; FRIEDRICH, S.45 ff. und 56 ff.; GUTZWILLER, ad Art. 853 OR, N. 16 ff.; HENSEL, S. 33 ff.; JOMINI, S. 31 ff. und 53 ff.; SCHNEIDER, S. 37 ff. Nach JOMINI, S. 33, ist der Genossenschaftsanteil die Gesamtheit der vermögenswerten Rechte und Pflichten, die aus der Beteiligung an einem Bruchteil des Grundkapitals fliessen.
7   FLURI, S. 51; FRIEDRICH, S. 63 ff.; HENSEL, S. 86; JOMINI, S. 43 ff.; F. VON STEIGER, S. 46.
8   BERNHEIMER, S. 85; FLURI, S. 50; FRIEDRICH, S. 64; GUTZWILLER, ad Art. 853 OR, N. 14; HENSEL, S. 87; JOMINI, S. 44; F. VON STEIGER, S. 46; VOGEL, S. 136.

Grundsatz der Gleichbehandlung rechtfertigen[9]. Eine allgemein gültige Lösung lässt sich wohl nur schwer finden. Jedenfalls schliesst Art. 854 OR nicht aus, dass Genossenschafter, die besondere Leistungen erbringen, oder Mitgliedergruppen, die sich im Verhältnis zu den anderen in einer spezifischen Lage befinden, eine besondere Behandlung erfahren, sofern damit in Wirklichkeit keine Besserstellung verbunden ist.

Gemäss Art. 852 Abs. 2 und 853 Abs. 1 und 3 OR können Urkunden als Ausweis der Mitgliedschaft ausgestellt werden. Die Ausgabe von Urkunden kann aber unterbleiben; die Mitglieder haben kein individuelles wohlerworbenes Recht auf Erlangung einer oder mehrerer Urkunden[10]. Nach zwingendem Recht haben diese Urkunden keinen Wertpapiercharakter i.S. der Art. 965 ff. OR[11]. Sie verkörpern nicht die Mitgliedschaft, ebenso wenig wie der in Art. 852 Abs. 1 OR erwähnte «Ausweis». Somit steht es einer Genossenschaft frei, den Nachweis zu erbringen, eine Person sei trotz der auf ihren Namen lautenden Urkunde nicht oder nicht mehr Mitglied, und umgekehrt hat ein Genossenschafter ohne Urkunde die Möglichkeit zu beweisen, dass er ursprünglich oder nachträglich Mitglied geworden ist.

Die Anteilscheine müssen auf den Namen einer bestimmten Person ausgestellt werden und den Nennwert des Anteils sowie den allfälligen schon eingezahlten Betrag angeben[12]. Es ist zulässig, über mehrere Anteile eine einzige Urkunde auszustellen[13]. Der Beweiswert der Urkunden ist erhöht, wenn sie, wie üblich, von einem oder mehreren Mitgliedern der Verwaltung unterzeichnet sind.

b) Obligatorisch und freiwillig übernommene Anteile

Nach der zwingenden Bestimmung des Art. 853 Abs. 1 OR hat jede Person, die einer Genossenschaft mit Anteilen beitritt, oder jedes Mitglied einer Genossenschaft, die ein Grundkapital schafft, mindestens einen Anteil zu übernehmen. «Mindestens»

---

9   Nur OEZGÜR, S. 132, und F. VON STEIGER, S. 47, scheinen Prioritätsanteilscheine gänzlich abzulehnen. Dagegen sprechen sich FRIEDRICH, S. 53 ff., und HENSEL, S. 127 ff., für ihre Zulässigkeit aus. BERNHEIMER, S. 37 ff., und JOMINI, S. 70 ff. (vgl. auch FREY, S. 15, und VOGEL, S. 109), halten sie für zulässig einmal bei Sanierung unter der Voraussetzung, dass die Gesellschaft alle anderen Möglichkeiten, ihre Lage zu verbessern (etwa durch zusätzliche Beiträge usw.), ausgeschöpft hat, und zum anderen unter ganz aussergewöhnlichen Umständen, wenn die gewährten Vorrechte tatsächlich erbrachte Leistungen in vernünftigem Mass abgelten.

10 FRIEDRICH, S. 56; VOGEL, S. 135.

11 Gestützt auf den Zweck des Art. 853 Abs. 3 OR, aber entgegen seinem klaren Wortlaut spricht sich P. JÄGGI, Die Wertpapiere, Zürcher Kommentar, V. Band, 7. Teil, a, Art. 965, N. 284, für die Möglichkeit aus, Genossenschaftsanteile in Inhaberpapieren zu verkörpern; ebenso P. JÄGGI/J.N. DRUEY/CH. VON GREYERZ, Wertpapierrecht, Basel 1985, S. 123.

12 FRIEDRICH, S. 57; HENSEL, S. 162; JOMINI, S. 52. Eine Genossenschaft kann auch für noch nicht voll liberierte Anteile Interimsscheine ausgeben (so CAPITAINE, Nature juridique, S. 340 und 382 ff.; H.R. FORRER, Die Mitgliedschaft und ihre Beurkundung, Diss. Zürich 1959, S. 174; HENSEL, S. 161, und JOMINI, S. 51).

13 JOMINI, S. 52.

bedeutet nicht, dass jedes neue Mitglied das Recht hat, mehr als einen Anteil zu übernehmen (vgl. Art. 853 Abs. 2 OR), sondern dass es durch die Statuten zur Übernahme von zwei oder mehr Anteilen verpflichtet werden kann. Die Zahl der Anteile kann je nach Mitglied unterschiedlich sein, soweit der gewählte Verteilerschlüssel mit dem Grundsatz der Gleichbehandlung vereinbar[14] und mit genügender Genauigkeit in den Statuten enthalten ist. So wäre es etwa unzulässig vorzusehen, dass die Verwaltung nach eigenem Gutdünken die Zahl der Anteile festlegt, die jedes Mitglied übernehmen muss[15]. Die in Art. 853 Abs. 1 OR vorgesehene Verpflichtung besteht nicht nur, wenn «bei einer Genossenschaft Anteilscheine bestehen», sondern immer, wenn eine Genossenschaft ein Grundkapital geschaffen hat.

Es ist nicht einfach, Art und Reichweite der in Art. 853 Abs. 1 OR vorgesehenen Verpflichtung zu bestimmen. Schon die Bedeutung des Wortes «übernehmen» ist unklar. Es könnte sich um jedwelche Erwerbsart handeln, oder aber – einschränkend – um «zeichnen» oder «zeichnen und während der Dauer der Mitgliedschaft Eigentümer bleiben». Vermutlich wollte der Gesetzgeber, dass jeder Genossenschafter während der Dauer seiner Mitgliedschaft einen Anteil hält[16], jedoch nicht, dass die obligatorischen Anteile zwingend gezeichnet (statt aus den Händen eines Mitglieds oder eines Dritten erworben) würden, dass es sich somit um neue Anteile handelte, die das Kapital der Gesellschaft erhöhen und ihr neue Mittel bringen[17]. Zwar kann eine Genossenschaft statutarisch eine Zeichnungspflicht vorsehen, sei es direkt, sei es indirekt durch ein Verbot der Übertragung von Anteilen; aber Art. 853 Abs. 1 OR enthält nur die Verpflichtung zum Erwerb und Besitz während der Dauer der Mitgliedschaft. Allerdings ist diese Lösung fraglich, denn insbesondere die Pflicht, mehrere Anteile zu erwerben (und nicht nur einen symbolischen Anteil), hat für die Gesellschaft nur Sinn und Nutzen, wenn diese Anteile gezeichnet werden müssen.

Ferner ist fraglich, ob der Erwerb der obligatorischen Anteile als Voraussetzung[18] oder als Folge der Mitgliedschaft anzusehen ist, wie die herrschende Lehre annimmt[19]. Diese Frage hängt eng mit der vorhergehenden zusammen. Geht man davon aus, dass der Besitz eines Anteils eine einfache Eintrittsvoraussetzung ist, wie der Text des Art. 853 Abs. 1 OR («jeder der Genossenschaft Beitretende») vermuten lässt, muss man auch annehmen, dass diese Vorschrift die *Zeichnung* eines Anteils verlangt. Denn andernfalls wäre es für eine Genossenschaft sinnlos, von

---

14 BERNHEIMER, S. 85; FLURI, S. 65 ff.; HENSEL, S. 89 ff.; JOMINI, S. 47.
15 JOMINI, S. 47, und ihm folgend FLURI, S. 67 ff.
16 FRIEDRICH, S. 64 ff.; anderer Ansicht offenbar FORSTMOSER, ad Art. 849 OR, N. 64.
17 Nach Art. 849 Abs. 1 OR können Anteile vor Aufnahme in die Gesellschaft erworben werden.
18 So BÜRGISSER, S. 27, und FRIEDRICH, S. 67 ff.
19 BERNHEIMER, S. 83; CAPITAINE, Nature juridique, S. 373; FLURI, S. 73; FREY, S. 39 und 50; HENSEL, S. 54 ff.; JOMINI, S. 59 ff.; SCHNEIDER, S. 76 ff.; F. VON STEIGER, S. 64. Vgl. auch BGE 61 II, 1935, S. 171, 176 = Pra 24, Nr. 127, S. 340 (in französischer Sprache), und BGE 78 III, 1952, S. 33.

ihren neuen Mitgliedern den Erwerb eines Anteils von einem andern Genossenschafter oder einem Dritten zu verlangen, eines Anteils, welchen sie anschliessend sofort weiterveräussern könnten. Sieht man dagegen im obligatorischen Anteil ein Symbol, einen notwendigen und fortdauernden Ausdruck der Mitgliedschaft, worauf die Stellung des Art. 853 OR im Abschnitt über die Rechte und Pflichten der Genossenschafter hindeuten könnte[20], dann versteht man besser, dass der Anteil entweder erworben oder gezeichnet werden kann. Jedenfalls kann statutarisch vorgesehen werden, dass der Besitz eines Anteils Mitgliedschaftsvoraussetzung sein soll. In der Praxis geschieht dies ausdrücklich oder indirekt recht häufig, insbesondere wenn nach den Statuten der obligatorische Anteil gezeichnet und liberiert sein muss. Der Unterscheidung zwischen Voraussetzung und Folgen der Mitgliedschaft kommt recht grosse Bedeutung zu. Im ersten Fall ist Art. 839 Abs. 2 OR, der eine übermässige Erschwerung des Eintritts verbietet, anwendbar, nicht aber Art. 854 OR, der nur für Mitglieder gilt. Dagegen ist im zweiten Fall nur Art. 854 OR anwendbar[21]. Diese Schwierigkeit wird umgangen, wenn man – was durchaus vertretbar erscheint – annimmt, der Besitz eines oder mehrerer Anteile sei gleichzeitig Voraussetzung und Ausfluss der Mitgliedschaft, anderslautende statutarische Bestimmungen vorbehalten.

Auch Art. 853 Abs. 2 OR betreffend die «freiwilligen» oder «weiteren» Anteile wirft Auslegungsprobleme auf. Ausserdem ist der Nutzen dieser Vorschrift nicht ohne weiteres ersichtlich. Soll damit vermieden werden, dass eine Minderheit der Mitglieder sich die Mehrheit der Anteile aneignet[22], dann wäre logisch, dass der Ausdruck «erwerben», ebenso wie «übernehmen» in Art. 853 Abs. 1 OR, nicht nur die Zeichnung, sondern auch die Übertragung der Anteile einschliesst[23]. Diese Lösung ist aber unbefriedigend, da eine Genossenschaft keinerlei Kontrolle über die Zession der Anteile hat, es sei denn, die Statuten machten die Wirksamkeit jeglicher Übertragung von der Zustimmung der Gesellschaft abhängig[24].

Ebenso umstritten ist in der Lehre die Rechtsnatur des Art. 853 Abs. 2 OR. Für einen Teil handelt es sich um zwingendes Recht, so dass die Statuten, wenn fakultative Anteile bestehen, immer eine Höchstzahl festsetzen müssen, die für alle Mitglie-

---

20 Auch Art. 852 Abs. 2 OR ist ein Indiz für eine dauernde Besitzpflicht.
21 Vgl. insbes. BERNHEIMER, S. 52 und 83 ff., und JOMINI, S. 60 ff.; für FLURI, S. 66, N. 4; FREY, S. 227; KUMMER, S. 31, und S. B. MOSER Wohnbaugenossenschaften, Diss. Zürich 1978, S. 53 ff., ist Art. 854 OR auch auf die Voraussetzungen des Beitritts anwendbar.
22 BERNHEIMER, S. 84.
23 Vor allem FORSTMOSER, ad Art. 849 OR, N. 19, der im Anschluss an HENSEL, S. 189, vertritt (N. 20), in Verletzung der Statuten erfolgte Abtretungen seien weder gegenüber der Gesellschaft, noch unter den Parteien gültig. Das ist jedoch ohne Bedeutung, wenn im konkreten Fall die Anteile abtretbar sind und nur der Zessionar weiss, dass die Anteile ganz oder teilweise in Verletzung der Statuten erworben sind.
24 Was jedoch nicht vom Gesetz gefordert wird. Ausserdem hätte ein nur für Mitglieder, nicht für Dritte geltendes Verbot, mehrere Anteile zu erwerben, keinen Sinn.

der einheitlich sein kann oder nicht, soweit Art. 854 OR nicht verletzt ist[25]. Für andere Autoren, denen die Praxis gefolgt ist, handelt es sich schon deshalb um dispositives Recht, weil durch Festlegung einer sehr grossen Höchstzahl diese Bestimmung leicht ausgehöhlt werden kann[26]. Das Argument ist aber schwach.

II. Liberierung des Grundkapitals

1. Einführung

Grundsätzlich entsteht die Verpflichtung des Genossenschafters, den (oder die) übernommenen Anteil(e) zu liberieren, ipso iure mit dem Erwerb der Mitgliedschaft[27]. Die Verwaltung kann jederzeit Zahlung des geschuldeten Betrags fordern[28]. Sie kann aber auch, vorbehaltlich des Gleichbehandlungsgrundsatzes, ganz oder teilweise die Einzahlung stunden, da das Gesetz keine Mindesteinzahlung – weder ziffern- noch prozentmässig – vorschreibt[29]. Jedoch können eine Liberierungspflicht als Eintrittsvoraussetzung, eine Mindesteinzahlung und eine Zahlungsfrist bzw. Ratenzahlungstermine statutarisch festgelegt werden[30]. Fraglich ist, ob die Statuten eine Überpariemission vorsehen können. Dies ist zweifelsohne der Fall, wenn die obligatorische Übernahme von Anteilen als Eintrittsvoraussetzung zu qualifizieren ist[31]; dies geht übrigens aus Art. 864 Abs. 2 OR hervor. Ist sie dagegen nur eine mitgliedschaftliche Verpflichtung, wovon im allgemeinen auszugehen sein wird[32], scheint es mit dem Gebot der Gleichbehandlung schwer vereinbar, ein Emissionsagio zu verlangen[33]. Eine Unterpariemission ist nach einhelliger Lehre ebensowenig zulässig wie eine gänzliche oder teilweise Rückzahlung der eingezahlten Beträge oder ein endgültiger Verzicht der Gesellschaft auf Einzah-

---

25 BERNHEIMER, S. 84; B. BORNER, Der Abfindungsanspruch ausscheidender Genossenschafter, Diss. Zürich 1948, S. 25; GUTKNECHT, S. 21; OEZGÜR, S. 138.
26 FLURI, S. 71; FRIEDRICH, S. 65 ff.; HENSEL, S. 64; JOMINI, S. 48; F. VON STEIGER, S. 59.
27 FLURI, S. 57; FRIEDRICH, S. 87; HENSEL, S. 64; JOMINI, S. 72.
28 Vgl. Art. 867 Abs. 2 OR; FRIEDRICH, S. 83; HENSEL, S. 66. Siehe auch CAPITAINE, Nature juridique, S. 338 ff.
29 Wie FRIEDRICH, S. 81, und JOMINI, S. 71, hervorheben, wäre das Gebot einer Mindesteinzahlung sinnlos, da die Höhe der Anteile selbst frei festgesetzt werden kann.
30 Dagegen können die Statuten die Ausübung des Stimmrechts nicht von einer Liberierung abhängig machen, JOMINI, S. 72, und F. VON STEIGER, Fragen aus dem Genossenschaftsrecht, Ausschluss vom Stimmrecht bei nicht voll liberierten Anteilscheinen, SAG 1948/49, S. 91.
31 FLURI, S. 59; FORSTMOSER, ad Art. 839 OR, N. 31; FRIEDRICH, S. 82.
32 Siehe vorn, I.
33 Anderer Ansicht JOMINI, S. 72 ff.

lung der übernommenen Anteile[34]; denn sowohl das eine als auch das andere käme einer Herabsetzung oder Aufhebung des Genossenschaftskapitals gleich und ist als solche durch Gesetz einem besonderen Verfahren unterworfen (Art. 874 Abs. 2 OR).

Der Genossenschafter, der seine Anteile nicht bei Fälligkeit liberiert, setzt sich dem in Art. 867 Abs. 2 bis 4 OR vorgesehenen Kaduzierungsverfahren aus[35], dessen Modalitäten und Wirkungen durch die Statuten gemildert[36], aber nicht zu Lasten der Genossenschafter erschwert werden dürfen. Die Verlustigerklärung der Mitgliedschaft wird im allgemeinen umschrieben als qualifizierter oder Sonderfall des gewöhnlichen Mitgliederausschlusses (Art. 846 OR)[37] und unterscheidet sich von letzterem in folgenden Punkten:
– Der Verlust der Mitgliedschaft gründet sich auf eine Erklärung der Verwaltung und nicht auf einen Beschluss der Generalversammlung.
– Dem ausgeschlossenen Gesellschafter steht kein Rekursrecht an die Generalversammlung zu[38]. Er kann aber den Fortbestand seiner Mitgliedschaft gerichtlich feststellen lassen, wenn er die geforderten Beträge nicht schuldet oder wenn die Gesellschaft die gesetzlichen oder statutarischen Verfahrensregeln nicht befolgt hat.

Der Wortlaut des Art. 867 Abs. 2 und 3 ist unklar und muss wohl folgendermassen ausgelegt werden: Bevor die Gesellschaft einem Mitglied den in Art. 867 Abs. 2 OR vorgesehenen eingeschriebenen Brief zusenden kann, muss der geforderte Betrag fällig sein, was unter Umständen eine vorherige Mitteilung seitens der Verwaltung erfordert. Gemäss Art. 867 Abs. 3 OR sind keine zwei neuen Mahnungen erforderlich, deren zweite mit eingeschriebenem Brief erfolgen müsste, und denen die dem betreffenden Mitglied zuzustellende eigentliche Verlustigerklärung folgen müsste. Vielmehr genügt es, wenn die Verwaltung einen zweiten eingeschriebenen Brief an den Genossenschafter richtet, in dem sie ihn auffordert, innert eines Monats die fälligen Beträge zu zahlen, und ihn gleichzeitig informiert, andernfalls werde er seiner Genossenschaftsrechte verlustig erklärt.

---

34 FLURI, S. 59; FRIEDRICH, S. 84 ff., der jedoch für vertretbar hält, dass die Anteile dann aber nicht als liberiert gelten; HENSEL, S. 70; JOMINI, S. 73; SCHNEIDER, S. 70; F. VON STEIGER, Kann eine Genossenschaft auf die Liberierung der Anteilscheine verzichten?, SAG 1948, S. 116.
35 Das immer anwendbar ist, wenn die Genossenschaft von einem Mitglied die Zahlung eines Geldbetrags fordern kann. Vgl. zum Ganzen insbes. FLURI, S. 64 ff.; HENSEL, S. 77 ff.; JOMINI, S. 75 ff.; F. VON STEIGER, S. 48 f.; H.J. STUDER, Die Auslösungssumme im schweizerischen Genossenschaftsrecht, Diss. Bern 1977, S. 39 ff.; VOGEL, S. 137 ff. Zur Unterscheidung zwischen Verlustigerklärungs- und Ausschlussklauseln, siehe hinten, Fünftes Kapitel, § 16.
36 FLURI, S. 64.
37 Hierzu Viertes Kapitel, § 13.
38 Cour de Justice Genf, Urteil vom 15. März 1963, SJ 1964, S. 199.

§ 9 Grundkapital und Gesellschaftsanteile

Bei Konkurs der Genossenschaft wird die Einzahlungsverpflichtung unabhängig von den statutarischen Vorschriften sofort fällig[39]. Gleiches gilt bei Auflösung der Gesellschaft aus anderem Grund, wenn ihre Mittel zur Gläubigerdeckung nicht ausreichen[40]. Auch das Ausscheiden eines Genossenschafters führt zur Fälligkeit seiner Anteile[41]. Dies gilt für einen Teil der Lehre allerdings nicht, wenn nach den Statuten die fraglichen Beträge im Zeitpunkt des Austritts nicht fällig waren[42]. Wenn nach den Statuten den ausscheidenden Mitgliedern ihre Anteile zurückgezahlt werden müssen, ist Verrechnung zulässig, es sei denn, die Rückzahlung könne gemäss Art. 864 Abs. 2 in fine und Abs. 3 OR hinausgeschoben werden.

Ein Aktionär kann seine Aktienzeichnung nicht wegen Willensmängeln anfechten, nachdem die Aktiengesellschaft (oder die Kapitalerhöhung) im Handelsregister eingetragen ist[43]. Die gleiche Lösung wird teilweise im Genossenschaftsrecht zum Erwerb der Mitgliedschaft vertreten, jedenfalls bei Genossenschaften mit Grundkapital, mit subsidiärer Haftung der Mitglieder oder mit Nachschusspflicht[44]. Nach anderen Auffassungen rechtfertigt die Ausgestaltung der Genossenschaft und ihres Kapitals eine differenziertere Lösung. So etwa vertritt FRIEDRICH[45], eine Anfechtung sei nur ausgeschlossen, wenn die Gesellschaft ihre Bilanz veröffentlicht oder ihren Gläubigern zur Kenntnis gebracht habe. Nach HENSEL[46] kann sich ein Mitglied immer auf error in negotii berufen, auf andere Willensmängel nur, soweit die Genossenschaft genügend Mittel hat, die Anteile des betreffenden Gesellschafters zurückzuzahlen. JOMINI[47] schlägt vor, die aktienrechtliche Regelung nur auf die obligatorischen Anteile anzuwenden. FORSTMOSER schliesslich[48] bejaht ein Anfechtungsrecht der Mitglieder, stellt es aber teilweise einem Austrittsrecht gleich, indem er zum einen Art. 876 OR für anwendbar erklärt und zum anderen die Genossenschaft für berechtigt hält, die Rückzahlung der Anteile gestützt auf Art. 864 Abs. 2 in fine und

---

39 FLURI, S. 59; FRIEDRICH, S. 84; HENSEL, S. 39, 64, 67 ff.; JOMINI, S. 74; F. VON STEIGER, S. 49 f. Gemäss Art. 213 Abs. 4 SchKG kann ein Gesellschafter seine rückständigen Beiträge nicht mit eigenen Forderungen gegen die Genossenschaft verrechnen.
40 FLURI, S. 59; HENSEL, S. 69; JOMINI, S. 74.
41 BORNER (Anm. 25), S. 42; FRIEDRICH, S. 83 ff.; HENSEL, S. 69 ff.; JOMINI, S. 75; M. SCHAEDLER, Die Abfindung des ausscheidenden Gesellschafters, Diss. Bern 1963, S. 94 ff.
42 BERNHEIMER, S. 86; FLURI, S. 60; A. HAGER, Der Austritt des Genossenschafters und die daran geknüpften Rechtsfolgen, Diss. Bern 1948, S. 56, Anm. 33; STUDER (Anm. 35), S. 51; BGE 45 II, 1919, S. 651.
43 Hierzu insbes. FORSTMOSER, Aktienrecht, S. 393 ff.
44 J. ENGELI, Die Verneinung der Einführung einer Auflösungsklage im Genossenschaftsrecht als Sanktion gegen Mängel des Gründungsvorganges, Diss. Basel 1954, S. 31 ff.; F. VON STEIGER, S. 65.; weitere Hinweise bei FORSTMOSER, ad Art. 840 OR, N. 32.
45 S. 70 ff.; vgl. auch SCHNEIDER, S. 91 ff.
46 S. 82 ff.
47 S. 82.
48 ad Art. 840 OR, N. 33; zu den Willensmängeln beim Beitritt zur Vorgenossenschaft, siehe ad Art. 834 OR, N. 58 ff.

Abs. 3 OR aufzuschieben. Unseres Erachtens sind die allgemeinen Regeln des OR ohne Einschränkung auf alle Genossenschaften anwendbar, auch auf Genossenschaften mit Grundkapital oder mit subsidiärer Haftung der Mitglieder, und selbst in der allein zu Zweifeln Anlass gebenden Hypothese, Art. 853 Abs. 1 OR stelle eine Zeichnungspflicht auf, die selbst eine Eintrittsvoraussetzung darstelle.

2. Liberierungsarten

Die Genossenschaftsanteile werden meist bar einbezahlt. Da das Gesetz keine Mindesteinzahlung vorsieht, fehlt auch eine dem Art. 633 OR entsprechende Vorschrift zur Hinterlegung.

Ausserdem kennt das Genossenschaftsrecht die statutarisch vorgesehene Möglichkeit der Sacheinlage (Art. 833 Ziff. 2 OR) und der ihr verwandten Sachübernahme (Art. 833 Ziff. 3 OR). Wegen der geringeren Rolle des Genossenschaftskapitals sowohl im Innen- als auch im Aussenverhältnis kommt den Sacheinlagen und -übernahmen wesentlich weniger Bedeutung zu als im Aktienrecht. Dennoch sind sie sehr ähnlich geregelt, haben doch die anwendbaren Bestimmungen in beiden Gesellschaftsformen zum Ziel, eine Überbewertung der Aktiven zu verhindern, die der Gesellschaft als Zahlung für Aktien bzw. Genossenschaftsanteile übertragen werden, oder die von ihr übernommen und mit Mitteln bezahlt werden, über die sie im Zeitpunkt der Gründung verfügt[49].

Folglich kann auf das Aktienrecht 1936 verwiesen werden[50]. Nur einige wesentliche Punkte seien in Erinnerung gerufen, einige wichtige Unterschiede unterstrichen.
– Die Sacheinlagen und -übernahmen schliessen alle (aber nur diejenigen) beweglichen und unbeweglichen, körperlichen und nichtkörperlichen Werte ein, die als Aktiva in die Bilanz eingestellt werden können[51]. Bei Sachübernahmen kommen allerdings nur Werte von gewisser wirtschaftlicher Bedeutung in Betracht[52], die durch Kauf- oder ähnlichen Vertrag erworben wurden[53]. Beim Kauf von (im Verhältnis zum Gesellschaftsvermögen) geringwertigen Gütern sind die Art. 833 Ziff. 3 und 834 Abs. 2 OR nicht anwendbar, vielmehr ist die Übernahme vom einfacheren Verfahren des Art. 838 Abs. 3 OR geregelt.

---

49   Hierzu FORSTMOSER, ad Art. 832 OR, N. 142 ff.; FRIEDRICH, S. 76; HENSEL, S. 76; GERWIG, GR, S. 178; GUTZWILLER, ad Art. 832/833 OR, N. 75 ff.
50   Zur äusserst umfangreichen Literatur zu Art. 628 OR, vgl. nur ausführlich FORSTMOSER, Aktienrecht, S. 293 mit zahlreichen weiteren Hinweisen, und VON GREYERZ, § 7.
51   FORSTMOSER, ad Art. 832 OR, N. 149 und 155; FRIEDRICH, S. 77; GERWIG, GR, S. 178; GUTZWILLER, ad Art. 832/833 OR, N. 82; JOMINI, S. 64 ff.; F. VON STEIGER, S. 60 f.
52   Wie vorn, Zweites Kapitel, § 6, schon angedeutet.
53   Hierzu insbes. R. SECRÉTAN, Anm. zu BGE 83 II, 1957, S. 291, in: JT 1958 I, S. 290.

§ 9 Grundkapital und Gesellschaftsanteile

– Während die Sacheinlage per definitionem von einem Mitglied oder künftigen Mitglied vorgenommen wird, um seine Anteile zu liberieren[54], betrifft die Sachübernahme, wie Art. 628 Abs. 2 OR klarer als Art. 833 Ziff. 3 OR zeigt, auch Dritte. Damit soll verhindert werden, dass ein Mitglied sich zu einfach hinter einem Strohmann verstecken kann.
– Eine Sacheinlage i.S. des Art. 833 Ziff. 2 OR, die ja zur Liberierung der Anteile dient, ist nur in einer Genossenschaft mit Grundkapital vorstellbar. Dagegen wird allgemein vertreten, eine Sachübernahme sei auch in einer Genossenschaft ohne Grundkapital möglich[55]. Diese Auffassung erscheint fragwürdig[56], hat aber nur geringe praktische Auswirkungen, da eine Genossenschaft ohne Grundkapital nur selten schon im Gründungsstadium über bedeutende Geldmittel verfügt.
– Eine Sachübernahme setzt nicht notwendig voraus, dass vor Eintragung der Gesellschaft in das Handelsregister ein Vertrag bereits erfüllt wurde. Es reicht, wenn die Gründungsmitglieder die Sachübernahme vor Eintragung ernsthaft ins Auge gefasst haben[57]. Diese von der Rechtsprechung aufgestellte Regel soll verhindern, dass die Vorschriften über Sacheinlagen und Sachübernahmen zu leicht umgangen werden.
– Das Problem der Sacheinlagen und -übernahmen stellt sich entweder bei Gründung der Genossenschaft, oder zu einem späteren Zeitpunkt, d.h. bei Schaffung eines Grundkapitals oder bei Kapitalerhöhung[58]. Ausserdem kann eine Sacheinlage bei Eintritt eines neuen Genossenschafters jederzeit erfolgen, vorausgesetzt, in die Statuten sei eine dem Art. 833 Ziff. 2 OR genügende Klausel aufgenommen[59].
– Im Aktienrecht müssen die Klauseln zu Sacheinlagen und -übernahmen bei Gründung einstimmig (Art. 629 OR) und bei Kapitalerhöhung mit der für «wichtige Beschlüsse» erforderlichen qualifizierten Mehrheit (Art. 704 Abs. 1 Ziff. 5 OR) angenommen werden. Das Genossenschaftsrecht kennt keine entsprechende Bestimmung. Es muss wohl davon ausgegangen werden, dass bei Klauseln

---

54 Jedoch sind in einer Genossenschaft auch andere Sacheinlagen möglich, vgl. die «andern Leistungen» in Art. 832 Ziff. 3 OR.
55 FORSTMOSER, ad Art. 832 OR, N. 153; GERWIG, GR, S. 179.
56 Denn da die Vorschriften über die Sachübernahmen zum Ziel haben, eine Umgehung derjenigen über die Sacheinlagen zu verhindern (vgl. FORSTMOSER, ad Art. 832 OR, N. 154), ist es kaum gerechtfertigt, jene auf Fälle auszudehnen, in denen diese nicht anwendbar sind.
57 BGE 83 II, 1957, S. 284.
58 Anders wohl FORSTMOSER, ad Art. 832 OR, N. 190, der eine Sachübernahme nach erfolgter Gründung auszuschliessen scheint. Unseres Erachtens bezieht sich die in Art. 833 Ziff. 3 OR verwendete Formulierung «bei der Gründung» auf den Normalfall, schliesst aber die Anwendung dieser Vorschrift auch in einem späteren Zeitpunkt nicht aus.
59 FRIEDRICH, S. 78, unterstreicht zu Recht, dass die Möglichkeit einer Sacheinlage, wegen der Verpflichtung, sie für jeden Einzelfall in die Statuten aufzunehmen, in der Praxis wenig attraktiv ist. Siehe auch SCHNEIDER, S. 80.

im Gründungsstadium die absolute Mehrheit (Art. 888 Abs. 1 OR)[60], bei späterer Statutenänderung die Mehrheit von zwei Dritteln der abgegebenen Stimmen (Art. 888 Abs. 2 OR) notwendig ist.
- Der Inhalt der Klauseln[61] ist nach Genossenschaftsrecht im wesentlichen der gleiche wie nach Aktienrecht. Zwar erwähnt Art. 833 Ziff. 2 OR, im Gegensatz zu Art. 628 Abs. 1 OR, weder die Bewertung der Sacheinlage, noch die Zahl der den Eintretenden zukommenden Anteile; jedoch steht ausser Zweifel, dass diese Angaben, wenigstens die zweite, in den Statuten enthalten sein müssen.
- Sacheinlagen und -übernahmen sind (wie im Aktienrecht, Art. 635 und 652e OR) in einem von den Gründern (Art. 834 Abs. 2 OR) oder, bei späteren Einlagen oder Übernahmen, von der Verwaltung verfassten Bericht zu beschreiben. Da das Gesetz zum Inhalt dieses Berichts nichts sagt, ist Art. 635 OR (Art. 630 Abs. 2 Ziff. 1 und 2 OR 1936) analog anwendbar[62]. Der Bericht braucht nicht von einem Revisor geprüft (Art. 635a und 652f OR) oder von der Gründer- bzw. Generalversammlung genehmigt zu werden. Letztere muss ihn aber beraten (Art. 834 Abs. 2 OR). Anschliessend ist er der Anmeldung zur Eintragung beizufügen (Art. 835 Abs. 4 OR).

Der Handelsregisterführer verweigert die Eintragung der Genossenschaft oder ihrer abgeänderten Statutenbestimmungen, wenn die erforderlichen Klauseln nicht angenommen wurden oder nicht den gesetzlichen Erfordernissen genügen, oder wenn der Gründerbericht fehlt. Jedoch wird er nur selten von heimlichen Sacheinlagen oder -übernahmen Kenntnis haben, die wie im Aktienrecht absolut nichtig sind[63], so dass die betreffenden Mitglieder Schuldner ihrer Zahlungspflicht auf die Anteile bleiben und den Parteien ihre bereits erbrachten Leistungen zurückerstattet werden. Zwar können die erforderlichen Klauseln später in die Statuten eingefügt werden, jedoch ohne Rückwirkung, so dass in der Zwischenzeit möglicherweise entstandene Forderungen der Mitglieder oder der Gläubiger hiervon nicht berührt werden[64]. Fehlt dagegen der Gründerbericht oder wurde er nicht beraten, sind Sacheinlagen und -übernahmen nicht nichtig. Allerdings könnten die Beschlüsse der Versammlung, insbesondere wenn es sich um die Generalversammlung handelt, angefochten werden[65]. Bei absichtlicher oder fahrlässiger Überbewertung der Einlagen oder Übernahmen haften die Gründer bzw. Mitglieder der Verwaltung. Auf die Gründer sind nur die Art. 41 ff. OR anwendbar, ausser bei konzessionierten Kredit- und Versiche-

---

60 Vgl. vorn, Zweites Kapitel, §§ 6 und 8.
61 FORSTMOSER, ad Art. 832 OR, N. 170 ff.
62 Einschränkend FORSTMOSER, ad Art. 834 OR, N. 12; vgl. auch FRIEDRICH, S. 77.
63 BGE 83 II, 1957, S. 284, 290.
64 BGE 83 II, 1957, S. 284, 290.
65 FORSTMOSER, ad Art. 832 OR, N. 183, sowie ad Art. 834 OR, N. 36. Zur Anfechtung der Beschlüsse der Gründungsversammlung, siehe auch vorn, Zweites Kapitel, § 8.

rungsgenossenschaften, die in diesem Punkt dem Aktienrecht unterstehen (Art. 920 OR)[66]. Die Verwaltung kann von der Gesellschaft gestützt auf Art. 916 OR verklagt werden; dagegen können Mitglieder und Gläubiger sich nur auf Art. 41 ff. OR berufen, da die Klage auf Ersatz des indirekten Schadens nach Art. 917 OR besonderen Voraussetzungen untersteht[67]. Für die konzessionierten Kredit- und Versicherungsgenossenschaften gilt auch hier Aktienrecht.

Wie bei der Aktiengesellschaft kann das Grundkapital auch durch Verrechnung liberiert werden, insbesondere mit Forderungen auf Rückvergütung oder Zinsen auf die Anteile[68]. Eine analoge Anwendung des Aktienrechts, falls überhaupt denkbar, hat offensichtlich keinen Sinn[69].

Eine Liberierung mittels Reserven, d.h. durch Ausgabe von Gratisanteilen, wird im allgemeinen als zulässig angesehen unter der Voraussetzung, dass die Art. 859 Abs. 3 und 854 OR beachtet werden[70].

III. Änderungen des Grundkapitals

Eine Genossenschaft kann ihr Grundkapital ändern und muss es ändern können, da sie jederzeit neue Mitglieder aufnehmen kann (Art. 839 Abs. 1 OR), die gemäss Art. 853 Abs. 1 OR wenigstens einen Anteil übernehmen müssen. Auch die freiwillige Übernahme von Anteilen, falls in den Statuten vorgesehen (Art. 853 Abs. 2 OR), führt zu einer automatischen Kapitalerhöhung. Umgekehrt zieht die Ausübung des Ausschlussrechts durch die Genossenschaft oder des Austrittsrechts durch ein Mitglied (Art. 842 ff. und 867 OR) die Annulierung der entsprechenden Anteile und damit, unabhängig von einer eventuellen Rückzahlung (Art. 864 und 865 OR), eine Kapitalherabsetzung nach sich.

Der Gesetzgeber hat diese individuellen und punktuellen Änderungen, die sich daraus ergeben, dass das Grundkapital variabel sein muss[71], keinen besonderen Formerfordernissen unterstellt, ausser bei Sacheinlagen[72]. Anders verhält es sich dagegen, wenn die Genossenschaft Anzahl oder Nennwert ihrer Anteile allgemein erhöhen oder herabsetzen oder ihr Grundkapital ganz aufheben will.

---

66 Wenn man vertritt, dass der Verweis des Art. 920 OR nicht nur Art. 754 ff. OR betrifft; siehe hinten, Neuntes Kapitel, § 27.
67 Siehe hinten, Neuntes Kapitel, § 28.
68 FRIEDRICH, S. 80; JOMINI, S. 63 ff.; SCHNEIDER, S. 89 ff.
69 FRIEDRICH, S. 80.
70 Diese Frage wird hinten, III, im Abschnitt über die Kapitalerhöhung, eingehend behandelt.
71 Hierzu FRIEDRICH, S. 103 ff.
72 Siehe vorn, II.

1. Kapitalerhöhung

Wie schon erwähnt[73] kann eine Genossenschaft während ihres Bestehens ein Grundkapital schaffen sowie – und dies im Gegensatz zur Aktiengesellschaft (Art. 680 Abs. 1 OR) – von ihren Mitgliedern zusätzliche Leistungen verlangen, insbesondere durch Erhöhung der Anzahl oder des Nennwertes ihrer obligatorischen Anteile. Voraussetzung ist eine Statutenänderung (Art. 832 Ziff. 3 und 867 Abs. 1 OR)[74] und, wenn der Nennwert der Anteile erhöht wird, deren Eintragung im Handelsregister (Art. 93 Abs. 2 HRegV). Da der Gleichbehandlungsgrundsatz gewahrt werden muss[75], hat im allgemeinen jeder Genossenschafter einen seinen obligatorischen Anteilen entsprechenden Betrag zu leisten (oder, wenn man davon ausgeht, dass die obligatorischen Anteile veräusserbar sind, einen Betrag, der den Anteilen entspricht, die er bei seiner Aufnahme in die Genossenschaft zeichnen oder erwerben musste).

Die herrschende Lehre vertritt zu Recht, der Kapitalerhöhungsbeschluss der Generalversammlung unterstehe dem Art. 888 Abs. 2 OR und nicht etwa Art. 889 OR[76], dessen Anwendungsbereich während der parlamentarischen Arbeiten geändert, dessen Randtitel aber beibehalten wurde[77]. Jedoch sollte unseres Erachtens Art. 889 OR angewendet werden, wenn das Genossenschaftskapital zu einem Zeitpunkt erhöht oder geschaffen wird, in dem es nicht mehr gänzlich gedeckt oder in dem die Gesellschaft überschuldet ist. Denn in diesen Hypothesen sind die Leistungen der Genossenschafter, wenn auch nicht endgültig verloren, so doch mit Nachschüssen i.S. des Art. 871 OR vergleichbar. Zumindest muss man aber den Gesellschaftern in dieser Situation sowie bei erheblicher Kapitalerhöhung unabhängig von der finanziellen Lage der Genossenschaft ein Austrittsrecht aus wichtigem Grund zugestehen.

Die Liberierung der neuen Anteile erfolgt nach den schon dargestellten Regeln[78] und muss auch die Vorschriften zur Sachübernahme respektieren, wenn die neuen Geldmittel bestimmten Investitionen dienen sollen. In diesem Zusammenhang stellt sich erneut die Frage der Gratisanteile, also die Möglichkeit einer Kapitalerhöhung durch Verwendung der Reserven und Ausgabe der so geschaffenen Anteile an die Gesellschafter. Dieses grundsätzlich zulässige Vorgehen kann Probleme im Zusam-

---

73　Vorn, I.
74　FLURI, S. 88; GUTKNECHT, S. 57; GYSIN, S. 409; HENSEL, S. 97; JOMINI, S. 108. Wie HENSEL, S. 96, bemerkt, wäre eine Statutenklausel, die vorsähe, dass die Verwaltung die obligatorischen Leistungen der Genossenschafter erhöhen darf, wenn z.B. der Geschäftsgang es erfordert, unzulässig. Möglich wäre jedoch ein «genehmigtes Kapital», indem der Verwaltung statutarisch das Recht eingeräumt würde, Anzahl oder Nennwert der obligatorischen Anteile unter klar definierten Voraussetzungen und bis zu einem bestimmten Betrag zu erhöhen.
75　BERNHEIMER, S. 87; HENSEL, S. 99.
76　BERNHEIMER, S. 37; FLURI, S. 89; GUTKNECHT, S. 57; HENSEL, S. 96; JOMINI, S. 109; F. VON STEIGER, S. 117 f. Anderer Ansicht BORNER (Anm. 25), S. 43; FRIEDRICH, S. 109 ff.
77　Siehe vorn, Anm. 2.
78　Vorn, II.

menhang mit Art. 859 Abs. 3 und 854 OR aufwerfen[79]. Beide Vorschriften sind eingehalten, wenn die neuen Anteile nach genossenschaftlichen Kriterien wie in Art. 859 Abs. 2 OR vorgesehen verteilt werden. Rechtmässig ist insbesondere eine Verteilung entweder entsprechend dem Wert der von den Genossenschaftern obligatorisch übernommenen Anteile, d.h. faktisch pro Person, oder indirekt nach demselben Kriterium, nach dem die Anzahl der von jedem Genossenschafter zu übernehmenden obligatorischen Anteile festgelegt wurde. Dagegen ist umstritten, ob Gratisanteile entsprechend der Anzahl der freiwillig übernommenen Anteile verteilt werden dürfen. Ein solches Vorgehen wäre in Kreditgenossenschaften wegen Art. 860 OR wohl zulässig, in anderen Genossenschaften jedoch nur, wenn die Gratisanteile statt einer jährlichen Dividende ausgegeben werden und ihr Wert den in Art. 859 Abs. 3 OR für die Dividende festgelegten Höchstbetrag nicht übersteigt. Aber selbst wenn man annähme, dass die Ausgabe von Gratisanteilen keine eigentliche Verteilung von Reserven darstelle, da der Gegenwert weiterhin zur Verfügung der Gesellschaft stehe[80], und dass Art. 859 Abs. 3 OR nicht betroffen sei, müsste die genannte Lösung schon wegen Art. 854 OR gelten.

2. Herabsetzung und Aufhebung des Grundkapitals

Herabsetzung und Aufhebung des Genossenschaftskapitals sind in Art. 874 Abs. 2 OR ausdrücklich vorgesehen. Selbstverständlich muss im Fall einer Kapitalherabsetzung jeder Genossenschafter wenigstens einen Anteil behalten (Art. 853 Abs. 1 OR)[81]; falls jeder Genossenschafter nur einen Anteil hält, kommt nur eine Aufhebung des Kapitals[82] oder eine Herabsetzung des Nennwerts der Anteile in Betracht.

Der Verweis des Art. 874 Abs. 2 OR auf die Art. 732 bis 735 OR wurde in der Lehre kritisiert[83]. Für einen Teil der Autoren sind die aktienrechtlichen Herabsetzungsvorschriften aus praktischen Gründen nur anwendbar, wenn ihre Beachtung

---

79 Vgl. insbes. FLURI, S. 63 ff., und FRIEDRICH, S. 81.
80 In einer AG erhalten die Aktionäre durch Ausgabe von Gratisaktien theoretisch keine Vorteile, da zwar die Anzahl ihrer Aktien steigt, aber deren Wert sinkt. In der Genossenschaft ist die Lage etwas anders, da die Genossenschafter kein wohlerworbenes Recht auf Verteilung der Reserven bei Auflösung der Gesellschaft haben (Art. 913 Abs. 2 OR), und gar keinen Anspruch bei Austritt (bei wörtlicher Auslegung des Art. 864 Abs. 1 OR). Dagegen haben sie bei Auflösung ein wohlerworbenes Recht auf Rückzahlung ihrer Anteile (Art. 913 Abs. 2 OR); ferner können die Statuten einen Rückzahlungsanspruch bei Austritt vorsehen (Art. 864 Abs. 2 OR). Ausserdem können Gratisanteile wegen Art. 859 Abs. 2 OR eine Erhöhung der Dividenden nach sich ziehen.
81 HENSEL, S. 103.
82 FRIEDRICH, S. 119; TANNER, S. 45.
83 Vgl. FLURI, S. 90; FRIEDRICH, S. 127; HENSEL, S. 102; JOMINI, S. 122; F. VON STEIGER, S. 118 f. Siehe auch die Beiträge von F. VON STEIGER, SAG 1944/45, S. 25 ff.; H. HÜRLIMANN, SAG 1944/45, S. 232 ff.; T. KADY, SAG 1948/49, S. 160 ff.

sichergestellt ist, d.h. wenn die Herabsetzung eine Statutenänderung und eine Eintragung im Handelsregister nach sich zieht. Nach dieser Meinung wäre also Art. 874 Abs. 2 OR anwendbar bei Aufhebung des Kapitals (wegen Art. 833 Ziff. 1 OR), bei Herabsetzung des Nennwerts des Anteile (Art. 832 Ziff. 3 OR und Art. 93 Abs. 2 HRegV) und unter Umständen bei Herabsetzung der Zahl der obligatorisch zu übernehmenden Anteile[84], nicht aber bei Herabsetzung der Zahl der freiwillig zu übernehmenden Anteile. Diese Auffassung erscheint kaum vertretbar. Bei Herabsetzung der Zahl der obligatorisch zu übernehmenden Anteile ist immer eine Statutenänderung notwendig, denn wenn die Statuten den Erwerb von mehr als einem Anteil vorsehen (Art. 853 Abs. 1 OR), müssen sie die Zahl angeben oder wenigstens genügend genaue Kriterien, nach denen diese Zahl bestimmt werden kann (Art. 832 Ziff. 3 und 867 Abs. 1 OR). Im übrigen ist zu bedenken, dass eine Herabsetzung der Zahl der (obligatorisch oder freiwillig) zu übernehmenden Anteile genau die gleichen negativen Folgen für die Gläubiger hat wie eine Herabsetzung des Nennwerts der Anteile, so dass eine unterschiedliche Behandlung beider Verfahren abzulehnen ist. Nur in einem einzigen Fall fällt eine Herabsetzung des Kapitals nicht unter Art. 874 Abs. 2 OR: Die Statuten sehen das Recht vor, die Rückzahlung von freiwillig übernommenen Anteilen zu verlangen; in diesem Fall kann die aus der Ausübung des Rückzahlungsanspruchs resultierende Kapitalherabsetzung einer Herabsetzung infolge Ausübung des Austrittsrechts gleichgesetzt werden[85]. Wird der Herabsetzungsbetrag gleichzeitig durch neues Kapital ausgeglichen, braucht die Genossenschaft wegen des Verweises in Art. 874 Abs. 2 OR das besondere Verfahren der Art. 732 bis 735 OR nicht einzuhalten[86].

Eine Genossenschaft kann die Kapitalherabsetzung oder -aufhebung für alle Gesellschafter verbindlich beschliessen, wenn der Beschluss mit der erforderlichen Mehrheit gefasst wird, also grundsätzlich mit der Zweidrittelmehrheit des Art. 888 Abs. 2 OR, ausnahmsweise mit der Dreiviertelmehrheit des Art. 889 OR bei Herabsetzung zu Sanierungszwecken mit gleichzeitiger Erhöhung, und wenn bei Herabsetzung der Gleichbehandlungsgrundsatz gewahrt ist[87].

Dagegen ist die Frage umstritten, ob eine Genossenschaft, die ihr (noch gedecktes) Kapital herabsetzt oder aufhebt, den Gesellschaftern ihre Anteile – oder wenigstens deren Nennwert – zurückzahlen muss oder kann. Im Gegensatz zur herrschenden

---

[84] Nach einem Teil der Lehre zieht eine Herabsetzung der Zahl der obligatorisch zu übernehmenden Anteile keine Statutenänderung nach sich, so FRIEDRICH, S. 122 ff., und TANNER, S. 45; a.A. FLURI, S. 90, Anm. 11, und HENSEL, S. 106.
[85] Zu derartigen statutarischen Klauseln, vgl. FRIEDRICH, S. 120 ff., und JOMINI, S. 115, sowie das praktische Beispiel bei VOGEL, S. 144.
[86] FLURI, S. 90; F. VON STEIGER, S. 119 f.; nach FRIEDRICH, S. 123, muss das neue Kapital nicht notwendig voll einbezahlt sein.
[87] JOMINI, S. 116 ff.

§ 9 Grundkapital und Gesellschaftsanteile

Lehre, die eine analoge Anwendung des Art. 913 Abs. 2 OR ausschliesst und unter Vorbehalt anderslautender statutarischer Bestimmungen eine Rückzahlung der Anteile nur zulässt, wenn sie zugunsten austretender Genossenschafter vorgesehen ist (Art. 864 OR)[88], sollten die Gesellschafter immer einen Anspruch auf Rückzahlung ihrer Anteile haben. Denn es kann nicht richtig sein, dass die Mehrheit einer ablehnenden Minderheit, unter Umständen gerade vor Auflösung der Gesellschaft, vorschreiben kann, auf das einzige wohlerworbene Recht finanzieller Natur, welches das Genossenschaftsrecht kennt, zu verzichten. Allerdings handelt es sich um ein eher theoretisches Problem. Denn entweder soll das Kapital herabgesetzt oder aufgehoben werden, weil die vorhandenen Mittel nicht benötigt werden; dann ist eine Rückzahlung der Anteile selbstverständlich; die Genossenschafterversammlung kann, falls notwendig, eine auf Art. 864 OR gestützte Statutenklausel beschliessen. Oder die Herabsetzung geschieht zu Sanierungszwecken; dann ist jegliche Rückzahlung von vornherein ausgeschlossen.

Die Anwendung der Art. 732 bis 735 OR zeitigt für kleinere Genossenschaften praktische Probleme wegen der Kosten des Verfahrens, insbesondere des von Art. 732 OR verlangten Revisionsberichts[89], der selbst bei Sanierung notwendig ist[90]. Rechtliche Probleme dagegen stellen sich kaum; es kann auf das Aktienrecht verwiesen werden[91]. Art. 732 Abs. 5 OR gilt nicht für Genossenschaften; dagegen ist Art. 734 anwendbar, obwohl das Erfordernis der öffentlichen Urkunde dem Genossenschaftsrecht ansonsten fremd ist. Kreditgenossenschaften sind dem besonderen Verfahren des Art. 11 BankG unterworfen.

---

88 FRIEDRICH, S. 125 und 131 ff.; JOMINI, S. 117 ff.
89 FRIEDRICH, S. 129; GUTZWILLER, ad Art. 874 OR, N. 13; F. VON STEIGER, S. 119.
90 BGE 76 I, 1950, S. 162.
91 Vgl. insbes. FORSTMOSER, Aktienrecht, S. 513 ff., und VON GREYERZ, § 23.

§ 10 Selbstfinanzierung und Finanzierung mit Fremdkapital: Reserven und Anleihen

Literatur

Die in § 9 zitierten Autoren sowie C. TERRIER, La comptabilité des sociétés coopératives, Zürich 1983.

I. Reserven

Die Verfolgung eines genossenschaftlichen Zwecks, d.h. die Mitgliederförderung, schliesst nicht aus, dass eine Genossenschaft aus dem Nichtmitgliedergeschäft oder sogar aus den Geschäftsbeziehungen zu ihren Mitgliedern Überschüsse erwirtschaftet. Dieser Reinertrag fällt, vorbehaltlich anderslautender statutarischer Bestimmungen, «in seinem ganzen Umfange in das Genossenschaftsvermögen» (Art. 859 Abs. 1 OR), somit in den allgemeinen Reservefonds der Gesellschaft, es sei denn, Statuten oder Generalversammlung sähen eine besondere Zweckbestimmung vor.

1. Gesetzliche Reserve

Wird der Reinertrag ganz oder teilweise unter die Gesellschafter verteilt, muss die Genossenschaft, ebenso wie eine Aktiengesellschaft (Art. 671 OR), einen Reservefonds bilden. Die Vorschriften zur gesetzlichen Reserve (Art. 860 und 861 OR) sind in der Lehre als der Genossenschaft nicht angemessen und oft unverständlich kritisiert worden[92]. Sicher bereitet die Auslegung dieser Bestimmungen gelegentlich Schwierigkeiten, die aber nur von untergeordneter Bedeutung sind.

Alle Genossenschaften mit Genossenschaftskapital ausser den Kredit- und konzessionierten Versicherungsgenossenschaften müssen, ob Anteilscheine bestehen oder nicht, wenigstens (vgl. aber Art. 860 Abs. 2 OR) ein Zwanzigstel ihres jährlichen Reinertrages einem Reservefonds zuweisen. Dies gilt wenigstens während zwanzig Jahren, nötigenfalls sogar länger, bis ein Fünftel des Genossenschaftskapi-

---

92 FLURI, S. 132 f.; FORSTMOSER, ad Art. 828 OR, N. 112; GERWIG, GR, S. 221 ff.; JOMINI, S. 156 ff.; SCHNEIDER, S. 227; TERRIER, S. 57 ff. Obwohl Art. 860 Abs. 1 OR eindeutig ist, vertritt ein Teil der Lehre, wie etwa GERWIG, GR, S. 222, und S.B. MOSER, Wohnbaugenossenschaften, Zürich 1978, S. 34, dass die Pflicht zur Äufnung eines Reservefonds selbst dann bestehe, wenn der Reinertrag nicht ausgeschüttet wird.

§ 10 Selbstfinanzierung und Finanzierung mit Fremdkapital: Reserven und Anleihen

tals erreicht ist (Art. 860 Abs. 1 OR)[93]. Sicher ist diese aus dem Aktienrecht übernommene Regelung bei einer Genossenschaft mit variablem und oft kleinem Kapital theoretisch unbefriedigend. Jedoch bringt ihre Auslegung und praktische Anwendung kaum Schwierigkeiten. Es ist anerkannt, dass Art. 860 Abs. 1 in fine OR das Genossenschaftskapital am Ende eines Geschäftsjahres meint. Im übrigen verlangt das Gesetz keine weitergehenden Zuweisungen, wie etwa einen eventuellen Mehrerlös bei Ausgabe von Anteilen[94] oder den Ertrag aus der Annulierung von Anteilen von ausscheidenden (austretenden oder ihre Mitgliedschaft zwangsweise verlierenden) Mitgliedern (Art. 671 Abs. 2 OR). Die Verwendung der gesetzlichen Reserve ist, jedenfalls soweit sie die Hälfte des Kapitals nicht übersteigt, durch Art. 860 Abs. 3 OR eingeschränkt. Diese Vorschrift entspricht Art. 671 Abs. 3 OR und ist ebenso unglücklich formuliert[95]. Schliesslich ist das Genossenschaftskapital wegen seiner oft äusserst geringen Höhe ein ungenügender Bemessungsfaktor.

Auch Genossenschaften ohne Genossenschaftskapital müssen während wenigstens zwanzig Jahren in ihren Reservefonds einzahlen (Art. 860 Abs. 1 OR). Bezüglich der Verwendungsbeschränkung spricht Art. 860 Abs. 3 OR statt von der «Hälfte des Genossenschaftskapitals» von der «Hälfte des übrigen Genossenschaftsvermögens». Fraglich ist, ob die Frist ohne Unterbrechung seit Gründung der Genossenschaft läuft unabhängig von der Tatsache, ob diese jedes Jahr einen Reinertrag erwirtschaftet *und* ihn ganz oder teilweise an die Genossenschafter verteilt, oder ob der Gesetzgeber eine tatsächliche Zuweisung während zwanzig Jahren im Auge hatte. Letzteres ist wohl wahrscheinlicher[96]. Mit dem «übrigen Genossenschaftsvermögen» ist wohl nicht das Brutto-[97], sondern das Nettovermögen gemeint, d.h. alle Reserven ausser der gesetzlichen Reserve, denn sonst wäre das Adjektiv «übrige» nicht zu erklären. Auch der in den Art. 859 Abs. 1, 864 und 865 OR verwendete Ausdruck «Genossenschaftsvermögen» entspricht dem Nettovermögen. Für den Gesetzgeber gilt das Nettovermögen bei Gesellschaften ohne Anteilscheine als Genossenschaftskapital. Schliesslich sei darauf hingewiesen, dass in einer grossen Genossenschaft die gesetzliche Reserve praktisch nie die Höhe des halben Bruttovermögens erreicht. Ausserdem wäre sie, wenn in Art. 860 OR das Bruttovermögen gemeint wäre, einer

---

93 Ob das Kapital liberiert ist oder nicht, spielt keine Rolle (vgl. Art. 671 Abs. 1 OR). Die Formulierung der zweiten Hypothese «auf alle Fälle» zeigt deutlich, dass in der ersten Hypothese die Zuweisung unbedingt 20 Jahre lang erfolgen muss, selbst wenn schon vorher ein Fünftel des Kapitals erreicht sein sollte.
94 Contra: JOMINI, S. 72.
95 Zu den verschiedenen Auslegungsmöglichkeiten, siehe BÜRGI, Zürcher Kommentar, Art. 671, N. 48 ff.
96 CAPITAINE, SJK 1160, S. 2 f.
97 So aber GERWIG, GR, S. 225; JOMINI, S. 162; SCHNEIDER, S. 233; TERRIER, S. 60; wie hier CAPITAINE, SJK 1160, S. 2.

wesentlich strengeren Regelung als eine Genossenschaft mit Genossenschaftskapital unterworfen, was nicht richtig sein kann.

Auf Kreditgenossenschaften sind die Sonderregelung des Art. 861 OR sowie die Art. 858 Abs. 2 und 920 OR anwendbar. Die Mehrheit der Lehre vertritt ausdrücklich oder indirekt, dass mangels einer gesetzlichen Definition mit Kreditgenossenschaften die dem BankG unterworfenen Genossenschaften gemeint seien[98], mit Ausnahme der Bürgschaftsgenossenschaften für Handel, Handwerk und Landwirtschaft. Diese Auffassung ist sicher fraglich, da der Begriff «Kredit» weiter ausgelegt werden kann, aber sie hat den Vorteil, eine klare Rechtslage zu schaffen. Auch die Materialien zu Art. 861 OR zeigen, dass der Gesetzgeber an die Genossenschaftsbanken und Raiffeisenkassen dachte. Gemäss Art. 861 OR sind die Kreditgenossenschaften zu einer höheren Zuweisung verpflichtet (ein Zehntel statt ein Zwanzigstel des Reinertrages), allerdings nur bis zu einem proportional niedrigeren Plafond (ein Zehntel statt ein Fünftel des Genossenschaftskapitals). Diese Lösung soll der Tatsache Rechnung tragen, dass diese Gesellschaften in der Regel ein weit höheres Kapital aufweisen als andere Genossenschaften. Ausserdem muss dem Reservefonds gemäss Art. 861 Abs. 3 OR, der dem Art. 671 Abs. 2 Ziff. 3 OR entspricht, ein Zehntel der «Super-Dividende» zugewiesen werden, d.h. des Betrages, der die Dividende übersteigt, die eine normale Genossenschaft nach Art. 859 Abs. 3 OR ausschütten darf. Wie auch im Aktienrecht berechnet sich die Höhe der Zuweisung nach den effektiv ausgeschütteten Beträgen[99]. Obwohl auf die grundsätzlich dem BankG unterstellten Kreditgenossenschaften die Sonderregelungen des BankG anwendbar sind, die als lex specialis dem jüngeren OR als lex generalis vorgehen[100], ist Art. 861 OR nicht nur toter Buchstabe. Denn in der Bankpraxis werden die jeweils strengsten Bestimmungen beider Gesetze angewendet[101]. So müssen jährlich 10% des Reinertrags der gesetzlichen Reserve zugewiesen werden, obwohl Art. 5 Abs. 1 BankG nur 5% verlangt; andererseits müssen die Zuweisungen gemäss Art. 5 Abs. 1 BankG fortgeführt werden, bis die gesetzliche Reserve 20% des Genossenschaftskapitals erreicht, obwohl Art. 861 OR nur 10% verlangt.

---

98 BERNHEIMER, S. 167; GUTZWILLER, ad Art. 861 OR, N. 2 ff.; F. VON STEIGER, ZSR 59, 1940, S. 281a; TERRIER, S. 61. Contra: wohl CAPITAINE, SJK 1160, S. 3, und K. U. BLICKENSTORFER, Die genossenschaftsrechtliche Verantwortlichkeit, Zürich 1987, S. 231 ff., insbes. S. 234: «Zusammenfassend fallen demnach unter den Begriff der Kreditgenossenschaft nicht bloss Genossenschaftsbanken, sondern auch diejenigen Genossenschaften, welche ihren Zweck dahin ausrichten, an ihre Mitglieder Gelder auszuleihen, die aber nicht öffentlich zur Annahme fremder Gelder empfehlen».
99 BÜRGI (Anm. 95), Art. 671, N. 60 (mit Hinweisen).
100 K. KÄFER, Berner Kommentar, Band VIII, 2.Abteilung, 1.Teilband, Grundlagen und Art. 957 OR, Bern 1981, Rdn. 6.143 ff.; JOMINI, S. 164; einschränkend TERRIER, S. 61, Anm. 254. Vgl. ferner GERWIG, GR, S. 222 ff.; GUTZWILLER, ad Art. 861 OR, N. 7; SCHNEIDER, S. 235.
101 JOMINI, S. 164; SCHNEIDER, S. 235; F. VON STEIGER, S. 92; TERRIER, S. 61 ff.; VOGEL, S. 148.

Die konzessionierten Versicherungsgenossenschaften[102] sind besonderen Bestimmungen unterworfen und müssen ihren Reservefonds «nach Massgabe ihres vom Bundesrat genehmigten Geschäftsplanes» bilden (Art. 860 Abs. 4 OR, der Art. 671 Abs. 6 OR 1936 entspricht).

2. Andere offene Reserven[103]

Wenn eine Genossenschaft ihren Reinertrag nicht oder nur zum Teil unter die Genossenschafter verteilt, fällt der zurückbehaltene Überschuss in das Genossenschaftsvermögen (Art. 859 Abs. 1 OR) und bildet eine allgemeine Reserve ohne Zweckbindung. Die Statuten oder die Generalversammlung können aber nach Art. 862 und 863 OR die Bildung von speziellen Reserven mit Zweckbindung, etwa zur Risikodeckung oder zur Finanzierung bestimmter Investitionen vorsehen bzw. beschliessen.

Art. 862 OR, der die statutarischen Reserven behandelt, ist schlecht formuliert. Statt in eine Bestimmung über Wohlfahrtseinrichtungen das Wort «insbesondere» einzufügen[104], hätte der Gesetzgeber mit Vorteil eine dem Art. 672 Abs. 2 OR entsprechende Vorschrift ins Genossenschaftsrecht eingeführt, welche allgemein die Schaffung von speziellen Reserven erlaubt. Jedenfalls ist unbestritten, dass die Statuten nicht nur über Art. 860 Abs. 1 OR hinausgehende Zuweisungen an die gesetzliche Reserve vorsehen können (Art. 860 Abs. 2 OR), sondern auch die Schaffung und Äufnung von speziellen Reserven.

Art. 863 OR betreffend die von der Generalversammlung beschlossenen Reserven entspricht dem Art. 674 Abs. 2 und 3 OR 1936[105]. Allerdings wird die «Verteilung einer möglichst gleichmässigen Dividende» als Zweckbestimmung nicht erwähnt, was jedoch normal erscheint, da das Recht auf Dividende bzw. Beteiligung am Reinertrag in den Statuten vorgesehen sein muss. Ist das der Fall, darf eine Genossenschaft auch eine Dividenden- oder eine Dividendenausgleichsreserve vorsehen[106]. Ebenso darf die Generalversammlung das Genossenschaftsvermögen, d.h. den allge-

---

102 Im Sinne des BG betreffend Beaufsichtigung von Privatunternehmungen im Gebiete des Versicherungswesens, vom 25. Juni 1885, SR 961.01; vgl. hierzu BLICKENSTORFER (Anm. 98), S. 236 ff.
103 Zu den stillen Reserven, siehe hinten, § 11.
104 Die Abs. 2 bis 4 des Art. 862 OR sind seit 1958 ausser Kraft (AS 1958, S. 379).
105 Vgl. hierzu vor allem BÜRGI, a. a. O. (Anm. 95), Art. 674.
106 So FLURI, S. 136; GERWIG, GR, S. 227; HENSEL, S. 124; JOMINI, S. 166; F. VON STEIGER, S. 92 f.; TERRIER, S. 63; VOGEL, S. 150. Zur gegenteiligen Ansicht, siehe CAPITAINE, SJK 1160, S. 3; GUTZWILLER, ad Art. 863 OR, N. 4; SCHNEIDER, S. 237, die sich auf die Materialien stützen können, vgl. Sten.Bull. StR 1932, S. 214.

meinen Reservefonds benutzen[107], dessen Zweckbindung im Gegensatz zu derjenigen der gesetzlichen Reserve nicht beschränkt ist.

II. Anleihen und Partizipationsscheine

Obwohl typische Genossenschaften kaum auf Fremdfinanzierung als Mittel der Kapitalbeschaffung zurückgreifen, ist diese weder ungewöhnlich noch selten und wirft, jedenfalls in ihren geläufigen Ausprägungen, keine besonderen genossenschaftsrechtlichen Probleme auf. Selbstverständlich können Genossenschaften auf Bankkredite oder andere Darlehen, einschliesslich Mitgliederdarlehen, zurückgreifen oder Anleihensobligationen ausgeben, auf die die Art. 1156 ff. OR anwendbar sind[108].

Die Zulässigkeit von gewinnbeteiligten Obligationen (die einen Anspruch auf einen Anteil am Unternehmensgewinn verbriefen) oder Wandelanleihen (die zum Eintausch der Gläubigerstellung gegen eine Mitgliederschaft berechtigen) sowie von Partizipationsscheinen ist dagegen umstritten[109]. Mindestens ein Autor vertritt die Ansicht, der Gesetzgeber habe durch sein Schweigen gezeigt, dass alle Gründeranteile, Genussscheine und Partizipationsscheine – da mit der Natur der Genossenschaft unvereinbar – unzulässig seien[110]. Diese Auffassung lässt sich aber nur schwer aus den Materialien begründen: Die Expertenkommission hatte lediglich Zweifel an der Notwendigkeit ausgedrückt, Sondervorschriften für Gründeranteile aufzustellen[111]; während der parlamentarischen Arbeiten war dann von Gründeranteilen oder Genussscheinen nicht mehr die Rede. Nach herrschender Lehre würden Gründeranteile gegen Art. 854 OR verstossen[112], wohingegen die Ausgabe von Genussscheinen, etwa aus Sanierungsgründen, zulässig sei, soweit sie das Gleichbehandlungsprinzip sowie die Ausschüttungsgrenze des Art. 859 Abs. 3 OR respektierten[113]. Die von

---

107 HENSEL, S. 122.
108 Allerdings enthält das Genossenschaftsrecht keine dem Art. 723 OR 1936 (vgl. jetzt Art. 727b und 729a OR) vergleichbare Bestimmung. Vgl. insbes. FLURI, S. 30, und FORSTMOSER, Grossgenossenschaften, S. 240.
109 Ebenso wie die Ausgabe von Prioritätsanteilen, siehe vorn, § 9 I.
110 CAPITAINE, SJK 1155, S. 2 und 1157, S. 2, und Particularités, S. 112, aber auch Nature juridique, S. 383.
111 Vgl. ProtExpK., S. 567.
112 BERNHEIMER, S. 38 ff.; FORSTMOSER, ad Art. 832/833 OR, N. 192; E. HENSEL, Das Generalversammlungsrecht der Genossenschaft nach dem neuen schweizerischen OR, Diss. Zürich 1942, S. 49; JOMINI, S. 70; SCHNEIDER, S. 81; indirekt F. VON STEIGER, S. 61.
113 FLURI, S. 113 ff., 118; FORSTMOSER, Grossgenossenschaften, S. 241; FRIEDRICH, S. 54 ff.; HENSEL, S. 129; JOMINI, S. 71; F. VON STEIGER, S. 61 f., und Kann eine Genossenschaft Genussscheine ausgeben?, SAG 1944/45, S. 180; TERRIER, S. 47.

§ 10 Selbstfinanzierung und Finanzierung mit Fremdkapital: Reserven und Anleihen

einigen Genossenschaften in den letzten Jahren ausgegebenen Partizipationsscheine seien, soweit zulässig, wegen der Ausschüttungsgrenze des Art. 859 Abs. 3 OR – ausser bei Kreditgenossenschaften – ohne praktisches Interesse[114]. Dagegen seien Wandelanleihen unzulässig, da eine Übernahme der Genossenschaftsanteile durch Dritte als originärer Erwerb, im Gegensatz zum derivativen Erwerb, gegen geltendes Recht verstosse[115].

Die Notwendigkeit derart strenger und dogmatischer Auffassungen will nicht recht einleuchten. Die Rechtsprechung fordert, gestützt auf Art. 854 OR, eine relative Gleichbehandlung der Genossenschafter, was eine Abstufung der Mitgliedschaftsrechte nach der Kapitalbeteiligung ausschliesst[116], nicht jedoch die Gewährung von finanziellen Vorteilen, wie z.B. von Rückvergütungen, nach genossenschaftlichen Kriterien wie etwa Beteiligung am gemeinsamen Zweck oder Dauer der Mitgliedschaft. Eine Entlohnung der Gründer und ersten Gesellschafter ist daher als zulässig anzusehen. Die Ausgabe von Partizipationsscheinen und gewinnbeteiligten Obligationen an Dritte wirft keine Probleme auf, da zum einen die Art. 854 und 859 Abs. 3 OR nur auf Genossenschafter anwendbar sind und zum anderen eine Genossenschaft sich zweifelsohne verpflichten darf, Dritte an ihrem Gewinn zu beteiligen. Schliesslich müssen auch Genussscheine nicht unbedingt an alle Genossenschafter ausgegeben werden. Wie bei den Gründeranteilen ist lediglich wichtig, dass keine Zuteilung nach finanziellen Kriterien vorgenommen wird, es sei denn, eine derartige Verletzung des Gleichbehandlungsgrundsatzes wäre aus Sanierungsgründen gerechtfertigt.

---

114 FLURI, S. 118. Für FORSTMOSER, Grossgenossenschaften, S. 241 ff., ist schon die Zulässigkeit von Partizipationsscheinen fraglich.
115 FLURI, S. 36 ff., der unter Vorbehalt von Art. 859 Abs. 3 OR die Zulässigkeit der gewinnbeteiligten Obligationen bejaht (S. 32); FORSTMOSER, Grossgenossenschaften, S. 242 ff.
116 BGE 69 II, 1943, S. 41, 44.

§ 11 Buchführung, Bilanz und stille Reserven

Literatur

G. BEELER, Schweizerisches Buchführungs- und Bilanzrecht, Zürich 1977; E. BOSSARD, Die kaufmännische Buchführung, Kommentar zum schweizerischen Zivilgesetzbuch, Teilband V/6/3b, Zürich 1984; G.-C. BOURQUIN, Le principe de sincérité du bilan, 2. Aufl., Genf 1976; FLURI; FRIEDRICH; E. HIS, Handelsregister, Geschäftsfirmen und kaufmännische Buchführung, Berner Kommentar, Band VII, 4. Abteilung, Bern 1940; K. KÄFER, Die kaufmännische Buchführung, Berner Kommentar, Band VIII, 2. Abteilung, Bern 1980; R. PATRY, Grundlagen des Handelsrechts, SPR VIII/1, Basel/Stuttgart 1976; W. SCHNEIDER, Der Schutz des Genossenschaftskapitals unter besonderer Betrachtung der Bilanzierungsvorschriften, Diss. Basel 1949; C. TERRIER, La comptabilité des sociétés coopératives, Zürich 1983, und La portée des articles 663 ss CO pour les sociétés coopératives, Der Schweizer Treuhänder 8/1983, S. 14 ff.

I. Einführung

Gemäss Art. 858 OR ist die Jahresbilanz der Genossenschaften nach den Regeln der Art. 957 bis 964 OR zu erstellen. Ausserdem sind die Kreditgenossenschaften sowie die konzessionierten Versicherungsgenossenschaften zusätzlich den Art. 662 ff. OR über die Bilanz der Aktiengesellschaft (vgl. Art. 960 Abs. 3 OR)[117] und der GmbH (Art. 805 OR)[118] unterstellt. Jede Genossenschaft muss also die Bücher führen, «die nach Art und Umfang (ihres) Geschäftes nötig sind» (Art. 957 OR) und jedes Jahr ein Inventar, eine Betriebsrechnung und eine Bilanz aufstellen, die «vollständig, klar und übersichtlich» sind (Art. 959 OR).

Zahlreiche Genossenschaften führen in der Praxis, gegebenenfalls gestützt auf eine ausdrückliche diesbezügliche Statutenbestimmung, die gleichen Bücher wie Aktiengesellschaften und richten sich nach den aktienrechtlichen Vorschriften. Rechtlich jedoch sind sie einfacheren und weniger starren Regeln unterworfen. Das war jedenfalls die Absicht des Gesetzgebers: So hob der Bundesrat in seiner Botschaft zu Art. 858 OR hervor (es handelte sich damals um Art. 846, dessen Inhalt nicht verändert wurde), dass «die Stimmen, die sich für die zwangsweise Unterstellung sämtlicher Genossenschaften unter die Bilanzvorschriften des Aktienrechts ausge-

---

117 Ausser den Kommentaren und Lehrbüchern zur AG, siehe insbes. M. BRUPPACHER, Die aktienrechtlichen Bewertungsvorschriften, Diss. Zürich 1973; E. FOLLIET, Le bilan dans les sociétés anonymes du point de vue juridique et comptable, 6. Aufl., Lausanne 1954; A. REICHMUTH, Bewertungsgrundsätze für die Bilanz der Aktiengesellschaft, Diss. Zürich 1951. Ab 1.Juli 1992 gelten die neuen aktienrechtlichen Vorschriften.

118 Siehe vor allem W. VON STEIGER, ad Art. 805 OR.

sprochen haben, übersehen, in welchem Missverhältnis diese Vorschriften zum geschäftlichen Umfang des Grossteils der Genossenschaften stehen würden»[119].

Auf der anderen Seite ist es weder logisch noch befriedigend, dass eine grosse Genossenschaft (mit Ausnahme der Kredit- und Versicherungsgenossenschaften) weniger strengen Vorschriften unterworfen sein soll als eine kleine Aktiengesellschaft. Zwar sind die Genossenschafter, deren Vermögensrechten typischerweise nur eine untergeordnete Bedeutung zukommt, weniger schutzbedürftig als Aktionäre oder Gesellschafter einer GmbH; aber ein wichtiges Ziel der Vorschriften zur kaufmännischen Buchführung ist auch der Gläubigerschutz. Allerdings verliert dieses Problem an Wichtigkeit, wenn man bedenkt, dass einerseits Art. 957 OR sich selbst auf «Art und Umfang» der betreffenden Unternehmen bezieht, und dass andererseits die Art. 662 ff. OR weniger von den Art. 957 ff. OR abweichen, als sie vielmehr präzisieren, auslegen und ergänzen und somit auch im Genossenschaftsrecht Wirkungen zeitigen[120].

II. System der Buchführung

Nach recht weit verbreiteter Auffassung sind einzig die Aktiengesellschaften immer zur doppelten Buchhaltung verpflichtet, d.h. jeder zu buchende Betrag ist in zwei getrennten Rechnungen aufzuführen, auf der Soll- und auf der Habenseite, so dass das Geschäftsergebnis nicht nur aus einem Vergleich der Eröffnungs- und der Schlussbilanz (oder der Inventare), sondern auch aus der Erfolgsrechnung als Saldo der Gewinn- und Verlustrechnung ablesbar ist[121]. Dagegen sind «einfache Genossenschaften des Obligationenrechts... (im Gegensatz zu den Kredit- und konzessionierten Versicherungsgenossenschaften, die unter den für die Aktiengesellschaft geltenden Bilanzvorschriften stehen), zur doppelten Buchführung nur dann verpflichtet, wenn eine solche nach Art und Umfang des Geschäfts erforderlich ist»[122].

Diese Unterscheidung scheint nicht gerechtfertigt, da sowohl Aktiengesellschaften als auch Genossenschaften Art. 957 OR unterworfen sind und keine gesetzliche Bestimmung das Buchführungssystem vorschreibt, das sie anwenden müssen oder können. Zwar verlangt das Aktienrecht die Aufstellung einer Gewinn- und Verlustrechnung (Art. 698 Abs. 2, 662 Abs. 2, 663 OR usw.), während das Genossenschaftsrecht und das Recht der kaufmännischen Buchführung nur die Betriebsrechnung erwähnen. Aber wenn dieser Unterschied wesentlich wäre, müsste man nicht – im

---

119 BBl 1928 I, S. 105, 292.
120 GUTZWILLER, ad Art. 856 OR, N. 17; KÄFER, Art. 960, N. 400; TERRIER, S. 68.
121 Vgl. hierzu KÄFER, Art. 957, N. 363 ff.
122 BGE 88 I, 1962, S. 273, 274.

Gegensatz zum Bundesgericht – folgern, dass eine Genossenschaft, unabhängig von Art und Umfang ihres Geschäfts, nie doppelte Bücher führen muss? «Betriebsrechnung» i.S. des Gesetzes ist nicht eine Betriebsrechnung im technischen Sinn, sondern eine Art von Gewinn- und Verlustrechnung, die unter Berücksichtigung aller Abschreibungen und ausserordentlichen Gewinne und Verluste den Reinertrag (Art. 858 OR) des Geschäftsjahres ausweisen muss[123].

Die Wahl eines Buchführungssystems hängt folglich nicht von der Rechtsform der betreffenden Gesellschaft, sondern ausschliesslich von Art und Umfang ihrer Tätigkeit ab. Alle grossen Unternehmen sind zur doppelten Buchführung verpflichtet, da nur so eine genaue und ständige Kontrolle ihrer finanziellen Lage gewährleistet ist. Dagegen können sowohl Genossenschaften als auch Aktiengesellschaften, soweit sie klein sind oder kein kaufmännisches Gewerbe betreiben, sich mit einer einfachen Buchführung begnügen[124], vorausgesetzt, dass diese nicht zu ungenau ist und erlaubt, eine Jahreserfolgsrechnung – eventuell auch nachträglich – zu erstellen[125].

III. Bilanzaufstellungs- und Bewertungsregeln

Obwohl die Art. 663 bis 670 OR, die die Art. 957 ff. OR ergänzen und präzisieren, für Aktiengesellschaften wichtiger als für Genossenschaften sind, ist es vernünftig, sie auch auf letztere anzuwenden, wenn sich eine allgemeine (etwa zur Einstellung des Genossenschaftskapitals) oder besondere Frage stellt und die Art. 957 ff. OR keine Lösung anbieten. In diesem Sinn war die analoge Anwendung der Art. 663 Abs. 1[126], 668[127] und wohl auch 669 und 670 OR 1936[128] allgemein anerkannt.

Die Ausgestaltung der Bewertungsregeln (Art. 665 bis 667 sowie 669 OR) als reine Auslegungsregeln ist problematisch. Während nach Art. 960 Abs. 2 OR die Aktiven höchstens nach dem Wert angesetzt werden dürfen, den sie im Zeitpunkt der Bilanzerrichtung für das Unternehmen haben (also nach einem subjektiven Wert), beziehen sich die Art. 665 bis 667 OR auf die Anschaffungs- oder Herstellungskosten und auf den Markt- oder Börsenwert der Vermögenswerte der Gesellschaft. Bei

---

123 BOURQUIN, S. 389 ff.; GUTZWILLER, ad Art. 856 OR, N. 10; KÄFER, Art. 958 OR, N. 126; PATRY, § 14; TERRIER, S. 9 ff. Anderer Ansicht BEELER, S. 90; HIS, Art. 957 und 958 OR; SCHNEIDER, S. 203 ff.
124 KÄFER, Art. 957 OR, N. 381; auch für BÜRGI, Art. 662,663 OR, N. 99, sind Aktiengesellschaften nicht automatisch zur doppelten Buchführung verpflichtet.
125 Vgl. KÄFER, Art. 957 OR, N. 378 ff.
126 GUTZWILLER, ad Art. 856 OR, N. 15; KÄFER, Art. 960 OR, N. 406; TERRIER, S. 90.
127 BOSSARD, Art. 958 OR, N. 284; FLURI, S. 93; FRIEDRICH, S. 100 und 102; GERWIG, GR, S. 214; JOMINI, S. 99; KÄFER, Art. 960 OR, N. 406; SCHNEIDER, S. 184 ff.; TERRIER, S. 105 ff.
128 TERRIER, S. 111 ff. und 115 ff. Dagegen sieht KÄFER, Art. 959 OR, N. 316, «keine allgemeine Pflicht zum Vermerk der bedingten Verbindlichkeiten» nach Art. 670 Abs. 1 OR.

§ 11 Buchführung, Bilanz und stille Reserven

Anwendung und Vergleich dieser Vorschriften stellen sich hauptsächlich zwei Probleme: (i) Darf eine Genossenschaft – im Gegensatz zu einer Aktiengesellschaft unter Vorbehalt von Art. 670 OR – einen Aktivposten aufwerten, dessen Wert den Anschaffungs- oder Herstellungspreis übersteigt? (ii) Verbieten die Art. 959 und 960 OR einer Genossenschaft, die sich nicht auf Art. 669 OR berufen kann, stille Reserven zu bilden?

Die Lehre erkennt Aufwertungen bei Gesellschaften und Unternehmen, die nicht dem Aktienrecht unterstellt sind, im allgemeinen als zulässig an[129]. Diese Auffassung, welche von einem Teil der Lehre unter Berufung auf das «Imparitätsprinzip» abgelehnt wird, entspricht dem Wortlaut des Art. 960 Abs. 2 OR und den Grundsätzen von Klarheit und Wahrheit der Bilanz. Natürlich können nur tatsächliche und dauernde Wertsteigerungen eine Aufwertung rechtfertigen[130]. In diesem Zusammenhang sei auf die – fragwürdige – Meinung des Bundesgerichtes hingewiesen, Aktiengesellschaften könnten nach OR 1936 selbst gewisse Aufwertungen vornehmen: da die in Art. 665 bis 667 OR aufgestellten besonderen Bewertungsvorschriften verhindern sollen, dass Beträge ausgeschüttet werden, die unter Umständen noch nicht gesicherte Gewinne darstellen, würde die Bilanzierung eines tatsächlichen und offensichtlich andauernden Mehrwertes wahrscheinlich keine gesetzlichen Vorschriften verletzen[131].

Die Frage, ob Genossenschaften stille Reserven bilden dürfen, ist umstritten, wenigstens bei den sog. Verwaltungsreserven, die die Gesellschaftsleitung willentlich bildet und die von den sog. Zwangsreserven, die durch Wertsteigerung von bestimmten Aktiven, insbesondere von Immobilien, entstehen, sowie von den Ermessensreserven, durch zu grosszügige Abschreibungen und zu vorsichtige Rückstellungen, zu unterscheiden sind.

Nach CAPITAINE sind Verwaltungsreserven in der Genossenschaft unzulässig, unter Vorbehalt einer ausdrücklichen, auf Art. 833 Ziff. 8 OR gestützten statutarischen Bestimmung[132]. Für JOMINI[133] sind wegen des qualifizierten Schweigens des Gesetzes nur die Ermessensreserven mit dem Genossenschaftsrecht vereinbar. Die Mehrheit der Autoren, die sich mit dieser Frage, sei es bei Genossenschaften[134],

---

129 Vgl. KÄFER, Art. 960 OR, N. 170 ff. (mit Hinweisen); einschränkend, jedoch ohne Bezug auf den Wortlaut des Art. 960, TERRIER, S. 101 ff.
130 Das trifft nach BOURQUIN, S. 438 ff., bei zum Verkauf bestimmten Gütern nie zu, so dass diese nicht aufgewertet werden dürfen.
131 BGE vom 28. April 1961, ASA 30, S. 188, 194; vgl. auch BGE vom 12. November 1971, ASA 41, S. 243, 246.
132 CAPITAINE, SJK 1160, S. 1, und Les sociétés coopératives peuvent-elles légalement constituer des réserves latentes?, JT 1941 I, S. 354 ff.
133 S. 168 ff.
134 FLURI, S. 140; FORSTMOSER, ST, N. 342, und Grossgenossenschaften, S. 238; SCHNEIDER, S. 191 f, insbes. 198 ff.; F. VON STEIGER, S. 92; TERRIER, S. 121 ff. (der allerdings jede verdeckte Auflösung dieser Reserven ausschliesst), TANNER, S. 50; VOGEL, S. 124.

sei es allgemein bei den Art. 957 ff. OR unterstellten Unternehmen[135] befasst haben, lehnen diese Auffassungen zu Recht ab. Zweifelsohne wollte der Gesetzgeber nicht mittels Art. 663 OR 1936 und jetzt Art. 669 OR den Aktiengesellschaften ein Recht geben, das anderen Gesellschaften nicht zustehen sollte. Im Gegenteil, unter Berücksichtigung des Wortlauts von Art. 960 Abs. 2 OR («...höchstens nach dem Wert...») soll Art. 669 OR nur einem an sich unbestrittenen Recht Grenzen setzen[136].

Somit können Genossenschaften stille Reserven, auch Verwaltungsreserven, bilden und beibehalten. Nach schweizerischem Recht stehen die Grundsätze der Klarheit und Wahrheit der Bilanz dieser Praxis nicht entgegen, es sei denn, die Reserven würden durch Angabe von fiktiven Verbindlichkeiten und Weglassen von Aktiven gebildet[137]. Fraglich ist, ob Art. 669 Abs. 4 OR, nach dem die Bildung und Auflösung von stillen Reserven der Revisionsstelle mitgeteilt werden muss, auf Genossenschaften anwendbar ist. Unseres Erachtens ist zwar die Verwaltung nicht verpflichtet, von sich aus die Kontrollstelle über Bestehen oder Auflösung von stillen Reserven zu unterrichten, muss aber Fragen der Revisoren nach eventuellen stillen Reserven beantworten, die diese stellen können und müssen (Art. 907 Abs. 2 OR)[138]. Schliesslich erscheint es richtig, Art. 663b Ziff. 8 OR analog auch auf Genossenschaften anzuwenden.

IV. Art. 903 OR

Im Zusammenhang mit den buchführungstechnischen Fragen des Genossenschaftsrechts ist kurz auf Art. 903 OR und die Begriffe «Zwischenbilanz» und «Liquidationsbilanz» einzugehen. Art. 890 des den Eidgenössischen Räten vorgelegten Entwurfs war Art. 725 OR 1936 nachgebildet, wurde aber auf Vorschlag des Bauernverbandes leicht abgeändert, um ihn den Bedürfnissen der Genossenschaft anzupassen[139].

Mit Ausnahme von Abs. 4 und 6, die für das Aktienrecht nicht einschlägige Punkte betreffen, sowie der fehlenden Verpflichtung, in einer Genossenschaft ohne Grundkapital die Generalversammlung bei sich verschlechternder Finanzlage einzuberu-

---

135 BOSSARD, Art. 959 OR, N. 81 ff., insbes. 90 ff.; KÄFER, Art. 960 OR, N. 195 ff.
136 KÄFER, Art. 960 OR, N. 197.
137 In BGE 82 II, 1956, S. 216 = Pra 45, 1956, Nr. 125, S. 400, 402, wird die Frage, ob eine Buchung von fiktiven Schulden im Bilanzkonto gegen Art. 959 OR verstossen würde, offen gelassen. Seit BGE 92 II, 1966, S. 243, 247 = Pra 56, 1967, Nr. 51, S. 162, 164, wird diese Frage zu bejahen sein.
138 Ebenso TERRIER, S. 124.
139 Vgl. Prot. NR vom 9. Februar 1933, S. 53.

fen[140], entspricht Art. 903 OR im wesentlichen Art. 725 OR 1936[141]. Die unterschiedlichen Formulierungen könnten jedoch den Eindruck erwecken, die Voraussetzungen für das Einreichen der Bilanz seien verschieden. In der Aktiengesellschaft ist eine Liquidationsbilanz aufzustellen, wenn die Betriebsbilanz ergibt, dass die Passiven nicht mehr vollständig gedeckt sind oder wenn andere ernsthafte Gründe die Annahme nahelegen, dass die Gesellschaft überschuldet ist. Einzig auf Grund dieser Liquidationsbilanz, in der die Aktiven zum Veräusserungswert aufgeführt werden, wird entschieden, ob Überschuldung vorliegt oder nicht[142]. Dagegen ist der Wortlaut des Art. 903 Abs. 2 OR zweideutig. Bei oberflächlicher Lektüre scheint die Überschuldung sich sowohl aus der Jahresbilanz als auch aus einer Liquidationsbilanz ergeben zu müssen. Wie der deutschsprachige Wortlaut des Art. 903 Abs. 2 OR etwas klarer zeigt, ist «die letzte Jahresbilanz» aber wohl nur eine Hypothese, und nicht eine Voraussetzung. Allerdings hätte die erstere Auffassung heute den Vorzug, Art. 903 Abs. 2 OR mit Art. 725 Abs. 2 OR in Übereinstimmung zu bringen.

---

140 Eine derartige Pflicht mit dem Nettovermögen als Bezugspunkt hätte ohne weiteres statuiert werden können.
141 Zu dieser Vorschrift, siehe insbes. R. LANZ, Kapitalverlust, Überschuldung und Sanierungsvereinbarung, Zürich 1985, sowie M.L. SCHMID, Überschuldung und Sanierung, 2. Aufl., Freiburg i.Ue. 1985.
142 Vgl. zum Ganzen, LANZ (Anm. 141), S. 130 ff.

Viertes Kapitel

Erwerb und Verlust der Mitgliedschaft

§ 12 Erwerb der Mitgliedschaft

Literatur

A. BÜHLER, Zum Prinzip der offenen Tür bei der Genossenschaft, SJZ 67, 1971, S. 54; B. BÜRGISSER, Der Erwerb der Mitgliedschaft bei Genossenschaften, Diss. Basel 1942; CAPITAINE, SJK 1156; FORSTMOSER, ad Art. 839 bis 841 OR; J.G. FREY, Mitgliedschaft und Mitgliedschaftswechsel bei der Genossenschaft, Diss. Basel 1943; M. GERWIG, GR, S. 230 ff.; GUHL, S. 745 ff.; GUTZWILLER, ad Art. 839 bis 841 OR; GYSIN, S. 365 ff.; HEINI, S. 201 ff.; H.L. JUNG, Über das Prinzip der offenen Türe im Recht der Verbände, Diss. Bern 1956; J. MONNIER, De l'entrée dans une société coopérative en droit positif anglais, allemand, français et suisse, Diss. Neuenburg 1957; H.W. NIGG, Die Genossenschafterhaftung, Diss. Zürich 1990; PATRY, S. 341 ff., und La qualité d'associé dans la société coopérative, 5e Journée juridique, Genf 1966, S. 7 (zit. PATRY, La qualité d'associé); F. VON STEIGER, S. 62 ff.; C.-E. STIEHLE, Der Eintritt in die Genossenschaft und die daran geknüpften Rechte und Pflichten, Diss. Bern 1947; E. VODOZ, Le droit d'entrer dans une société coopérative appliqué aux organisations professionnelles, Diss. Lausanne 1954; R. WINKLER, Die Begründung und Beendigung der Mitgliedschaft in der Genossenschaft nach schweizerischem OR, Diss. Basel 1948.

Die mit «Erwerb der Mitgliedschaft» überschriebenen Art. 839 bis 841 OR regeln dieses Gebiet nicht vollständig. Denn die Beitrittserklärung (Art. 840 OR) und die Annahme einer Versicherungsofferte (Art. 841 OR) sind nicht die einzigen Arten eines Mitgliedschaftserwerbs. Ausnahmsweise kann man durch Unterzeichnung der Statuten Mitglied werden (Art. 834 Abs. 4 OR)[1] oder, falls die Statuten diese Möglichkeit vorsehen[2], durch automatische oder auf Antrag erfolgte Übernahme der Mitgliedschaft von einer Person, die aufhört, Genossenschafter zu sein (Art. 847, 849 und 850 OR). Aus rechtlicher Sicht hat der Eintritt in eine Genossenschaft – selbst mit Genossenschaftskapital – jedenfalls nichts mit dem Eintritt in eine Aktiengesellschaft gemeinsam, da die Anteilscheine nicht die Mitgliedschaft verkörpern und ihre Zeichnung oder Übertragung somit nicht die Mitgliedschaft verleihen können.

---

1 Vgl. vorn, Zweites Kapitel, §§ 6 und 8.
2 Vgl. hinten, § 13.

I. Prinzip der offenen Türe

Der Wortlaut des Art. 839 OR, der als Ausdruck des Prinzips der offenen Türe gilt, ist nicht eindeutig. Während nach Abs. 1 die Genossenschaft die *Möglichkeit* hat, jederzeit neue Mitglieder aufzunehmen, scheint ihr nach Abs. 2, der unter Berufung auf das Prinzip der nicht geschlossenen Mitgliederzahl (Art. 828 Abs. 1 OR) das Verbot der übermässigen Erschwerung des Eintritts ausspricht, die *Verpflichtung* auferlegt zu sein, die Personen aufzunehmen, die die vorgesehenen Voraussetzungen erfüllen. Somit stände, bildlich gesprochen, die Türe der Genossenschaften zwingend einen Spalt offen.

Diese Unklarheit erscheint schon in den Materialien. Weder in der Expertenkommission[3] noch in den Räten[4] wurde zwischen einem absoluten und unbedingten Eintrittsrecht einerseits, und einem relativen Eintrittsrecht andererseits unterschieden, dessen Ausübung verschiedenen Voraussetzungen unterworfen werden kann. In seiner Botschaft hält der Bundesrat fest, dass Art. 839 OR (Art. 828 E) «für den einzelnen noch kein Recht auf Beitritt, für die Genossenschaft keine Pflicht zur Aufnahme» schaffe[5]. Allerdings ist auch hier nicht klar, ob er jedes Recht auf Aufnahme ausschliessen will oder nur auf die Möglichkeit Bezug nimmt, den Beitritt statutarisch verschiedenen Beschränkungen zu unterwerfen und von bestimmten Voraussetzungen abhängig zu machen.

Nach herrschender Lehre ergibt sich aus Art. 839 OR kein Anspruch auf Aufnahme in die Genossenschaft, nicht einmal für denjenigen, der die statutarischen Aufnahmevoraussetzungen erfüllt[6]. Das Bundesgericht hatte noch 1943 ebenso entschieden[7], seine Rechtsprechung aber seit 1951 in einigen Fällen des unzulässigen Boykotts, wenn auch nicht ausdrücklich, geändert[8]. 1960 hatte es dann die Frage

---

3   Protokoll der Expertenkommission, S. 570 ff.
4   Siehe vor allem Sten. Bull. StR 1932, S. 203 und NR 1934, S. 756. Die Berichterstatter scheinen ein bedingtes Eintrittsrecht anzunehmen.
5   BBl 1928 I, S. 288.
6   Zahlreiche Autoren haben diese grundlegende Frage behandelt, wenn auch nicht immer eindeutig. Zur herrschenden Lehre vgl. etwa: CAPITAINE, SJK 1156, S. 1; GUTZWILLER, ad Art. 839 OR, N. 19; HEINI, S. 202 ff.; OEZGÜR, S. 94, welche die Möglichkeit, statutarisch Beitrittsvoraussetzungen vorzusehen, unterstreichen. Ein relatives oder absolutes Eintrittsrecht lehnen ausdrücklich ab: BÜHLER, S. 54 ff.; BÜRGISSER, S. 46 ff.; FORSTMOSER, ad Art. 839 OR, N. 16; FREY, S. 46 und 53; GERWIG, GR, S. 231 ff., und SV, S. 156 ff.; GUHL, S. 745 ff.; JUNG, S. 75 ff.; KUMMER, S. 152 ff.; MONNIER, S. 123 ff.; F. VON STEIGER, S. 22 ff.; VOGEL, S. 64; WINKLER, S. 62. Für ein Eintrittsrecht: HENGGELER, S. 164; PATRY, La qualité d'associé, S. 26 (siehe aber auch, Bemerkung zu BGE 98 II 221, in SAG 1973, S. 169); R. SECRÉTAN, Nouvelles tendances du Tribunal fédéral en matière de boycott, JT 1957 I, S. 194, 199 ff.; VODOZ, S. 63 ff., insbes. 73.
7   BGE 69 II, 1943, S. 41, 45 f.
8   BGE 76 II, 1950, S. 281, 294 f.; 82 II, 1956, S. 292, 307; vgl. auch Kantonsgericht St. Gallen, vom 24. November 1958, SJZ 54, 1958, S.220.

offengelassen[9] und ist 1972 wieder «zu der klaren Rechtsprechung» zurückgekehrt: «Die Pflicht der Genossenschaft zur Aufnahme neuer Mitglieder muss daher eine in den allgemeinen Rechtsgrundsätzen, wie dem Verbot des Rechtsmissbrauchs und dem Schutz der Persönlichkeit, begründete Ausnahme bleiben»[10]. Allerdings kann sich eine derartige Pflicht aus den Statuten[11] oder Spezialgesetzen, wie z.B. aus Art. 7 Abs. 2 KG oder aus Art. 6 Abs. 2 KVG ergeben.

Die heute herrschende Auffassung entspricht wahrscheinlich vernünftigen Erwägungen. Es ist nicht einzusehen, dass eine Genossenschaft etwa gezwungen sein sollte, ihre Einrichtungen zu vergrössern, um neue Mitglieder aufzunehmen. Allgemein gesehen scheint es richtig, der Gesellschaft bei der Auswahl ihrer Mitglieder ein gewisses Ermessen einzuräumen, um Umständen und Kriterien Rechnung zu tragen, die in den Statuten ausdrücklich aufzuführen ungeschickt oder unzweckmässig wäre[12]. Trotzdem genügt ein totaler Ausschluss des Beitrittsrechts nur schwerlich dem Wortlaut des Art. 839 OR, da das Verbot, den Eintritt übermässig zu erschweren, in der Praxis jeden Sinn verliert, wenn die Personen, die durch diese Regel geschützt werden sollen, keine Möglichkeit haben, sie durchzusetzen. Wie das Bundesgericht folgerichtig bemerkt, darf nicht der «Eintritt neuer Mitglieder übermässig erschwert (und noch weniger überhaupt verunmöglicht) werden»[13]. Diese Auslegung des Art. 839 OR führt zum Prinzip der «halboffenen Türe» und scheint dem – wenn auch unklaren – Willen des Gesetzgebers zu entsprechen. Die Interessen der Genossenschaft bleiben gewahrt, wenn man ihr das Recht zugesteht, ein Beitrittsgesuch aus wichtigem Grund abzulehnen, selbst wenn die Beitrittsvoraussetzungen erfüllt sind.

In der Praxis sind die Türen der Genossenschaften aber immer noch fest verschlossen, obwohl der Handelsregisterführer die Eintragung von dem Art. 839 Abs. 2 OR widersprechenden Statutenklauseln zurückweisen kann und muss[14] und die Genossenschafter eine Statutenänderung, die den Eintritt übermässig erschweren würde, beim Richter anfechten können[15].

---

9   BGE 86 II, 1960, S. 365, 368 f., bestätigt in BGE 118 II, 1992, S. 435 (Frage offengelassen, ob eine Person unter bestimmten Voraussetzungen einen selbständigen Anspruch auf Feststellung der Ungültigkeit einer Art. 839 Abs. 2 OR verletzenden Statutenbestimmung hat).
10 BGE 98 II, 1972, S. 221, 230.
11 BÜRGISSER, S. 24; FORSTMOSER, ad Art. 839 OR, N. 19; FREY, S. 52; MONNIER, S. 130; F. VON STEIGER, S. 24; VOGEL, S. 62. Vgl. auch die Hypothese des Art. 840 Abs. 3 OR, wonach die schriftliche Erklärung ausreicht.
12 Es wird allgemein angenommen, dass Eintrittsvoraussetzungen, die nicht in den Statuten stehen, sich aus Zielsetzung und Tätigkeit der Genossenschaft ergeben können, so BÜHLER, S. 54; FORSTMOSER, ad Art. 839 OR, N. 27; GERWIG, GR, 231; GYSIN, S. 366; VODOZ, S. 76.
13 BGE 82 II, 1956, S. 292, 307.
14 FORSTMOSER, ad Art. 839 OR, N. 22; GERWIG, GR, S. 234; MONNIER, S. 125; PATRY, La qualité d'associé, S. 34.
15 FORSTMOSER, ad Art. 839 OR, N. 23.

Letztlich hat die Auslegung von Art. 839 Abs. 2 OR keine praktische Bedeutung, es sei denn, die Statuten würden bei Erfüllung der Eintrittsvoraussetzungen ein Eintrittsrecht vorsehen. Somit brauchen die möglichen Eintrittsbeschränkungen und der Begriff der «übermässigen Erschwerung» nur knapp behandelt zu werden[16]. Die Statuten können den Beitritt von Wohnsitz, Staatsangehörigkeit, Beruf, Konfession, rechtlichem Status (z.B. nur natürliche Personen), Grundbesitz (Art. 850 Abs. 1 OR) usw. abhängig machen, soweit sich solche Einschränkungen vernünftigerweise aus dem Genossenschaftszweck heraus motivieren lassen. Die in der Praxis häufigen Klauseln, die eine Ablehnung «ohne Angabe des Grundes» gestatten, widersprechen klar Art. 839 OR[17], auch wenn die Genossenschaften wegen der Rechtsprechung faktisch so handeln können. Im übrigen sehen die Statuten oft finanzielle Eintrittsleistungen vor, sei es Zeichnung der Anteile, gegebenenfalls mit einem Agio[18], sei es Eintrittsgeld in Form eines bestimmten einmaligen Betrags oder variabler Einkaufssummen als Einkauf in die Reserven[19]. Derartige finanzielle Voraussetzungen müssen Ziel und Tätigkeit der Genossenschaft sowie ihrem Mitgliederkreis Rechnung tragen. Der Begriff der übermässigen Erschwerung kann aber nicht einheitlich und absolut bestimmt werden. Er enthält Elemente des Gleichbehandlungsgebots, obwohl Art. 854 OR in diesem Stadium nicht anwendbar ist[20].

II. Aufnahmeverfahren

Die in Art. 840 OR angesprochene «Erklärung» ist in Wirklichkeit ein Beitritts«gesuch», d.h. eine Offerte, die die Genossenschaft annehmen oder ablehnen kann[21]. Dies gilt nicht, wenn nach den Statuten «die blosse Beitrittserklärung genügt»

---

16   Im einzelnen siehe FLURI, S. 122 ff.; FORSTMOSER, ad Art. 839 OR, N. 28 ff.; GERWIG, GR, S. 237; H. GUTKNECHT, S. 13 ff.; GUTZWILLER, ad Art. 839 OR, N. 7 ff.; GYSIN, S. 365 ff.; HENSEL, S. 54 ff.; JOMINI, S. 60 ff.; JUNG, S. 76 ff.; MONNIER, S. 119 ff.; STIEHLE, S. 18 ff.; TANNER, S. 32 ff.; VODOZ, S. 74 ff.; VOGEL, S. 51 ff.; WINKLER, S. 67 ff.; W. WITSCHI, Stimmrecht und Wahlrecht in der Genossenschaft, Diss. Basel 1944, S. 55 ff.

17   FORSTMOSER, ad Art. 839 OR, N. 34; GERWIG, GR, S. 234; SECRÉTAN (Anm. 6), S. 201. Die Frage, ob die Ablehnung begründet sein muss, verneint MONNIER, S. 123; ebenso CAPITAINE, SJK 1156, S. 2, es sei denn, die Statuten verlangten eine Begründung; contra: FORSTMOSER, ad Art. 839 OR, N. 35, der aber eine statutarische Bestimmung, dass die Ablehnung nicht begründet zu werden braucht, als zulässig ansieht. Angesichts des zwingenden Charakters des Art. 839 Abs. 2 OR und der Auslegung, die ihm u.E. zukommt, sollte jedoch die Ablehnung immer begründet sein.

18   Vgl. vorn, Drittes Kapitel, § 9.

19   Das im E 1928 (Art. 828) enthaltene Verbot eines Einkaufs in die Reserven wurde in der Differenzbereinigung gestrichen.

20   Vgl. vorn, Drittes Kapitel, § 9, Anm. 21.

21   FORSTMOSER, ad Art. 849 OR, N. 8; GUTZWILLER, ad Art. 840 OR, N. 5; JUNG, S. 73.

(Art. 840 Abs. 3 OR), somit jeder Interessent ein echtes Beitrittsrecht hat, oder wenn die Mitgliedschaft unter Lebenden oder von Todes wegen übergeht (Art. 847 ff. OR).

Das Beitrittsgesuch muss unbedingt[22] und zwingend schriftlich abgefasst sein[23]. Unter Vorbehalt anderslautender statutarischer Bestimmungen ist jede Schriftform zulässig, etwa die Unterzeichnung eines Zeichnungsscheins[24] oder der Statuten[25] oder die Eintragung in eine Mitgliederliste[26]. Die vom Bundesgericht[27] offengelassene Frage, ob das Eintrittsgesuch von einem Vertreter unterzeichnet werden kann, ist wohl zu bejahen[28]. Ist die Mitgliedschaft mit dem Abschluss eines Versicherungsvertrags verbunden (Art. 848 OR)[29], tritt der Versicherungsantrag[30] an Stelle des Beitrittsgesuchs (Art. 841 Abs. 1 OR)[31], vorausgesetzt, der Antragsteller weiss, dass er durch Abschluss des Vertrags Mitglied der Genossenschaft wird. Ist die Schriftform nicht eingehalten, entsteht keine Mitgliedschaft; die Nichtigkeit des Gesuchs kann jederzeit vorgebracht werden[32]. Aber, obwohl Art. 840 Abs. 1 OR nicht anders ausgelegt werden kann, sind nach den Regeln von Treu und Glauben auch solche Personen als Gesellschafter anzusehen, die den bei ihrem Eintritt begangenen Formfehler zwar erkannt, aber nicht beanstandet haben[33], oder die während einer längeren

---

22 FORSTMOSER, ad Art. 840 OR, N. 11; F. VON STEIGER, S. 64.
23 Es handelt sich um ein Mindesterfordernis, BGE 53 II, 1927, S. 289, 294; 56 II, 1930, S. 296, 298; vgl. auch Appellationsgericht Basel-Stadt, vom 21 August 1925, SJZ 23, 1926/27, S. 247.
24 BÜRGISSER, S. 23; JUNG, S. 74; VOGEL, S. 65 ff.
25 BGE 56 II, 1930, S. 296, 298; siehe auch BÜRGISSER, S. 23; FORSTMOSER, ad Art. 848 OR, N. 9; FREY, S. 49; MONNIER, S. 129; OEZGÜR, S. 95; VODOZ, S. 77 ff.; VOGEL, S. 61.
26 Bernischer Appellationshof, vom 19. Dezember 1934, ZBJV 72, 1936, S. 192, 193 f.
27 BGE 56 II, 1930. S. 296, 299 f.
28 Contra wohl MONNIER, S. 129. Nach F. VON STEIGER, S. 64, ist eine statutarische Grundlage notwendig.
29 Abs. 1 des Art. 841 OR ist im Gegensatz zu Abs. 2 auch auf nicht konzessionierte Versicherungsgesellschaften anwendbar, so BERNHEIMER, S. 144; P.M. BELSER, Versicherungsgenossenschaften, Diss. Zürich 1975, S. 69; FORSTMOSER, ad Art. 841 OR, N. 11, der als Gegenmeinung R. MEYER, Die Genossenschaft als Rechtsform für die Pensionskasse, Diss. Zürich 1946, S. 93 ff., zitiert. Nach der abzulehnenden Auffassung von VODOZ, S. 79, können nur die Versicherungsgesellschaften den Erwerb der Mitgliedschaft vom Abschluss eines Vertrags abhängig machen.
30 Der Versicherungsantrag untersteht wie das gewöhnliche Beitrittsgesuch dem Schriftformerfordernis, FORSTMOSER, ad Art. 841 OR, N. 12, der neben anderen auch MEYER, a. a. O. (Anm.. 29), S. 94, zitiert.
31 FORSTMOSER, ad Art. 841 OR, N. 13; FREY, S. 63; anderer Ansicht MONNIER, S. 131 ff., und anscheinend BÜRGISSER, S. 30.
32 BGE 53 II, 1927, S. 289, 294; 56 II, 1930, S. 296, 298; Kantonsgericht St. Gallen, vom 5. Juni 1952, SJZ 51, 1955, S. 264; vgl. auch BÜRGISSER, S. 22 ff.; FORSTMOSER, ad Art. 840 OR, N. 16; GERWIG, GR, S. 235; JUNG, S. 74; F. VON STEIGER, S. 64; F. ZUMBÜHL, Die korporationsrechtlichen Leistungspflichten in der Genossenschaft, Diss. Zürich 1944, S. 18.
33 A. AB-YBERG, Die Haftung des Genossenschafters nach schweizerischem Recht, Diss. Zürich 1941, S. 72; FORSTMOSER, ad Art. 840 OR, N. 16.

Zeitspanne die einem Gesellschafter von Gesetz oder Statuten gewährten Rechte ausgeübt und die auferlegten Pflichten erfüllt haben[34].

Sehen die Statuten einer Genossenschaft, auch einer Versicherungsgenossenschaft[35], eine persönliche Haftung der Genossenschafter vor (Art. 869 ff. OR), so muss das Aufnahmegesuch eine ausdrückliche und genügend genau formulierte[36] Annahmeerklärung dieser Haftung enthalten (Art. 840 Abs. 2 OR). Nach dem französischsprachigen Text ist die verlangte Annahmeerklärung eine Gültigkeitsvoraussetzung des Eintrittsgesuchs und somit auch des Mitgliedschaftserwerbs. Nach dem deutschsprachigen Text dagegen, dem Rechtsprechung und Lehre Vorrang geben, bezieht sich die ausdrückliche Annahme nur auf die in den Statuten vorgesehene persönliche Haftung, so dass der Beitritt als solcher nicht in Frage gestellt wird[37]. Diese Auffassung erscheint unbefriedigend, da sie den Weg öffnet für zwei Klassen von Mitgliedern innerhalb derselben Gesellschaft, nämlich persönlich haftenden und nicht persönlich haftenden Genossenschaftern. Nach der Rechtsprechung des Bundesgerichts kann ein Gesellschafter, der die eine persönliche Haftung begründende Statutenklausel tatsächlich kannte, sich nicht auf das Fehlen einer ausdrücklichen Annahme dieser Klausel berufen[38]. Dieser Rechtsprechung sollte nur mit grosser Vorsicht, nämlich wenn dies nach den Regeln von Treu und Glauben unbedingt notwendig erscheint, gefolgt werden, weil andernfalls das Schriftformerfordernis bei Annahme einer persönlichen Haftung jeden Wert verlieren würde.

Grundsätzlich fällt die Entscheidung über das Aufnahmegesuch in die Zuständigkeit der Verwaltung (Art. 840 Abs. 3 OR), gegebenenfalls eines Verwaltungsausschusses, falls von den Statuten vorgesehen (Art. 897 OR)[39]; in Versicherungsgesellschaften kann die Entscheidung an eine zur Annahme von Versicherungsanträgen zuständige Instanz delegiert werden[40]. Die Annahme des Beitrittsgesuchs ist formlos gültig und kann konkludent erfolgen[41]. Erhält der Beitrittswillige innert eines ver-

---

34   AB-YBERG, a. a. O. (Anm. 33), S. 71 f.; FORSTMOSER, ad Art. 840 OR, N. 16; GERWIG, GR, S. 236; GUTZWILLER, ad Art. 840 OR, N. 8; STIEHLE, S. 16; ZUMBÜHL, a. a. O. (Anm. 32), S. 19. Anderer Ansicht JUNG, S. 74, Anm. 79, unter Vorbehalt der absichtlichen Täuschung; WINKLER, S. 89 ff.
35   BERNHEIMER, S. 149 f.; FORSTMOSER, ad Art. 841 OR, N. 17. Es sei darauf hingewiesen, dass bei konzessionierten Versicherungsgenossenschaften eine persönliche Haftung ausgeschlossen ist (Art. 869 Abs. 1 und 870 Abs. 1 OR).
36   FORSTMOSER, ad Art. 840 OR, N. 18.
37   BGE 78 III, 1952, S. 33, 38; vgl. auch FORSTMOSER, ad Art. 840 OR, N. 20; GUTZWILLER, ad Art. 840 OR, N. 10; PATRY, La qualité d'associé, S. 31. Contra: GERWIG, GR, S. 313.
38   BGE 78 III, 1952, S. 33, 40 f.
39   FORSTMOSER, ad Art. 840 OR, N. 25; contra: GUTZWILLER, ad Art. 840 OR, N. 13.
40   FORSTMOSER, ad Art. 841 OR, N. 15. Nach WINKLER, S. 92, wäre eine Verlagerung der Zuständigkeit an untergeordnete Organe (Direktoren, Geschäftsführer) auch in anderen Genossenschaften zulässig.
41   BÜRGISSER, S. 24; FORSTMOSER, ad Art. 840 OR, N. 24; PATRY, La qualité d'associé, S. 34; STIEHLE, S. 15.

§ 12 Erwerb der Mitgliedschaft

nünftigen Zeitraums keine Antwort, kann er sein Gesuch zurückziehen (Art. 5 OR)[42]. Die Entscheidung der Verwaltung ist endgültig, es sei denn, die Statuten sähen, was gelegentlich vorkommt, einen Rekurs an die Generalversammlung vor[43]. Ist nach den Statuten die Generalversammlung allein für die Annahme von Beitrittsgesuchen zuständig (Art. 840 Abs. 3 OR), so entscheidet sie, vorbehaltlich einer anderen Regelung, mit der absoluten Mehrheit der abgegebenen Stimmen (Art. 888 Abs. 1 OR)[44]. Bei Ablehnung des Gesuchs kann nach der Rechtsprechung nur dann der Richter angerufen werden, wenn die Gesellschaft ein in den Statuten ausdrücklich vorgesehenes Eintrittsrecht verletzt hat oder wenn der ablehnende Entscheid willkürlich und rechtsmissbräuchlich ist[45].

---

42 BÜRGISSER, S. 23 ff. Zur Anfechtung wegen Willensmängeln, vgl. vorn, Drittes Kapitel, § 9.
43 CAPITAINE, SJK 1156, S. 2; FORSTMOSER, ad Art. 840 OR, N. 26; GUTZWILLER, ad Art. 840 OR, N. 16; vgl. auch MONNIER, S. 122 ff.
44 FORSTMOSER, ad Art. 840 OR, N. 27; JUNG, S. 75; MONNIER, S. 130; F. VON STEIGER, S. 65.
45 Nach CAPITAINE, SJK 1156, S. 3, beträgt die Rekursfrist in analoger Anwendung des Art. 846 Abs. 3 OR drei Monate.

§ 13 Verlust und Übertragung der Mitgliedschaft

Literatur

Die in § 12 genannten Werke sowie: F. BIERI, Der Mitgliedschaftswechsel in der landwirtschaftlichen Genossenschaft nach Art. 850 revOR, Diss. Bern 1946; B. BORNER, Der Abfindungsanspruch ausscheidender Gesellschafter, Diss. Zürich 1949; K.E. DETMERS, L'acquisition ipso iure de la qualité de membre d'une société coopérative, Diss. Lausanne 1947; FORSTMOSER, ad Art. 842 bis 851 OR; J.G. FREY, Die Vormerkung der Mitgliedschaft bei der Genossenschaft nach Art. 850 OR (zit. Vormerkung), ZBGR 25, 1944, S. 73 und 129; GERWIG, GR, S. 239 ff.; H. GUTKNECHT, Die finanziellen Berechtigungen und Verpflichtungen der Genossenschafter, Diss. Bern 1937; GUTZWILLER, ad Art. 842 bis 851 OR; GYSIN, S. 370 ff.; A. HAGER, Der Austritt des Genossenschafters und die daran geknüpften Rechtsfolgen, Diss. Bern 1948; S.B. MOSER, Wohnbaugenossenschaften, Zürich 1978; L. RINGWALD, Probleme der Auslösungssumme beim Austritt aus einer Genossenschaft, BJM 1968, S. 163; P. ROTHENBÜHLER, Austritt und Ausschluss aus der Genossenschaft, Diss. Zürich 1984; F. VON STEIGER, S. 66 ff.; H.J. STUDER, Die Auslösungssumme im schweizerischen Genossenschaftsrecht, Diss. Bern 1977 (zit. H.J. STUDER); W. STUDER, Sicherung der Kartellbindung durch Vormerkung der Mitgliedschaft nach revidiertem OR Art. 850, Diss. Basel 1937 (zit. W. Studer), und Die Vormerkung der Mitgliedschaft in einer Genossenschaft nach Art. 850 OR, ZSR 58, 1939, S. 263 (zit. W. STUDER, ZSR); F. WEBER, Die Verbindung der genossenschaftlichen Mitgliedschaft mit Grundstücken, Diss. Freiburg i.Ue. 1942.

Ein Genossenschafter verliert nach Gesetz die Mitgliedschaft, wenn er aus der Gesellschaft austritt (Art. 842 bis 845 OR), wenn er ausgeschlossen oder seiner Rechte verlustig erklärt wird (Art. 846 und 867 OR), wenn er stirbt (Art. 847 Abs. 1 OR) oder, in zwei Sonderfällen, wenn er nicht mehr die Voraussetzungen erfüllt, die an die Mitgliedschaft geknüpft sind (Art. 848 OR). In allen diesen Hypothesen fallen Verlust und Erlöschen der Mitgliedschaft zusammen.

Die Statuten einer Genossenschaft können weitere Fälle von Verlust und Erlöschen der Mitgliedschaft vorsehen, indem sie den Anwendungsbereich des Art. 848 OR ausweiten. Ausserdem können sie unter bestimmten Voraussetzungen anstelle des Erlöschens eine Übertragung der Mitgliedschaft an eine oder mehrere Personen anordnen. Im Gesetz sind mehrere dieser Fälle erwähnt (Art. 847 Abs. 2 und 3, 849 Abs. 3 und 850 Abs. 2 und 3 OR); andere haben ihre Grundlage nur in den Statuten, wenn diese etwa bestimmen, der Erwerber der Stammanteile eines Genossenschafters nehme dessen Platz in der Gesellschaft ein. Schliesslich kann die Mitgliedschaft zwar erlöschen, aber unmittelbar danach in einer anderen Person wieder aufleben, etwa wenn den Erben eines verstorbenen Genossenschafters das Recht zuerkannt ist, dessen Anteile zu übernehmen und ihre Aufnahme in die Gesellschaft zu verlangen.

I. Austritt

1. Gesetzliches Austrittsrecht

Wenn auch das in Art. 842 Abs. 1 OR garantierte Austrittsrecht das Pendant zum Eintrittsrecht darstellt[46], ist dennoch die Türe einer Genossenschaft für den Austretenden weiter geöffnet als für den Eintretenden. Unter Beachtung der Frist des Art. 844 Abs. 1 OR kann ein Genossenschafter jederzeit austreten, d.h. er muss seinen Austritt auf Ende eines Geschäftsjahres und wenigstens ein Jahr im voraus erklären. Das Geschäftsjahr beginnt am 1. Januar und endet am 31. Dezember, andere statutarische Regelungen vorbehalten[47]. Diese gesetzliche Frist kann durch die Statuten verkürzt, aber nicht verlängert werden und muss grundsätzlich für alle Mitglieder die gleiche sein (Art. 854 OR)[48]. Die Austrittserklärung, die keiner besonderen Form[49] und auch nicht einer Annahme oder eines Beschlusses seitens der Gesellschaft bedarf, wird mit Ablauf der Kündigungsfrist wirksam[50]. In diesem Moment erlöschen die Mitgliedschaft und die mit ihr verbundenen Rechte und Pflichten. Unter Vorbehalt der Statuten hat der ausscheidende Gesellschafter keinerlei Anspruch auf das Gesellschaftsvermögen, insbesondere kein Recht auf Rückzahlung seiner Anteilscheine (Art. 865 Abs. 1 OR)[51]. Solange der Austritt nicht wirksam ist, bleiben die Pflichten des Genossenschafters gegenüber der Gesellschaft bestehen, und er haftet ihr für den Schaden, der aus einer Nichtbeachtung seiner Verpflichtungen entsteht[52].

Das Gesetz sieht drei Ausnahmen von diesen Grundsätzen vor. Zunächst ist ein Austritt nach Auflösung der Gesellschaft zwingend ausgeschlossen, und zwar unab-

---

46   FORSTMOSER, ad Art. 842 OR, N. 7; FREY, S. 64 ff.; HAGER, S. 14.
47   Vgl. FORSTMOSER, ad Art. 844 OR, N. 6 ff.
48   Als Beispiel für verschieden lange Fristen, siehe BGE 89 II, 1963, S. 138. Nach MOSER, S. 154, sind verschieden lange, von der Höhe der finanziellen Beteiligung abhängende Fristen zulässig. Unseres Erachtens sind nur unterschiedliche Rückzahlungsfristen (Art. 864 Abs. 2 OR) mit Art. 854 OR vereinbar.
49   CAPITAINE, SJK 1156, S. 3; FORSTMOSER, ad Art. 842 OR, N. 20 ff.; FREY, S. 68; HAGER, S. 16 ff.; A. KORACH, Die Genossenschaft als Rechtsform für Kartelle, Diss. Zürich 1973, S. 107 ff.; ROTHENBÜHLER, S. 49 ff.; F. VON STEIGER, S. 69; H.J. STUDER, S. 36; WINKLER, S. 144. Dagegen verlangen GUTZWILLER, ad Art. 843 OR, N. 3, und OEZGÜR, S. 97, Schriftform.
50   BERNHEIMER, S. 52 f.; FORSTMOSER, ad Art. 844 OR, N. 12 f.; GERWIG, GR, S. 242; ROTHENBÜHLER, S. 57 ff.
51   Der Verfall der Anteilscheine wird oft als Beschränkung des Austrittsrechts qualifiziert, hierzu FORSTMOSER, ad Art. 842 OR, N. 12 und 41.
52   FORSTMOSER, ad Art. 842 OR, N. 43. BERNHEIMER, S. 52 f., weist darauf hin, dass umgekehrt die Genossenschaft dem austrittswilligen Mitglied für den Schaden haftet, der entsteht, wenn sie ihn an der Ausübung seiner Rechte während der Austrittsfrist hindert.

hängig vom Auflösungsgrund[53] und den Austrittsmotiven[54]. Ferner kann ein Genossenschafter – und dies hat grössere Bedeutung – bei Vorliegen eines wichtigen Grundes mit sofortiger Wirkung aus der Gesellschaft austreten. Diese Möglichkeit ist nicht ausdrücklich im Gesetz vorgesehen, aber nach einhelliger Meinung behandelt Art. 843 Abs. 2 OR den Anwendungsfall eines allgemein gültigen Grundsatzes[55]. Schliesslich können Genossenschafter, die einem Beschluss über die Einführung oder Erhöhung der persönlichen Haftung oder der Nachschusspflicht nicht zugestimmt haben, innert drei Monaten nach dem betreffenden Beschluss ihren Austritt erklären (Art. 889 Abs. 2 OR; vgl. auch Art. 914 Ziff. 11 OR).

2. Statutarische Beschränkungen

Das Gesetz sieht nur zwei Austrittsbeschränkungen vor, eine finanzielle in Gestalt der Pflicht, unter bestimmten Voraussetzungen eine Auslösungssumme an die Gesellschaft zu zahlen (Art. 842 Abs. 2 OR), und eine zeitliche durch statutarisches Austrittsverbot während höchstens fünf Jahren (Art. 843 OR). Darüber hinausgehend können nach der Rechtsprechung des Bundesgerichts zu Art. 842 Abs. 3 OR die Statuten die Ausübung des Austrittsrechts anderen Voraussetzungen unterwerfen, soweit diese einen Austritt nicht übermässig erschweren[56]. Im Grundsatz finden sich Austrittserschwerungen in den Statuten (Art. 832 Ziff. 3 und 833 Ziff. 4 OR), sie können aber auch eine vertragliche Grundlage haben (Art. 842 Abs. 3 und 843 Abs. 1 OR) und dürfen dann ebenfalls nicht übermässig sein[57].

Die Zulässigkeit nachträglicher Austrittserschwerungen durch Mehrheitsentscheid (Art. 888 Abs. 2 OR) erscheint auf den ersten Blick zweifelhaft. Wenn man jedoch bedenkt, dass selbst die nachträgliche Einführung einer persönlichen Haftung unter den Voraussetzungen des Art. 889 OR – ein weitaus schwerwiegenderer Eingriff in die Rechte der Mitglieder – erlaubt ist, dann ist diese Frage zu bejahen[58]. Allerdings steht u.E. den Genossenschaftern, die dem Beschluss, eine Austrittserschwerung einzuführen, nicht zugestimmt haben, ein Austrittsrecht aus wichtigem Grund zu, es sei denn, die Austrittserschwerungen seien wegen besonderer Umstände

---

53 FORSTMOSER, ad Art. 842 OR, N. 23; HAGER, S. 34 ff.; JUNG, S. 85; WINKLER, S. 141 ff. Jedoch besteht kein Grund, diese Bestimmung auf die liquidationslose Auflösung (Art. 914 und 915 OR) anzuwenden.
54 FORSTMOSER, ad Art. 843 OR, N. 27.
55 BORNER, S. 14; FORSTMOSER, ad Art. 843 OR, N. 22; FREY, S. 66 und 78 ff.; GERWIG, GR, S. 245, und SV, S. 160; HAGER, S. 20 f.; JUNG, S. 87; ROTHENBÜHLER, S. 45; WINKLER, S. 173. Zum Begriff des wichtigen Grundes, vgl. hinten, II.
56 BGE 89 II, 1963, S. 138, 150; siehe hinten, c.
57 FORSTMOSER, ad Art. 842 OR, N. 17; WINKLER, S. 148.
58 FORSTMOSER, ad Art. 842 OR, N. 24 ff.

§ 13 Verlust und Übertragung der Mitgliedschaft

offensichtlich durch das Gesellschaftsinteresse gerechtfertigt (die Genossenschafter sind in diesem Fall nicht gehalten, eine allfällig neu eingeführte Auslösungssumme zu zahlen)[59]. In jedem Fall müssen statutarische oder vertragliche Austrittserschwerungen den Grundsatz der Gleichbehandlung beachten[60].

a) Angemessenheit der Auslösungssumme

Einzig bei Austritt wegen Ablehnung einer persönlichen Haftung (Art. 889 und 914 Ziff. 11 OR)[61] kann die Genossenschaft eine statutarisch vorgesehene Auslösungssumme nicht verlangen. Bei Austritt aus jeglichem anderen, auch aus wichtigem Grund (Art. 843 Abs. 3 OR), bei Ausschluss (Art. 846 Abs. 4 OR) oder Kaduzierung (Art. 867 Abs. 4 OR) sowie bei Tod[62] oder automatischem Verlust der Mitgliedschaft ist dagegen die Auslösungssumme geschuldet.

Die Rechtsnatur der Auslösungssumme ist umstritten. Für einen Teil der Lehre handelt es sich um eine Konventionalstrafe, die die Wahrnehmung des Austrittsrechts erschwere und daher die wohlhabenden Genossenschafter begünstige. Nach anderer Auffassung sei die Auslösungssumme im Gegenteil geschaffen oder zumindest geregelt worden, um einen Austritt zu erleichtern, da sie strengen Voraussetzungen unterworfen sei und im allgemeinen den Schaden der Gesellschaft nur teilweise ersetze[63]. In jedem Fall stellt die Verpflichtung, eine Geldleistung wegen eines durch eine an sich rechtmässige und nicht notwendig schuldhafte Handlung (nämlich den Austritt) verursachten Schadens erbringen zu müssen, eine – je nach den Umständen erhebliche – Einschränkung des Austrittsrechts dar.

Die Zahlungsverpflichtung muss genügend klar aus den Statuten hervorgehen, damit jeder Eintrittswillige weiss, dass er bei späterem Austritt unter Umständen eine Geldsumme wird zahlen müssen. Die Statuten können einen Höchstbetrag vorsehen, jedoch keinen festen Betrag, da die im konkreten Fall geschuldete Summe also von den Umständen abhängt[64]: In diesem Zusammenhang kann somit der Gleichbehandlungsgrundsatz keine uneingeschränkte Geltung beanspruchen.

---

59 Auch FORSTMOSER, ad Art. 842 OR, N. 25, fasst diese Möglichkeit ins Auge.
60 FORSTMOSER, ad Art. 842 OR, N. 18; HAGER, S. 29; WINKLER, S. 148. Nach GERWIG, GR, S. 243 ff., ist Art. 854 OR nicht auf vertragliche Austrittserschwerungen anwendbar. ROTHENBÜHLER, S. 79, hält eine Ungleichbehandlung nur dann für statthaft, wenn der Austritt für einen den Vertrag abschliessenden Genossenschafter erschwert wird.
61 Vgl. auch die Hypothese des Art. 16 Abs. 1 KartG.
62 Vgl. FORSTMOSER, ad Art. 842 OR, N. 40; GUTKNECHT, S. 67; H.J. STUDER, S. 107 ff.; WINKLER, S. 158. Dagegen ist umstritten, ob die Erben bei Tod eines Genossenschafters eine Auslösungssumme zahlen müssen, siehe hinten, IV.
63 Zum Ganzen, vgl. FORSTMOSER, ad Art. 842 OR, N. 27; FREY, S. 82; GUTZWILLER, ad Art. 843 OR, N. 6; HAGER, S. 32 ff.; OEZGÜR, S. 97 ff.; RINGWALD, S. 165 ff.; ROTHENBÜHLER, S. 62 ff.; H.J. STUDER, S. 90 ff.; WINKLER, S. 156 ff.
64 FORSTMOSER, ad Art. 842 OR, N. 29 f.; FREY, S. 82; HAGER, S. 69; RINGWALD, S. 169; H.J. STUDER, S. 107; WINKLER, S. 156.

Daraus, dass der Gesetzgeber die Voraussetzungen der erheblichen Schädigung oder der Existenzgefährdung der Gesellschaft sowie der angemessenen Festsetzung der Höhe der Auslösungssumme aufstellt, darf geschlossen werden, dass zum einen der von einem Austrittswilligen verlangte Betrag nicht den Schaden der Genossenschaft übersteigen darf[65], dass zum andern für die Berechnung dieses Betrags alle Umstände des konkreten Einzelfalles herangezogen werden müssen, insbesondere die Gründe, die zum Ausscheiden führen, und die finanzielle Leistungsfähigkeit des Austretenden[66]. Die Genossenschaft hat den Schaden und den Kausalzusammenhang zwischen Austritt und Schaden zu beweisen[67], jedoch kein schuldhaftes oder missbräuchliches Verhalten des Scheidenden. Es sei aber darauf hingewiesen, dass ein Genossenschafter schwerlich zahlungspflichtig werden kann, wenn er austritt, weil die Gesellschaft selbst den Austrittsgrund schuldhaft geschaffen hat[68], oder weil wichtige Statutenbestimmungen, wie etwa bezüglich des Zwecks der Gesellschaft[69] oder der Stellung der Genossenschafter, grundlegend geändert wurden. Im übrigen wird in der Praxis der Austritt eines einzigen Mitglieds der Gesellschaft nur selten einen «erheblichen Schaden» zufügen; vielmehr stellt die Verpflichtung des Art. 842 Abs. 2 OR eher einen Schutz gegenüber der «Erpressung» durch unzufriedene Gesellschafter dar, die ihr mit kollektivem Austritt drohen. Denn wenn der Genossenschaft bei abgestimmtem kollektiven Austritt ein erheblicher Schaden zugefügt wird, kann ein Genossenschafter zur Zahlung einer Auslösungssumme selbst dann gehalten sein, wenn sein Austritt, isoliert betrachtet, keinen erheblichen Schaden verursacht[70].

Vorbehaltlich anderslautender Statutenbestimmungen wird der Betrag der Auslösungssumme vom Verwaltungsrat festgelegt[71]. Der Genossenschafter-Schuldner kann die Auslösungssumme mit den fälligen Forderungen verrechnen, die ihm gegebenenfalls auf der Grundlage einer statutarischen Bestimmung entsprechend Art. 864 OR zustehen (vgl. Art. 864 Abs. 2, 2. Satz, und Abs. 3 OR). Ist ein ausscheidender Genossenschafter der Auffassung, die Auslösungssumme sei nicht geschuldet oder übermässig, kann er vom Richter Feststellung des Nichtbestehens oder Herabsetzung verlangen[72].

---

65 FORSTMOSER, ad Art. 842 OR, N. 31; contra offenbar: WINKLER, S. 157.
66 FORSTMOSER, ad Art. 842 OR, N. 36; GERWIG, GR, S. 246; GUTZWILLER, ad Art. 842/843 OR, N. 13. Ein Teil der Lehre misst dem Kriterium der Angemessenheit weniger grosse Bedeutung bei, so GUTKNECHT, S. 67, sowie GYSIN, S. 373, und HAGER, S. 69 ff. Zur Berechnung des Schadens, siehe H.J. STUDER, S. 110 ff.
67 FORSTMOSER, ad Art. 842 OR, N. 32; GUTZWILLER, ad Art. 842/843 OR, N. 7; RINGWALD, S. 171.
68 FORSTMOSER, ad Art. 842 OR, N. 36; GERWIG, GR, S. 246; H.J. STUDER, S. 91.
69 GERWIG, GR, S. 247.
70 Hierzu H.J. STUDER, S. 118 ff.
71 H.J. STUDER, S. 133.
72 FORSTMOSER, ad Art. 842 OR, N. 38; HAGER, S, 32; H.J. STUDER, S. 135.

b) Zeitlich beschränkter Ausschluss des Austrittsrechts

Gemäss Art. 843 Abs. 1 OR (und Art. 833 Ziff. 4 OR) kann der Austritt auf höchstens fünf Jahre ausgeschlossen werden. Diese Sperrfrist kann mit Eintragung der Gesellschaft im Handelsregister zu laufen beginnen, aber auch mit späterer Einführung der Beschränkungsklausel in die Statuten[73] oder – eine häufige und befriedigendere Lösung – im Zeitpunkt des Beitritts eines jeden Genossenschafters[74]. Es ist zulässig, eine Sperrfrist von weniger als fünf Jahren statutarisch oder vertraglich zu verlängern oder zu erneuern. Dagegen darf eine länger als 2 1/2 Jahre dauernde Frist nicht automatisch erneuert werden, wenn vor ihrem Ablauf nicht gekündigt wurde[75]. Ausserdem kann kein Genossenschafter während seiner Mitgliedschaft ohne seine Zustimmung einer länger als 5 Jahre dauernden Sperrfrist unterworfen sein[76]. Folglich kann eine Genossenschaft, die eine 5-Jahresfrist ab Gründung vorgesehen hatte, eine weitere Sperrfrist nur mit Zustimmung der Genossenschafter, die während der Geltung der ersten Klausel schon Mitglied waren, einführen.

Das Vorliegen einer statutarischen Klausel nach Art. 843 Abs. 1 OR schliesst die Anwendung von Art. 844 OR nicht aus. Für einen Teil der Lehre dürfen die vorgesehenen Fristen zusammen 5 Jahre nicht überschreiten[77]. Diese Auffassung ist unzweckmässig, da der Austritt nicht immer mit dem Ende eines Geschäftsjahres zusammenfällt. Ausserdem entspricht sie nicht dem Text des Gesetzes, jedenfalls in der französischen Fassung, der von «exercice» (Ausübung) des Austrittsrechts spricht. Unseres Erachtens kann ein Genossenschafter seinen Austritt erst nach Ablauf der gemäss Art. 843 Abs. 1 OR festgesetzten Sperrfrist erklären und muss danach die Kündigungsfrist des Art. 844 OR einhalten.

Ein Austritt aus wichtigem Grund ist immer möglich (Art. 843 Abs. 2 OR) und wird sofort wirksam[78]. Ein wichtiger Grund liegt nach der Rechtsprechung vor, «wenn wesentliche persönliche oder sachliche Voraussetzungen, unter denen der Eintritt in die Gesellschaft erfolgte, nicht mehr vorhanden sind und infolgedessen dem Genossenschafter das weitere Verbleiben im Verbande nicht zugemutet werden kann»[79]. Der wichtige Grund kann in der Person des Genossenschafters (Wohnsitz- oder Berufswechsel, Eintritt in den Ruhestand, Verkauf eines Betriebs) begründet, aber auch der Genossenschaft selbst zuzurechnen sein (schwere Pflichtverletzung, wesentliche Zweck-, Struktur- oder Organisationsänderungen, die nicht durch über-

---

73 Siehe hierzu vorn, Anm. 58.
74 FORSTMOSER, ad Art. 843 OR, N. 8.
75 FORSTMOSER, ad Art. 843 OR, N. 9.
76 FORSTMOSER, ad Art. 843 OR, N. 9, und ROTHENBÜHLER, S. 61.Contra: VOGEL, S. 85.
77 FORSTMOSER, ad Art. 843 OR, N. 12; GERWIG, GR, S. 243; JUNG, S. 86; MOSER, S. 154; WINKLER, S. 151.Contra: CAPITAINE, SJK 1156, S. 3; GYSIN, S. 371.
78 BGE 61 II, 1935, S. 188, 191; FORSTMOSER, ad Art. 843 OR, N. 25; FREY, S. 78 f.; F. VON STEIGER, S. 73.
79 BGE 61 II, 1935, S. 188, 193 f.

wiegende Gesellschaftsinteressen gerechtfertigt sind)[80]. Trifft dagegen den Genossenschafter ein Verschulden an den unzumutbaren Verhältnissen, kann er, Ausnahmen vorbehalten, nicht mit sofortiger Wirkung austreten[81]. Gleiches gilt, wie aus der Auslegung des Art. 889 Abs. 2 OR a contrario hervorgeht, wenn die Gesellschaft die Leistungspflichten der Genossenschafter erhöht, es sei denn, wie schon mehrfach hervorgehoben, die Erhöhung sei erheblich oder willkürlich.

Auch bei Vorliegen eines wichtigen Grundes bleibt eine eventuelle Pflicht zur Zahlung einer Auslösungssumme bestehen. Ihre Höhe allerdings hängt von der Art des vorgebrachten Grundes ab. Ist dieser allein der Genossenschaft zuzurechnen, kann grundsätzlich keine Zahlung verlangt werden[82]. Nimmt man ferner an, ein Austritt mit sofortiger Wirkung sei ausgeschlossen, wenn der Genossenschafter den wichtigen Grund selbst schuldhaft verursacht hat, dann sind die Hypothesen, in denen eine Auslösungssumme geschuldet ist, in der Praxis recht selten.

c) Andere Beschränkungen

Nach der Rechtsprechung des Bundesgerichts kann eine Genossenschaft in Anwendung des Art. 842 Abs. 3 OR andere statutarische oder vertragliche Austrittsbeschränkungen vorsehen[83]. Dieser Auffassung ist nicht unbedingt beizupflichten, da Art. 842 Abs. 3 OR auch als einfacher Verweis auf Art. 843 OR («ein dauerndes Verbot... des Austritts...») und Art. 842 Abs. 2 OR («... eine übermässige Erschwerung des Austritts...») verstanden werden kann[84]. Im zitierten Entscheid hatte das Bundesgericht anerkannt, dass eine Siedlungsgenossenschaft jegliche Möglichkeit eines Austritts im engen Sinn (Erlöschen der Mitgliedschaft) unterband und nur einen Übergang der Mitgliedschaft nach Art. 850 OR erlaubte. Da die in Frage stehende Statutenklausel schon in den ursprünglichen Statuten enthalten und ein Austritt aus wichtigem Grund vorbehalten war und ferner die Kläger nicht gutgläubig waren, ist die Entscheidung des Bundesgerichts verständlich. Es handelt sich aber um einen Einzelfallentscheid[85]. Vorbehaltlich Ausnahmesituationen müssen die Art. 842 Abs. 2 und 843 OR ausreichen, um die Genossenschaft vor unzweckmässigen und schadenstiftenden Austritten zu schützen.

---

80 Zum Begriff des wichtigen Grundes, vgl. FORSTMOSER, ad Art. 843 OR, N. 16 ff.; GERWIG, GR, S. 244 ff., und SV, S. 160 ff.; GUTZWILLER, ad Art. 842/843 OR, N. 23 ff., KORACH, (Anm. 49), S. 112 ff.; JUNG, S. 87; OEZGÜR, S. 98 ff.; ROTHENBÜHLER, S. 45 ff.; WINKLER, S. 169 ff.
81 FORSTMOSER, ad Art. 843 OR, N. 18; GERWIG, GR, S. 244; HAGER, S. 21.
82 Siehe vorn, Anm. 68; vgl. ferner: FORSTMOSER, ad Art. 843 OR, N. 26; GYSIN, S. 373; HAGER, S. 69 ff.; WINKLER, S. 172.
83 BGE 89 II, 1963, S. 138, 150.
84 Für diese Auslegung wohl R.P. HAFTER, Die personenrechtliche und kapitalistische Struktur der Genossenschaft im neuen OR, Diss. Bern 1938, S. 69 ff., und GERWIG, GR, S. 247; vgl. auch F. VON STEIGER, S. 69 f. Anderer Ansicht FORSTMOSER, ad Art. 842 OR, N. 13 f.
85 Den man z.B. nicht auf eine Viehzucht- oder landwirtschaftliche Genossenschaft übertragen kann.

§ 13 Verlust und Übertragung der Mitgliedschaft

3. «Erzwungener» Austritt

Gemäss Art. 845 OR kann ein Genossenschafter, der in Konkurs gegangen ist oder dessen Vermögensgegenstände gepfändet worden sind, von der Konkursverwaltung oder vom Betreibungsamt «ausgetreten werden», die an seiner Stelle und gegebenenfalls gegen seinen Willen sein Austrittsrecht geltend machen[86], damit seine Gläubiger – auch die Genossenschaft selbst[87] – mit seinem Anteil am Genossenschaftsvermögen befriedigt werden. Bei wörtlicher Auslegung des Art. 864 OR[88] wäre Art. 845 OR nur auf Genossenschaften mit Grundkapital und unter der Voraussetzung anwendbar, dass die Statuten einen Abfindungsanspruch vorsähen (vgl. Art. 865 OR). Nach der Rechtsprechung des Bundesgerichtes hindert ein eventueller statutarischer Ausschluss der Zession oder Verpfändung der Anteile nicht die Pfändung nach Art. 845 OR[89].

Die zuständige Behörde übt die Rechte des betroffenen Genossenschafters aus und hat folglich die gesetzlichen und statutarischen Kündigungsfristen einzuhalten sowie mögliche Beschränkungen des Austrittsrechts zu beachten[90]. Während Konkurs und Pfändung im allgemeinen für die Gesellschaft ein wichtiger Ausschliessungsgrund sind[91], stellen sie für den Genossenschafter nicht ohne weiteres einen wichtigen Austrittsgrund dar. In einer konkreten Situation kann dies aber der Fall sein, wenn etwa der Gesellschafter aufgrund seiner schwierigen finanziellen Lage und in Anbetracht von Zweck und Tätigkeit der Gesellschaft nicht mehr in der Lage ist, Mitglied zu bleiben[92]. Ist dagegen eine Fortführung der Mitgliedschaft möglich und notwendig, vielleicht sogar lebenswichtig für den Genossenschafter, müsste das Kündigungsrecht der zuständigen Behörde je nach den Umständen durch Art. 92 SchKG, insbesondere durch eine analoge Anwendung von Abs. 1 Ziff. 3 ausgeschlossen sein[93].

Der Austritt nach Art. 845 OR zeitigt die gleichen Wirkungen wie ein Austritt durch den Genossenschafter selbst. Die Genossenschaft kann die Zahlung einer Auslösungssumme verlangen, wenn eine solche statutarisch vorgesehen ist; sie kann

---

86   Wie FORSTMOSER, ad Art. 845 OR, N. 9, zu Recht betont, haben Konkursverwaltung und Betreibungsamt die Pflicht, das Austrittsrecht auszuüben, wenn auch der Wortlaut des Gesetzes eher für eine Entscheidung nach freiem Ermessen sprechen würde. Contra: WINKLER, S. 200 f.
87   FORSTMOSER, ad Art. 854 OR, N. 13.
88   Vgl. hinten, Fünftes Kapitel, § 15.
89   BGE 84 III, 1958, S. 21, 23.
90   FORSTMOSER, ad Art. 845 OR, N. 10; GERWIG, GR, S. 257 (für den die Austrittserklärung während der Sperrfrist des Art. 843 OR nicht «zugestellt» werden kann); GUTZWILLER, ad Art. 845 OR, N. 5; WINKLER, S. 200.
91   FORSTMOSER, ad Art. 845 OR, N. 13; GERWIG, GR, S. 257 ff.
92   Vgl. WINKLER, S. 201 ff. Wohl contra, jedenfalls einschränkender: FORSTMOSER, ad Art. 845 OR, N. 11, im Anschluss an GERWIG, S. 257.
93   Wie FORSTMOSER, ad Art. 845 OR, N. 8, zu Recht bemerkt.

ihre Ansprüche mit demjenigen des Genossenschafters auf Zahlung der Abfindungssumme verrechnen[94] sowie die Zahlung der Abfindungssumme nach Art. 864 Abs. 2 und 3 OR hinausschieben.

II. Ausschluss

1. Gründe und Voraussetzungen

Die Ausschliessung eines Genossenschafters kann aus den statutarisch genannten Gründen oder aus wichtigem Grund erfolgen (Art. 846 Abs. 1 und 2 OR). Die Genossenschaft darf aber nicht in ihren Statuten einen Ausschluss ohne Angabe von Gründen vorsehen[95]. Die Ausschlussklauseln müssen genügend präzise sein. Sehen sie nur allgemein den Ausschluss von Gesellschaftern vor, die sich statutenwidrig verhalten oder die Interessen der Genossenschaft schädigen, so handelt es sich um nichts weiter als eine Wiederholung des Ausschliessungsrechts aus wichtigem Grund[96].

Die statutarischen Ausschlussgründe beziehen sich oft auf ein schuldhaftes oder treuwidriges Verhalten des Genossenschafters. Ein solches muss aber nicht vorliegen[97]. Insbesondere ist es zulässig, den Ausschluss von Genossenschaftern vorzusehen, die nicht mehr die an die Mitgliedschaft geknüpften Voraussetzungen (Wohnsitz, Beruf, usw.) erfüllen[98]. Im übrigen kann man sich fragen, ob ein statutarischer Ausschliessungsgrund notwendigerweise ein wichtiger Grund sein muss und damit nur eine rein deskriptive Funktion hätte. Theoretisch ist diese Frage zu verneinen. Da die Gründe aber im Hinblick auf Zweck und Tätigkeit der Genossenschaft gerechtfertigt sein müssen[99], ist praktisch schwer ersichtlich, welche statutarischen Gründe nicht gleichzeitig wichtige Gründe wären[100].

---

94 FORSTMOSER, ad Art. 845 OR, N. 13.
95 Sten.Bull. NR, 16. November 1934, S. 757 ff.; FORSTMOSER, ad Art. 846 OR, N. 13; FREY, S. 70; GERWIG, GR, S. 258, und SV, S. 162; GUTKNECHT, S. 67; HAFTER, (Anm. 84), S. 72; JUNG, S. 88; OEZGÜR, S. 102; PATRY, S. 40; F. VON STEIGER, S. 73; WINKLER, S. 177. Contra: VOGEL, S. 88.
96 FORSTMOSER, ad Art. 846 OR, N. 14; vgl. BGE 101 II, 1975, S. 125.
97 FORSTMOSER, ad Art. 846 OR, N. 11.
98 FORSTMOSER, ad Art. 846 OR, N. 9; vgl. auch CAPITAINE, SJK 1156, S. 4; VOGEL, S. 85 ff.; WINKLER, S. 178 ff.
99 FORSTMOSER, ad Art. 846 OR, N. 10.
100 Nach FORSTMOSER, ad Art. 846 OR, N. 12 und 18, ist eine Handlungsweise, die nicht die Interessen der Gesellschaft als solche, sondern diejenigen der anderen Mitglieder schädigt, zwar kein wichtiger Ausschlussgrund, könnte aber in den Statuten als Ausschlussgrund vorgesehen werden.

§ 13 Verlust und Übertragung der Mitgliedschaft

Das Ausschlussrecht aus wichtigem Grund ist zwingendes Recht[101]. Folglich wäre es nicht rechtmässig (und schon gar nicht vernünftig) vorzusehen, der entsprechende Generalversammlungsbeschluss müsse einstimmig gefasst werden (vgl. Art. 846 Abs. 3 OR), erhielte so doch jedes Mitglied ein Vetorecht bei seinem eigenen Ausschluss[102]. Dagegen kann in den Statuten die Zustimmung aller anderen Genossenschafter vorgesehen werden[103]. Der Ausschluss aus wichtigem Grund bildet das Korrelat zum Austritt aus wichtigem Grund. Er erlaubt es der Genossenschaft, sich von einem Mitglied zu trennen, wenn dessen Beteiligung nicht mehr tragbar ist[104], insbesondere, weil es schwer und wiederholt seine Mitgliedschaftspflichten verletzt[105] oder – nicht notwendig schuldhaft[106] – die Eintrittsvoraussetzungen nicht mehr erfüllt, was im allgemeinen gleichzeitig ein wichtiger Austrittsgrund ist. Selbstverständlich kann eine bestimmte Tatsache, etwa die Mitgliedschaft in einer anderen, mit der eigenen Genossenschaft in Wettbewerb stehenden Genossenschaft, je nach ihrer Struktur und ihrem Zweck in einem Fall als wichtiger Grund qualifiziert werden, in einem anderen jedoch nicht[107].

Bei Vorliegen eines wichtigen oder statutarischen Ausschlussgrundes kann die Genossenschaft, muss aber nicht den Ausschluss beschliessen[108]. Sie muss allerdings eine kohärente, den Gleichbehandlungsgrundsatz wahrende Mitgliederpolitik verfolgen und kann nicht die einen Mitglieder wegen Verhaltensweisen ausschliessen, die sie bei anderen Mitgliedern toleriert.

Der Ausschluss kann jederzeit beschlossen werden, es sei denn, die Gesellschaft befindet sich im Liquidationsstadium oder der betreffende Genossenschafter hat schon von seinem Austrittsrecht Gebrauch gemacht. In der ersten Hypothese sollte Art. 842 Abs. 1 OR analog angewendet werden[109], und zwar sowohl unter dem Gesichtspunkt der Billigkeit – es wäre stossend, wenn eine Genossenschaft ein Mitglied ausschliessen könnte, das selbst keinerlei Austrittsrecht hätte, nicht einmal aus wichtigem Grund – als auch, um Missbräuche – wie etwa Massenausschliessungen mit Einwilligung der Betroffenen – zu vermeiden. Im übrigen ist diese Auslegung des Art. 842 Abs. 1 OR indirekt von Art. 865 Abs. 2 OR verlangt. In der zweiten

---

101 FORSTMOSER, ad Art. 846 OR, N. 15; vgl. auch Botschaft, BBl 1928 I, S. 289/290, und Sten.Bull. StR, vom 9. Juni 1932, S. 208.
102 Der Genossenschafter kann an der Generalversammlung teilnehmen und abstimmen, solange sein Ausschluss nicht beschlossen oder bestätigt wurde. Contra: WINKLER, S. 183, der Art. 68 ZGB und Art. 887 OR analog anwendet.
103 In diesem Sinne wohl FORSTMOSER, ad Art. 846 OR, N. 31, wenn er von «Einstimmigkeit» spricht.
104 FORSTMOSER, ad Art. 846 OR, N. 7. Vgl. auch BGE 101 II, 1975, S. 125.
105 FORSTMOSER, ad Art. 846 OR, N. 17.
106 Contra: B. ZIEGLER, Die genossenschaftliche Treuepflicht im schweizerischen Recht, Diss. Basel 1941, S. 151 ff.
107 FORSTMOSER, ad Art. 846 OR, N. 17; GERWIG, GR, S. 259, und SV, S. 162; H.J. STUDER, S. 39.
108 FORSTMOSER, ad Art. 846 OR, N. 27; WINKLER, S. 177 ff.; contra: FREY, S. 71.
109 Contra: FORSTMOSER, ad Art. 846 OR, N. 29.

Hypothese ist ein Ausschluss ohne weiteres gegenstandslos, sobald der Austritt endgültig ist[110]. Fraglich ist jedoch, ob ein Ausschluss während der Kündigungsfrist, in der die Mitgliedschaft noch besteht, beschlossen werden kann, sowie umgekehrt, ob dem betroffenen Genossenschafter während des Ausschlussverfahrens ein Austrittsrecht zusteht. Diese im Gesetz nicht geregelten Fragen können aus ethischen und finanziellen Gründen wichtig sein, vor allem, wenn die Statuten zwar dem austretenden, nicht aber dem ausgeschlossenen Genossenschafter ein Recht auf einen Teil des Genossenschaftsvermögens zuerkennen.

Folgende Gesichtspunkte sollten für eine Lösung dieses gesetzlich nicht geregelten Problems massgeblich sein:

Einerseits muss vermieden werden, dass ein Genossenschafter einem drohenden oder von der Verwaltung schon ausgesprochenen, aber von der Generalversammlung noch nicht bestätigten Ausschluss durch eine eigene Austrittserklärung zuvorkommen kann; andererseits muss ein Mitglied, wenn sein Ausschluss nicht gültig ist, die Möglichkeit haben, das Kündigungsverfahren in Gang zu setzen (jedenfalls dann, wenn man den ungerechtfertigten Ausschluss nicht als wichtigen Austrittsgrund qualifiziert). Folglich kann ein Ausschlussverfahren gegen ein Mitglied in Gang gesetzt werden, das seine Mitgliedschaft schon gekündigt hat, dessen Austritt, da nicht auf einen wichtigen Grund gestützt, aber noch nicht wirksam geworden ist. Dann läuft die Kündigungsfrist weiter, aber der Austritt wird nur wirksam unter der Voraussetzung, dass der Ausschliessungsbeschluss nicht gefasst oder nachträglich annuliert wird[111]. Gleiches gilt, wenn ein Mitglied seinen Austritt nach Beginn des Ausschlussverfahrens erklärt[112].

---

110 FORSTMOSER, ad Art. 846 OR, N. 22; FREY, S. 71; F. VON STEIGER, S. 74 f.
111 FORSTMOSER, ad Art. 846 OR, N. 22, vertritt, im Gegensatz zu FREY, S. 71, dass die Ausschliessung während der Kündigungsfrist beschlossen werden kann, prüft aber nicht die Frage, ob der Austritt wirksam wird, wenn die Frist vor einem endgültigen Ausschluss abläuft. Ein derartiges «Wettrennen» zwischen Gesellschaft und Mitglied wäre äusserst unbefriedigend. Ausserdem könnte fast immer der Genossenschafter den endgültigen Ausschliessungsbeschluss bis zum Ablauf der Kündigungsfrist hinauszögern und somit das Recht der Gesellschaft, einen austrittswilligen Genossenschafter auszuschliessen, illusorisch machen.
112 Nach FORSTMOSER, ad Art. 846 OR, N. 22, ist der Austritt, solange die Generalversammlung nicht endgültig entschieden hat, noch möglich, nicht mehr jedoch «im Zeitpunkt der gerichtlichen Anfechtung», die keine aufschiebende Wirkung hat. Unseres Erachtens muss ein «Austritt» auch während des Anfechtungsverfahrens zulässig sein für den Fall, dass der Ausschluss für ungültig erklärt wird, damit die Kündigungsfrist zu laufen beginnt.

2. Verfahren

a) Beschluss und interne Rekurse

Gemäss Art. 846 Abs. 3 OR fällt der Ausschluss grundsätzlich in die Zuständigkeit der Generalversammlung, kann aber in den Statuten an die Verwaltung übertragen werden, vorbehaltlich eines Rekursrechts an die Generalversammlung. Die Verwaltung ihrerseits darf diese Zuständigkeit nicht an ein untergeordnetes Organ delegieren, selbst wenn die Statuten dies vorsähen[113]. Bei Versicherungsgenossenschaften und Krankenkassen ist diese Regel allerdings faktisch durchbrochen[114]. Denn wenn der Erwerb der Mitgliedschaft mit dem Abschluss eines Vertrags verknüpft ist (Art. 841 OR), können diese Genossenschaften, d.h. auch untergeordnete Stellen, den Vertrag kündigen, wenn das Mitglied mit der Erfüllung seiner vertraglichen Pflichten in Verzug ist (Art. 848 OR).

Das zuständige Gesellschaftsorgan darf keinen Ausschluss beschliessen, ohne vorher dem betroffenen Mitglied mitgeteilt zu haben, es sei eine solche Massnahme vorgesehen, und ihm «in irgendeiner Form» Gelegenheit zur Verteidigung gegeben zu haben[115], wobei es ihm eine angemessene Vorbereitungszeit zugestehen muss[116]. Dieses Recht auf Anhörung sollte ausnahmslos respektiert werden, selbst wenn sicher erscheint, dass ein Ausschluss gerechtfertigt ist[117]. Die Frage, ob das Mitglied vor dem Ausschluss einmal oder mehrere Male schriftlich gemahnt werden muss, wie beim Verfahren nach Art. 867 OR, kann nicht einheitlich beantwortet werden[118]. Je nach den Umständen kann eine Mahnung überflüssig (so bei schwerwiegendem Grund) oder sinnlos sein (etwa bei Wohnsitz- oder Berufswechsel als Ausschlussgrund)[119]; in anderen Fällen, insbesondere bei wiederholter Verletzung einer Nebenpflicht, sollte das Mitglied zunächst in Verzug gesetzt werden. Im übrigen muss die Genossenschaft, wenn ein Ausschlussgrund vorliegt, handeln, ohne lange zu zögern, da andernfalls vermutet wird, sie habe auf ihre Rechte verzichtet[120]. Die Benachrichtigung des Mitglieds von seiner beabsichtigten Ausschliessung sowie der Ausschluss

---

113 BGE 80 II, 1954, S. 71, 80 f. Vgl. auch FORSTMOSER, ad Art. 846 OR, N. 35; GERWIG, GR, S. 261; GUTZWILLER, ad Art. 846 OR, N. 14 f.
114 BGE 96 V, 1970, S. 13, 17 ff.; FORSTMOSER, ad Art. 846 OR, N. 36.
115 BGE 85 II, 1959, S. 525, 543; 90 II, 1964, S. 333, 348. Vgl. auch FORSTMOSER, ad Art. 846 OR, N. 23 ff.; OEZGÜR, S. 102; PATRY, La qualité d'associé, S. 40 ff.; F. VON STEIGER, S. 73.
116 Vgl. BGE 90 II, 1964, S. 333, 348 (einwöchige Frist ausreichend); ist die Generalversammlung zuständig, muss das betroffene Mitglied wenigstens 5 Tage im voraus von der drohenden Ausschliessung unterrichtet werden (Art. 882 Abs. 1 und 883 Abs. 2 OR).
117 Contra: BGE 44 II, 1918, S. 77, 82 f., wohl auch 85 II, 1959, S. 525, 543. Zustimmend FORSTMOSER, ad Art. 846 OR, N. 24; JUNG, S. 89; WINKLER, S. 184 ff.
118 Vgl. aber F. VON STEIGER, S. 73, und FORSTMOSER, ad Art. 846 OR, N. 25.
119 In dieser Hypothese würde es die Höflichkeit jedoch gebieten, dem Mitglied die Austrittsmöglichkeit zu lassen.
120 Vgl. FORSTMOSER, ad Art. 846 OR, N. 28.

selbst müssen begründet sein[121]. Daraus ergibt sich, dass der Ausschluss schriftlich mitgeteilt werden muss, gegebenenfalls durch Übermittlung des Protokolls der Verwaltung oder der Generalversammlung. Im Streitfall trägt die Genossenschaft die Beweislast, dass das ausgeschlossene Mitglied Kenntnis vom Beschluss und seiner Begründung hat[122].

Wenn, wie im Regelfall, die Generalversammlung zuständig ist, kann der Ausschluss sowohl in einer ordentlichen, als auch in einer ausserordentlichen Versammlung mit der gesetzlich oder statutarisch vorgeschriebenen Mehrheit (Art. 888 Abs. 1 OR) beschlossen werden[123]. Bei Anwesenheit des Betroffenen tritt der Beschluss wohl sofort in Kraft, bei Abwesenheit mit Zugang[124], vorausgesetzt, die Mitteilung enthalte die Ausschlussgründe.

Im Fall der Zuständigkeit der Verwaltung hat der Betroffene gemäss Art. 846 Abs. 3 OR ein Rekursrecht an die Generalversammlung. Dieser interne Rekurs ist zwingendes Recht: Weder können die Statuten ihn wegbedingen, noch dem Betroffenen das Recht einräumen, direkt den Richter anzurufen[125]. Die Rekursfrist ist im Gesetz nicht bestimmt. Schweigen auch die Statuten, so erscheint es vernünftig, in Analogie zum gerichtlichen Rekurs (Art. 846 Abs. 3 in fine OR) eine Frist von drei Monaten anzunehmen[126]. Das bedeutet aber nicht, dass die Generalversammlung innert drei Monaten stattfinden muss, sondern nur, dass der Betroffene der Genossenschaft innert dieser Frist mitteilen muss, er wolle von seinem Rekursrecht Gebrauch machen[127].

Das Gesetz definiert auch nicht die Rechtsstellung des Betroffenen während des Rekursverfahrens. Nach der herrschenden Lehre können die Genossenschaften diese Frage statutarisch frei regeln. Ist dies nicht geschehen, hat der Rekurs aufschiebende Wirkung[128]. Wegen der grundsätzlichen Zuständigkeit der Generalversammlung sollte der Rekurs wohl immer und zwingend aufschiebende Wirkung haben.

---

121 CAPITAINE, SJK 1156, S. 4; FORSTMOSER, ad Art. 846 OR, N. 26; E. HENSEL, Das Generalversammlungsrecht der Genossenschaft nach dem neuen schweizerischen Obligationenrecht, Diss. Zürich 1942, S. 141; JUNG, S. 88.
122 Mitteilung durch eingeschriebenen Brief ist dagegen nicht notwendig; contra: FREY, S. 72.
123 FORSTMOSER, ad Art. 846 OR, N. 30; GUTZWILLER, ad Art. 846 OR, N. 17.
124 Vgl. FORSTMOSER, ad Art. 846 OR, N. 33; F. VON STEIGER, S. 73.
125 BGE 72 II, 1946, S. 91, 112 f.; 85 II, S. 525, 535; Genfer Cour de Justice, vom 15. März 1963, SJ 1964, S.199, 204 ff.
126 CAPITAINE, SJK 1156, S. 4.
127 FORSTMOSER, ad Art. 846 OR, N. 39, ist der Ansicht, die Generalversammlung sollte innert der Dreimonatfrist stattfinden, was ihn zur Ablehnung der von CAPITAINE vorgeschlagenen Lösung führt.
128 FORSTMOSER, ad Art. 846 OR, N. 40, stützt sich auf BGE 57 II, 1931, S. 121, 124 f. zum Vereinsrecht; PATRY, La qualité d'associé, S. 42; Nach BERNHEIMER, S. 54, soll bei Schweigen der Statuten die Mitgliedschaft ruhen; vgl. auch WINKLER, S. 193.

b) Gerichtlicher Rekurs

Der Genossenschafter, dessen Ausschluss von der Generalversammlung beschlossen oder bestätigt wurde, kann während einer Verwirkungsfrist von drei Monaten ab Zugang des Beschlusses den Richter anrufen[129]. Dieser Rekurs ist zwingend[130], kann aber durch ein Schiedsverfahren ersetzt werden[131]. Die Genossenschaft hat den vorgebrachten statutarischen, eventuell den wichtigen Grund zu beweisen[132]. Wie klar aus den Gesetzesmaterialien hervorgeht[133], steht dem Richter eine unbegrenzte Kognitionsbefugnis zu[134]. Deshalb sollte auch hier dem Rekurs immer aufschiebende Wirkung zukommen. Nach der herrschenden Lehre gilt dies jedoch nur, wenn die Statuten es ausdrücklich vorsehen[135].

Wenn das Gericht den Rekurs gutheisst, wird der Gesellschafter meist seinen Austritt aus wichtigem Grund erklären können. Wie bereits näher dargelegt, kann er auch während des Rekursverfahrens seinen Austritt erklären und die Kündigungsfrist des Art. 844 OR in Gang setzen. Ausserdem kann ein zu Unrecht ausgeschlossener Genossenschafter die Gesellschaft auf Schadenersatz und Genugtuung verklagen, selbst wenn er seinen Ausschluss nicht vor Gericht bestreitet[136]. Ein auf Art. 916 ff. OR gestützter Anspruch auf Ersatz des direkten Schadens gegen die Mitglieder der Verwaltung ist nur in Kredit- oder Versicherungsgenossenschaften denkbar, die gemäss Art. 920 OR den Bestimmungen der Art. 754 ff. OR unterworfen sind. In allen anderen Genossenschaften kommen als Anspruchsgrundlage nur die Art. 41 ff. OR in Betracht[137].

---

129 FORSTMOSER, ad Art. 846 OR, N. 43; GUTZWILLER, ad Art. 846 OR, N. 18; H.J. STUDER, S. 38.
130 FORSTMOSER, ad Art. 846 OR, N. 42; OEZGÜR, S. 102; F. VON STEIGER, S. 74.
131 BGE 71 II, 1945, S. 167, 180 f.; 80 II, 1954, S. 71, 79; ebenso FORSTMOSER, ad Art. 846 OR, N. 43; GERWIG, GR, S. 260; OEZGÜR, S. 102; F. VON STEIGER, S. 74.
132 FORSTMOSER, ad Art. 846 OR, N. 46; F. VON STEIGER, S. 73; WINKLER, S. 194.
133 Der Vorschlag des Ständerates, die richterliche Kognition auf Willkür zu begrenzen, wurde fallengelassen, vgl. Sten.Bull. StR, 9. Juni 1932, S. 208, und Sten.Bull. NR 1934, S. 758.
134 FORSTMOSER, ad Art. 846 OR, N. 47 ff.; GERWIG, GR, S. 260, und SV, S. 162; GUTZWILLER, Art. 846, N. 18; HAFTER, (Anm. 84), S. 72; JUNG, S. 89; VOGEL, S. 88; WINKLER, S. 193; ZIEGLER (Anm. 106), S. 151; einschränkend FREY, S. 71 f.
135 BERNHEIMER, S. 54; FORSTMOSER, ad Art. 846 OR, N. 49 ff.; E. HENSEL (Anm. 121), S. 141; JUNG, S. 90; WINKLER, S. 193.
136 FORSTMOSER, ad Art. 846 OR, N. 51; F. VON STEIGER, S. 74; vgl. zum Vereinsrecht BGE 85 II, 1959, S. 525, 239 f.
137 Contra wohl FORSTMOSER, ad Art. 846 OR, N. 53, der sich auf ein Urteil des Tessiner Appellationsgerichts, vom 11. November 1969, SJZ 1972, S. 221, beruft. Es ist aber zu bedenken, dass nach Art. 916 OR die Genossenschaft, nicht aber ein einzelner Genossenschafter anspruchsberechtigt ist, und dass Art. 917 OR nur unter ganz besonderen Voraussetzungen, die nichts mit einem Ausschluss zu tun haben, anwendbar ist; siehe hierzu hinten, Neuntes Kapitel.

3. Wirkungen der Ausschliessung

Der Ausschluss hat im wesentlichen die gleichen Wirkungen wie der Austritt. Somit kann der Betroffene zur Zahlung einer Auslösungssumme gehalten sein (Art. 846 Abs. 4 OR); er kann gegebenenfalls geltend machen, die verlangte Auslösungssumme sei unzumutbar oder übermässig hoch, da Art. 846 Abs. 4 OR ausdrücklich bestimmt, dass die Auslösungssumme «den für den freien Austritt aufgestellten Voraussetzungen» untersteht[138]. Im übrigen kann der Ausgeschlossene grundsätzlich allfällige statutarische Abfindungsansprüche nach Art. 864 OR geltend machen. Jedoch ist in dieser Frage die Rechtstellung eines ausgeschlossenen nicht notwendigerweise mit der eines ausgetretenen Genossenschafters identisch[139]. Schwieriger ist die Frage zu beantworten, ob der Ausschluss infolge einer Kaduzierungsklausel in den Statuten einen Verlust der Gläubigerrechte nach sich ziehen kann, die zwar Ausfluss der Mitgliedschaft, aber mit ihr nicht untrennbar verbunden sind. Das Bundesgericht hat in einem Einzelfall betreffend die Verwirkung von bereits entstandenen Rentenansprüchen entschieden, dass eine derartige Klausel nichtig sei, aber nicht ausgeschlossen, dass sie in anderen Fällen, je nach den Umständen, sich rechtfertigen lasse[140].

III. Die Verlustigerklärung

Die Art. 842 bis 851 OR sprechen nicht vom Verlust der Mitgliedschaft durch Kaduzierung, einer besonderen Art des Ausschlusses, dessen Verfahren und Wirkungen in Art. 867 Abs. 2 bis 4 OR geregelt sind[141], deren Begriff aber nicht eindeutig festgelegt ist. Dieses im Zusammenhang mit den Rechten und Pflichten der Mitglieder zu erörternde Problem[142] ist nicht ohne Bedeutung, da die Abgrenzung der Kaduzierung sowie die Bestimmung ihrer Voraussetzungen sich gleichzeitig auf die Reichweite des Art. 846 OR auswirken. Denn wenn das Kaduzierungsverfahren in allen Fällen angewendet werden kann, in denen ein Mitglied seine «Beitrags- und Leistungspflichten» (Art. 867 Abs. 1 OR) nicht erfüllt, ist Art. 846 OR nur mehr in seltenen Fällen anwendbar.

---

138 FORSTMOSER, ad Art. 846 OR, N. 57; ZIEGLER (Anm. 106), S. 137; contra: GUTKNECHT, S. 67, für den ein unfreiwilliges Ausscheiden nicht übermässig erschwert werden darf. Dieses – an sich logische – Argument erscheint aber nicht ausschlaggebend.
139 Siehe hierzu hinten, Fünftes Kapitel, § 16.
140 BGE 80 II, 1954, S. 123, 132 ff.
141 Siehe vorn, Drittes Kapitel, § 9.
142 Siehe hinten, Fünftes Kapitel, § 15.

IV. Tod

1. Grundlagen

Gemäss Art. 847 Abs. 1 OR erlischt die Mitgliedschaft mit dem Tod des Genossenschafters; dem Tod ist die Verschollenerklärung nach Art. 38 ZGB gleichzusetzen[143]. Die Mitgliedschaft einer juristischen Person endet mit deren Auflösung, aus welchem Grund sie auch immer erfolgt. Da die Erben einer natürlichen Person nicht an deren Stelle Genossenschafter werden, ist sinngemäss davon auszugehen, dass bei der liquidationslosen Auflösung einer Gesellschaft (gemäss Art. 748 ff., 770 Abs. 3, 824, 914 f. OR) deren Rechtsnachfolgerin ebenfalls keine Mitgliedschaft erwirbt[144]. Unter Vorbehalt anderslautender Statutenbestimmungen erlischt die Mitgliedschaft am Todestag[145]. Diesem Zeitpunkt entspräche für die Gesellschaft der Abschluss der Liquidation, d.h. der Zeitpunkt, an welchem die Gesellschaft ihre Rechtspersönlichkeit verliert[146]. Aus praktischen Gründen – man denke beispielsweise an Art. 865 Abs. 2 OR – ist jedoch der Tag des Auflösungsbeschlusses als massgebliches Datum vorzuziehen[147].

Die Erben werden Schuldner der vom Erblasser der Genossenschaft noch geschuldeten Beträge (Beiträge, Restsumme bei nicht liberierten Anteilen usw.); sie werden Gläubiger der diesem noch zustehenden Beträge[148]. Die Erben können beispielsweise die Rückzahlung der Anteilscheine des Erblassers (Art. 864 Abs. 2 OR) oder die Erfüllung des ihm beim Austritt zustehenden Abfindungsanspruchs (Art. 864 Abs. 1 OR)[149] verlangen. Ausnahmsweise können sie auch einen Anteil am Liquidationsergebnis geltend machen (Art. 865 Abs. 2 OR)[150]. Der Genossenschaft stehen insbesondere die in Art. 876 OR vorgesehenen Rechte zu. Art. 864 Abs. 3 OR, in fine, spricht zudem dafür, dass sie die Auslösungssumme erhalten sollte, welche allenfalls die Statuten zulasten austretender oder ausgeschlossener Mitglieder vorsehen[151]; ihre Höhe sollte allerdings den besonderen Umständen (Art. 842 Abs. 2 OR) dieses «Austritts» ohne schuldhaftes oder missbräuchliches Verhalten angepasst

---

143 FORSTMOSER, ad Art. 847 OR, N. 9; FREY, S. 242; MONNIER, S. 141; WINKLER, S. 196.
144 FORSTMOSER, ad Art. 847 OR, N. 10.
145 FORSTMOSER, ad Art. 847 OR, N.11. Die Statuten können vorsehen, dass die Mitgliedschaft erst am Ende des laufenden Geschäftsjahres erlischt. Vgl. auch F. VON STEIGER, S. 69, und VOGEL, S. 95 ff.
146 Gemäss Art. 739 Abs.1 OR; vgl. auch BGE 90 II, 1964, S. 247, 255.
147 FORSTMOSER, ad Art. 847 OR, N.12.
148 FORSTMOSER, ad Art. 847 OR, N.13.
149 FORSTMOSER, ad Art. 847 OR, N. 14; FREY, S. 73; WINKLER, S. 196; vgl. auch hinten, Fünftes Kapitel, § 15.
150 Vgl. hinten, Fünftes Kapitel, § 15.
151 GUTKNECHT, S. 69. Contra, falls das Mitglied eine natürliche Person ist: FORSTMOSER, ad Art. 847 OR, N.15, sowie STUDER, S. 107 ff.

werden. Schliesslich können die Statuten anstelle der Rückzahlung der Anteilscheine deren Übergang auf die Erben des verstorbenen Genossenschafters vorsehen[152]. Dies führt zu einer im allgemeinen als zulässig befundenen[153] Trennung der (erlöschenden) Mitgliedschaft von den aus ihr fliessenden Vermögensansprüchen.

2. Übergang der Mitgliedschaft von Todes wegen

a) Automatischer Übergang

Gemäss Art. 847 Abs. 2 und Art. 833 Ziff. 4 OR können die Statuten vorsehen, dass die Erben ipso iure Genossenschafter werden, d.h. dass die Mitgliedschaft des Erblassers automatisch (wie im von Art. 850 Abs. 2 und 3 OR vorgesehenen Fall) auf sie übergeht. War das Mitglied eine juristische Person, findet eine solche Statutenklausel keine Anwendung. Eine analoge Anwendung käme allenfalls bei der liquidationslosen Auflösung gemäss Art. 748 ff., 770 Abs. 3, 824 und 914 f. OR in Frage[154]. Der automatische Übergang kann in den ursprünglichen Statuten vorgesehen oder nachträglich durch eine Statutenänderung eingeführt werden. Im letzteren Fall ist Art. 888 Abs. 2 OR, nicht aber Art. 889 OR anwendbar, so dass einer solchen Änderung nicht zustimmende Genossenschafter keine wichtigen Austrittsgründe geltend machen können.

Die Erben werden von Rechtes wegen, auch gegen ihren Willen, Mitglied, es sei denn, sie schlagen die Erbschaft aus[155] oder sie erfüllen Mitgliedschaftsvoraussetzungen wie Wohnsitz, Beruf[156] oder andere statutarisch vorgesehene Übergangsvoraussetzungen nicht; besteht eine persönliche Haftung oder eine Nachschusspflicht (Art. 840 Abs.2 OR), geht die Mitgliedschaft nur über, wenn die Erben diese Pflichten ausdrücklich annehmen[157]. Schwieriger zu beantworten ist die Frage, ob die

---

152 GERWIG, SV, S. 168.
153 Vgl. dazu hinten, § 14, insbes. II.
154 FORSTMOSER. ad Art. 847 OR, N.18; FREY, S. 243; F. VON STEIGER, S. 69. Laut BGE 109 II, 1983, S. 130, ist im Rahmen des Art. 686 Abs.4 OR der «Untergang einer juristischen Person infolge (vertraglicher) Fusion in mancher Beziehung mit dem Tod einer natürlichen Person vergleichbar». Die Statuten können diese Frage selbstverständlich frei regeln.
155 BÜRGISSER, S. 68; DETMERS, S. 36 und 56 f.; FORSTMOSER, ad Art. 847 OR, N. 19; FREY, S. 250; HAGER, S. 23; MONNIER, S. 146; F. VON STEIGER, S. 68; vgl. auch Amtl.Bull. NR, 6. November 1934, S. 758. Contra: Laut CAPITAINE, SJK Nr. 1156, S.2, können die Erben die Mitgliedschaft in jedem Fall zurückweisen.
156 A. AB-YBERG, Die Haftung des Genossenschafters nach schweizerischem Recht, Diss. Zürich 1941, S. 76; DETMERS, S. 58; FREY, S. 240.
157 Die Autoren, welche die Annahme solcher Pflichten nicht als Voraussetzung des Erwerbs der Mitgliedschaft betrachten (siehe vorn,§ 12, Anm.37), gehen offenbar davon aus, dass die Erben auch ohne ausdrückliche Annahme Mitglied werden, jedoch nicht persönlich haften; diese Lösung vermag kaum zu befriedigen.

§ 13 Verlust und Übertragung der Mitgliedschaft

Genossenschaft zur Annahme oder Ablehnung einer solchen Mitgliedschaft berechtigt ist. Die Bejahung dieser Frage erscheint logisch und vertretbar, da auf Art. 847 Abs. 2 OR gestützte Statutenbestimmungen in erster Linie dem Schutz der Genossenschaft dienen[158]; insbesondere ist es wohl vorzuziehen, der Genossenschaft das Recht zur Ablehnung eines unliebsamen Erben zuzugestehen, als ihr erst nach dem Übergang der Mitgliedschaft den Ausschluss aus wichtigem Grund zu ermöglichen. Unter Berufung auf den Wortlaut des Gesetzes wird jedoch meistens die gegenteilige Ansicht vertreten, wobei der Genossenschaft statutarisch ein Vetorecht eingeräumt werden kann[159].

Die Anwendung des Art. 847 Abs. 2 OR bereitet keine Schwierigkeiten, wenn das verstorbene Mitglied einen einzigen Erben[160] oder Vermächtnisnehmer[161] hat, wenn die Statuten von der Möglichkeit Gebrauch machen[162], zu bestimmen, an welchen Rechtsnachfolger (Witwe, ältester Sohn usw.) die Mitgliedschaft übergeht, oder wenn der Erblasser den diesbezüglichen Rechtsnachfolger in seiner Verfügung von Todes wegen oder durch Erbvertrag bezeichnet hat. Schwierigkeiten können auftreten, wenn mehrere Erben vorhanden sind und keine statutarische oder testamentarische Bestimmung anordnet, welcher Erbe Genossenschafter werden soll. In einem solchen Fall ist davon auszugehen, dass die Mitgliedschaft, im Sinne von Art. 847 Abs. 4 OR, an die Erbengemeinschaft übergeht und bei dieser bis zum Zeitpunkt der Erbteilung oder allenfalls bis zur Übernahme der mit der Mitgliedschaft verbundenen Tätigkeit oder Güter durch einen Erben verbleibt[163]. Für die Zwischenzeit hat die Erbengemeinschaft einen Vertreter zu bestellen (Art. 847 Abs. 4 OR), welcher allenfalls auch durch die zuständige Behörde ernannt werden kann (Art. 602 Abs. 3 ZGB)[164].

---

158 Vgl. Protokoll der Expertenkommission, S. 582.
159 Vgl. FORSTMOSER, ad Art. 847 OR, N.21; FREY, S. 261 ff.; MONNIER, S. 147 ff.; MOSER, S. 148 f.; vgl. auch hinten (VI), zum ähnlichen Problem im Zusammenhang mit Art. 850 Abs.2 OR.
160 Siehe FORSTMOSER, ad Art. 847 OR, N. 31.
161 Der Begriff «Erbe» muss in einem weiten Sinn verstanden werden: Amtl. Bull. NR, 6. November 1934, S. 759; siehe auch DETMERS, S. 58 ff.; FORSTMOSER, ad Art. 847 OR, N. 28 und 37; FREY, S.244; GUTZWILLER, ad Art. 847 OR, N.8; MONNIER, S. 145.
162 CAPITAINE, SJK Nr. 1156, S. 2; DETMERS, S. 36; FORSTMOSER, ad Art. 847 OR, N. 26; FREY, S. 238 ff.; GERWIG, GR, S. 262 ff.; GUTZWILLER, ad Art. 847 OR, N. 4 (mit Beispielen); VOGEL, S. 74. Die Statuten können u.E. den Übergang der Mitgliedschaft auf mehrere Erben nicht vorsehen; siehe dazu auch hinten, lit.b.
163 DETMERS, S. 61; FORSTMOSER, ad Art. 847 OR, N. 33 ff.; FREY, S. 241 und 246 ff.; MONNIER, S. 145 ff.; siehe auch die Bemerkungen von P. FORSTMOSER, SAG 1975, S. 113 ff.
164 Zur Rechtsstellung und den Befugnissen des Vertreters der Erbengemeinschaft, siehe FORSTMOSER, ad Art. 847 OR, N. 52 ff.; FREY, S. 254 ff.; GERWIG, GR, S. 263 ff.

Der Erwerb der Mitgliedschaft aufgrund einer auf Art. 847 Abs. 2 OR gestützten statutarischen Bestimmung erfolgt derivativ, wobei die Erben in die Rechte und Pflichten des verstorbenen Genossenschafters eintreten[165]. Die neuen Mitglieder können somit nicht zur Leistung eines Eintrittsgeldes angehalten werden; sie werden ohne weitere Formalitäten Inhaber der Anteile des Erblassers, und eine allfällig gemäss Art. 843 Abs. 1 OR festgesetzte Frist beginnt nicht neu zu laufen (siehe Art. 851 OR)[166]. Grundsätzlich steht dem in die Mitgliedschaft eintretenden Erben kein wichtiger Austrittsgrund zu im Zusammenhang mit der Tatsache, dass er Mitglied der Genossenschaft werden muss, da sonst Art. 847 Abs. 2 OR seine Berechtigung fast ganz verlieren würde[167]. Geht man davon aus, dass die Genossenschaft kein Vetorecht besitzt, muss sie anderseits das Recht haben, unerwünschte Personen aus wichtigen Gründen, unter nicht zu strengen Voraussetzungen, auszuschliessen[168].

b) Übergang auf Begehren

Art. 847 Abs. 3 OR berücksichtigt einen ähnlichen Sachverhalt, wie er auch aus den auf Art. 850 Abs. 2 OR gestützten (nicht vorgemerkten) statutarischen Bestimmungen entstehen kann; denn in beiden Fällen untersteht die derivativ und von Rechtes wegen erworbene Mitgliedschaft der Zustimmung des betreffenden «Mitglieds». Während diese Zustimmung allerdings im in Art. 850 Abs. 2 OR vorgesehenen Übergang stillschweigend erfolgen kann, verlangt Art. 847 Abs. 3 OR ein schriftliches Begehren (entsprechend der Erklärung gemäss Art. 840 Abs.1 oder allenfalls des Art. 840 Abs. 2 OR) an die Genossenschaft innert der von den Statuten festgesetzten Frist oder, bei fehlender statutarischer Bestimmung, innert angemessener Frist[169].

Die auf Art. 847 Abs. 3 OR beruhenden Bestimmungen lassen sich auch auf Art. 840 Abs. 3 OR zurückführen; der erstgenannte Artikel verleiht jedoch den Erben nicht nur ein Beitrittsrecht, sondern sieht zudem die derivative Mitgliedschaft («an

---

165 FORSTMOSER, ad Art. 847 OR, N. 29; FREY, S. 231 und 248 ff.; GUTKNECHT, S. 68; HAGER, S. 22; W. HENSEL, S. 195; MONNIER, S. 145; VON STEIGER, S. 68. Contra: CAPITAINE, Nature juridique, S. 405 ff., wonach die Erben ein Aussschlagungsrecht haben; siehe auch OEZGÜR, S. 100.
166 BÜRGISSER, S. 60; FORSTMOSER, ad Art. 847 OR, N. 29, und ad Art. 851 OR, insbes. N. 8 ff.; FREY, S. 231 ff. und 248 ff.; GERWIG, SV, S. 168; GUTKNECHT, S. 68; MONNIER, S. 143.
167 FREY, S. 252. Weniger absolut: BÜRGISSER, S. 68; FORSTMOSER, ad Art. 847 OR, N. 30; GUTKNECHT, S. 69; HAGER, S. 22 ff.; VOGEL, S. 74; siehe auch Amtl.Bull. StR, 9. Juni 1932, S. 208.
168 Siehe dazu FORSTMOSER, ad Art. 847 OR, N. 20. Selbstverständlich kann sich aber der Mitglied gewordene Erbe auf den Grundsatz der Rechtsgleichheit berufen, und ist die Genossenschaft nicht zur summarischen Ausschliessung berechtigt.
169 FORSTMOSER, ad Art. 847 OR, N. 50, schlägt eine analog derjenigen von Art. 844 Abs. 1 OR angesetzte Frist vor. Da die Mitgliedschaft der Erben derivativ erworben wird, ist davon auszugehen, dass sie mit dem Todestag und nicht erst mit dem schriftlichen Begehren beginnt; siehe FORSTMOSER, ad Art. 847 OR, N. 51; contra: GUTZWILLER, ad Art. 847 OR, N. 10.

§ 13 Verlust und Übertragung der Mitgliedschaft

Stelle des verstorbenen Mitgliedes») vor[170]. Der Wortlaut von Art. 847 Abs. 3 OR («dass die Erben...auf schriftliches Begehren... als Mitglied anerkannt werden müssen») weist darauf hin, dass die Genossenschaft ihre Zustimmung zum Übergang nicht verweigern und dass sie unerwünschte Erben[171] erst post facto aus statutarischen oder wichtigen Gründen ausschliessen kann. Behalten die Statuten die Zustimmung der Genossenschaft vor, ist fraglich, ob sich eine solche Bestimmung noch auf Art. 847 Abs. 3 OR stützen kann; allerdings sollte eine Genossenschaft eine solche Bestimmung erlassen und trotzdem einen derivativen Übergang vorsehen dürfen[172].

Art. 847 Abs. 3 OR scheint seltsamerweise nicht nur den *Übergang* der Mitgliedschaft, sondern auch deren allfällige *Aufteilung* auf mehrere Erben des verstorbenen Genossenschafters zuzulassen[173]. Es fragt sich aber, auf welche Weise, rechtlich gesehen, eine Mitgliedschaft bei mehreren Personen «wieder erstehen» kann, ohne vorher zu erlöschen. Zudem sind die Folgen einer solchen Umwandlung unklar und es fragt sich, an wen die allfälligen Anteile (oder der einzige Anteil!) des Verstorbenen übergehen und ob die Erben solidarisch für die Pflichten haften, welche der Erblasser gegenüber der Genossenschaft hatte. Allerdings ist es durchaus vorstellbar und u.E. sinnvoller, Art. 847 Abs. 3 OR gleich wie Art. 847 Abs. 2 OR (welcher ebenfalls «die Erben» erwähnt[174]) auszulegen und davon auszugehen, dass, ohne eine statutarische (oder testamentarische) Bestimmung betreffend den Übergang der Mitgliedschaft an einen bestimmten Erben, die Erbengemeinschaft diesen bezeichnet. Damit befindet man sich in der von Art. 847 Abs. 2 OR vorgesehenen Situation, mit dem einen Unterschied, dass es hier nicht um die direkte Wahl des neuen Mitglieds, sondern um die Bezeichnung derjenigen Person geht, welche zur Einreichung des vom Gesetz vorgesehenen schriftlichen Begehrens berechtigt ist. Das gleiche Vorgehen gilt selbstverständlich auch, wenn die Statuten ausdrücklich den Übergang auf einen einzigen Erben vorsehen, diesen aber weder näher bezeichnen noch die Genossenschaft zu dessen Bestellung ermächtigen[175].

---

170 Siehe dazu DETMERS, S. 37; FORSTMOSER, ad Art. 847 OR, N.39 und 42; FREY, S. 236 ff.; MONNIER, S. 144.
171 Auch hier ist der Begriff «Erben» in einem weiten Sinn zu verstehen. Siehe BGE 108 II, 1982, S. 95.
172 Einschränkender: MONNIER, S. 148; weniger einschränkend FORSTMOSER, ad Art. 847 OR, N.42 ff. Siehe auch FREY, S. 238 ff. Aus dem in der vorangehenden Anm. erwähnten BGE geht hervor, dass es sich gemäss Bundesgericht um eine derivativ erworbene Mitgliedschaft handelt, auch wenn die Statuten dies nicht vorsehen.
173 FORSTMOSER, ad Art.847 OR, N. 45. Hingegen schliessen FREY, S. 253, und MONNIER, S. 145, eine Aufteilung der Mitgliedschaft aus.
174 Im übrigen hätte Art. 847 Abs. 2 OR, wie Abs. 3, ohne weiteres die Formulierung «oder einer der Erben» beifügen können, da die Statuten den Erben bezeichnen dürfen, auf welchen die Mitgliedschaft übergeht.
175 FORSTMOSER, ad Art. 847 OR, N.46; siehe auch die von GUTZWILLER, ad Art. 847 OR, N.5, erwähnten Beispiele.

V. Wegfall einer Anstellung und Beendigung (oder Übernahme) eines Vertrags

Abgesehen vom Tod (Art. 847 Abs.1 OR) erlischt die Mitgliedschaft nur noch in den von Art. 848 OR vorgesehenen Fällen automatisch, aufgrund des Gesetzes, falls die Statuten nichts anderes vorsehen. Diese Fälle unterscheiden sich einerseits vom Ausschluss und der Verlustigerklärung[176], wo der Verlust der Mitgliedschaft die Folge eines Beschlusses der Genossenschaft ist, und anderseits von den in den Art. 847 Abs. 2 und 3, 849 Abs. 3 sowie 850 Abs. 2 und 3 OR vorgesehenen Umständen, wo die Mitgliedschaft von einer Person auf die andere übergeht.

Da Art. 848 OR den Verlust der Mitgliedschaft an die Tatsache knüpft, dass die Voraussetzungen ihrer Entstehung nicht mehr gegeben sind, stellt sich die Frage, ob diese Gesetzesbestimmung analog auf andere Fälle anwendbar ist, in welchen der Genossenschafter die statutarischen Eintrittsvoraussetzungen nicht mehr erfüllt (Art. 839 Abs. 2 OR), insbesondere wenn ein Grundstück veräussert wurde, von dessen Eigentum die Mitgliedschaft abhängig war (Art. 850 Abs.1 OR). Dies muss eindeutig verneint werden, da Art. 848 OR kein Beispiel, sondern eine Ausnahme von der allgemeinen Regelung des Verlustes der Mitgliedschaft darstellt. Erfüllt deshalb ein Genossenschafter die Voraussetzungen (Wohnsitz, Beruf, Grundeigentum usw.) nicht mehr, welche seinen Eintritt in die Genossenschaft gerechtfertigt oder ermöglicht hatten, kann er grundsätzlich aus wichtigen Gründen austreten oder die Genossenschaft kann ihn mit sofortiger Wirkung ausschliessen; er verliert jedoch die Mitgliedschaft nicht automatisch[177].

Es fragt sich zudem, ob die Statuten einer Genossenschaft den automatischen Verlust der Mitgliedschaft in anderen als den in Art. 847 Abs.1 und 848 OR angesprochenen Fällen vorsehen können. Dies wird im allgemeinen bejaht[178], in Übereinstimmung mit der historischen Auslegung von Art. 848 OR[179]. In der Praxis enthalten Genossenschaftsstatuten häufig Bestimmungen über den automatischen Verlust der Mitgliedschaft beim Wegfall von Voraussetzungen des Wohnsitzes, des Berufs, der Konfession, der Parteizugehörigkeit, des Grundeigentums, des Besitzes eines Anteils usw.[180]. Solche Bestimmungen dürfen selbstverständlich nicht die Umgehung der

---

176 Siehe FORSTMOSER, ad Art. 848 OR, N. 10.
177 FORSTMOSER, ad Art. 848 OR, N.9 ff.; FREY, S. 70; HAGER, S. 33 ff.; siehe auch den Entscheid vom 10. September 1974 des Einzelrichters Meilen, SAG 1975, S. 112, mit Bemerkungen von P. FORSTMOSER, S. 113 ff. Contra: CAPITAINE, SJK Nr. 1156, S. 4, und W.WITSCHI, Stimmrecht und Wahlrecht in der Genossenschaft, Diss. Basel 1944, S. 58 ff.
178 FORSTMOSER, ad Art. 848 OR, N. 29 ff.; FREY, S. 75 ff.; F. VON STEIGER, S. 72; Ist bei einer Genossenschaft ein automatischer Verlust der Mitgliedschaft möglich?, SAG 1943/44, S. 121; VOGEL, S. 92; WINKLER, S. 207; WITSCHI (Anm. 177), S.59; siehe auch BGE 48 II, 1922, S. 363.
179 Siehe FORSTMOSER, ad Art. 848 OR, N. 29.
180 Siehe die von FORSTMOSER, ad Art. 848 OR, N. 31 ff. zit. Beispiele, und F. VON STEIGER, S. 72.

§ 13 Verlust und Übertragung der Mitgliedschaft

Vorschriften des Art. 846 OR (insbesondere bezüglich Rechtsmittel)[181] oder der zwingenden Vorschriften des Art. 867 OR über das Kaduzierungsverfahren bezwecken[182].

Unter den in Art. 848 OR – oder in den Statuten – vorgesehenen Bedingungen erlischt die Mitgliedschaft automatisch, sofort und ohne Genossenschaftsbeschluss oder Willensäusserung des Mitgliedes[183]. Diesem stehen zwar hierbei, im Gegensatz zum Ausschluss, keine Rechtsmittel zur Verfügung[184]; hingegen können sowohl das Mitglied als auch die Genossenschaft auf Feststellung des Vorliegens oder aber des Fehlens der gesetzlich oder statutarisch vorgesehenen Bedingungen für den Verlust der Mitgliedschaft klagen[185]. Der automatische Verlust der Mitgliedschaft hat im übrigen die gleichen Folgen wie der Austritt oder die Ausschliessung, insbesondere betreffend Auslösungssumme (Art. 842 Abs. 2, 843 Abs. 3 und 846 Abs. 4 OR) und Abfindungsanspruch (Art. 864 OR)[186]. Da der Austritt und u.E. auch der Ausschluss[187] nach Auflösung der Genossenschaft untersagt ist (Art. 842 Abs.1 OR), könnte man davon ausgehen, dass während der Liquidation auch der automatische Untergang der Mitgliedschaft unmöglich ist[188]; diese Ansicht ist jedoch rechtlich kaum haltbar (Art. 848 OR steht näher bei Art. 847 Abs.1 OR als bei Art. 842 und 846 OR); zudem ist u.E. Art. 842 Abs. 1 OR nicht anwendbar, es sei denn, der Genossenschafter habe die zum Erlöschen seiner Mitgliedschaft führenden Umstände missbräuchlich herbeigeführt. Zudem beeinflusst Art. 848 OR das Austrittsrecht der Mitglieder nicht und beschränkt nicht die gesetzliche Möglichkeit des Austritts entweder aus wichtigen Gründen oder unter Beachtung der gesetzlichen oder statutarischen Fristen[189].

Zu den beiden in Art. 848 OR vorgesehenen Fällen ist folgendes zu bemerken: Für die mit einer Beamtung oder Anstellung «verknüpfte» Mitgliedschaft genügt es nicht, dass der Beitritt zur Genossenschaft von der Ausübung eines bestimmten Berufes abhängt. Art. 848 OR setzt die organische Verbindung mit einer Beamtung oder Anstellung voraus; dies trifft beispielsweise zu für eine als Genossenschaft organi-

---

181 FORSTMOSER, ad Art. 848 OR, N. 30.
182 F. VON STEIGER, S. 72, welcher einen Entscheid des Appellationshofs des Kantons Bern, vom 2. Dezember 1920 zitiert, ZBJV 57, 1921, S. 318.
183 Vertretbar wäre allerdings auch das Erfordernis, dass der Verlust der Mitgliedschaft von der Genossenschaft oder vom betroffenen Mitglied ausdrücklich festgestellt wird. Dies würde beispielsweise verhindern, dass Genossenschaftsbeschlüsse sehr viel später nichtig erklärt werden können wegen der Beteiligung von Personen an der Abstimmung, welche tatsächlich nicht mehr Mitglieder waren.
184 FORSTMOSER, ad Art. 848 OR, N. 13 und 34. Contra: F. VON STEIGER, Ist bei einer Genossenschaft ein automatischer Verlust der Mitgliedschaft möglich?, SAG 1943/44, S. 122.
185 FORSTMOSER, ad Art. 848 OR, N.13 und 34.
186 A. a. O., N.12. Siehe auch Botschaft des Bundesrates, BBl 1928 I, S. 290.
187 Siehe vorn, Ziff. II.
188 FORSTMOSER, ad Art. 848 OR, N.15.
189 A. a. O., N.16.

sierte Vorsorgeeinrichtung, welche alle oder einen Teil der Arbeitnehmer eines Betriebs oder einer öffentlich-rechtlichen Körperschaft vereinigt, oder für eine Genossenschaft, welche die Mitgliedschaft ihrer eigenen Arbeitnehmer vorschreibt[190].

Den zweiten Fall beschränkt ein Teil der Lehre, aufgrund der Materialien und von Art. 841 Abs.1 OR, ausschliesslich auf Versicherungsgenossenschaften[191] und, in Übereinstimmung mit der Rechtsprechung des Bundesgerichtes, auf Krankenkassen[192]. Da aber der eindeutige Wortlaut des Art. 848 OR die Versicherungsgenossenschaft nur als Beispiel nennt, ist u.E. davon auszugehen, dass auch andere Genossenschaften die Mitgliedschaft mit dem Abschluss eines Vertrages verbinden können[193].

Indem Art. 848 OR die Vertragsparteien, insbesondere die Genossenschaft ermächtigt, die Mitgliedschaft durch Kündigung des sie begründenden Vertrages zu beenden, erlaubt er auch die Nichtanwendung des Art. 846 Abs. 3 OR, d.h. insbesondere der Vorschrift, dass die Ausschliessung nur von der Generalversammlung oder der Verwaltung beschlossen werden kann; diese Möglichkeit besteht jedoch nur bei Nichterfüllung des Vertrages, nicht aber bei Verletzung der statutarischen Pflichten[194].

Gemäss Art. 849 Abs. 3 OR können die Statuten bestimmen, dass bei der Übernahme (statt der Beendigung) eines mit der Mitgliedschaft verbundenen Vertrages diese von Rechtes wegen auf den Rechtsnachfolger übergeht. Es handelt sich dabei um eine «doppelte» Bestimmung, welche einerseits die Mitgliedschaft mit dem Vertragsabschluss verknüpft und anderseits ausdrücklich den Übergang der Mitgliedschaft bei Vertragsabtretung vorsieht. In der Praxis machen einzig die Versicherungsgenossenschaften von dieser Möglichkeit Gebrauch[195]; zudem geht die Lehre im allgemeinen davon aus, dass nur solche Genossenschaften diese Regelung vorsehen dürfen, was u.E. nicht dem Wortlaut des Gesetzes entspricht[196].

Der Übergang der Mitgliedschaft im Sinne von Art. 849 Abs. 3 OR erfolgt derivativ, auf die gleiche Weise und mit den gleichen Wirkungen wie in den in Art. 850 Abs. 2 OR vorgesehenen Fällen[197].

---

190 A. a. O., N. 17 ff.; GUTZWILLER, ad Art. 848 OR, N.2.
191 FORSTMOSER, ad Art. 848 OR, N.22.
192 BGE 96 V, 1970, S. 13.
193 In diesem Sinne VOGEL, S. 91. Siehe auch WINKLER, S. 206.
194 BGE 96 V, 1970, S. 13; 80 II, 1954, S. 71. Siehe auch FORSTMOSER, ad Art. 848 OR, N. 24 ff. Allerdings kann die Statutenverletzung zur Vertragskündigung geführt haben.
195 Zu weiteren Einzelheiten, siehe FORSTMOSER, ad Art. 849 OR, N. 73; FREY, S. 188 ff.; MONNIER, S. 134 ff.
196 BÜRGISSER, S. 61 ff.; FORSTMOSER, ad Art. 849 OR, N. 71; FREY, S. 185 ff.; GERWIG, GR, S. 145 ff.; GUTKNECHT, S. 23; MONNIER, S. 133 ff.; F. VON STEIGER, S. 66. Contra: MOSER, S. 143 ff.; VOGEL, S. 77, sowie offenbar, auf der rechtlichen Ebene, GUTZWILLER, ad Art. 849 OR, N.11.
197 Siehe vorn, VI.

VI. Veräusserung eines Grundstückes oder eines Betriebs

Laut Art. 850 Abs. 1 OR kann die Mitgliedschaft bei einer Genossenschaft «durch die Statuten vom Eigentum an einem Grundstück oder vom wirtschaftlichen Betrieb eines solchen abhängig gemacht werden». Gemäss Art. 850 Abs. 2 OR können die Statuten einer Genossenschaft in solchen Fällen zudem vorsehen, dass mit der Veräusserung des Grundstückes oder der Übernahme des wirtschaftlichen Betriebs die Mitgliedschaft von Rechtes wegen auf den Erwerber oder Übernehmer übergeht. Allerdings ist die Zustimmung des Erwerbers Gültigkeitsvoraussetzung des Überganges, es sei denn, die diesbezügliche statutarische Bestimmung werde gemäss Art. 850 Abs. 3 OR im Grundbuch vorgemerkt.

Art. 850 Abs.1 OR stellt einen Anwendungsfall von Art. 839 Abs. 2 OR dar[198] und will lediglich verhindern, dass die vorgesehene Bedingung als «übermässig erschwerend» beurteilt wird. Eine einzig auf dieser Gesetzesnorm beruhende statutarische Bestimmung bewirkt somit, dass der sein Grundstück veräussernde oder nicht mehr bewirtschaftende Genossenschafter seine Mitgliedschaft weder verliert noch überträgt, sondern im allgemeinen einen wichtigen Austrittsgrund hat; die Genossenschaft ihrerseits kann einen wichtigen Ausschliessungsgrund geltend machen[199]; im Zusammenhang mit Art. 848 OR wurde allerdings darauf hingewiesen, dass die Statuten den automatischen Verlust der Mitgliedschaft bei solchen Änderungen vorsehen können[200].

1. Nicht vorgemerkte Statutenbestimmung

Art. 850 Abs. 2 OR betrifft und interessiert in erster Linie die landwirtschaftlichen Genossenschaften; er kann aber auch für andere Genossenschaften[201], insbesondere für Elektrizitäts- und Siedlungsgenossenschaften[202], sinnvoll sein, unter der Voraussetzung natürlich, dass tatsächlich eine Beziehung zwischen der Tätigkeit der Genossenschaft und dem Eigentum oder Betrieb des mit der Mitgliedschaft verbundenen Grundstückes besteht[203]. Die nachträgliche Einführung einer solchen Bestimmung untersteht Art. 888 Abs. 2 OR, nicht aber Art. 889 OR[204]; im allgemeinen verfügen

---

198 FORSTMOSER, ad Art. 850 OR, N.9.
199 A. a. O., N.11 ff.; HAGER, S. 21.
200 Vorn, V.
201 BÜRGISSER, S. 64 ff.; FORSTMOSER, ad Art. 850 OR, N. 17 ff.; FREY, S. 203; HEINI, S. 204; KORACH, (Anm. 49), S. 91 ff.; MONNIER, S. 139; MOSER, S. 146; F. VON STEIGER, S. 66. Contra: BIERI, S. 35.
202 Wie in BGE 89 II, 1963, S. 138.
203 Siehe dazu FORSTMOSER, ad Art. 850 OR, N.19; FREY, S. 203; MONNIER, S. 139; W. STUDER, ZSR, S. 270; WEBER, S. 111 ff.
204 BIERI, S. 36 ff.; FORSTMOSER, ad Art. 850 OR, N. 23; FREY, S. 213; HAGER, S. 73; MONNIER, S. 139.

die dieser Änderung nicht zustimmenden Genossenschafter über keinen wichtigen Austrittsgrund[205].

Wie erwähnt bewirkt eine solche auf Art. 850 Abs.2 OR beruhende statutarische Bestimmung den Übergang der Mitgliedschaft auf den Erwerber oder neuen Bewirtschafter des Grundstückes «von Rechtes wegen». Gemäss Art. 850 Abs. 3 OR kann jedoch diese Bestimmung Dritten gegenüber nur nach ihrer Vormerkung im Grundbuch geltend gemacht werden. Mit anderen Worten zeitigt der von Art. 850 Abs. 2 OR vorgesehene ipso iure-Übergang ohne Vormerkung nur Wirkungen, wenn der Erwerber seiner Mitgliedschaft zustimmt oder sie zumindest nicht ablehnt[206]; die ausdrückliche Annahme ist jedenfalls bei einer persönlichen Haftung oder einer Nachschusspflicht der Genossenschafter unerlässlich (Art. 840 Abs. 2 OR)[207]. Zudem muss der Erwerber die allenfalls von den Statuten vorgesehenen Eintrittsvoraussetzungen (Wohnsitz, Beruf usw.) erfüllen[208]. Da Art. 850 OR weniger im Interesse der Mitglieder als vielmehr zum Schutz der Genossenschaften in das Gesetz aufgenommen wurde, erscheint es sinnvoll, dass der von Art. 850 Abs. 2 OR vorgesehene Übergang auch von der Zustimmung der Genossenschaft abhängig gemacht wird. Diese Auslegung, welche der stillschweigend zugunsten des Erwerbers eingeführten Voraussetzung eine solche zugunsten der Gesellschaft beifügt, widerspricht dem Wortlaut des Gesetzes keineswegs[209] (wie schon im Zusammenhang mit Art. 847 Abs. 2 OR erwähnt[210]). Gemäss der herrschenden Lehre[211] und offensichtlich auch dem Bundesgericht[212] ist indessen der vom Gesetzgeber verwendete Ausdruck «ohne weiteres» mit der Anerkennung eines Ablehnungsrechts der Genossenschaft zumindest dort unvereinbar, wo die Statuten ihr ein solches nicht ausdrücklich zugestehen[213]; somit könnte die Genossenschaft lediglich einen statutarischen oder wichtigen Ausschliessungsgrund geltend machen.

---

205 Contra: WINKLER, Anhang, S. 10.
206 BGE 90 II, 1964, S. 310; siehe auch DETMERS, S. 84; FORSTMOSER, ad Art. 850 OR, N. 37; FREY, S. 81 ff.; GUTZWILLER, ad Art. 850/851 OR, N. 8; MONNIER, S. 139 ff.
207 Siehe allerdings die Wirkung einer fehlenden ausdrücklichen Annahme, vorn, § 12, II.
208 FORSTMOSER, ad Art.850 OR, N. 29; FREY, S. 226 ff., und Vormerkung, S. 140; MOSER, S. 145.
209 Dieser Auslegung folgen insbesondere AB-YBERG, (Anm. 156), S. 77; GUTZWILLER, ad Art. 850/851 OR, N. 16; KORACH (Anm. 49), S. 95; STIEHLE, S. 27 ff., und W. STUDER, ZSR, S. 281 ff.
210 Siehe vorn, IV.
211 BIERI, S. 40 ff.; BÜRGISSER, S. 60 und 67; DETMERS, S. 80 ff.; FORSTMOSER, ad Art. 850 OR, N. 24 ff.; FREY, S. 224 ff., und Vormerkung, S. 137 ff.; MONNIER, S. 142; PATRY, La qualité d'associé, S. 29 ff.
212 BGE 98 II, 1972, S. 221. Dieser Entscheid und der in Anm. 171 erwähnte BGE widersprechen sich offensichtlich.
213 Zu dieser Möglichkeit, siehe BIERI, S. 41; BÜRGISSER, S. 67; FORSTMOSER, ad Art. 850 OR, N. 28.

§ 13 Verlust und Übertragung der Mitgliedschaft

Wenn der Erwerber oder Übernehmer seine Pflichten als Genossenschafter erfüllt, verliert der Veräusserer automatisch die Mitgliedschaft[214], welche mit der Übernahme oder der Vormerkung im Grundbuch von Rechtes wegen derivativ auf den Erwerber oder neuen Bewirtschafter übergeht. Wie in den von Art. 847 Abs. 2 und 3 und in Art. 849 Abs. 3 OR vorgesehenen Fällen hat das neue Mitglied weder eine schriftliche Eintrittserklärung abzugeben noch ein Eintrittsgeld zu leisten; die Anteile des Veräusserers gehen an ihn über, und eine allfällige statutarisch gemäss Art. 843 Abs. 1 OR festgesetzte Frist beginnt nicht neu zu laufen (vgl. Art. 851 OR)[215]. Der Veräusserer hat weder eine Auslösungssumme zu bezahlen noch hat er Anspruch auf eine allfällige Abfindungssumme als ausscheidender Genossenschafter (Art. 864 OR).

Lehnt aber der Erwerber den Übergang der Mitgliedschaft ab, so bleibt der Veräusserer Genossenschafter und haftet weiterhin für die Erfüllung der Mitgliedschaftspflichten[216]. Die Tatsache, dass der Veräusserer nicht mehr Eigentümer oder Bewirtschafter ist, verschafft ihm u.E. keinen wichtigen Austrittsgrund. Wegen der Treuepflicht gemäss Art. 866 OR muss der Veräusserer dem Erwerber, welcher den Betrieb des Grundstückes weiterführen will, die Mitgliedschaft überbinden oder zumindest die Erfüllung der wesentlichen Pflichten (Milchlieferung usw.) von ihm verlangen[217]; andernfalls hat der Veräusserer die Genossenschaft für den verursachten Schaden bis zu seinem Austritt zu entschädigen, und zwar unabhängig von der allfällig statutarisch vorgesehenen Auslösungssumme für einen der Genossenschaft durch seinen Austritt erwachsenen erheblichen Schaden (Art. 842 Abs. 2 OR). Die These, wonach der Veräusserer nicht nur keine Überbindungspflicht der Mitgliedschaft an den Erwerber hat, sondern auch sogleich aus wichtigen Gründen austreten kann[218], beraubt u.E. Art. 850 Abs. 2 OR, ohne Vormerkung (welche bei der Betriebsübernahme ausgeschlossen ist), praktisch jeglichen Interesses.

Art. 850 Abs. 2 OR wirft mehrere schwierige oder sogar unlösbare Probleme auf. Verbinden die Statuten die Mitgliedschaft gleichermassen, und ohne weitere Einzelheiten, mit dem Eigentum und Betrieb des Grundstückes, so stellt sich die Frage nach den Folgen der Verpachtung oder Vermietung eines bis anhin vom Eigentümer selber

---

214 Es ist zu betonen, dass diese Änderung zwar der Zustimmung des Erwerbers (oder der Genossenschaft), nicht aber der in Art. 850 Abs. 3 OR vorgesehenen Vormerkung untersteht; siehe BGE 90 II, 1964, S. 310. Contra: W. STUDER, ZSR, S. 283.
215 Siehe dazu BIERI, S. 40; DETMERS, S. 70; FORSTMOSER, ad Art. 850 OR, N. 32 ff.; FREY, S. 229 ff., und Vormerkung, S. 141 ff.; GUTZWILLER, ad Art. 850/851 OR, N. 18; W. HENSEL, S. 200; MONNIER, S. 143.
216 FORSTMOSER, ad Art. 850 OR, N. 38 und 43.
217 GERWIG, GR, S. 266. Contra: FORSTMOSER, ad Art. 850 OR, N. 38; FREY, S. 211, und Vormerkung, S. 83; MOSER, S. 145; diese Autoren gehen davon aus, dass die Pflicht des Veräusserers, vom Erwerber die Übernahme der Mitgliedschaft zu verlangen, einer statutarischen Grundlage bedarf (zu einem Beispiel, siehe BGE 89 II, 1963, S. 138); siehe auch DETMERS, S. 91, und HAGER, S. 31.
218 Siehe dazu FORSTMOSER, ad Art. 850 OR, N. 50 ff.

betriebenen Gutes. Da Art. 850 OR keinen originären Erwerb der Mitgliedschaft, sondern lediglich ihre *Übertragung* vorsieht, kann kaum der Pächter Mitglied werden und der Eigentümer Mitglied bleiben. Es ist somit davon auszugehen, dass entweder der Eigentümer Mitglied bleibt oder nur der Pächter Mitglied wird; letzteres ist wohl vorzuziehen, da, vor allem in landwirtschaftlichen Genossenschaften, das Eigentum gegenüber der Bewirtschaftung von zweitrangiger Bedeutung ist[219]. Dieser Fall illustriert die u.E. bestehende Pflicht des Veräusserers (hier des Eigentümers) gegenüber der Gesellschaft, von seinem Vertragspartner (hier dem Pächter) die Übernahme der Mitgliedschaft zu fordern. Noch unübersichtlicher wird die Lage, wenn ein Genossenschafter nur einen Teil seines Grundstücks veräussert oder verpachtet oder dieses an mehrere Personen abgibt. Da die Mitgliedschaft u.E. unteilbar ist, muss mangels einer besseren Lösung angenommen werden, dass sie an diejenige Partei übergeht oder bei derjenigen Partei bleibt, welche den grössten Teil des Gutes bewirtschaftet.

Ein letztes Problem betrifft die vom Gesetz nicht erwähnte Beziehung zwischen Art. 850 Abs. 2 OR und Art. 847 OR. Die Lehre ist geteilter Meinung, geht aber im allgemeinen vom Überwiegen des Art. 847 OR aus: da die Mitgliedschaft durch Tod erlischt, ist die statutarische Übertragungsbestimmung beim Tod eines Eigentümers oder Bewirtschafters, welcher Mitglied war, unwirksam gegenüber Erben oder Personen, welche das Eigentum oder die Bewirtschaftung des Grundstückes übernehmen[220]. FORSTMOSER schlägt indessen eine nuanciertere und befriedigendere Lösung vor, wonach die Mitgliedschaft dort an die Erben übergeht, wo sie nicht mit der Bewirtschaftung, sondern mit dem Grundeigentum verknüpft ist[221]; dieser Fall gleicht demjenigen gemäss Art. 847 Abs. 3 OR (die Erben sind zur Ablehnung der Mitgliedschaft berechtigt) und deckt sich, bei Vormerkung, mit Art. 847 Abs. 2 OR.

---

219 FORSTMOSER, ad Art. 850 OR, N. 46 ff.; W. STUDER, ZSR, S. 273 ff. Mit Beendigung des Pachtvertrages geht die Mitgliedschaft wieder an den Eigentümer oder allenfalls an den neuen Betreiber über, falls dieser in den Vertrag eintritt oder wenn sogleich ein neuer Vertrag auf seinen Namen erstellt wird.

220 FREY, Vormerkung, S. 136; F. VON STEIGER, S.67 f.; W. STUDER, ZSR, S. 288. Contra: BÜRGISSER, S. 69; GUTZWILLER, ad Art. 850/851 OR, N. 2; DETMERS, S. 86; WEBER, S. 126.

221 ad Art. 850 OR, N. 56 ff.

2. Vorgemerkte statutarische Bestimmung

Das in Art. 850 Abs. 3 OR erwähnte Recht der Genossenschaft, den Übergang der Mitgliedschaft vormerken zu lassen, bedarf einer ausdrücklichen statutarischen Grundlage[222]. Die erforderliche Bestimmung kann entweder in den ursprünglichen Statuten vorgesehen oder nachträglich mit der in Art. 888 Abs. 2 OR vorgesehenen Mehrheit eingeführt werden; hingegen kommt auch hier Art. 889 OR nicht zur Anwendung[223], und es entsteht kein wichtiger Austrittsgrund für nicht zustimmende Mitglieder[224]. Zudem steht Genossenschaften, welche ihren Mitgliedern eine persönliche Haftung oder eine Nachschusspflicht auferlegen, Art. 850 Abs. 3 OR nicht offen[225], da der Erwerb der Mitgliedschaft in diesem Fall u.E.[226] die ausdrückliche Annahme solcher Pflichten voraussetzt. Da Art. 850 Abs. 3 OR lediglich die Veräusserung von Grundstücken erwähnt, ist bei der Betriebsübernahme die Vormerkung zur Geltendmachung des Übergangs der Mitgliedschaft gegenüber Dritten ausgeschlossen[227]. Dieser Ansicht wird nicht einhellig zugestimmt[228]; sie drängt sich jedoch auf nicht nur im Hinblick auf den Gesetzeswortlaut und seine historische Auslegung, sondern auch und insbesondere, weil der Unterzeichner eines Pachtvertrages, im Gegensatz zum Erwerber eines Grundstückes, im allgemeinen das Grundbuch nicht konsultiert.

Die Vormerkung betrifft die Mitgliedschaft als solche[229]. Wird eine Person Mitglied einer Genossenschaft, deren Statuten eine auf Art. 850 Abs. 2 und 3 OR beruhende Bestimmung enthalten, kann die Genossenschaft, nötigenfalls auch gerichtlich (siehe Art. 960 Abs.1 und Art. 963 Abs. 2 OR) erreichen, dass die Übertragungsklausel im Grundbuch vorgemerkt wird[230]. Die Vormerkung ist nicht befristet, muss aber gestrichen werden, wenn sie gegenstandslos geworden ist, d.h. sobald der

---

[222] FORSTMOSER, ad Art. 850 OR, N. 65. Von Art. 850 Abs. 3 OR wird offenbar in der Praxis selten Gebrauch gemacht; DETMERS, S. 87 ff.
[223] BIERI, S. 36 ff.; DETMERS, S. 76 ff.; FORSTMOSER, ad Art. 850 OR, N. 66; FREY, Vormerkung, S. 129; W. STUDER, ZSR, S. 267.
[224] FORSTMOSER, ad Art. 850 OR, N. 66. Contra: WINKLER, Anhang, S. 10.
[225] BGE 98 II, 1972, S. 221.
[226] Siehe vorn, §12, II, und im weiteren WEBER, S. 104. Auch diejenigen Autoren, welche die ausdrückliche Annahme gemäss Art. 840 Abs. 2 OR nicht als Voraussetzung des Erwerbs der Mitgliedschaft betrachten, vertreten, etwas widersprüchlich, die Nichtanwendbarkeit des Art. 850 Abs. 3 OR in diesem Fall; siehe FORSTMOSER, ad Art. 850 OR, N. 63; FREY, S. 219.
[227] BIERI, S. 37 ff.; FORSTMOSER, ad Art. 850 OR, N. 60; FREY, S. 210, und Vormerkung, S. 81 ff.; GERWIG, GR, S. 268; WEBER, S. 105 und 141.
[228] Siehe insbes. DETMERS, S. 66; GUTZWILLER, ad Art. 850/851 OR, N. 7 ff.; KORACH (Anm. 49), S. 95; MONNIER, S. 141 ff.
[229] BIERI, S. 38; FORSTMOSER, ad Art. 850 OR, N. 67; FREY, S. 215 ff., und Vormerkung, S. 131 ff.; GUTZWILLER, ad Art. 850/851 OR, N. 10; WEBER, S. 108 ff.
[230] Siehe insbes. DETMERS, S. 78 ff.; FORSTMOSER, ad Art. 850 OR, N. 69; FREY, S. 216 ff., und Vormerkung, S. 132 ff.; WEBER, S. 99.

Eigentümer nicht mehr Mitglied ist, weil seine Mitgliedschaft wegen Austritt, Tod, Ausschliessung, Verlustigerklärung oder aus einem anderen Grund erlischt[231]. Beim Übergang des Grundstückes in einem Zwangsvollstreckungsverfahren können die Gläubiger die Streichung einer wertvermindernden Vormerkung verlangen (siehe Art. 812 Abs. 2 ZGB und Art. 56 und 64 VZG)[232].

Mit der Vormerkung fällt ein Ablehnungsrecht des Erwerbers dahin; dieser wird automatisch, von Rechtes wegen, und unabhängig von seinem Willen Mitglied[233]. Die Frage, ob die Genossenschaft dem Übergang zustimmen muss oder ihn zumindest nicht ablehnen darf, ist, wie vorn erwähnt, umstritten und wird im allgemeinen verneint[234]. Die Vormerkung betrifft und verpflichtet den Erwerber des Grundstücks, welchen die Genossenschaft als Mitglied betrachten kann und (wenn man sich an die herrschende Lehre hält) muss. Hingegen trifft die Aussage nicht zu, mit der Vormerkung werde die Pflicht des Abtretenden, sein Grundstück nur mit der gleichzeitigen Übertragung der Mitgliedschaft zu veräussern, zur Realobligation[235]; durch die Vormerkung wird nämlich nicht der Veräusserer, sondern der Erwerber verpflichtet[236].

Zu den in Art. 850 Abs. 3 OR erwähnten «Dritten» gehören auch die Inhaber beschränkter dinglicher Rechte[237]. Wie jedoch FORSTMOSER bemerkt, ermächtigt die Vormerkung die Genossenschaft lediglich, den nachfolgenden Eigentümer als Mitglied zu betrachten, ohne ihr jedoch einen besonderen Schutz im Falle der Nichterfüllung seiner Pflichten zu gewähren[238].

Die Tatsache, dass die Vormerkung gemäss Art. 850 Abs. 3 OR nur mit dem Eigentum an einem Grundstück, nicht aber mit dessen Bewirtschaftung verknüpft ist, führt zu einigen Schwierigkeiten. Am bedeutungsvollsten ist die Frage, ob die Mitgliedschaft bei der Verpachtung des Grundstücks, und falls die Statuten ohne weitere Einzelheiten das doppelte Kriterium des Eigentums und der Bewirtschaftung erwähnen, auf den Pächter übergeht oder beim Eigentümer verbleibt, oder aber ob, wie dies ein Autor vorschlägt[239], beide Parteien Mitglieder werden. Diese Frage ist

---

231 DETMERS, S. 87; FORSTMOSER, ad Art. 850 OR, N. 87; FREY, Vormerkung, S. 136: W. STUDER, ZSR, S. 292. Zur Streichung der Vormerkung, siehe auch WEBER, S. 113 ff.
232 DETMERS, S. 86 ff.; FORSTMOSER, ad Art. 850 OR, N. 86; FREY, Vormerkung, S. 136 ff.; GUTZWILLER, ad Art. 850/851 OR, N. 12.
233 BGE 90 II, 1964, S. 310.
234 Siehe vorn, 1.
235 Siehe BGE 89 II, 1963, S. 138. Vgl. dazu auch FORSTMOSER, ad Art. 850 OR, N.70.
236 FORSTMOSER, ad Art. 850 OR, N.70.
237 BIERI, S. 38 ff.
238 Ad Art. 850 OR, N. 73; siehe auch FREY, S. 228 ff.; MONNIER, S. 142 ff.
239 FREY, S. 232 ff., und Vormerkung, S. 84. Zur Beziehung zwischen Eigentümer und Pächter, siehe auch BIERI, S. 43 ff.; DETMERS, S. 82 ff.; W. STUDER, ZSR, S. 284 ff.; MONNIER, S. 140 f.; WEBER, S. 141 ff.; WINKLER, Anhang, S. 9 ff. Die Meinungen der Lehre gehen auseinander, umsomehr als, wie erwähnt, verschiedene Autoren die Möglichkeit bejahen, die Klausel betreffend den Übergang der Mitgliedschaft auch für die Übernahme der Bewirtschaftung vorzumerken (siehe vorn, Anm. 229).

§ 13 Verlust und Übertragung der Mitgliedschaft

u.E. folgendermassen zu beantworten: Stimmt der (durch die Vormerkung nicht gebundene) Pächter der Mitgliedschaft zu, wird er allein Mitglied; die Vormerkung muss aber nicht gestrichen werden, da der Eigentümer nach Beendigung des Pachtvertrages automatisch (auch gegen seinen Willen) wieder Mitglied wird; verkauft er sein Grundstück, ist der nachfolgende Eigentümer seinerseits durch die Vormerkung gebunden. Lehnt hingegen der Pächter die Mitgliedschaft ab, bleibt der Eigentümer Genossenschafter, und bei einer allfälligen Veräusserung des Grundstücks wird automatisch der Erwerber Mitglied[240].

Schliesslich ist zu erwähnen, dass Art. 850 OR das Austrittsrecht der Genossenschafter nicht beschränkt, und dass eine auf Art. 850 Abs. 2 OR gestützte statutarische Bestimmung als solche dem Genossenschafter nicht verbieten kann, auf andere Weise als durch Veräusserung seines Grundstücks oder durch Übertragung der Bewirtschaftung an einen Dritten aus der Genossenschaft auszutreten[241]. Ein solches Verbot ist zudem kaum mit Art. 842 OR vereinbar, und es ist u.E. falsch, der Tatsache allzuviel Bedeutung beizumessen, dass ein solches Verbot vom Bundesgericht im besonderen Fall einer Siedlungsgenossenschaft mit einem eng begrenzten Mitgliederkreis gutgeheissen wurde[242].

---

240 Im wesentlichen gleicher Ansicht FORSTMOSER, ad Art. 850 OR, N. 80 ff.
241 BGE 89 II, 1963, S. 138.
242 A.a.O. Zur Bedeutung dieses Entscheides, siehe auch vorn, I, und FORSTMOSER, ad Art. 850 OR, N. 89 ff.

§ 14 Mitgliedschaft und Übertragung der Genossenschaftsanteile

Literatur

B. BÜRGISSER, Der Erwerb der Mitgliedschaft bei Genossenschaften, Diss. Basel 1942; CAPITAINE, Nature juridique, insbes. S. 383 ff.; FLURI, S. 71 ff.; FORSTMOSER, ad Art. 849 OR, und Grossgenossenschaften, S. 205 ff.; J.G. FREY, Mitgliedschaft und Mitgliedschaftswechsel bei der Genossenschaft, Diss. Basel 1943; FRIEDRICH, S. 88 ff.; H. GUTKNECHT, Die finanziellen Berechtigungen und Verpflichtungen der Genossenschafter, Diss. Bern 1937; A. HAGER, Der Austritt des Genossenschafters und die daran geknüpften Rechtsfolgen, Diss. Bern 1948; W. HENSEL, S. 171 ff.; JOMINI, S. 83 ff.; F. VON STEIGER, S. 46 ff.; R. WINKLER, Die Begründung und Beendigung der Mitgliedschaft in einer Genossenschaft nach schweizerischem OR, Diss. Basel 1948, Anhang, S. 1 ff.

Laut Art. 849 OR macht die Übertragung der Genossenschaftsanteile den Erwerber nicht ohne weiteres zum Genossenschafter; es braucht dazu einen dem Gesetz und den Statuten entsprechenden Aufnahmebeschluss, welcher für den Übergang der «persönlichen Mitgliedschaftsrechte» auf den Erwerber unabdingbar ist.

Diese Bestimmung wirft mehrere Fragen auf, sowohl bezüglich der Zulässigkeit als auch bezüglich der Folgen der Übertragung von Anteilen; über diese Fragen, welche auch anhand der Materialien nicht beantwortet werden können, gehen die Meinungen der Lehre auseinander. Im der Expertenkommission vorgelegten Wortlaut sah Art. 848 OR zwar die Trennung von Vermögensrechten und persönlichen Mitgliedschaftsrechten vor, liess aber eine abweichende statutarische Regelung zu, wonach die Abtretung von Anteilen dem Übergang der Mitgliedschaft gleichgesetzt werden kann. Der geltende Wortlaut wurde von der Kommission erarbeitet, welche zudem eine Bestimmung als überflüssig ablehnte, gemäss welcher die Abtretung der Vermögensrechte durch das Mitglied einen Ausschliessungsgrund darstellen sollte[243].

I. Zulässigkeit der Abtretung der Genossenschaftsanteile

Art. 849 Abs. 1 und 2 OR ist als solcher recht klar formuliert; seine genaue Bedeutung ist jedoch schwierig zu ermitteln. Wie der Ausdruck «Abtretung der Genossenschaftsanteile» (und nicht «von Genossenschaftsanteilen») und der Verweis des Titels auf die Mitgliedschaft (siehe Art. 852 OR) zeigen, ging der Gesetzgeber u.E. einzig vom Genossenschafter aus, welcher *alle* seine Anteile *einem Nichtmitglied*

---

243 Protokoll der Expertenkommission, S. 582 ff.

abtritt; dieses erwirbt die Anteile in der Absicht, Mitglied zu werden (wie aus Art. 849 Abs. 2 OR hervorgeht). Somit könnte zu Recht davon ausgegangen werden, dass die Übertragung der Genossenschaftsanteile grundsätzlich nur zulässig ist, wenn sie von einem (durch den Verkauf aller seiner Anteile) austretenden Genossenschafter auf ein künftiges Mitglied stattfindet. Folgte man jedoch dieser Auslegung, so müsste auch (1.) die Zulässigkeit der Übertragung von Anteilen zwischen Genossenschaftern (unter der Voraussetzung, dass der Abtretende, falls er in der Genossenschaft verbleiben will, die dazu erforderliche Mindestzahl behält, siehe Art. 853 OR), und (2.) die Zulässigkeit der Übertragung nur eines Teils der Anteile eines Genossenschafters auf ein künftiges Mitglied bejaht werden (auch hier unter der Voraussetzung, dass die abgetretenen Anteile die zur Mitgliedschaft erforderliche Mindestzahl nicht einschliessen).

Diese im wesentlichen von FRIEDRICH[244] vertretene Theorie hätte den grossen Vorteil, jede dauernde Trennung (vgl. Art. 849 Abs. 2 OR) von Vermögens- und Mitgliedschaftsrechten zu verhindern; sie entspricht zudem am ehesten dem Sinn und Geist der Genossenschaft. Dennoch wird dieser Theorie nicht allgemein gefolgt. Nach der herrschenden Lehre sind nämlich die Genossenschaftsanteile grundsätzlich frei übertragbar[245]; ausgenommen sind die Abtretung nicht voll liberierter Anteile (sie bedarf der Zustimmung der Genossenschaft, Art. 176 OR)[246], oder der Fall, dass die Zahl der Anteile des Erwerbers (bereits Mitglied) die zulässige Höchstzahl überschreitet (Art. 853 Abs. 2 OR)[247], oder der Fall, dass die Statuten die Übertragung der Anteile nicht zulassen oder beschränken[248]. Auch diejenigen Autoren, welche der Ansicht sind, der zwingende Besitz eines oder, falls die Statuten dies vorsehen, mehrerer Anteile (Art. 853 Abs. 1 OR) sei nicht nur Beitrittsvoraussetzung, sondern an die Mitgliedschaft geknüpfte Pflicht[249], halten (unlogischerweise) die Übertragung solcher obligatorischer Anteile für zulässig und gültig. Geht man nun aber, mit der herrschenden (und durch die Praxis bestätigten) Lehre davon aus, dass die Anteile grundsätzlich frei übertragbar sind, ergeben sich mehrere Möglichkeiten.

Tritt ein Mitglied alle seine Anteile an einen Dritten ab, so erwirbt dieser gemäss Art. 849 Abs. 1 OR nicht automatisch die Mitgliedschaft und besitzt lediglich die

---

244 S. 88 ff.
245 CAPITAINE, Nature juridique, S. 383 ff.; FLURI, S. 74 ff.; FORSTMOSER, ad Art. 849 OR, N. 16 ff.; FREY, S. 180; GERWIG, SV, S. 165 ff.; GUTKNECHT, S. 22; W. HENSEL, S. 174; JOMINI, S. 84; F. VON STEIGER, S. 47 und 64; VOGEL, S. 133 ff. Vgl. auch BGE 84 III, 1958, S. 21.
246 FORSTMOSER, ad Art. 849 OR, N. 25; FRIEDRICH, S. 94; W. HENSEL, S. 192; JOMINI, S. 88.
247 FORSTMOSER, ad Art. 849 OR, N. 19; W. HENSEL, S. 176.
248 Die Statuten können insbesondere fordern, dass der Erwerber schon Mitglied ist oder Mitglied wird, oder die Zustimmung der Genossenschaft vorschreiben; siehe dazu BÜRGISSER, S. 55; FORSTMOSER, ad Art. 849 OR, N.18; FREY, S. 182; FRIEDRICH, S. 94; W. HENSEL, S. 175 und 189 ff.; JOMINI, S. 86; F. VON STEIGER, S. 47.
249 Siehe vorn, Drittes Kapitel, § 9.

Forderungsrechte aus der Beteiligung am Gesellschaftskapital in der Höhe der übernommenen Anteile[250]; laut Art. 849 Abs. 2 OR bleibt der Zedent Genossenschafter, und er allein kann die persönlichen Mitgliedschaftsrechte ausüben. Sobald der Erwerber die Mitgliedschaft – originär – durch «einen dem Gesetz und den Statuten entsprechenden Aufnahmebeschluss» (Art. 849 Abs. 1 OR) erworben hat[251], sind seine Anteile mit der Mitgliedschaft verknüpft. Es fragt sich nun, ob der Zedent in diesem Fall seine Mitgliedschaft automatisch verliert, und ob der allfällige Anspruch der Genossenschaft auf eine Auslösungssumme entfällt. Die Lehre bejaht im allgemeinen beide Fragen[252] und insbesondere der französische Wortlaut («ne passent à l'acquéreur») des Art. 849 Abs. 2 OR kann den Eindruck erwecken, die Mitgliedschaft werde, mit der Aufnahme des Zessionars durch die Genossenschaft, tatsächlich übertragen. Diese Theorie überzeugt zwar, wenn man (entgegen der herrschenden Lehre) annimmt, die Übertragung von Anteilen sei nur unter der Voraussetzung der Aufnahme des Erwerbers zulässig; sie ist aber fraglich, wenn man die Übertragung der obligatorischen Anteile und die dauernde Trennung von Mitgliedschaftsrechten und Forderungsrechten zulässt. Im letzteren Fall sind der Besitz von Anteilen und die Mitgliedschaft nicht mehr notwendigerweise miteinander verbunden, und es besteht kein Anlass, einen Genossenschafter, welcher (unter Verletzung von Art. 853 Abs. 1 OR[253]) alle seine Anteile verkauft, von seinen Genossenschaftspflichten zu befreien und die Genossenschaft zur Vermeidung dieser Änderung zu zwingen, dem Erwerber den Beitritt zu verweigern. Der Zedent verliert u.E. die Mitgliedschaft nur durch Austritt oder durch Ausschliessung (aus wichtigen Gründen). Die Statuten können allerdings bestimmen, dass der Verkauf aller Anteile eines Genossenschafters an einen Dritten, welcher Mitglied wird, zum automatischen Verlust der Mitgliedschaft, oder sogar zu deren derivativen Übertragung auf den aufgenommenen Erwerber führt[254]. Kann zudem eine Genossenschaft (insbesondere) jedem Erwerber von Anteilen ein Beitrittsrecht gewähren (Art. 840 Abs. 3 OR), dann verliert Art. 849 OR faktisch, wenn auch nicht de iure, seinen (im allgemeinen anerkannten) zwingenden Charakter[255].

Tritt ein Genossenschafter nur einen Teil seiner Anteile (insbesondere alle oder einen Teil seiner obligatorischen Anteile) einem Dritten ab, wird dieser nur durch

---

250 Siehe hinten, II.
251 Der Beschluss setzt selbstverständlich voraus, dass der Erwerber eine Beitrittserklärung abgegeben hat, da die Genossenschaft die Mitgliedschaft nicht einseitig verleihen kann; siehe BÜRGISSER, S.54 ff.
252 BÜRGISSER, S. 58; FORSTMOSER, ad Art. 849 OR, N. 45 und 48; GERWIG, SV, S. 166 ff.; W. HENSEL, S. 175 und 178; WINKLER, Anhang, S.3.
253 Wenn man davon ausgeht, dass der Besitz der obligatorischen Anteile nicht nur eine Aufnahmebedingung darstellt.
254 FORSTMOSER, ad Art. 849 OR, N. 38; VOGEL, S. 76, und offenbar HAGER, S. 55.
255 Wie erwähnt hatte der Entwurf die von der Expertenkommission abgelehnte Möglichkeit einer Abweichung von Art. 849 Abs.1 OR durch die Statuten vorgesehen.

einen dem Gesetz und den Statuten entsprechenden Aufnahmebeschluss Genossenschafter. Der Zedent bleibt selbstverständlich Mitglied.

Bei der Übertragung eines Teils oder aller Anteile eines Genossenschafters auf ein anderes Mitglied kommt Art. 849 OR nicht zur Anwendung. Die abgetretenen Anteile werden automatisch mit der Mitgliedschaft des Erwerbers verknüpft. Im Sinne von FORSTMOSER[256] und JOMINI[257] und entgegen der Ansicht mehrerer Autoren[258] verliert u.E. der Zedent mit der Veräusserung aller Anteile die Mitgliedschaft nicht automatisch, unter Vorbehalt anderslautender statutarischer Bestimmungen[259]; wie beim Verkauf an Dritte verliert der Verkäufer seine Mitgliedschaft erst durch Austritt oder Ausschliessung und kann gegebenenfalls zur Bezahlung einer Auslösungssumme verpflichtet werden.

II. Rechte des Zessionars

Die Stellung des Zessionars, welcher weder Mitglied ist noch wird, ist unsicher und schlecht definiert; dies erstaunt nicht, wenn man unserer Ansicht folgt, dass der Gesetzgeber das Auseinanderfallen von Mitgliedschafts- und Forderungsrechten, zumindest auf Dauer, nicht vorgesehen hat.

Da die übertragenen Anteile mit der Mitgliedschaft des Zedenten verbunden bleiben und dieser (im Gegensatz zum Verkäufer vinkulierter Namenaktien) jederzeit aus der Genossenschaft austreten, ausgeschlossen werden oder seiner Rechte verlustig gehen kann, hängt der Zessionar vollständig von den Handlungen und dem Geschick des Verkäufers ab[260]. Verliert dieser seine Mitgliedschaft, gehen dem Inhaber der Anteile seine Forderungsrechte verloren, unter Vorbehalt eines allfälligen Abfindungsanspruchs ausscheidender Genossenschafter (Art. 864 OR). Diese absurde Situation macht in der Praxis die Übertragung von Anteilen wenig attraktiv. Die Schweizerische Volksbank, deren Anteile an der Börse gehandelt wurden[261], benützte ein anderes System, wonach die Anteile tatsächlich von der Mitgliedschaft gelöst waren und auch im Umlauf blieben, wenn der erste Inhaber seine Mitgliedschaft verlor[262]; mit anderen Worten erhielt der Zessionar nicht nur die durch die Anteile

---

256 Ad Art. 849, N. 43 ff.
257 S. 90.
258 BÜRGISSER, S. 56; FRIEDRICH, S. 94; W. HENSEL, S. 175; VOGEL, S. 93.
259 FORSTMOSER, ad Art. 849 OR, N. 46.
260 Siehe dazu B. BORNER, Der Abfindungsanspruch ausscheidender Genossenschafter, Diss. Zürich 1949, S. 58; CAPITAINE, Nature juridique, S. 400 ff.; FORSTMOSER, ad Art. 849 OR, N. 26 ff.; FREY, S. 176 ff.; W. HENSEL, S. 177 ff.; JOMINI, S. 86 ff.
261 Siehe unten, III.
262 FORSTMOSER, Grossgenossenschaften, S. 207.

verliehenen Forderungsrechte, sondern auch eine eigentliche Beteiligung am Gesellschaftskapital[263].

Solche Forderungsrechte umfassen in jedem Fall erstens den Anspruch auf eine allenfalls statutarisch vorgesehene Dividende (Art. 859 Abs. 3 und 861 OR), zweitens den allenfalls statutarisch vorgesehenen Abfindungsanspruch für ausscheidende Mitglieder (Art. 864 OR) und drittens den wohlerworbenen Anspruch auf Rückzahlung der Anteile bei Liquidation (Art. 913 Abs. 2 OR)[264]. Zudem ist die Zession der Anteile für den Erwerber mit keinen Pflichten verbunden, unter Vorbehalt der Zustimmung der Genossenschaft (insbesondere bei nicht voll liberierten Anteilen[265]). Hat der Zedent beispielsweise eine Auslösungssumme oder andere mit seinem Austritt verbundene Beträge zu entrichten, schuldet er diese allein, unter Vorbehalt des Rechts der Genossenschaft, solche Beträge mit den dem Zessionar aufgrund von Art. 864 OR geschuldeten Beträgen zu verrechnen (siehe Art. 169 OR); zudem kann dem Zessionar keinesfalls eine Nachschusspflicht oder eine persönliche Haftung auferlegt werden (Art. 869 ff. OR)[266].

Die Trennung von Mitgliedschaftsrechten und Vermögensrechten führt allerdings zu einigen schwierigen Problemen im Zusammenhang mit der Auslegung des Art. 849 Abs. 2 OR, d.h. mit der Unterscheidung zwischen den «persönlichen Mitgliedschaftsrechten» des Zedenten und den mit den Anteilen verbundenen Rechten. Dies betrifft beispielsweise die Auslegung des Art. 913 OR: Der Zessionar hat zwar Anspruch auf die Vergütung des Nominalwertes seiner Anteile; was aber geschieht mit dem Liquidationsüberschuss? Sehen die Statuten einer Genossenschaft die Verteilung des Liquidationsüberschusses nach Köpfen, nach der Dauer der Mitgliedschaft oder nach Massgabe der Benützung der genossenschaftlichen Einrichtungen vor, kann der Zessionar keinen Anspruch auf den dem Mitglied gebliebenen Zedenten geschuldeten Betrag erheben[267]. Richtet sich dagegen die Verteilung nach der Zahl oder dem Wert der Anteile[268], steht u.E. dem Zessionar der auf seinen Anteilen entfallende Betrag zu[269]. Dies ist zwar fraglich, weil der Überschuss nicht den

---

263 FRIEDRICH, S. 89 ff., vertritt allerdings die Theorie, mit der Übertragung von Anteilen gehe allgemein auch die Übertragung einer Beteiligung am Gesellschaftskapital einher.
264 Zudem gehen bei Vergütbarkeit der Anteile und bei Herabsetzung oder Aufhebung des Genossenschaftskapitals alle von der Genossenschaft bezahlten Beträge an den Zessionar.
265 In diesem Fall ist das Kaduzierungsverfahren gemäss Art. 867 OR nur noch auf den Zessionar anwendbar und betrifft, da dieser nicht Mitglied ist, nur die mit den Anteilen verbundenen Rechte.
266 FORSTMOSER, ad Art. 849 OR, N. 27 ff. Siehe auch CAPITAINE, Nature juridique, S. 384, und W. HENSEL, S. 186.
267 Ebensowenig hat er Anspruch auf einen Anteil am Jahresüberschuss (als Rückvergütung usw.) über die Anteilsverzinsung oder diejenigen Leistungen (beispielsweise Gratisanteile) hinaus, welche im gesetzlichen Rahmen solche Zinsen ergänzen oder ersetzen.
268 Zur Zulässigkeit einer solchen Verteilung, siehe hinten, Fünftes Kapitel, § 15.
269 Siehe dazu die teilweise abweichenden Ansichten von CAPITAINE, Nature juridique, S. 367; FORSTMOSER, ad Art. 849 OR, N. 26; FRIEDRICH, S. 159; W. HENSEL, S. 157; JOMINI, S. 176.

Anteilen als solchen zugeteilt wird, sondern diese lediglich als Berechnungsgrundlage dienen; dennoch ist u.E. die vorgeschlagene Lösung angemessen und entspricht dem ohne weiteres angewandten Vorgehen, wenn der Zessionar Mitglied ist. Ein ähnliches Problem kann bei der Anwendung des Art. 864 OR entstehen (wenn man davon ausgeht, dass die Zuweisung eines den Nominalwert der Anteile übersteigenden Betrages zulässig ist[270]) und muss u.E. gleich gelöst werden.

Die Übertragung von Anteilen unter Genossenschaftern kann zu bedeutsamen Auswirkungen im Bereich der persönlichen Haftung und der Nachschusspflicht führen, insbesondere im Zusammenhang mit Art. 870 Abs. 2 und 871 Abs. 1 und 3 OR. Eine Übertragung auf Dritte verändert hingegen die Stellung des verkaufenden Genossenschafters nicht[271]. Die übertragenen Anteile sind weiterhin mit seiner Mitgliedschaft verknüpft und werden ihm bei der Ermittlung der Beträge angerechnet, welche, gemäss den vorn erwähnten Gesetzesbestimmungen, nach Massgabe des Wertes der Anteile jedes Mitglieds festgesetzt werden. Diese Lösung befriedigt nicht ganz, bildet aber, da dem Zessionar keine Pflichten obliegen, die einzige Möglichkeit im Hinblick auf den Grundsatz der Gleichbehandlung und des Schutzes der Gesellschaftsgläubiger.

III. Form und Ausgestaltung der Übertragung von Anteilen

Die Übertragung von Anteilen, welche künftige oder bedingte Forderungsrechte darstellen, muss in der Form der Zession gemäss Art. 164 ff. OR erfolgen[272]; zu ihrer Gültigkeit bedarf sie der Schriftform und der Beachtung allfälliger in den Statuten vorgesehener Voraussetzungen (Zustimmung der Genossenschaft usw.)[273]. Dies gilt auch, wenn die Anteile als Titel vorliegen, welche keine Wertpapiere, sondern lediglich Beweisurkunden sind (Art. 853 Abs. 3 OR); dies ist insofern von Bedeutung, als die Inhaber der von einer Genossenschaft ausgegebenen Titel nicht unter den vom Gesetz, insbesondere von Art. 935 ZGB, Art. 979, 1006 und 1007 OR, Inhabern von Wertpapieren gewährten Schutz fallen[274].

---

270 Siehe hinten, Fünftes Kapitel, § 15.
271 Siehe auch hinten, Sechstes Kapitel, § 19.
272 BÜRGISSER, S. 56; CAPITAINE, Nature juridique, S. 384; FORSTMOSER, ad Art. 849 OR, N. 21 ff.; FRIEDRICH, S. 93; W. HENSEL, S. 183 ff.; JOMINI, S. 86; F. VON STEIGER, S. 47; VOGEL, S. 134.
273 FORSTMOSER, ad Art. 849 OR, N. 20 (wonach die Eintragung in ein von der Genossenschaft geführtes Register, unter Vorbehalt anderslautender statutarischer Bestimmungen, im Zweifel nicht Gültigkeitserfordernis für die Abtretung ist); FRIEDRICH, S. 94; W. HENSEL, S. 189 ff.
274 Siehe dazu CAPITAINE, Nature juridique, S. 384; FORSTMOSER, ad Art. 849 OR, N. 30 ff.; FRIEDRICH, S. 93; W. HENSEL, S. 166; JOMINI, S. 55 und 87 ff.

Die an der Börse gehandelten Titel der Schweizerischen Volksbank zirkulierten, dank eines Systems der Blankozession, praktisch wie Wertpapiere. Die Kritik an diesem System[275], insoweit sie das Genossenschaftsrecht (und nicht das Wertpapierrecht oder die Börsenordnung) betrifft, ist u.E. nicht gerechtfertigt. Geht man nämlich davon aus, dass ein Genossenschafter seine Anteile auch einem Dritten verkaufen darf, welcher nicht Genossenschafter wird, müssen auch die Nachteile einer längeren oder dauernden Trennung der persönlichen Mitgliedschaftsrechte und der Forderungsrechte sowie die Risiken in Kauf genommen werden, welche solche nicht für die reguläre Übertragung vorgesehene Titel darstellen. Auch diesbezüglich ist die allgemein vertretene Auslegung des Art. 849 OR fragwürdig und entspricht offensichtlich nicht dem Willen des Gesetzgebers. Heute muss jedoch im Dienste der Rechtssicherheit und der Sicherheit der Handelstransaktionen an dieser Auslegung festgehalten werden.

Das Recht zur Übertragung von Anteilen schliesst auch das Recht zu ihrer Übertragung als Pfand oder zur Nutzniessung ein[276]; die Statuten können selbstverständlich ausdrückliche abweichende Bestimmungen enthalten oder allgemein die Abtretung der Anteile untersagen oder mit Bedingungen versehen[277]. Die in Art. 845 OR (zwingendes Recht) erwähnte Pfändung der Anteile ist ungeachtet statutarischer Verbote oder Beschränkungen möglich[278].

Die Verpfändung der Anteile erfordert, gemäss Art. 900 Abs. 1 ZGB, einen schriftlichen Vertrag, die Bestellung einer Nutzniessung dagegen einen Abtretungsvertrag gemäss Art. 164 ff. OR (Art. 746 Abs. 1 ZGB)[279]. Die Pfand- und Nutzniessungsrechte an Genossenschaftsanteilen sind wegen des bedingten Charakters der abgetretenen Forderungen nur von beschränktem Interesse. Der Pfand- oder Nutzniessungsgläubiger hat eine ebenso unsichere Stellung wie der Erwerber von Anteilen, welcher die Mitgliedschaft nicht besitzt und nicht erhält: die Ausübung der Rechte (Stimmrecht, Austrittsrecht usw.), von welchen das Schicksal und die Klagbarkeit der abgetretenen Forderungen abhängen, ist weiterhin ausschliesslich Sache des Eigentümers der Anteile[280].

---

275 Insbesondere durch G. CAPITAINE, La Banque populaire Suisse, une société coopérative ou une SA?, SAG 1963, S. 233; FLURI, S. 77 ff., und FORSTMOSER, ad Art. 849 OR, N. 70, Grossgenossenschaften, S. 205 ff., und Zur Verwendung der Rechtsform der Genossenschaft, ZSR 90 I, 1971, S. 345 ff.
276 CAPITAINE, Nature juridique, S. 387 und 392; FORSTMOSER, ad Art. 849 OR, N. 49; W. HENSEL, S. 201 und 209. Laut FREY, S. 177 ff., ist dies nur unter Genossenschaftern möglich.
277 FORSTMOSER, ad Art. 849 OR, N. 54; W. HENSEL, S. 201 und 209 ff.
278 Siehe BGE 84 III, 1958, S. 21, und (betreffend die Pfändbarkeit der Anteile einer Wohngenossenschaft) BGE 76 III, 1950, S. 98.
279 FORSTMOSER, ad Art. 849 OR, N. 52 und 61; W. HENSEL, S. 202 und 209.
280 CAPITAINE, Nature juridique, S. 393; FORSTMOSER, ad Art. 849 OR, N. 56 und 63; W. HENSEL, S. 203 ff. und 211.

Fünftes Kapitel

Rechte und Pflichten der Genossenschafter

In Art. 852 bis 878 OR werden zwar Rechte und Pflichten der Genossenschafter aufgezählt und beschrieben, nicht aber vollständig abgehandelt. Mehrere Rechte (beispielsweise der Anspruch auf Rückzahlung der Anteile bei Liquidation) und alle Klagerechte des Genossenschafters (mit Ausnahme des in Art. 857 Abs. 3 OR vorgesehenen Rechtes) sind in anderen Teilen des XXIX. Titels des OR untergebracht. Einzelne Rechte (wie beispielsweise die Wählbarkeit und die Benützung der genossenschaftlichen Einrichtungen) sind nicht ausdrücklich vorgesehen.

Das vorliegende Kapitel entspricht insoweit dieser Anordnung des OR, als es, ebenfalls etwas zusammenhangslos, nur einzelne Mitglieds- und Vermögensrechte und -pflichten bespricht. Zum Recht auf Teilnahme an der Generalversammlung (auf ihre Einberufung, auf Anfechtung ihrer Beschlüsse usw.), zum Stimmrecht, Austrittsrecht und zur persönlichen Haftung der Gesellschafter wird der Leser auf die betreffenden Kapitel verwiesen.

§ 15 Vermögensrechte und -pflichten

Literatur

BERNHEIMER; B. BORNER, Der Abfindungsanspruch ausscheidender Genossenschafter, Diss. Zürich 1949; CAPITAINE, SJK Nrn. 1157 und 1158, und Nature juridique; W. DUBACH, Das Recht auf Rückvergütung und Preisnachzahlung in der Genossenschaft, Diss. Zürich 1932; FLURI; FORSTMOSER, Grossgenossenschaften, S. 179 ff.; FRIEDRICH; GERWIG, GR, S. 248 ff. und 291 ff.; H. GUTKNECHT, Die finanziellen Berechtigungen und Verpflichtungen der Genossenschafter, Diss. Bern 1937; GUTZWILLER, ad Art. 859, 864/865, 867 und 913 OR; R.P. HAFTER, Die personenrechtliche und kapitalistische Struktur der Genossenschaft im neuen OR, Diss. Bern 1938; A. HAGER, Der Austritt des Genossenschafters und die daran geknüpften Rechtsfolgen, Diss. Bern 1948; W. HENSEL; JOMINI; KUMMER; H.U. LINIGER, Die Liquidation der Genossenschaft, Zürich 1982; OEZGÜR; J.A. REYMOND, Les droits financiers des associés sortants dans la société coopérative, in: Festschrift Robert Patry, Lausanne 1988, S. 165; P. ROTHENBÜHLER, Austritt und Ausschluss aus der Genossenschaft, Diss. Zürich 1984; M. SCHAEDLER, Die Abfindung des ausscheidenden Gesellschafters, Diss. Bern 1963; W. SCHNEIDER, Der Schutz des Genossenschaftskapitals unter besonderer Betrachtung der Bilanzierungsvorschriften, Diss. Basel 1949; F. VON STEIGER, S. 42 ff., 70 ff., 89 ff.; C.-E. STIEHLE, Der Eintritt in die Genossenschaft und die daran geknüpften Rechte und Pflichten, Diss. Bern 1947; TANNER; C. TERRIER, La comptabilité des sociétés coopératives, Zürich 1983; VOGEL; D. WEHRLI, Die Umwandlung einer Genossenschaft in eine Aktiengesellschaft als Beispiel der Umwandlung einer Körperschaft unter Berücksichtigung der steuerlichen Folgen, Diss. Zürich 1976; R. WINKLER, Die Begründung und Beendigung der Mitgliedschaft in der Genossenschaft nach schweizerischem OR, Diss. Basel 1948; F. ZUMBÜHL, Die korporationsrechtlichen Leistungspflichten in der Genossenschaft, Diss. Zürich 1944.

I. Vermögensrechte

Das Genossenschaftsrecht gewährt den Genossenschaftern nur ein einziges wohlerworbenes absolutes Recht, welches zudem nur die Genossenschaften mit Gesellschaftskapital betrifft, nämlich das Recht auf Rückzahlung des Anteils bei Auflösung und Liquidation der Genossenschaft. Die Lehre geht übereinstimmend davon aus, dass Art. 913 Abs. 2 OR zwingendes Recht und der Anspruch des Genossenschafters auf Rückzahlung des Nominalwertes seiner Kapitalbeteiligung unentziehbar ist[1]; der Ausdruck «allfälliger» Genossenschaftsanteile in Art. 913 Abs. 2 OR bedeutet somit ganz einfach «falls es sich um eine Genossenschaft mit Gesellschaftskapital handelt»[2].

---

1 Laut Botschaft des Bundesrates ist das Recht auf Rückzahlung des Anteils ein Recht, «das durch keine statutarische Bestimmung entzogen werden kann», BBl 1928 I, S.205, 301. Siehe auch BERNHEIMER, S. 79, Anm. 39; BORNER, S. 34; CAPITAINE, Nature juridique, S. 365 ff.; FLURI, S. 84; FRIEDRICH, S. 158; GERWIG, GR, S. 294; GUTKNECHT, S. 77; HAGER, S. 59; W. HENSEL, S. 150; JOMINI, S. 173; VOGEL, S. 254; WEHRLI, S. 63.

2 Der in der französischen Fassung verwendete Ausdruck «s'il y a lieu» könnte fälschlicherweise als «unter Vorbehalt anderslautender statutarischer Bestimmungen» verstanden werden; er bedeutet aber: «falls es sich um eine Genossenschaft mit Gesellschaftskapital handelt».

Nach herrschender Ansicht sind Genossenschaftsanteile, wie erwähnt[3], an einen künftigen Genossenschafter (Art. 849 Abs. 1 OR), einen anderen Genossenschafter oder Dritten frei übertragbar. Dieses Recht auf freie Übertragung der Anteile ist jedoch kein wohlerworbenes Recht, da es durch die Statuten beschränkt oder aufgehoben werden kann.

Die übrigen Vermögensrechte der Genossenschafter, d.h. das Recht auf den jährlichen Reinertrag aus dem Betrieb (als Dividende, Rückerstattung usw.), das Recht auf Abfindung bei Ausscheidung und das Recht auf einen Teil des Liquidationsüberschusses, bestehen nur, wenn sie statutarisch vorgesehen sind; dies ergibt sich aus Art. 859 Abs. 1, 865 Abs. 1 und 913 Abs. 2 OR. Dennoch erhalten u.E. solche Rechte mit ihrer Gewährung den Charakter eines relativ wohlerworbenen Rechtes, welches nur aufgehoben oder wesentlich beschränkt werden kann, wenn es das Gesellschaftsinteresse offensichtlich rechtfertigt. Die herrschende gegenteilige Meinung[4] ist u.E. fragwürdig, denn die Vermögensrechte sind zwar subsidiär und fakultativ, aber dennoch bedeutungsvoll, sobald sie existieren. Es ist beispielsweise kaum denkbar, dass ein statutarischer Anspruch auf Dividende auf Kosten einer Minderheit von Zeichnern von Zusatzanteilen aufgehoben würde, ohne dass dies die Lage der Genossenschaft offensichtlich erfordert; das gleiche gälte für den Fall, dass die Mehrheit die bisher statutarisch vorgesehene Verteilung des Liquidationsüberschusses nach Anteilen durch eine solche nach Köpfen ersetzte. Auch wenn solche Änderungen mittels Art. 854 OR oder Art. 2 ZGB angefochten werden können, ist u.E. die Anerkennung relativ wohlerworbener Rechte insbesondere dort vorzuziehen, wo Genossenschafter in derart veränderter Stellung durch die Ausübung des Austrittsrechtes einen beträchtlichen finanziellen Nachteil nicht verhindern können.

1. Recht auf den jährlichen Reinertrag aus dem Betrieb

Aufgrund von Art. 859 Abs. 1 OR fällt der Reinertrag aus dem Betrieb – er wird gemäss Art. 855 OR berechnet und entspricht dem Reinertrag einer Aktiengesellschaft[5] – «in seinem ganzen Umfang in das Genossenschaftsvermögen», d.h. in den

---

3   Vorn, Viertes Kapitel, § 14.
4   CAPITAINE, Nature juridique, S. 343 ff.; GERWIG, GR, S. 294, und SV, S. 179 ff.; F. VON STEIGER, S. 115. Contra (bezüglich Liquidationsüberschuss): GUTKNECHT, S. 77, und (bezüglich Abfindung bei Ausscheidung) TANNER, S. 31. Laut FORSTMOSER, Grossgenossenschaften, S. 236, der sich aber nicht endgültig äussert, könnte das Recht auf Dividenden in Kreditgenossenschaften ein wohlerworbenes Recht darstellen. Das Bundesgericht hat in BGE 80 II, 1954, S. 271, die Frage offengelassen (betreffend Recht auf Liquidationsüberschuss).
5   FRIEDRICH, S. 145 ff.; OEZGÜR, S. 122. Zum Begriff Einkommen, siehe auch SCHNEIDER, S. 203 ff., und TERRIER, S. 51 ff.

allgemeinen Reservefonds oder in andere von den Statuten vorgesehene oder von der Generalversammlung beschlossene Fonds (Art. 863 OR).

Laut diesem Artikel kann jedoch statutarisch die Verteilung des Reinertrags ganz (abzüglich der Zuweisungen in die gesetzlichen Reserven) oder teilweise unter die Genossenschafter angeordnet werden. Die Statuten können (dies ist allerdings selten) die Verteilung lediglich grundsätzlich vorsehen und die Festsetzung der Höhe und Ausgestaltung der Generalversammlung überlassen; dann erfolgt die Verteilung nach Massgabe der Benützung der genossenschaftlichen Einrichtungen (Art. 859 Abs. 2 OR). Die Statuten können aber auch das Kriterium selber bestimmen oder durch Festlegung von Kriterium und Ausgestaltung den Mitgliedern ein eigentliches Recht auf den Reinertrag gewähren.

Der nach einem Betriebsjahr verfügbare Reinertrag umfasst nicht nur den Gewinn des Betriebs (allenfalls nach Abzug eines Übertragverlustes), sondern, wie in der Aktiengesellschaft, auch Überträge auf neue Rechnung oder vorgängig getätigte Einlagen in die allgemeinen Reserven, einschliesslich der gesetzlichen Reserve, insoweit diese die Hälfte des übrigen Genossenschaftsvermögens oder der übrigen Reserven übersteigt (Art. 860 Abs. 3 OR)[6]. Bei unzulässiger Verteilung, welche den verfügbaren oder den gemäss Gesetz oder Statuten verteilbaren Gewinn übersteigt, kann die Genossenschaft auf unrechtmässige Bereicherung klagen; mangels einer dem Art. 678 OR entsprechenden Bestimmung kommen die allgemeinen Vorschriften des OR zur Anwendung[7].

In der Praxis wird der Gewinn der Genossenschaften, falls eine Verteilung vorgesehen ist, entweder nach Massgabe der Benützung der genossenschaftlichen Einrichtungen (System der Rückerstattung) oder nach Massgabe von Zahl oder Wert der Anteile jedes Genossenschafters oder in einer Verbindung dieser beiden Schlüssel verteilt. Gemäss Art. 859 OR sind aber, im Rahmen von Art. 854 OR, auch andere Verteilungsschlüssel zulässig. Die Statuten dürfen beispielsweise eine Verteilung nach Köpfen anordnen, und in jedem Verteilungssystem kann in einem vernünftigen Rahmen auch die Dauer der Mitgliedschaft berücksichtigt werden. Die umstrittene Frage nach der Zulässigkeit einer Verteilung nach Köpfen ist m.E. zu bejahen[8]. Eine solche Verteilung folgt nämlich dem Grundsatz der absoluten Gleichheit, dessen Anwendung sich entweder von selbst ergibt (wenn das Kriterium der Benützung der genossenschaftlichen Einrichtungen angesichts des Zwecks und der Tätigkeiten der Genossenschaft unangemessen ist) oder zu einer Umverteilung des Vermögens führt, wie sie die Genossenschaftsidee zwar nicht vorschreibt, aber auch nicht verbietet[9]. Es bleibt zu bedenken, dass das System der Rückerstattung zwar nur mittelbar, aber

---

6   Zur Auslegung dieser Bestimmung, siehe vorn, Drittes Kapitel, § 10.
7   OEZGÜR, S. 117. Contra: FRIEDRICH, S. 152.
8   Gleicher Ansicht BERNHEIMER, S. 73, und VOGEL, S. 21.
9   Contra: KUMMER, S. 88 ff.

§ 15 Vermögensrechte und -pflichten

dennoch grundsätzlich kapitalistisch ist, indem es die Genossenschafter mit den grössten Betrieben, den bedeutendsten Herden usw. begünstigt. Eine nicht verhältnismässige, sondern gleiche Beteiligung der bescheideneren, aber der Genossenschaft im Rahmen ihrer Möglichkeiten (qualitativ) ebenso ergebenen Mitglieder am Gesellschaftergebnis verstösst gewiss nicht gegen Art. 854 OR.

Die in Art. 859 Abs. 3 und 861 Abs. 3 OR vorgesehene Rückzahlung hat nicht Zins-, sondern Dividendencharakter[10], da sie vom Vorliegen eines Bilanzüberschusses abhängt; obgleich das Genossenschaftsrecht die Bezahlung von Zinsen auf dem Genossenschaftskapital nicht ausdrücklich untersagt (vgl. Art. 675 Abs. 1 OR), wird übereinstimmend von einem stillschweigenden Verbot ausgegangen[11]. Aufgrund von Art. 854 OR darf sich zudem die Dividende nur nach der bereits liberierten Quote richten[12]. Die Kreditgenossenschaften sind von der in Art. 859 Abs. 3 OR vorgesehenen Höchstquote ausgenommen (Art. 861 Abs. 1 OR); ebensowenig muss diese dort berücksichtigt werden, wo zwingend alle Mitglieder gleich viele Anteile besitzen (da in einem solchen Fall die zusätzliche Dividende einer Verteilung nach Köpfen entspricht) oder wo die Zahl der Anteile jedes Mitgliedes direkt mit der Benützung der genossenschaftlichen Einrichtungen zusammenhängt (so und so viele Anteile pro Stück Vieh, pro Hektare Land usw.)[13].

Die Rückerstattung ist das Verteilungssystem, welches am besten zur Genossenschaft passt. Sie ist Rückzahlung eines Mehrbezugs oder Gewinns; insoweit dieser von der Genossenschaft nicht benötigt wird (zur Modernisierung oder Vergrösserung der Einrichtungen usw.), hat er den Charakter einer «Nichtschuld», da die Genossenschaft nicht auf Erwerb ausgerichtet ist. Zum gleichen wirtschaftlichen Ergebnis führt allerdings auch der Rabatt oder die bis zum Ende des Betriebsjahres aufgeschobene Festsetzung der endgültigen Kauf- und Verkaufspreise; hier erscheint die Forderung einer statutarischen Verankerung des Verteilungsschlüssels der Rückerstattung unlogisch. Der Grundsatz der Gleichbehandlung verlangt, dass sich die Rückerstattung grundsätzlich nach den Käufen, Verkäufen usw. jedes Mitgliedes richtet und dass ihre Ausrichtung keinen Bedingungen untersteht, welche einzelne Mitglieder willkürlich von ihr ausnimmt[14]. Die verhältnismässige Rückerstattung verstösst jedoch gegen Art. 854 OR, wenn der Gewinn der Gesellschaft wesentlich auf Ge-

---

10 BERNHEIMER, S. 76; FLURI, S. 81 und 89; FRIEDRICH, S. 150; GERWIG, GR, S. 292; W. HENSEL, S. 114 ff.; JOMINI, S. 125; OEZGÜR, S. 109; SCHNEIDER, S. 219; VOGEL, S. 96.
11 FLURI, S. 81 und 89; FRIEDRICH, S. 150 ff.; GERWIG, GR, S. 292; W. HENSEL, S. 115; SCHNEIDER, S. 220; TERRIER, S. 56; VOGEL, S. 125.
12 BERNHEIMER, S. 74. Contra: offenbar KUMMER, S. 75.
13 In diesem Fall wäre es angebracht, die Zahl der Anteile nicht nur auf die mögliche, sondern auf die effektive Benützung der genossenschaftlichen Einrichtungen zu beziehen.
14 BERNHEIMER, S. 75.

schäfte mit Dritten zurückzuführen ist[15]; hier sollte der Überschuss aus «Nichtmitgliedergeschäft» nach Köpfen oder zumindest nach angepassten Massstäben verteilt werden.

2. Abfindungsanspruch des ausscheidenden Genossenschafters

Gemäss Art. 865 OR kann der ausscheidende Genossenschafter keine Abfindung beanspruchen, es sei denn, die Genossenschaft werde innerhalb eines Jahres nach seinem Ausscheiden aufgelöst. Art. 865 Abs. 1 OR ist aber dispositives Recht, und die Statuten können dem Ausscheidenden, in den Schranken von Art. 864 OR, einen Abfindungsanspruch zugestehen[16].

Art. 864 OR entstand aus einem Missverständnis im Laufe der Vorbereitungsarbeiten und ist schwierig auszulegen. Das eindeutige Ergebnis seiner wörtlichen Auslegung erscheint unannehmbar. Gemäss dem Wortlaut des Gesetzes können nämlich die Statuten dem Ausscheidenden, gemäss Art. 864 Abs. 2 OR, lediglich die ganze oder teilweise Rückzahlung des Nominalwertes seiner Anteile zugestehen. Art. 864 Abs. 1 OR schliesst jede zusätzliche Zahlung (und somit auch jede Zuweisung in Genossenschaften ohne Kapital) zwingend aus: das «bilanzmässige Reinvermögen» einer Genossenschaft entspricht eindeutig der Höhe ihres (allfälligen) Genossenschaftskapitals und ihrer offenen Reserven; wird dieses Reinvermögen «mit Ausschluss der Reserven» berechnet, kann die Restsumme die Höhe des Kapitals selbstverständlich nicht übersteigen.

Aus dem Wortlaut des Art. 864 OR ist ersichtlich, dass der Gesetzgeber die daraus entstehende Sinnentleerung des Art. 864 Abs. 1 OR und des erwähnten «Genossenschaftsvermögens» nicht gewollt hat. Die Bestimmung (sie entspricht Art. 852 des Entwurfes von 1928) war ursprünglich nicht zwingendes Recht[17], sondern wurde dies erst auf Vorschlag des EJPD; dieses unterstrich allerdings (ohne darin einen Widerspruch zu sehen), dass die Beibehaltung dieses Artikels notwendig sei, um den Abfindungsanspruch des Ausscheidenden nicht auf die Rückzahlung seiner Anteile zu beschränken[18]. Aus den Materialien ergibt sich zudem eindeutig, dass sowohl der

---

15 Siehe dazu KUMMER, S. 84 ff.
16 Art. 864 OR verlangt eindeutig («Die Statuten bestimmen....ob und welche Ansprüche...») eine statutarische Grundlage nicht nur des Grundsatzes, sondern auch der Ausgestaltung eines Abfindungsanspruchs. Gemäss CAPITAINE, Nature juridique, S. 360; BORNER, S. 36; FRIEDRICH, S. 114, und JOMINI, S. 133, ist somit eine statutarische Bestimmung, welche lediglich den Grundsatz eines Abfindungsanspruchs festlegt, wertlos. Contra: BERNHEIMER, S. 77; GUTKNECHT, S. 60; W. HENSEL, S. 134; WINKLER, S. 229.
17 Art. 852 E lautet:«...; diese Ansprüche sind, *unter Vorbehalt anderer Anordnungen der Statuten*, auf Grund des bilanzmässigen Reinvermögens mit Ausschluss der Reserven zu berechnen».
18 Bericht des EJPD, vom 13. April 1933, S. 15.

§ 15 Vermögensrechte und -pflichten

Gesetzgeber als auch das EJPD davon ausgingen, dass die Genossenschaft ausser ihrem allfälligen Genossenschaftskapital und ihren Reserven ein «Genossenschaftsvermögen»[19] besitzt, auf welches die ausscheidenden Genossenschafter berechtigterweise Ansprüche erheben können; deshalb lehnte die Mehrheit des Nationalrates in der letzten Lesung den Vorschlag eines Zusatzes zu Art. 864 Abs. 1 in fine (solche Ansprüche «dürfen jedoch den Betrag des eingezahlten Anteils nicht übersteigen») ab[20].

Die wörtliche Auslegung des Art. 864 OR ist somit abzulehnen, obgleich sie sich in der Praxis im allgemeinen durchgesetzt hat, von einem Teil der Lehre gutgeheissen[21] und vom BankG stillschweigend bestätigt wird (Art. 12 BankG). Einzelne Kommentatoren ziehen offenbar lediglich, wie vorher schon der Gesetzgeber, die Möglichkeit in Betracht, dem Ausscheidenden Ansprüche an einem schlecht definierten «Genossenschaftsvermögen» zuzugestehen[22]; Autoren, welche den Widerspruch in Art. 864 OR bemerkt haben, schlagen im allgemeinen eine restriktive Auslegung des Ausdruckes «Reserven», insbesondere im Sinne der gesetzlichen Reserve oder in dem Sinne vor, dass ebengerade für Abfindungsansprüche geschaffene Spezialreserven nicht zu den «ausgeschlossenen Reserven» zu zählen sind[23]. Wir haben vorgeschlagen, dem Ausdruck «mit Ausschluss der Reserven» keine restriktive, sondern eine erklärende Bedeutung zuzumessen; in diesem Sinne handelt es sich beim Reinvermögen, an welchem der Ausscheidende statutarisch beteiligt werden kann, ausschliesslich um das «bilanzmässige Reinvermögen», d.h. um ein buchhalterisches Reinvermögen, «mit Ausschluss der stillen Reserven»[24].

---

19   Gemäss dem von HUBER in der Nationalratskommission verwendeten Ausdruck (siehe Protokoll der Sitzung vom 7. Februar 1933).
20   Amtl. Bull. NR, 6. November 1934, S. 767.
21   Siehe P. FORSTMOSER, Die Genossenschaft – Anachronismus oder Rechtsform der Zukunft?, SAG 1974, S. 155, 163, Anm. 57; GUTZWILLER, ad Art. 864/865 OR, N. 4 ff.; und insbes. SCHNEIDER, S. 117 ff.
22   FRIEDRICH, S. 116 ff.; GUTKNECHT, S. 60 ff.; HAFTER, S. 70 ff. und 91 ff.; HAGER, S. 56 ff.; W. HENSEL, S. 133 ff.; KUMMER, S. 89 ff.; OEZGÜR, S. 135; SCHAEDLER, S. 93 ff.; WINKLER, S. 218 ff.
23   BERNHEIMER, S. 77 ff.; BORNER, S. 133; FLURI, S. 83 und 137; GERWIG, GR, S. 249 ff.; JOMINI, S. 134 und 166; VOGEL, S. 150.
24   REYMOND, S. 171 ff.

Eine statutarisch vorgesehene Rückzahlung der Anteile beschränkt sich selbstverständlich auf den vom Ausscheidenden liberierten Betrag[25] und, bei nicht mehr vollständig gedecktem Genossenschaftskapital, auf den Bruchteil des noch gedeckten Kapitals[26]. Die Anteile können schliesslich höchstens entsprechend ihrem Nennwert vergütet werden, da Art. 864 Abs. 2 OR die Rückerstattung des Eintrittsgeldes, d.h. des damals vom Genossenschafter bezahlten Agios, ausschliesst[27]. Dies ist allerdings unlogisch angesichts der Annahme, dass der Ausscheidende einen Anspruch auf die Reserven der Genossenschaft haben kann; diese Überlegung allein vermag jedoch die wörtliche Auslegung des Art. 864 OR nicht zu rechtfertigen.

Gemäss Art. 864 Abs. 1 OR wird der Anspruch des Ausscheidenden aufgrund einer «im Zeitpunkt des Ausscheidens» erstellten Bilanz berechnet. Dies ist im allgemeinen unproblematisch, da der Austritt mit dem Schluss des Geschäftsjahres zusammenfällt (Art. 844 Abs. 1 OR). Andernfalls kann (oder muss, wenn die Statuten dies vorsehen) die Genossenschaft entweder eine Zwischenbilanz erstellen oder sich auf die letzte, der ordentlichen Generalversammlung vorgelegte Bilanz oder, falls der Austritt kurz vor Schluss des Geschäftsjahres erfolgt, auf die dann erstellte Bilanz stützen[28]. In allen diesen Fällen und ebenso, wenn die Genossenschaft die Bezahlung dieser Summe gemäss Gesetz (Art. 864 Abs. 3 OR) oder Statuten (Art. 864 Abs. 2 am Schluss OR) aufschiebt, wird der Ausscheidende mit der Wirksamkeit seines Austrittes Gläubiger dieses Betrages; dabei ist unerheblich, ob sich die Finanzlage der Genossenschaft zwischen Austritt und Bezahlung verändert[29]. Eine Ausnahme bilden nur die dem BankG unterstellten Genossenschaften. Art. 12 dieses Gesetzes fordert einerseits, dass eine solche Genossenschaft die Rückzahlung bis zur Genehmigung der Jahresrechnung des vierten Geschäftsjahres nach der Austrittserklärung aufschiebt, und sieht anderseits vor, dass die Anteile der Ausscheidenden bis zu ihrer Rückzahlung als verantwortliches Kapital haften.

---

25 HAFTER, S. 91; KUMMER, S. 95. Die Genossenschaft darf zudem den einem Mitglied geschuldeten Betrag mit dessen Schulden verrechnen (siehe dazu SCHAEDLER, S. 94 ff.); wie erwähnt (vorn, Drittes Kapitel, § 9), wird mit dem Ausscheiden eines Mitglieds der nicht liberierte Betrag seiner Anteile fällig.

26 Entscheid des Kantonsgerichts St. Gallen, vom 21. Januar 1955, SJZ 1956, S. 11. Siehe auch BERNHEIMER, S. 78; FLURI, S. 83; FRIEDRICH, S. 114 ff.; GERWIG, GR, S. 251 ff.; GUTZWILLER, ad Art. 864/865 OR, N. 8; GYSIN, S. 317; HAFTER, S. 92; W. HENSEL, S. 137 ff.; JOMINI, S. 135; KUMMER, S. 94 ff.; ROTHENBÜHLER, S. 85 ff.; SCHAEDLER, S. 94; SCHNEIDER, S. 119; WINKLER, S. 229. Contra: GUTKNECHT, S. 60; VOGEL, S. 98.

27 BORNER, S. 41; FLURI, S. 84; W. HENSEL, S. 135; VOGEL, S. 103.

28 Zu dieser Frage, siehe insbes. BERNHEIMER, S. 77, Anm. 24; BORNER, S. 29; FRIEDRICH, S. 117; W. HENSEL, S. 142; JOMINI, S. 135; SCHAEDLER, S. 95; F. VON STEIGER, S. 71; WINKLER, S. 225.

29 Contra: CAPITAINE, SJK Nr. 1158, S. 6, und Nature juridique, S. 361. Laut FRIEDRICH, S. 140 ff., können die Statuten nicht nur die Bezahlung, sondern auch die Berechnung der Entschädigung aufschieben; dies wird von GUTZWILLER, ad Art. 864/865 OR, N. 11, bestritten. Siehe dazu auch W. HENSEL, S. 144 ff.; JOMINI, S. 137 ff.; SCHNEIDER, S. 123 ff., und WINKLER, S. 225 ff.

§ 15 Vermögensrechte und -pflichten

Der Ausdruck «ausscheidender Genossenschafter» oder «Ausscheidender» in Art. 864 und 865 OR muss extensiv definiert werden. Er umfasst nicht nur die austretenden (Art. 842 ff. OR), sondern auch die ausgeschlossenen (Art. 846 OR) sowie diejenigen Mitglieder, welche die Mitgliedschaft durch Gesetz oder Statuten verlieren (Art. 848 OR)[30]. Zudem umfasst er u.E.[31] auch das Ausscheiden durch Kaduzierung (Art. 867 OR), indem diese zwar zum Verlust der Mitgliedschaft und der damit verbundenen Rechte, nicht aber zum Verlust eines Rechtes führt, welches ebengerade mit dem Zeitpunkt der Beendigung der Mitgliedschaft entsteht; die gegenteilige Lösung wäre unlogisch und unbillig, da die Kaduzierung nur einen Sonderfall der Ausschliessung darstellt. Hingegen kommen selbstverständlich Art. 864 und 865 OR nicht zur Anwendung, wenn die Mitgliedschaft und die Anteile des ausscheidenden oder verstorbenen Mitgliedes auf einen Dritten oder die Erben übergehen (Art. 849 Abs. 3 und 850, sowie 847 Abs. 2 und 3 OR)[32].

Die Statuten können aber die Genossenschafter, je nach dem Grund ihres Ausscheidens, einer unterschiedlichen Regelung unterstellen. Gestützt auf Art. 854 OR können sie insbesondere das Recht (auch durch Kaduzierung) ausgeschlossener Mitglieder auf das Genossenschaftsvermögen beschränken oder aufheben[33], zumindest wenn die Massnahme ein schuldhaftes Verhalten ahndet[34]. Art. 854 OR wird auch dann nicht verletzt, wenn die Rechte der Ausscheidenden aufgrund genossenschaftlicher Unterscheidungsmerkmale, wie beispielsweise der Benützung der genossenschaftlichen Einrichtungen oder der Dauer der Mitgliedschaft, von einander abweichen[35]. Diese Kriterien sind jedoch gewichtiger, wenn nicht nur die Anteile zurückerstattet werden, sondern wenn es auch um Anteile an den Reserven geht.

Ebensowenig geglückt wie die Formulierung des Art. 864 Abs. 2 OR ist dem Gesetzgeber diejenige des Art. 865 Abs. 2 OR; es bleibt nämlich unklar, welche «gleichen Rechte» Genossenschafter (oder deren Erben) haben, die aus einer ein Jahr[36] nach ihrem Austritt aufgelösten Genossenschaft ausgeschieden sind[37]. Es fragt

---

30 BERNHEIMER, S. 79, Anm. 34 bis 36; BORNER, S. 21; CAPITAINE, Nature juridique, S. 357; W. HENSEL, S. 134.
31 Contra: CAPITAINE, Nature juridique, S. 402.
32 Zur Abspaltung der Vermögensrechte bei Verkauf eines oder mehrerer Anteile durch ein Mitglied, siehe vorn, Viertes Kapitel, § 14, sowie REYMOND, S. 174.
33 BERNHEIMER, S. 79; CAPITAINE, Nature juridique, S. 357; FRIEDRICH, S. 117; JOMINI, S. 135.
34 FORSTMOSER, ad Art. 846 OR, N. 59; SCHAEDLER, S. 97 ff.
35 BERNHEIMER, S. 78 ff.; FRIEDRICH, S. 117; GUTKNECHT, S. 60, Anm. 114; KUMMER, S. 90 ff.; JOMINI, S. 135.
36 Diese Frist kann statutarisch verlängert, nicht aber verkürzt werden: BORNER, S. 53; FRIEDRICH, S. 159; W. HENSEL, S. 151; SCHAEDLER, S. 101; WEHRLI, S. 176; WINKLER, S. 231 ff. Laut GUTZWILLER, ad Art. 865/865 OR, N. 20, kann diese gesetzliche Frist allerdings nicht verlängert werden.
37 Laut Art. 842 Abs. 1 OR ist der Austritt nach der Auflösung nicht mehr möglich.

sich erstens, ob die Betroffenen einen Anspruch auf die (rückwirkende) Rückzahlung ihrer Anteile haben. Der Wortlaut des Art. 865 Abs. 2 OR (auf welchen sich Art. 913 Abs. 3 OR bezieht) scheint dies zwingend zu verneinen[38]; die aufgrund dieses Artikels gewährten Ansprüche betreffen nur den Liquidationsüberschuss, insoweit dieser den Mitgliedern zusteht («..und wird das Vermögen verteilt»), mit Ausnahme der in jedem Fall zu vergütenden Anteile (Art. 913 Abs. 2 OR). Es stellt sich zweitens die Frage, ob man sich an die systematische und historische Auslegung des Art. 865 Abs. 2 OR zu halten hat, wonach dieser eine Ausnahme zum ersten Absatz darstellt und nur zur Anwendung kommt, wenn die Statuten den Ausscheidenden keinen Anspruch auf das Genossenschaftsvermögen gewähren[39]. Diese an sich logische Auffassung muss m.E. dahingehend nuanciert werden, dass die von Art. 865 Abs. 2 OR Betroffenen die ihnen von dieser Bestimmung verliehenen Rechte nur insoweit verlieren, als sie bei ihrem Ausscheiden einen Anteil an den *Reserven* der Genossenschaft erhalten haben, nicht aber, wenn ihnen lediglich ihre Anteile vergütet wurden. Die strikte Anwendung des Art. 865 Abs. 2 OR würde zu ziemlich widersinnigen oder unbefriedigenden Ergebnissen führen. Bei der wörtlichen Auslegung des Art. 864 OR beispielsweise würden die Mitglieder einer Genossenschaft ohne Kapital von Art. 865 Abs. 2 OR profitieren, wohingegen die Mitglieder einer Genossenschaft mit Kapital an der Verteilung des Liquidationsüberschusses nur im (praktisch seltenen) Fall beteiligt würden, wo ihnen ihre Anteile nicht vergütet worden sind. Im übrigen sollte die Anwendung des Art. 865 Abs. 2 OR nicht von einer Voraussetzung (nämlich der nicht vergüteten Anteile) abhängig gemacht werden, welche zu dieser Bestimmung in keiner Verbindung steht (da sie ebengerade nicht die Rückzahlung der Anteile betrifft).

3. Recht auf den Liquidationsüberschuss

Der Liquidationsüberschuss einer Genossenschaft, d.h. das nach Tilgung der Schulden der Genossenschaft und nach Rückzahlung allfälliger Anteile verbleibende Vermögen muss, falls die Statuten nichts anderes vorsehen, zu genossenschaftlichen Zwecken oder zur Förderung gemeinnütziger Bestrebungen verwendet werden (Art. 913 Abs. 2 bis 5 OR).

Muss das Vermögen, gemäss Statuten, unter die Genossenschafter verteilt werden, stehen verschiedene Möglichkeiten zur Verfügung: die Statuten enthalten keine Bestimmungen über den Verteilungsschlüssel und der Liquidationsertrag wird nach

---

38 BERNHEIMER, S. 81; BORNER, S. 35. Contra: JOMINI, S. 177.
39 Dieser Auslegung folgen BERNHEIMER, S. 80, und W. HENSEL, S. 151. Contra: J.-G. FREY, Mitgliedschaft und Mitgliedschaftswechsel bei der Genossenschaft, Diss. Basel 1943, S. 39 ff.; JOMINI, S. 178. Siehe auch das Protokoll der Expertenkommission, Bern 1928, S. 602.

§ 15 Vermögensrechte und -pflichten

Köpfen verteilt[40]; sie legen den Verteilungsschlüssel selber fest (Art. 913 Abs. 3 OR); oder sie übertragen diese Zuständigkeit der Generalversammlung[41]. Solche Bestimmungen müssen selbstverständlich den Grundsatz der Gleichbehandlung beachten (Art. 854 OR). Der Verteilungsschlüssel kann sich auf die Benützung der genossenschaftlichen Einrichtungen[42], die Dauer der Mitgliedschaft[43] oder die geleisteten Beiträge[44] beziehen. Es fragt sich, ob auch die Verteilung nach Massgabe der Anteile zulässig ist. In den Vorbereitungsarbeiten hatte 1925 ein Mitglied der Expertenkommission dieses Kriterium als Regel für alle Genossenschaften mit Kapital vorgeschlagen[45]. Diesem Vorschlag wurde nicht gefolgt, ohne dass jedoch dieser Verteilungsmodus damals oder später als Möglichkeit ausgeschlossen wurde[46]; er wird von einem Teil der Lehre bejaht[47] und ziemlich häufig verwendet.

Es kommen hauptsächlich diejenigen Personen – oder ihre Rechtsnachfolger – in den Genuss des Liquidationsüberschusses, welche im Zeitpunkt der Liquidation Genossenschafter waren[48]. Art. 913 Abs. 3 OR behält jedoch auch die gesetzlichen Abfindungsansprüche (Art. 865 Abs. 2 OR) der ausgeschiedenen Genossenschafter oder ihrer Erben vor[49].

Die statutarischen Bestimmungen (Art. 833 Ziff. 8 OR), welche den Grundsatz und die Ausgestaltung der Verteilung des Liquidationsüberschusses unter die Mitglieder regeln, können entweder ursprünglich oder später[50], durch einen gemäss

---

40 Laut E.F. SCHMID, Genossenschaftsverbände, Diss. Zürich 1979, S. 213, gilt dies auch für Verbände. Contra: BERNHEIMER, S. 184, und C.H. BRUGGMANN, Zum Problem des Genossenschaftsverbands, Diss. Basel 1953, S. 54; laut diesen beiden Autoren muss der Überschuss nach Massgabe der Mitglieder jeder Verbandsgenossenschaft verteilt werden.
41 Siehe dazu LINIGER, S. 152, welcher auch die Möglichkeit einer Delegation an die Verwaltung prüft; dies fällt u.E., mit Ausnahme der sekundären Ausgestaltungsbestimmungen, ausser Betracht.
42 Dieses Kriterium wird von der Lehre einhellig gutgeheissen (siehe LINIGER, S. 147 ff.), mit Ausnahme von GUTZWILLER, ad Art. 913 OR, N. 46. Der Überschuss kann entweder gleichmässig auf alle Mitglieder, welche die Einrichtungen tatsächlich benützt haben, entsprechend der Erfüllung ihrer Mitgliedschaftspflichten (siehe BGE 80 II, 1954, S. 217), oder, typischer, nach Massgabe der Benützung durch die einzelnen Mitglieder verteilt werden.
43 BERNHEIMER, S. 80; GERWIG, GR, S. 293; GUTZWILLER, ad Art. 913 OR, N. 46. LINIGER, S. 158, lehnt die Verwendung dieses Kriteriums ab, da es s.E. die Beachtung des Grundsatzes der Gleichbehandlung nicht gewährleistet.
44 BERNHEIMER, S. 80; GERWIG, GR, S. 293; GUTZWILLER, ad Art. 913 OR, N. 46. Contra: LINIGER, S. 158.
45 Protokoll der Expertenkommission, Bern 1928, S. 650.
46 Laut Botschaft des Bundesrates ist das Recht auf die Liquidationsquote ein Recht, «das freier statutarischer Regelung unterliegt», BBl 1928 I, S. 205, 301.
47 BORNER, S. 54; FLURI, S. 85; FRIEDRICH, S. 159; W. HENSEL, S. 157; JOMINI, S.176; KUMMER, S. 100 ff.; OEZGÜR, S. 135 ff.; WEHRLI, S. 108 ff. Contra: BERNHEIMER, S. 80; GERWIG, GR, S. 293; GUTZWILLER, ad Art. 913 OR, N. 46; LINIGER, S. 157 ff.
48 Zu den Anteilen im Besitz von Nichtmitgliedern, siehe vorn, Viertes Kapitel, § 14.
49 Zur Auslegung des Art. 865 Abs. 2 OR, siehe vorn, 2.
50 Gemäss WEHRLI, S. 71 ff., ist jedoch eine solche Statutenänderung fragwürdig, insbesondere in einer Genossenschaft mit gemeinnützigen Zwecken.

Art. 888 Abs. 2 OR gefassten Generalversammlungsbeschluss, in die Statuten aufgenommen werden; ein solcher Beschluss kann jederzeit, auch nach Auflösung der Genossenschaft[51], gefasst werden, selbstverständlich unter der Voraussetzung, dass das verfügbare Vermögen nicht schon Dritten bezahlt oder versprochen wurde. Hingegen muss, wie schon betont[52], die Aufhebung oder Veränderung des Anspruchs der Mitglieder auf den Liquidationsüberschuss durch ein herrschendes Gesellschaftsinteresse gerechtfertigt sein.

«Enthalten die Statuten keine Vorschriften über die Verteilung unter die Genossenschafter»[53], so muss der Liquidationsüberschuss zu genossenschaftlichen Zwecken oder zur Förderung gemeinnütziger Bestrebungen verwendet werden (Art. 913 Abs. 4 OR). Die gewählten Zwecke müssen nicht notwendigerweise, werden aber normalerweise mit den Zwecken der aufgelösten Genossenschaft übereinstimmen. Legen die Statuten diese Zwecke nicht fest oder nennen sie den Empfänger des Liquidationsüberschusses nicht, ist die Generalversammlung dafür zuständig. Es handelt sich wahrscheinlich um eine ausschliessliche Kompetenz (Art. 879 Abs. 2 Ziff. 5 OR); denn der Ausdruck «enthalten die Statuten keine Vorschrift» in Art. 913 Abs. 5 OR ist wohl nicht im Sinne von «übertragen die Statuten dies keinem anderen Organ»[54] zu verstehen, sondern bedeutet vielmehr: «regeln die Statuten die Zweckbestimmung des Liquidationsüberschusses nicht »[55].

II. Vermögenspflichten

Gemäss Art. 832 Ziff. 3 OR müssen «allfällige Verpflichtungen der Genossenschafter zu Geld- oder anderen Leistungen» in den Statuten vorgesehen sein, da sie sonst nichtig sind[56]. Der Ausdruck «allfällige» weist darauf hin, dass die Genossenschaft ihren Mitgliedern keine Leistungen auferlegen muss; deshalb hätte die Bestimmung des Art. 832 Ziff. 3 OR logischerweise in Art. 833 OR aufgenommen werden müssen[57]. Diese Meinung wird allerdings nicht einhellig vertreten, da der Grundsatz der «gemeinsamen Selbsthilfe» (Art. 828 Abs. 1 OR), in Verbindung mit der Treue-

---

51 Siehe dazu LINIGER, S. 158 ff., und F. VON STEIGER, S. 175 f. Contra: BORNER, S. 54.
52 Vorn, I, in limine. Gemäss SCHAEDLER, S. 101, Anm. 5, kann der Verteilungsmodus nach Auflösung der Genossenschaft nicht mehr geändert werden.
53 Der französische Text ist sinngemäss gleich, erwähnt jedoch die Genossenschafter nicht: «Si les statuts ne prescrivent rien au sujet de la répartition de l'excédent...»
54 Siehe dazu GUTZWILLER, ad Art. 913 OR, N. 48, und LINIGER, S. 153, Anm. 114.
55 In der Botschaft des Bundesrates heisst es: «Das Nähere wird durch die Statuten und, wenn diese darüber keine Auskunft geben, durch die Generalversammlung festgelegt», BBl 1928 I, S. 205, 301; siehe auch Amtl. Bull. StR, 16. Juni 1932, S. 281.
56 BGE 93 II, 1967, S. 30.
57 Ibid., S. 35 f.

§ 15 Vermögensrechte und -pflichten

pflicht der Mitglieder (Art. 866 OR), die Mitwirkung jedes Mitgliedes an den genossenschaftlichen Tätigkeiten fordert[58]. Jedenfalls sind ausschliessliche Geldleistungen der Mitglieder nicht zwingend vorgeschrieben.

Art. 832 Ziff. 3 OR verlangt, dass die Statuten «Art und Höhe» der vorgesehenen Leistungen erwähnen, so dass (gegenwärtige und künftige) Genossenschafter das Ausmass ihrer Pflichten genau zu erkennen vermögen. Art. 867 Abs. 1 OR verlangt eine «Regelung» solcher Pflichten in den Statuten. Die statutarischen Bestimmungen müssen somit genügend ausführlich sein, und die Möglichkeit, die Festsetzung von Art und Höhe der vorgesehenen Leistungen (beispielsweise in einem Reglement) der Generalversammlung oder Verwaltung zu übertragen, ist recht begrenzt[59]. Diese Grundsätze sind jedoch sinn- und massvoll zu befolgen; es ist beispielsweise üblich[60] und vernünftig, dass Genossenschaftsbeiträge – insoweit es sich um bescheidene Nebenverpflichtungen handelt – wie in Vereinen jährlich von der Generalversammlung (aufgrund einer allgemeinen statutarischen Bestimmung) festgelegt und angepasst werden. Zudem handelt es sich bei den im Art. 832 Ziff. 3 OR vorgesehenen Leistungen ausschliesslich um Leistungen *ohne direkte Gegenleistung* der Genossenschaft. Beispielsweise muss zwar die Pflicht der Mitglieder einer Genossenschaft zum Kauf von deren Produkte, nicht aber ihr je nach Marktlage wechselnder Kaufpreis statutarisch vorgesehen sein. Allgemeiner ausgedrückt kann und muss der Preis der Benützung der genossenschaftlichen Einrichtungen (Miete, Zinsfuss, Versicherungsprämien usw.) in den Statuten nicht genau festgelegt werden; der diesbezügliche Schutz der Mitglieder wird allgemein durch das Recht auf Gleichbehandlung und subsidiär durch das Austrittsrecht gewährleistet.

Die Vermögenspflichten der Genossenschafter sind vielgestaltig; sie können einmalig, periodisch, kollektiv oder individuell sein. Einzelne Leistungen, beispielsweise Beiträge, Subventionen, Garantien, Bussen oder Strafen, stützen sich ausschliesslich auf Art. 832 Ziff. 3 OR und 867 Abs. 1 OR. Andere werden dagegen ausdrücklich vom Gesetz erwähnt und geregelt; dies gilt für die (obligatorische) Beteiligung am Genossenschaftskapital (Art. 853 Abs. 1 OR)[61], die Auslösungssumme beim die Genossenschaft schädigenden Austritt (Art. 843 Abs. 2 und 846 Abs. 4 OR)[62], die persönliche Haftung und die Nachschusspflicht (Art. 833

---

58   Siehe dazu vorn, Erstes Kapitel, § 3, und Zweites Kapitel, § 7.
59   BERNHEIMER, S. 102; FLURI, S. 124 ff.; FORSTMOSER, ad Art. 832/833 OR, N. 108 ff.; GERWIG, GR, S. 173 ff.; F. VON STEIGER, S. 45; TANNER, S. 36; ZUMBÜHL, S. 69 ff. (welcher die analoge Anwendung von Art. 777 Ziff. 2 OR empfiehlt).
60   TANNER, S. 31. Fragwürdiger erscheint die von TANNER, S. 36, und ZUMBÜHL, S. 92, bejahte Zulässigkeit einer reglementarischen Grundlage für Bussen und Konventionalstrafen (da es sich um Nebenverpflichtungen handelt): siehe dazu F. VON STEIGER, S. 94, mit Zitat des Entscheides des Appellationsgerichtes Bern, vom 22. Juni 1960, ZBJV 97, 1961, S. 281, 295 ff.
61   Siehe vorn, Drittes Kapitel, § 9.
62   Siehe vorn, Viertes Kapitel, § 13.

Ziff. 5 und 869 ff. OR)[63]. Leistungen beim Eintritt oder als dessen Voraussetzung stützen sich auf Art. 839 Abs. 2 OR[64]. Die Eintrittsgelder, welche fest oder veränderlich sein und im letzteren Fall die Form von (gemäss Art. 864 Abs. 2 OR nicht rückzahlbaren) Agios auf die Genossenschaftsanteile annehmen können, wurden zum Gegenstand zahlreicher Kommentare und Kritiken[65]; ihre Zulässigkeit ist jedoch unbestritten.

Die (nur in den Statuten oder zusätzlich in Reglementen oder Verträgen geregelten) Vermögenspflichten der Mitglieder müssen selbstverständlich unter Beachtung des Grundsatzes der Gleichbehandlung[66] oder, für das Eintrittsgeld, des Grundsatzes der offenen Türe festgelegt werden. Die geforderte Gleichbehandlung betrifft nicht nur die Höhe der Leistungen, sondern auch die Zahlungsbedingungen und weitere Einzelheiten. Wie in anderen Bereichen des Genossenschaftsrechtes kann auch hier der Grundsatz der Gleichbehandlung nicht genauer umschrieben werden. Je nach Art der Leistung oder Tätigkeit handelt es sich um eine absolute oder relative Gleichheit, und die Kriterien der «Ungleichbehandlung» (hauptsächlich betreffend die wirkliche oder mögliche Benützung der genossenschaftlichen Einrichtungen und die Dauer der Mitgliedschaft) können je nach Genossenschaft unterschiedlich sein.

Die Leistungen können und dürfen im Laufe des genossenschaftlichen Lebens zweifellos verändert, insbesondere auch erhöht werden. Wie schon für die Erhöhung des Genossenschaftskapitals angemerkt wurde[67], untersteht der Beschluss der Generalversammlung nicht Art. 889 OR (trotz seines Randtitels), sondern Art. 888 Abs. 2 OR[68]; im allgemeinen verschafft jedoch eine wesentliche Veränderung der statutarischen Pflichten den Mitgliedern einen wichtigen Austrittsgrund.

Die Nichterfüllung der Pflichten setzt das Mitglied dem Kaduzierungsverfahren gemäss Art. 867 Abs. 2 bis 4 OR aus[69]. Der Geltungsbereich dieser Bestimmungen ist nicht klar definiert; die Ausdrücke «andere Beitragsleistungen» und «bezahlt» in den Absätzen 2 und 3 des Art. 867 OR weisen jedoch darauf hin, dass sie jedenfalls die Geldleistungen betreffen. Einzelne Autoren gehen davon aus, dass das Kaduzierungsverfahren in allen Fällen der Nichterfüllung irgend einer Pflicht anwendbar

---

63 Siehe hinten, Sechstes Kapitel.
64 Siehe vorn, Viertes Kapitel, § 12.
65 Zu weiteren Einzelheiten, siehe: FLURI, S. 119 ff.; FORSTMOSER, ad Art. 849 OR, N. 29 ff.; FRIEDRICH, S. 82; GERWIG, GR, S. 237 ff.; GUTKNECHT, S. 13 ff.; GUTZWILLER, ad Art. 839 OR, N. 14; HAFTER, S. 66; JOMINI, S. 72; J. MONNIER, De l'entrée dans une société coopérative en droit positif anglais, français et suisse, Diss. Neuenburg 1957, S. 120 ff.; STIEHLE, S. 20 ff.; TANNER, S. 32 ff.; VOGEL, S. 62 ff.
66 Siehe insbesondere die detaillierten Ausführungen von KUMMER, S. 102 ff.
67 Siehe vorn, Drittes Kapitel, § 9.
68 FLURI, S. 125; GUTKNECHT, S. 57; TANNER, S. 21; ZUMBÜHL, S. 81. Contra: OEZGÜR, S. 174, Anm. 47. Siehe auch vorn, Drittes Kapitel, § 9, Anm. 75.
69 Zu diesem Verfahren, siehe vorn, Drittes Kapitel, § 9.

ist[70]. Dies trifft u.E. nicht zu, da sonst Art. 849 OR praktisch seinen Gehalt verlöre. Gemäss Wortlaut und Zweck des dem Aktienrecht entliehenen Art. 867 OR hat sich seine Anwendung auf die (ohne weiteres nachweisbare) Nichterfüllung von Geldleistungen zu beschränken[71].

---

70 GUHL, S. 753; GUTKNECHT, S. 21; H.-L. JUNG, Über das Prinzip der offenen Türe im Recht der Verbände, Diss. Bern 1956, S. 89; STIEHLE, S. 43 und 49; TANNER, S. 23; WINKLER, S. 182 (wenn die Leistungen einen «Vermögenswert» besitzen); B. ZIEGLER, Die genossenschaftliche Treuepflicht im schweizerischen Recht, Diss. Basel 1941, S. 152 ff.; ZUMBÜHL, S. 110.
71 FREY (Anm. 39), S. 26 ff.; GUTZWILLER, ad Art. 867 OR, Ziff. 7; HAFTER, S. 81 ff.; OEZGÜR, S. 170 ff.; H. J. STUDER, Die Auslösungssumme im schweizerischen Genossenschaftsrecht, Diss. Bern 1977, S. 40 ff.

§ 16 Genossenschaftliche Rechte und Pflichten

Literatur

W. BENZ, Die Treuepflicht des Gesellschafters, Diss. Zürich 1947; BERNHEIMER; CAPITAINE, SJK, Nrn. 1157 und 1158; W. DUBACH, Das Recht auf Rückvergütung und Preisnachzahlung in der Genossenschaft, Diss. Zürich 1932; GERWIG, GR, S. 268 ff.; GUTZWILLER, ad Art. 854 und 866 OR; R.P. HAFTER, Die personenrechtliche und kapitalistische Struktur der Genossenschaft im neuen OR, Diss. Bern 1938; KUMMER; OEZGÜR; F. VON STEIGER, S. 42 ff.; W. VON STEIGER, VIII/1, § 22; W. TROXLER, Die Treuepflicht des Genossenschafters, Diss. Freiburg i. Ue. 1953; B. ZIEGLER, Die genossenschaftliche Treuepflicht im schweizerischen Recht, Diss. Basel 1941; F. ZUMBÜHL, Die korporationsrechtlichen Leistungspflichten in der Genossenschaft, Diss. Zürich 1944.

I. Genossenschaftliche Rechte

Wie zu Beginn des vorliegenden Kapitels erwähnt, wird auf wesentliche genossenschaftliche Rechte an anderer Stelle eingegangen. Dies gilt insbesondere für verschiedene individuelle oder kollektive Rechte in Verbindung mit der Teilnahme der Mitglieder an Generalversammlung und Verwaltung (Stimmrecht, Vertretungsrecht, Recht auf Einberufung der Generalversammlung, Wählbarkeit, Recht auf Anfechtung der Generalversammlungsbeschlüsse und auf Abberufung der Verwaltung und Kontrollstelle usw.)[72], die Verantwortlichkeitsklage gegen die Gesellschaftsorgane[73], das Austrittsrecht und das (vermögensrechtliche) Recht auf Übertragung der Genossenschaftsanteile[74].

Im folgenden wird hauptsächlich auf zwei schon mehrfach erwähnte Rechte eingegangen, welche im Zentrum des Konzeptes der Genossenschaft stehen, nämlich das Recht auf die Benützung der genossenschaftlichen Einrichtungen und das Recht auf Gleichbehandlung. Als drittes kommt das Kontrollrecht des Genossenschafters zur Sprache; es ist ebenfalls von Bedeutung, muss aber hier weniger ausführlich dargelegt werden, da seine Regelung fast vollständig mit den entsprechenden, bis 1992 geltenden Normen des Aktienrechtes übereinstimmt.

---

72 Siehe hinten, Siebtes Kapitel.
73 Siehe hinten, Neuntes Kapitel.
74 Siehe vorn, Viertes Kapitel.

1. Recht auf Benützung der genossenschaftlichen Einrichtungen

Dieses grundlegende und unentziehbare Recht, welches dem Beitritt und der Mitgliedschaft zugrunde liegt und diese rechtfertigt, wird vom Gesetz nur indirekt in Art. 859 Abs. 2 OR erwähnt und findet nur selten in die Statuten Eingang[75]. Eine Erwähnung in den Statuten ist überflüssig, da die Teilnahme der Mitglieder an den statutarischen Aktivitäten ebengerade diese «gemeinsame Selbsthilfe» (Art. 828 Abs. 1 OR) darstellt, welche wesentliches Merkmal der Genossenschaft als Selbsthilfegesellschaft ohne wirtschaftlichen Zweck ist[76].

Als herkömmliches Merkmal der relativen Gleichbehandlung (für Rechte und Pflichten) ist die Benützung der genossenschaftlichen Einrichtungen gleichzeitig Recht und Pflicht, dies trifft auch für weitere Gesellschaftsaktivitäten, insbesondere die Teilnahme an der Generalversammlung, zu. Die Nichterfüllung dieser Pflicht kann in einzelnen Genossenschaften zu Sanktionen führen, entweder aufgrund einer diesbezüglichen statutarischen Bestimmung oder auch ohne eine solche, wenn die Gleichgültigkeit eines Mitglieds gegenüber der Gesellschaft gegen die gesetzliche Treuepflicht verstösst und einen Ausschlussgrund darstellt.

Dies bedarf jedoch der genaueren Ausführung. Erstens gibt es beispielsweise gemeinnützige Genossenschaften, deren gemeinsame Selbsthilfe keine den Genossenschaftern zur Verfügung stehenden Einrichtungen einschliesst[77]. Zweitens muss die Benützung des Gesellschaftsvermögens, unter dem Blickwinkel der Gleichbehandlung, nicht notwendigerweise unverzüglich und bedingungslos erfolgen. Eine Wohngenossenschaft ohne verfügbare Wohnungen kann beispielsweise neue Mitglieder in eine Warteliste eintragen oder das Los über die Zuteilung einer freien Wohnung entscheiden lassen; eine Kreditgenossenschaft muss ihren Mitgliedern nur Darlehen gewähren, wenn sie die vorgeschriebenen Sicherheiten bieten. Somit erlaubt die Relativität der Gleichbehandlung unterschiedliche Ausgestaltungen und Abstufungen des Rechts zur Teilnahme an der gemeinsamen Selbsthilfe, falls solche Unterschiede auf nichtvermögensrechtlichen und im Hinblick auf den Gesellschaftszweck gerechtfertigten Kriterien beruhen. Dies gilt auch für andere Rechte und Pflichten der Mitglieder.

Wie schon erwähnt[78] sind Preis und Ausgestaltung der Benützung der genossenschaftlichen Einrichtungen im allgemeinen nicht in den Statuten vorgesehen, sondern beruhen auf Verträgen oder auf von der Generalversammlung oder der Verwaltung

---

75 Dieses Recht wurde von der Lehre hauptsächlich unter dem Blickwinkel des Grundsatzes der Gleichbehandlung dargestellt, siehe BERNHEIMER, S. 95 ff., und KUMMER, S. 112 ff. Siehe ebenfalls DUBACH, S. 95 ff.; FORSTMOSER, S.T., N. 320; GERWIG, GR, S. 278 ff.; OEZGÜR, S. 133 ff.
76 Siehe dazu allerdings den Vorbehalt von BERNHEIMER, S. 97 ff. Laut HAFTER, S. 78, ergibt sich das Recht auf Benützung der genossenschaftlichen Einrichtungen aus Art. 854 OR.
77 BERNHEIMER, S. 95 ff.; FORSTMOSER, S.T., N. 320; KUMMER, S. 87 ff.
78 Vorn, § 15.

erlassenen Reglementen[79]. Eine Weinbaugenossenschaft kann selbstverständlich den Preis der Trauben nicht statutarisch festsetzen, da er von Umfang und Qualität der jeweiligen Ernte abhängt. Bildet aber die Teilnahme der Mitglieder an der gemeinsamen Selbsthilfe eine statutarische Pflicht (durch Kontrahierungszwang oder Konkurrenzunterlassungspflicht) müssen die Statuten verhältnismässig ausführliche Bestimmungen über Preisrichtlinien, Preiskriterien und weitere wesentliche Punkte enthalten.

Die Verletzung des Rechts eines Mitgliedes auf die Benützung der genossenschaftlichen Einrichtungen schliesst in den meisten Fällen auch eine Verletzung des weiter hinten besprochenen Rechts auf Gleichbehandlung ein und löst die entsprechenden Schutzmechanismen aus. Dennoch ist das Recht auf Benützung der genossenschaftlichen Einrichtungen ein autonomes Recht. Wer sich auf eine gesetzwidrige Verletzung dieses Rechts beruft, braucht nicht den Beweis für eine Ungleichbehandlung zu erbringen, um die Gesellschaft zur Gewährung des Rechts oder zur Leistung von Schadenersatz zu zwingen oder um von seinem Austrittsrecht aus wichtigem Grund Gebrauch zu machen.

2. Recht auf Gleichbehandlung

«Die Genossenschafter stehen in gleichen Rechten und Pflichten, soweit sich aus dem Gesetz nicht eine Ausnahme ergibt». Hiermit bestätigt Art. 854 OR den Grundsatz der Gleichbehandlung[80]. Gemäss Bundesgericht soll diese 1936 in das OR eingeführte Gesetzesbestimmung «in allgemeiner Form festhalten, dass bei der Gleichbehandlung die *Person* des Mitglieds die unterste Einheit darstellt, auf der sich die Körperschaft aufbaut – nicht eine bestimmte Kapitalbeteiligung wie bei der Aktiengesellschaft»[81].

Laut fast einheliger Lehre und Rechtsprechung[82] fordert Art. 854 OR nicht, dass jedes Mitglied immer und unter allen Umständen gleich behandelt wird, sondern verlangt lediglich, dass die Rechte und Pflichten der Genossenschafter, «soweit sich aus dem Gesetz nicht eine Ausnahme ergibt», nicht unter vermögensrechtlichen Gesichtspunkten, sondern nach Kriterien festgelegt und bemessen werden, welche

---

79 Siehe insbes. BERNHEIMER, S. 98 ff.
80 Im Rahmen der Vorarbeiten wurde die Zweckmässigkeit der Aufnahme dieses Grundsatzes in das Gesetz in Frage gestellt und teilweise als überflüssig erachtet; siehe dazu GUTZWILLER, ad Art. 854 OR, Ziff. 1 ff.
81 BGE 69 II, 1943, S. 41, 44.
82 Eine absolute Gleichheit wurde insbesondere vertreten von P. GLOOR, Recht und Berechtigung der Delegiertenversammlung in der Genossenschaft, Diss. Basel 1949, S. 35 ff., und H. WENNINGER, Das Stimmrecht des Genossenschafters nach dem revidierten schweizerischen OR, Diss. Zürich 1943, S. 59.

mit der Natur und dem Zweck der Gesellschaft übereinstimmen. Somit trifft es zwar zu, dass die von Art. 854 OR verlangte Gleichheit ein «sogenanntes Gleichheitsprinzip» ist[83]; es handelt sich aber um eine für die Genossenschaft typische besondere relative Gleichbehandlung, welche in ihren positiven Aspekten deutlich über eine unterschiedliche Behandlung der Mitglieder nur nach Massgabe ihrer Beteiligung am Grundkapital hinausführt[84].

Die Anwendung der Regel der Verteilung «nach Köpfen», welche Ausdruck einer absoluten Gleichbehandlung ist, wird durch Art. 854 OR nicht ausgeschlossen, aber nur in seltenen Fällen vorgeschrieben: bei unteilbaren oder nicht messbaren Rechten und Pflichten (Informationsrecht, Konkurrenzunterlassungspflicht) oder wenn die Mitglieder keine genossenschaftlich wesentlichen Unterschiede bezüglich der betreffenden Rechte und Pflichten aufweisen und wenn zudem das Gesetz im konkreten Fall die Berücksichtigung vermögensrechtlicher Kriterien nicht ausdrücklich vorsieht. Rechtlich ist die absolute Gleichheit im allgemeinen oder sogar immer, insbesondere bezüglich der Vermögensrechte, zulässig, insoweit sie von den ursprünglichen Statuten vorgesehen ist[85]. Aber eine Genossenschaft mit einer derartigen «kommunistischen» Organisation würde sich wohl kaum grosser Beliebtheit erfreuen; zudem wäre die absolute Gleichheit häufig absurd, insbesondere bezüglich der Benützung der genossenschaftlichen Einrichtungen[86].

Wie schon erwähnt kann der Umfang der finanziellen Beteiligung der Mitglieder Ungleichheiten nur begründen, wenn dies vom Gesetz ausdrücklich vorgesehen ist. Die bisweilen (siehe Art. 870 Abs. 2 und 913 Abs. 2 OR) zwingenden «Ausnahmen aus dem Gesetz» finden sich hauptsächlich in Art. 859 Abs. 3 OR (Quote auf Anteilscheinen), Art. 864 Abs. 2 OR (Rückzahlung der Anteile an ausscheidende Genossenschafter), Art. 870 Abs. 2 OR (Haftungsbetrag bei beschränkter Haftung), Art. 871 Abs. 2 und 3 OR (Nachschüsse) und Art. 913 Abs. 2 OR (Verteilung des Liquidationsüberschusses). Wie erwähnt[87] wird die Verteilung des Liquidationsüberschusses nach Anteilen im allgemeinen als zulässig erachtet. Zudem enthalten die Statuten zahlreicher Genossenschaften «falsche Ausnahmen» und betreffen Fälle, in welchen zwar Rechte und Pflichten der Mitglieder von ihrer finanziellen Beteiligung abhängen, der Umfang ihrer Beteiligung aber seinerseits anhand genossenschaftlicher Kriterien festgelegt wird; dies ist selbstverständlich mit Art. 854 OR vereinbar[88].

---

83 BGE 89 II, 1963, S. 138.
84 BGE 69 II, 1943, S. 41.
85 Siehe dazu BERNHEIMER, S. 31.
86 Siehe dazu OEZGÜR, S. 140.
87 Vorn, § 15.
88 BERNHEIMER, S. 28.

Da Art. 854 OR vermögensrechtliche Ungleichheiten keineswegs ausschliesst, wenn sie auf genossenschaftlichen Kriterien beruhen (bestes Beispiel ist die Rückerstattung), ist die Verteilung von Gründer-, Gratis- oder Vorzugsanteilen in Anwendung solcher Kriterien, wie erwähnt[89], zumindest unter dem Blickwinkel der Gleichbehandlung nicht rechtswidrig. Hingegen ist es mit Art. 854 OR (und ebenso mit Art. 859 Abs. 3 OR) unvereinbar, Gratisanteile (oder andere Vorteile) nach Massgabe der (allenfalls unterschiedlichen) Zahl bisher besessenen Anteile zu verteilen. Diese Regeln und Unterscheidungen sind etwas künstlich, da genossenschaftliche Kriterien bisweilen finanzielle Kriterien verbergen; insbesondere das Kriterium der Benützung der genossenschaftlichen Einrichtungen berücksichtigt nicht sosehr die Treue der Mitglieder gegenüber ihrer Genossenschaft, als vielmehr die Finanzkraft der einzelnen Mitglieder. Dies wird am Beispiel der zusätzlichen Anteile deutlich. Art. 853 Abs. 2 OR ermächtigt die Genossenschaft, in ihren Statuten die Zeichnung zusätzlicher Anteile entweder in gleicher Zahl oder gemäss genossenschaftlicher Kriterien vorzusehen; dadurch wird zwar die (absolute oder relative) Gleichbehandlung gewahrt; nicht alle Mitglieder verfügen aber zwangsläufig über die zur Ausübung des ihnen gewährten Rechtes erforderlichen Mittel.

Die eine Ungleichbehandlung rechtfertigenden Unterschiede können unmöglich abschliessend aufgezählt werden[90]. Insoweit unter Berücksichtigung des Zwecks und der Aktivitäten der Genossenschaft ein logischer, angemessener und vernünftiger Bezug zu den konkreten Rechten und Pflichten besteht, ist jedes Kriterium verwendbar. Praktisch wird jedoch bei weitem am häufigsten direkt oder indirekt auf die Benützung der genossenschaftlichen Einrichtungen Bezug genommen, nicht nur für die Verteilung des Reinertrages (gemäss Art. 859 Abs. 2 OR), sondern auch für zahlreiche weitere finanzielle Rechte und Pflichten der Genossenschafter (Anteile, Beiträge usw.)[91]. Je nachdem ist die potentielle Benützung der genossenschaftlichen Einrichtungen (beispielsweise hängt die Zahl der Anteilscheine, welche vom Mitglied einer Zuchtgenossenschaft gezeichnet werden müssen oder können, von der Stückzahl Vieh oder der Betriebsgrösse ab) oder aber – häufiger – deren tatsächliche Benützung ausschlaggebend (Umfang der jährlichen Käufe oder Verkäufe usw.). Ein weiteres geläufiges Kriterium ist die Dauer der Mitgliedschaft, welche sich selbstverständlich insbesondere auf die Verteilung des Liquidationsüberschusses oder auf die Auslösungssumme auswirken kann[92].

---

89 Vorn, § 9, für Gratis- und Vorzugsanteile, und § 10, für Gründeranteile
90 Die Werke von BERNHEIMER und von KUMMER gehen ausführlich auf die Anwendung des Grundsatzes der Gleichbehandlung bezüglich der Rechte und Pflichten der Mitglieder in den verschiedenen Arten von Genossenschaften ein. Siehe auch GERWIG, GR, S. 128 ff.
91 Siehe insbes. BERNHEIMER, S. 26; OEZGÜR, S. 128 ff.
92 Das häufig erwähnte Kriterium der von den Genossenschaftern bezahlten Beiträge ist nur ein indirektes Kriterium, da dieser Betrag (wie derjenige der Anteile) seinerseits aufgrund genossenschaftlicher Kriterien festgesetzt werden muss; siehe BERNHEIMER, S. 28 ff.

§ 16 Genossenschaftliche Rechte und Pflichten

Ist das gewählte Unterscheidungskriterium, wie beispielsweise die beiden eben erwähnten Merkmale, veränderlich, und sind gleichzeitig die betreffenden Rechte oder Pflichten anpassbar, so verlangt Art. 854 OR, dass die ungleiche Behandlung nach Massgabe der faktischen Ungleichheit erfolgt[93]. Beispielsweise erhält jedes Mitglied einen prozentualen Anteil am Reingewinn entsprechend seiner prozentualen Benützung der genossenschaftlichen Einrichtungen, was selbstverständlich bedeutet, dass zwei im Hinblick auf das gewählte Kriterium gleichgestellte Mitglieder gleich zu behandeln sind. Als allgemeine Regel ist hingegen unzulässig, ein Kriterium in eine Bedingung umzuwandeln, indem beispielsweise vorgesehen wird, dass einzig die Mitgliedschaft während fünf oder zehn Jahren zu einer Rückerstattung berechtigt. Anders ist jedoch die Situation wenn die konkreten Rechte und Pflichten oder das gewählte Kriterium nicht anpassbar sind. Es ist beispielsweise rechtmässig, dass für die Wählbarkeit in den Verwaltungsrat eine bestimmte Mitgliedschaftsdauer vorausgesetzt wird; in diesem Sinne erachtete das Bundesgericht eine statutarische Bestimmung als gültig, welche die Wählbarkeit in eine Delegiertenversammlung von der Nichtmitgliedschaft in einer Konkurrenzgenossenschaft abhängig machte[94]; in einem ganz anderen Bereich liess das Bundesgericht ebenfalls zu, dass eine Siedlungsgenossenschaft das Austrittsrecht der sog. Sympathiemitglieder einerseits und derjenigen Mitglieder anderseits, welche gleichzeitig Grundeigentümer waren, unterschiedlich regelte[95].

Der Schutz des Rechtes auf Gleichbehandlung[96] wird hauptsächlich, aber unvollständig, durch das Rechtsmittel der Anfechtung der Generalversammlungsbeschlüsse gewährleistet (Art. 891 OR). Ein Mitglied kann damit entweder den Erlass gegen Art. 854 OR verstossender statutarischer Bestimmungen oder Beschlüsse über die Anwendung solcher Bestimmungen (welche durch ihre Eintragung im Handelsregister nicht rechtmässig werden) oder auch weitere Beschlüsse anfechten, welche unter Verletzung der Statuten oder ohne besondere statutarische Grundlage gegen den Grundsatz der Gleichbehandlung verstossen[97].

Die Anfechtungsklage zeigt jedoch weder positive Auswirkungen noch betrifft sie die Beschlüsse der Verwaltung. Diese können nur in den seltenen Fällen von Nichtigkeit angefochten werden, beispielsweise wenn sich der Verwaltungsrat gesetzlich oder statutarisch der Generalversammlung vorbehaltene Befugnisse anmasst. In allen anderen Fällen stehen durch einen Verwaltungsratsbeschluss benachteiligten Mitgliedern verschiedene mehr oder weniger wirksame Mittel zur Verfügung, näm-

---

93 Siehe dazu BERNHEIMER, S. 29.
94 BGE 69 II, 1943, S. 41. Siehe auch BGE 80 II, 1954, S. 271, wo das Bundesgericht zum Schluss kam, es verstosse nicht gegen Art. 854 OR, «die Beteiligung am Liquidationsüberschuss von der Erfüllung der statutarischen Mitgliedschaftspflichten abhängig zu machen».
95 BGE 89 II, 1963, S. 138.
96 Siehe BERNHEIMER, S. 105 ff., und KUMMER, S. 135 ff.
97 Zu Art. 891 OR, siehe hinten, Siebtes Kapitel, § 21.

lich die Beschwerde an die Generalversammlung (über Art. 881 OR), die Abberufungsklage gemäss Art. 890 Abs. 2 OR oder die Ausübung ihres Austrittsrechts (aus wichtigen Gründen). Sie können zudem die Verwaltungsräte haftbar machen; allerdings kann sich eine Klage wegen unmittelbarer Schädigung – ausgenommen in Kredit- und konzessionierten Versicherungsgenossenschaften (Art. 920 OR) – nur auf Art. 41 ff. OR stützen, da die Klage gemäss Art. 917 OR nur die Verletzung besonderer Pflichten, ohne Bezug zu Art. 854 OR, betrifft. Schliesslich steht dem ungleich behandelten Mitglied in gewissen Fällen die Erfüllungsklage (oder, wenn er selbst Beklagter ist, die Einrede) gegen seine Gesellschaft offen; insbesondere kann er auf diesem Weg verlangen, dass ihm die Genossenschaft in einer mit Art. 854 OR vereinbaren Art und Weise ihre Einrichtungen zur Verfügung stellt oder ihm allenfalls eine Entschädigung bezahlt, oder er kann sich ihn betreffenden Beschlüssen oder Begehren der Gesellschaft (beispielsweise einem Kaduzierungsverfahren) widersetzen.

Zudem müssen die Mitglieder vor ungerechtfertigten Änderungen der zur Bemessung ihrer Rechte und Pflichten verwendeten Kriterien geschützt sein. Ein solcher Schutz kann nur gewährt werden, indem der Beibehaltung der gewählten Kriterien der Charakter eines relativ wohlerworbenen Rechtes verliehen und demzufolge die Rechtmässigkeit einer wesentlichen Änderung solcher Kriterien vom Vorliegen eines herrschenden Gesellschaftsinteresses abhängig gemacht wird[98].

3. Kontrollrecht

Das in Art. 856 und 857 OR geregelte Kontrollrecht der Genossenschafter entspricht ziemlich genau demjenigen der Aktionäre, wie es bis 1992 in den Art. 696 und 697 OR vorgesehen war[99]. Deshalb wird an dieser Stelle lediglich kurz auf die Gesetzesvorschriften und die wichtigsten Fragen bezüglich ihrer Auslegung und

---

98   In diesem Sinne VOGEL, S. 109. Contra: BERNHEIMER, S. 29 ff. Betreffend Vermögensrechte, siehe auch vorn, § 15.
99   Siehe insbes. H. BÜCHLER, Das Kontrollrecht des Aktionärs, Diss. Zürich 1971; BÜRGI, ad Art. 696 und 697 OR; P. FORSTMOSER, Die Informationsrechte des Gesellschafters im schweizerischen Recht, Collana della Rivista delle Società, Mailand 1982, S. 331; VON GREYERZ, Bd. VIII/2, § 12; C. LASSERRE, Le contrôle de la gestion, l'examen de la situation et le secret des affaires dans les sociétés du CO, Diss. Lausanne 1945; J. NENNINGER, Der Schutz der Minderheit in der Aktiengesellschaft nach schweizerischem Recht, überarbeitete Fassung, Basel 1974; A. NIGGLI, Die Aufsicht über die Verwaltung der Aktiengesellschaft im schweizerischen Recht, Diss. Bern 1981; M. PERRET, Das Auskunftsrecht des Aktionärs nach deutschem und schweizerischem Recht, Diss. München 1969; P. RUFFIEUX, Le droit des actionnaires d'être renseignés sur les affaires de la société anonyme, Diss. Freiburg i. Ue. 1950; R. WENNINGER, Die aktienrechtliche Schweigepflicht, Zürich 1983; K. WIDMER, Das Recht des Aktionärs auf Auskunfterteilung de lege lata und de lege ferenda, Diss. Zürich 1961; H.F. WYSS, Das Recht des Aktionärs auf Auskunfterteilung unter besonderer Berücksichtigung des Rechts der Unternehmenszusammenfassungen, Diss. Zürich 1953.

Anwendung eingegangen. Die einzigen Unterschiede zwischen Genossenschaftsrecht und altem Aktienrecht (ausser einigen redaktionellen oder die Besonderheiten der beiden Gesellschaften betreffenden Unterschieden[100]) finden sich in Art. 856 OR und betreffen erstens die fehlende Erwähnung der Auflage von Geschäfts- und Revisionsbericht bei den Zweigniederlassungen, zweitens den fehlenden Hinweis auf die Verwendung des Reingewinns, drittens das Erfordernis einer statutarischen Grundlage für die spätere Zustellung einer Abschrift der Betriebsrechnung und viertens die fehlende Angabe einer Frist (gemäss Art. 969 Abs. 2 OR 1936), während welcher die Mitglieder diese Zustellung verlangen können. Diesen «Lücken» (mit Ausnahme der dritten) liegt nicht die Absicht einer unterschiedlichen Regelung, sondern das Bestreben zugrunde, die für Genossenschaften geltende Regelung möglichst einfach zu halten; deshalb ist es sinnvoll, gegebenenfalls[101] die Bestimmungen des Art. 696 OR 1936 analog auf Genossenschaften anzuwenden[102].

Art. 856 OR wirft kaum Probleme auf. Der Genossenschafter, welchem die erwähnten Unterlagen nicht (überhaupt nicht oder nicht fristgerecht) vorgelegt werden, kann einzelne oder alle Beschlüsse der ordentlichen Generalversammlung (insbesondere betreffend die Abnahme der Betriebsrechnung, die Entlastung der Verwaltung oder die Verteilung des Reingewinns) anfechten[103]. Wurden die Unterlagen ordnungsgemäss vorgelegt, enthalten sie aber Unregelmässigkeiten oder Ungenauigkeiten, muss der Genossenschafter die ihm von Art. 857 OR gewährten unverzichtbaren Rechte ausüben (Art. 857 Abs. 4 OR); es handelt sich um autonome Rechte, welche unabhängig von materiell-rechtlichen Ansprüchen und ohne Nachweis eines besonderen Interesses oder Beschwerdegrundes ausgeübt werden[104].

Art. 857 Abs. 1 OR gewährt den Genossenschaftern ein Recht auf Auskunfterteilung im engen Sinne. Laut Lehre und Rechtsprechung[105] (zu Art. 697 Abs. 1 OR 1936) ist diese Gesetzesbestimmung folgendermassen auszulegen:

---

100 Art. 856 OR spricht nicht von Gewinn- und Verlustrechnung, sondern von Betriebsrechnung, und nicht von Geschäftsbericht; Art. 696 Abs. 3 und 4 OR enthalten zudem Bestimmungen über die Mitteilung an Namenaktionäre und Inhaberaktionäre.
101 Art. 859 Abs. 1 OR macht beispielsweise einen Beschluss betreffend die Verteilung des Reinertrages überflüssig, wenn die Statuten eine solche nicht vorsehen.
102 Siehe dazu HENGGELER, S. 170 ff.
103 Laut verschiedenen Autoren, welche sich auf Art. 729 Abs. 2 OR 1936 oder auf Art. 908 Abs. 2 OR (Genossenschaftsrecht) stützen, sind die Beschlüsse bezüglich Abnahme der Bilanz und Verteilung des Reingewinns nichtig, falls sie von der Generalversammlung ohne vorliegenden Revisionbericht gefasst wurden. Diese (in Art. 729c Abs. 2 OR übernommene) Ansicht ist zwar theoretisch richtig, aber praktisch unzweckmässig; siehe auch BGE 81 II, 1955, S. 462.
104 BGE 109 II, 1983, S. 47, und 95 II, 1969, S. 157.
105 Die Rechtsprechung zu Art. 697 OR 1936 umfasst hauptsächlich die beiden in der vorangehenden Anmerkung erwähnten Entscheide, sowie einen BGE vom 15. November 1977, SJ 1978, S. 513, und BGE 82 II, 1956, S. 216. Siehe auch den unter dem alten Recht ergangenen BGE 54 II, 1928, S. 19.

- Ungeachtet des Gesetzestextes können die Genossenschafter nicht nur von den Revisoren, sondern auch von der Genossenschaftsverwaltung und allenfalls auch von den Liquidatoren Erklärungen verlangen;
- Die Ausdrücke «zweifelhafte Ansätze» und «erforderliche Aufschlüsse» sind extensiv auszulegen. Unter Vorbehalt des Geschäftsgeheimnisses muss die Verwaltung den Genossenschaftern alle dienlichen Auskünfte über Tätigkeiten und Lage der Gesellschaft erteilen;
- Begehren auf Auskunftserteilung können an der Generalversammlung und während der Einberufungsfrist, nach allgemeiner Ansicht jedoch nicht nach der Generalversammlung gestellt werden;
- Dem in seinem Recht auf Auskunft verletzten Genossenschafter steht die Klage gemäss Art. 857 Abs. 3 OR offen (ohne eigentliche Erfüllungsklage). Gemäss berechtigter herrschender Lehre ist diese Klage ohne vorgängige (auf Art. 857 Abs. 2 OR gestützte) Beschwerde an die Generalversammlung oder an die Verwaltung zulässig.

Art. 857 Abs. 2 OR erteilt dem Genossenschafter ein Recht auf Einsicht in die Gesellschaftsarchive. Der Gesellschafter kann somit insbesondere die ihm fragwürdig erscheinende Genauigkeit der ihm gemäss Art. 856 OR vorgelegten Unterlagen oder der in Anwendung von Art. 857 Abs. 1 OR erteilten Auskünfte prüfen. Da Generalversammlung und Verwaltung über eine alternative Kompetenz verfügen, kann sich der von der Verwaltung abgewiesene Gesellschafter direkt, ohne Anrufung der Generalversammlung, an den Richter wenden[106]. Entgegen der herrschenden Lehre muss m.E. ein Abweisungsbeschluss des zuständigen Organs begründet sein und den Nachweis enthalten, dass die verlangte Einsichtnahme die Interessen der Gesellschaft gefährdet oder missbräuchlich ist. Die in Art. 857 Abs. 2 OR erwähnten «Geschäftsbücher» und «Korrespondenzen» umfassen alle schriftlichen Unterlagen der Gesellschaft.

Art. 857 Abs. 3 OR verleiht den Genossenschaftern das Klagerecht auf Auskunftserteilung. Der klagende Genossenschafter muss nachweisen, dass die Genossenschaft seinem Begehren nach Auskunftserteilung oder Einsichtnahme nicht nachgekommen ist, dass die verlangten Auskünfte «bestimmte Tatsachen» betreffen, welche «für die Ausübung des Kontrollrechts erheblich» sind; die letztere Voraussetzung ist restriktiv auszulegen, da sie einzig Begehren ausschliessen soll, welche für die Ausübung der Gesellschaftsrechte offensichtlich bedeutungslose Tatsachen betreffen. Die Beschwerdefrist muss laut Lehre «angemessen» sein, was wohl so zu verstehen ist, dass sie die für die Anfechtung gemäss Art. 891 OR vorgeschriebene Frist von zwei Monaten nicht überschreiten soll.

---

106 Contra: Entscheid der Cour de Justice Genf, vom 29. Juni 1951, SJ 1952, S. 234.

Die eigentliche Tragweite des Rechtes auf Auskunft hängt von der Definition des «Geschäftsgeheimnisses» und der «Interessen der Gesellschaft» ab. Laut Bundesgericht umfasst das Geschäftsgeheimnis (welches alle vertraulichen Auskünfte über Dritte einschliesst) «alle Tatsachen des wirtschaftlichen Lebens, deren Bekanntgabe ein schutzwürdiges Interesse der Gesellschaft verletzt»[107]; hingegen «muss eine solche Gefährdung durch konkrete Vorbringen behauptet werden und zudem als wahrscheinlich erscheinen»[108]. Selbstverständlich darf die Genossenschaft nicht gezwungen werden, ein Geheimnis preiszugeben, um ebengerade dessen geheimen Charakter zu beweisen. Hingegen muss sie u.E. in solchen Konflikten einem neutralen und unvoreingenommenen Dritten Einsicht in ihre Geschäftsbücher gewähren, welcher sowohl den vertraulichen Charakter der verweigerten Auskünfte als auch die Rechtmässigkeit der zur Diskussion stehenden Transaktionen, Vorgänge und Buchführung bestätigt.

Das Auskunfts- und Kontrollrecht ist für den Genossenschafter weniger wichtig als für den Aktionär. Da die Vermögensrechte des Genossenschafters von untergeordneter Bedeutung sind, ist die Bestimmung des tatsächlichen Reingewinns und des Verkehrswertes der Anteile (ausgenommen in einzelnen Bank- und Versicherungsgenossenschaften) für die Genossenschafter nicht von grossem Interesse; die im Aktienrecht häufig diskutierten Fragen betreffend Auskünfte über stille Reserven[109] und über Tochtergesellschaften[110] sind für sie eher bedeutungslos.

II. Treuepflicht und andere nichtvermögensrechtliche Pflichten

1. Verschiedene Pflichten

Art. 832 Ziff. 3 und 867 Abs. 1 OR ermächtigen die Genossenschaft, ihren Mitgliedern verschiedene, durch den Gesellschaftszweck gegebene und gerechtfertigte Pflichten aufzuerlegen, welche, im Gegensatz zu den vorn erwähnten Pflichten (Beiträge, Zeichnung von Anteilscheinen, Entschädigungen, Bussen, persönliche Haftung und Nachschusspflicht) nicht ausschliesslich finanzieller Natur sind. Insoweit sich solche Pflichten nicht auf Art. 866 OR zurückführen lassen, müssen sie eine ausreichende statutarische Grundlage besitzen, da sie sonst nichtig sind. Dabei kann zwar stets «deren Art», oft aber nicht «deren Höhe» festgelegt werden, weshalb die Statuten eher ihren Umfang und allenfalls ihre Ausgestaltung bestimmen müssen;

---

107 BGE 82 II, 1956, S. 216 = Pra 45, Nr. 125.
108 BGE 109 II, 1983, S. 47.
109 Vom Bundesgericht offengelassen in BGE 109 II, 1983, S. 47, und 82 II, 1956, S. 216.
110 Siehe den Entscheid des Obergerichts des Kantons Zürich, vom 28. Juni 1967, SAG 1973, S. 49.

wie erwähnt[111], stützen sich gewisse aus einzelnen Pflichten (z. B. Kaufpflicht) entstehende finanzielle Leistungen lediglich auf Verträge oder Reglemente.

Die nichtvermögensrechtlichen Gesellschaftspflichten[112] betreffen hauptsächlich einerseits die Benützung der kaufmännischen Einrichtungen und Dienstleistungen der Genossenschaft, anderseits die Teilnahme an der Tätigkeit der Gesellschaftsorgane. Zur ersten Kategorie gehören die (bisweilen ausschliessliche, z.B. Konkurrenzunterlassungspflicht) Kontrahierungspflicht mit der Genossenschaft, Kartellpflichten (Kontingente, Preise usw.), Arbeitsleistungen (beispielsweise Unterhalt eines Weges, Bestellen oder Mähen eines Feldes) und die Pflicht zu unterlassen oder zu dulden (beispielsweise Qualitäts- oder Finanzkontrollen). In die zweite Kategorie fallen hauptsächlich die Pflicht zur Teilnahme an der Generalversammlung und zur Übernahme von Aufgaben in den Verwaltungs- oder Kontrollorganen.

Wie für die anderen Pflichten (und Rechte) der Mitglieder gilt Art. 854 OR selbstverständlich auch für diese Pflichten[113]. Gefordert ist häufig absolute Gleichbehandlung zumindest bezüglich des Grundsatzes der Pflicht (Konkurrenzunterlassung, Kontrollpflicht, Teilnahme an der Generalversammlung usw.) und bisweilen relative Gleichbehandlung (wenn beispielsweise die Lieferungspflicht nur einen bestimmten Prozentsatz der Produktion jedes Genossenschafters betrifft oder wenn eine Pflicht mit Bedingungen und Ausnahmen verknüpft ist[114]).

Wie erwähnt[115] führt nur die Nichterfüllung oder mangelhafte Erfüllung der vermögensrechtlichen Pflichten zum Kaduzierungsverfahren gemäss Art. 867 OR. Der Verletzung der Kontrahierungspflicht, der Unterlassungs- oder Duldungspflicht hingegen kann mit statutarischen Bussen oder mit Ausschliessung nach dem Verfahren gemäss Art. 846 OR begegnet werden. Die Genossenschaft verfügt selbstverständlich auch über die üblichen Erfüllungs- und Schadenersatzklagen.

---

111 §§ 15 und 16, I.
112 Zu diesen Pflichten, siehe insbes. FORSTMOSER, ad Art. 832/833 OR, N. 114; GERWIG, SV, S. 170 ff.; GUTZWILLER, ad Art. 832/833 OR, N. 48 ff., insbes. 59 ff.; F. VON STEIGER, S. 43 ff.; ZUMBÜHL, S. 62 ff.
113 Siehe BERNHEIMER, S. 102 ff.; GERWIG, GR, S. 280 ff.; KUMMER, S. 111 ff.
114 Gemäss H. GUTKNECHT, Die finanziellen Berechnungen und Verpflichtungen der Genossenschafter, Diss. Bern 1937, S. 24, können beispielsweise einzelne Gesellschafter zu Sach- oder Arbeitsleistungen, andere zu Geldleistungen verpflichtet sein.
115 Vorn, § 15.

2. Treuepflicht

Die in Art. 866 OR vorgesehene Treuepflicht ist erste und zudem die einzige Pflicht der Genossenschafter, welche das Gesetz zwingend formuliert[116]. Indem das Gesetz die Mitglieder verpflichtet, die Interessen der Genossenschaft, nötigenfalls auch aktiv, zu wahren und über ihre eigenen Interessen zu stellen, enthält es eine selbständige, von Art. 2 ZGB unabhängige Bestimmung[117]. Art. 866 OR kann den Mitgliedern nicht nur unter bestimmten Verhältnissen eine gesteigerte Treuepflicht auferlegen, sondern ihnen auch Pflichten vorschreiben, welche die Statuten nicht ausdrücklich vorsehen. In diesem Zusammenhang führt allerdings der Charakter des Verhältnisses zwischen Art. 866 OR und den Art. 832 Ziff. 3 und 867 OR zu einigen Fragen und Diskussionen[118]. Das Bundesgericht nimmt diesbezüglich eine zweideutige Stellung ein, indem es einerseits zum Schluss kommt, Art. 866 OR könne beispielsweise eine Konkurrenzunterlassungspflicht begründen[119], andererseits aber auch erklärt, die Statuten seien «einerseits Grundlage und andererseits Schranke der Treuepflicht des Genossenschafters», und im konkreten Fall könne die verwitwete Genossenschafterin einer Mietbaugenossenschaft nicht gezwungen werden, in eine kleinere Wohnung umzuziehen, wenn die Statuten diesbezüglich keine ausdrückliche oder stillschweigende Vorschrift enthalten.[120]. Dieser Standpunkt erscheint fragwürdig oder bedarf noch der Klärung. Art. 866 OR kann zwar nicht einzige Grundlage beispielsweise für neue und höhere Beiträge oder andere finanzielle Pflichten bilden; um aber seinen Sinn zu behalten, muss er einer Genossenschaft ermöglichen, von ihren Mitgliedern, im Interesse der Genossenschaft und der übrigen Mitglieder, ein bestimmtes Verhalten oder gewisse Opfer zu verlangen[121].

Die Treuepflicht «beurteilt sich in erster Linie nach dem von der Genossenschaft angestrebten Zweck und den dafür in den Statuten vorgesehenen Mitteln»[122]. Der Umfang dieser Pflicht und die Intensität der im konkreten Fall geforderten Treue hängen von der Art der Genossenschaft, vom Charakter der gemeinsamen Selbsthilfe, von den statutarisch vorgesehenen Aufnahmebedingungen usw. ab. Die Treuepflicht

---

116 FORSTMOSER, Grossgenossenschaften, S. 183; ZIEGLER, S. 42 ff.
117 Zum Verhältnis zwischen Art. 866 OR und Art. 2 ZGB, siehe: BENZ, S. 20 ff.; FORSTMOSER, Grossgenossenschaften, S. 184 ff.; GERWIG, GR, S. 124 ff.; GLOOR (Anm. 82), S. 45; GUTZWILLER, Einleitung, N. 85 ff., und ad Art. 866 OR, N. 3 ff.; HAFTER, S. 81; OEZGÜR, S. 167 ff.; W. VON STEIGER, S. 291 ff.; VOGEL, S. 111 ff.; ZIEGLER, S. 48 ff. Zum Beispiel einer gleichzeitigen Verletzung von Art. 2 ZGB und Art. 866 OR, siehe BGE 89 II, 1963, S. 138.
118 Siehe insbes. die auseinandergehenden Meinungen von FORSTMOSER, Grossgenossenschaften, S. 185, und TROXLER, S. 26 ff.
119 BGE 69 II, 1943, S. 41.
120 BGE 101 II, 1975, S. 125, 128.
121 J.G. FREY, Mitgliedschaft und Mitgliedschaftswechsel bei der Genossenschaft, Diss. Basel 1943, S. 22.
122 BGE 101 II, 1975, S. 125, 127; 72 II, 1946, S. 91, 117.

der Mitglieder einer Zuchtgenossenschaft unterscheidet sich selbstverständlich qualitativ und quantitativ von derjenigen der Mitglieder einer grossen Konsumgenossenschaft[123].

Deshalb kann die Treuepflicht nicht ohne weiteres allgemein oder abstrakt definiert und können die von Art. 866 OR begründeten Pflichten nicht bloss aufgezählt werden. Zudem überschätzt u.E. die Lehre die Tragweite dieser Gesetzesbestimmung[124] oder analysiert sie zumindest zu theoretisch, unabhängig von den durch eine Verletzung der Treuepflicht ausgelösten Sanktionen. Häufig wird beispielsweise die Teilnahme der Mitglieder an der Generalversammlung als eine der von Art. 866 OR vorgeschriebenen Pflichten erwähnt[125]. Dennoch ist nicht anzunehmen, dass die sogar wiederholte Verletzung dieser Pflicht allein (ohne weiteren Hinweis auf ein allgemeines und dauerndes Desinteresse an den Belangen der Genossenschaft) einen wichtigen Ausschliessungsgrund darstellt; falls die Statuten ein solches Verhalten (mit Busse oder Ausschliessung) ausdrücklich ahnden, verfügt diese Pflicht über eine indirekte statutarische Grundlage und ist Art. 866 OR nicht ihre einzige Basis. Die gleichen Überlegungen gelten für die allfällige Pflicht, sich für die Wahl in die Verwaltung zur Verfügung zu stellen,[126] oder für die Pflicht der Mitglieder, von den ihnen zustehenden Kontrollrechten Gebrauch zu machen[127]. Bezüglich des Austrittsrechts kann ein Mitglied, welches seinen Austritt zwar fristgerecht (oder aus wichtigen Gründen), aber zu einem ungünstigen Zeitpunkt erklärt, nur aufgrund einer diesbezüglichen statutarischen Bestimmung gebüsst werden (Art. 842 Abs. 2 und 843 Abs. 2 OR); auch hier kommt somit Art. 866 OR nicht direkt zur Anwendung[128], sondern kann höchstens im konkreten Fall zur Auslegung der Begriffe «wichtige Gründe» oder «übermässige Erschwerung» (Art. 842 Abs. 3 OR) beigezogen werden[129].

In erster Linie können die Pflicht zur Benützung der genossenschaftlichen Einrichtungen und Dienstleistungen und ihr Gegenstück, die Konkurrenzunterlassungspflicht, direkt auf Art. 866 OR zurückgeführt werden (im Zusammenhang mit Art. 828 Abs. 1 OR): mit dem Eintritt in eine Genossenschaft verpflichtet man sich

---

123 Siehe insbes. FORSTMOSER, Grossgenossenschaften, S. 190 ff.
124 Im gleichen Sinne, siehe ibid., S. 187, und ZIEGLER, S. 19.
125 GUTZWILLER, ad Art. 866 OR, N. 9; TROXLER, S. 33 ff.; W. WITSCHI, Stimmrecht und Wahlrecht in der Genossenschaft, Diss. Basel 1944, S. 7 ff. Laut E. HENSEL, Das Generalversammlungsrecht der Genossenschaft nach dem neuen schweizerischen OR, Diss. Zürich 1942, S. 58 ff., ist eine statutarische Grundlage unerlässlich und ist einzige zulässige Sanktion die Busse. Eine allfällige Pflicht zur «guten» Ausübung des Stimmrechts (erwähnt von GERWIG, SV, S. 169 ff.; GUTZWILLER, ad Art. 866 OR, N. 9, und TROXLER, S. 35 ff.) kann es in einem liberalen Staat, auch mit einer statutarischen Grundlage, nicht geben; siehe dazu auch H. WENNINGER, Das Stimmrecht des Genossenschafters nach dem revidierten schweizerischen OR, Diss. Zürich 1944, S. 81 ff.
126 Contra: FORSTMOSER, Grossgenossenschaften, S. 188, und TROXLER, S. 74.
127 FORSTMOSER, Grossgenossenschaften, S. 188. Contra: TROXLER, S. 4.
128 Contra: TROXLER, S. 62 ff.
129 Siehe dazu auch BGE 89 II, 1963, S. 138.

§ 16 Genossenschaftliche Rechte und Pflichten

zur Teilnahme an der gemeinsamen Selbsthilfe der Mitglieder und zur Förderung der Interessen der Genossenschaft. Selbstverständlich gelten diese Pflichten nicht für die Mitglieder aller Genossenschaften[130]. Sie müssen durch die Natur der Genossenschaft, ihren Zweck und ihre gemeinsame Selbsthilfe gerechtfertigt, und ihre Notwendigkeit muss für alle Mitglieder offensichtlich sein. Aufgrund des Gleichbehandlungsprinzips kann zudem die Genossenschaft einem ihrer Mitglieder einen Verstoss gegen Art. 866 OR nur vorwerfen, wenn die betreffenden Pflichten von allen anderen Mitgliedern tatsächlich erfüllt werden.

Sanktion einer Verletzung der Treuepflicht ist in erster Linie die Ausschliessung aus wichtigen Gründen (Art. 846 Abs. 1 OR)[131], wobei eine solche Verletzung auch Grundlage statutarisch vorgesehener Ausschliessungsgründe sein kann (Art. 846 Abs. 1 OR). Umfasst die Treuepflicht auch besondere Pflichten, wie beispielsweise eine Kontrahierungspflicht oder Konkurrenzunterlassungspflicht, so verfügt die Genossenschaft selbstverständlich über die in OR, ZGB und anderen geltenden Gesetzen vorgesehenen Klagen (auf Erfüllung, Schadenersatz, Feststellung, Unterlassung usw.). Bussen oder andere Sanktionen bedürfen der statutarischen Grundlage.

---

130 ZIEGLER, S. 51 und 118.
131 Zu den Sanktionen einer Verletzung der Treuepflicht, siehe FORSTMOSER, Grossgenossenschaften, S. 189; GUTZWILLER, ad Art. 866 OR, N. 13 ff.; ZIEGLER, S. 145 ff.

Sechstes Kapitel

Persönliche Haftung der Genossenschafter

§ 17 Allgemeines

Literatur

A. AB-YBERG, Die Haftung der Genossenschafter nach schweizerischem Recht, Diss. Zürich 1941; K.U. BLICKENSTORFER, Die genossenschaftsrechtliche Verantwortlichkeit, Diss. Zürich 1987, S. 215 ff.; S. BONZANIGO, La responsabilità dei soci della cooperativa nel diritto svizzero, Diss. Bern 1942; CAPITAINE, SJK Nr. 1157, S. 3 ff.; GERWIG, GR, S. 69 ff. und 294 ff., und SV, S. 172 ff.; H. GUTKNECHT, Die finanziellen Berechtigungen und Verpflichtungen der Genossenschafter, Diss. Bern 1937; GUTZWILLER, ad Art. 869 ff. OR; E. MAYER, Die Nachschusspflicht im schweizerischen Recht der Handelsgesellschaften und Genossenschaften, Diss. Zürich 1944; R. MÜLLER, Der Konkurs der Genossenschaft nach schweizerischem Recht, Diss. Zürich 1941; H.W. NIGG, Die Genossenschafterhaftung, Diss. Zürich 1990; A. OLSTEIN, Der Konkurs der Genossenschaft nach schweizerischem Recht, Diss. Basel 1936.

I. Ziel

Gemäss Art. 868 OR haftet grundsätzlich ausschliesslich das Genossenschaftsvermögen für die Verbindlichkeiten der Genossenschaft[1]. Die Statuten können aber entweder eine beschränkte oder unbeschränkte subsidiäre persönliche Haftung (Art. 869 und 870 OR) oder eine Nachschusspflicht à fonds perdus der Mitglieder vorsehen (Art. 871 OR). Obschon der Sinn und Zweck beider Institutionen in der Erhöhung des Kredites der jeweiligen Genossenschaft liegt, unterscheiden sie sich deutlich voneinander[2]. Von der persönlichen Haftung der Mitglieder profitieren direkt die Genossenschaftsgläubiger, und sie kommt nur bei Konkurs, d.h. bei Auflösung und Untergang der Genossenschaft, zur Anwendung. Gläubigerin der Nachschusspflicht ist dagegen die Genossenschaft selbst, welche eine solche nicht nur bei Konkurs, sondern auch im Verlauf des Genossenschaftslebens «zur Deckung

---

1 Das alte Recht sowie ein der Expertenkommission vorgelegter Entwurf sahen dagegen eine subsidiäre persönliche Haftung der Genossenschafter vor. Der Entwurf wurde aufgrund eines Antrags Rossel geändert; siehe das Protokoll der Expertenkommission, Bern 1928, S. 605 ff.

2 Siehe dazu insbes. AB-YBERG, S. 35 ff.; GERWIG, GR, S. 294 ff.; NIGG, S. 45 ff., und TANNER, S. 55 ff.

von Bilanzverlusten » (Art. 871 Abs. 1 OR) und vielleicht zur Abwendung eines drohenden Konkurses (Art. 903 Abs. 4 OR) zur Anwendung bringen kann. Das Gesetz sieht im übrigen die Kumulierung beider Institutionen zum Vorteil der Genossenschaft und ihrer Gläubiger vor (Art. 871 Abs. 1 OR).

II. Einführung der Haftung

Die persönliche Haftung der Mitglieder bedarf einer statutarischen Grundlage (Art. 833 Ziff. 5 OR). Findet sich eine solche Bestimmung in den Urstatuten, so ist der Anmeldung der Genossenschaft in das Handelsregister ein Verzeichnis der Genossenschafter beizulegen (Art. 835 Abs. 4 OR), welches vom Sekretär der Verwaltung unterzeichnet ist (Art. 95 Abs. 1 HRegV); an Hand dieses Verzeichnisses legt der Registerführer eine Mitgliederliste an (Art. 94 HRegV); in der Folge hat die Verwaltung dieses Genossenschafterverzeichnis nachzuführen – und die Revisoren müssen die regelrechte Durchführung dieser Pflicht prüfen (Art. 907 Abs. 1 OR) – und dem Handelsregister alle Ein- und Austritte der Genossenschafter anzuzeigen (Art. 902 Abs. 3 OR). Das Mitgliederverzeichnis, welches die konzessionierten Versicherungsgenossenschaften nicht einzureichen haben (Art. 877 Abs. 3 OR), wird nicht veröffentlicht, kann aber von jedermann eingesehen werden (Art. 836 Abs. 3 OR, Art. 930 OR und Art. 9 HRegV). Die Ordnung der persönlichen Haftung wird im Handelsregister eingetragen (Art. 93 Abs. 1 lit. e HRegV) und gehört zu den Angaben, die veröffentlicht werden (Art. 836 Abs. 2 OR und Art. 93 Abs. 2 HRegV).

Die persönliche Haftung kann auch später eingeführt werden. In einem solchen Fall wird die statutarische Bestimmung mit ihrer Eintragung im Handelsregister wirksam (Art. 874 Abs. 4 OR); sie bedarf der Zustimmung von drei Vierteln sämtlicher Genossenschafter (Art. 889 Abs. 1 OR), ohne welche sie grundsätzlich nichtig ist[3]. Zudem kann jeder Genossenschafter, welcher dieser Einführung nicht zugestimmt hat (weil er sie entweder abgelehnt oder weil er an der betreffenden Generalversammlung nicht teilgenommen hat), innert drei Monaten nach der Veröffentlichung des Beschlusses, ohne Pflicht zur Entrichtung einer Auslösungssumme, den Austritt erklären (Art. 889 Abs. 2 und 3 OR)[4] und damit der Haftung entgehen. Das Gleiche gilt für eine (neue oder belastendere) persönliche Haftung der Genossenschafter als Folge einer Fusion (Art. 914 Ziff. 11 OR). Schliesslich gelten für Personen, welche einer Genossenschaft beitreten, deren Statuten eine persönliche Haftung vorsehen, die daraus entstehenden Pflichten nur, wenn sie diesen ausdrücklich zugestimmt haben (Art. 840 Abs. 2 OR)[5].

---

3 Ausser sie sei, gemäss Bundesgericht, anstandslos eingetragen worden und die Eintragung mehrere Jahre hindurch bis zum Konkurs der Genossenschaft bestehen geblieben, BGE 78 III, 1952, S. 33.
4 Der Austritt kann selbstverständlich auch zwischen Beschluss und Veröffentlichung erklärt werden.

§ 18 Haftungsformen

Literatur

Siehe Literatur zu § 17.

I. Beschränkte Haftung

Diese Form der Haftung – welche die konzessionierten Versicherungsgenossenschaften ihren Mitgliedern nicht vorschreiben dürfen (Art. 870 Abs. 1 OR) – zeichnet sich dadurch aus, dass bei Konkurs der Genossenschaft der vom einzelnen Mitglied zu übernehmende *Anteil* am Passivenüberschuss einen bestimmten *Maximalbetrag* nicht überschreiten darf. Ist diese Haftung solidarisch, was allerdings vom Gesetz nicht vermutet wird[6], so kann unter Umständen der von einem Mitglied zu leistende Betrag seinen Anteil, im Rahmen des vorgesehenen Maximalbetrags, übersteigen; sehen die Statuten keine solidarische Haftung vor, beteiligen sich die Mitglieder am Passivenüberschuss nur bis zur Höhe ihres Anteils (welcher, bei grossem Überschuss, dem vorgesehenen Maximalbetrag entsprechen kann).

Somit muss zwischen der Frage der *Begrenzung* der von den Mitgliedern zu fordernden Beträge und derjenigen der *Verteilung* des Passivenüberschusses unterschieden werden. Bezüglich der ersten Frage sieht das Gesetz ziemlich klar und wahrscheinlich zwingend vor, dass in Genossenschaften ohne Grundkapital alle Mitglieder für den gleichen Höchstbetrag haften (Art. 870 Abs. 1 OR), und dass sich dieser im anderen Fall nach der Höhe der Anteile richtet (Art. 870 Abs. 2 OR). Auch wenn der Ausdruck «bestimmter Betrag» (in einem System der relativen Gleichbehandlung) nicht unbedingt auf Gleichheit des Betrages für alle Mitglieder schliessen lässt, ging u.E. der Gesetzgeber von dieser Annahme aus, was auch Art. 871 Abs. 2 OR belegt[7]. Der Betrag als solcher muss selbstverständlich in den Statuten

---

5 Siehe vorn, Viertes Kapitel, § 12.
6 Diese von Art. 17 GenV (SR 281.52) bestätigte Ansicht entspricht der herrschenden Lehre, insbes. AB-YBERG, S. 122; BERNHEIMER, S. 92; J.G. FREY, Mitgliedschaft und Mitgliedschaftswechsel bei der Genossenschaft, Diss. Basel 1943, S. 29; GUTZWILLER, ad Art. 870 OR, N. 5; A. HAGER, Der Austritt des Genossenschafters und die daran geknüpften Rechtsfolgen, Diss. Bern 1948, S. 62; KUMMER, S. 132; MÜLLER, S. 66; NIGG, S. 61; OEZGÜR, S. 181, Anm. 72; F. VON STEIGER, S. 76; VOGEL, S. 132. Aufgrund des Wortlautes des Art. 873 Abs. 2 OR vertreten verschiedene Autoren wie GERWIG, SV, S. 174 ff.; GUTKNECHT, S. 40; GYSIN, S. 393 ff, und OLSTEIN, S. 40, die Ansicht, die beschränkte Haftung sei solidarisch, wenn die Statuten nichts anderes vorsehen.
7 In diesem Artikel weist der Ausdruck «bestimmte Beträge» eindeutig auf einen für alle gleich angesetzten Betrag hin.

festgesetzt werden, entweder insgesamt[8] oder pro Mitglied[9], wobei die Wahl zwischen diesen beiden Möglichkeiten nicht bedeutungslos ist[10]; fehlt ein Hinweis auf die Höhe des Betrags, wird unbeschränkte Haftung der Genossenschafter vermutet[11]. Dieser Auslegung des Art. 870 OR wird nicht einhellig gefolgt[12]. AB-YBERG geht davon aus, dass Art. 870 Abs. 2 OR insofern nicht absolut zwingend ist, als auch eine Genossenschaft mit Grundkapital eine Haftung aller Mitglieder für den gleichen Höchstbetrag vorsehen kann[13]. Laut BERNHEIMER fordert der auf Genossenschaften ohne Grundkapital anwendbare Art. 870 Abs. 1 OR keinen gleichen Höchstbetrag für alle Mitglieder; der Betrag muss lediglich festsetzbar sein und kann insbesondere nach Massgabe der statutarischen Beiträge oder der Benützung der genossenschaftlichen Einrichtungen festgelegt werden[14].

Bezüglich der zweiten Frage, d.h. der Verteilung des Passivenüberschusses auf die Mitglieder im Rahmen des Höchstbetrages, schweigt der Gesetzgeber. Er ging offensichtlich davon aus, dass mit der Lösung der beschränkten Haftung auch die Lösung der Verteilung gegeben sei, indem bei gleichem (oder nach Massgabe der finanziellen Beteiligung festgelegtem) Höchstbetrag für jeden Genossenschafter logischerweise – unter Vorbehalt einer allfälligen Solidaritätsvorschrift – auch der tatsächlich von jedem Mitglied verlangte Betrag gleich (oder proportional) zu sein hat. Das Bundesgericht ging jedenfalls von dieser Annahme aus und sah vor, dass der Betrag gleichmässig oder, wenn Genossenschaftsanteile bestehen, proportional auf alle Mitglieder verteilt werden muss (§ 8 Abs. 1 GenV). Die Lehre hält diese Lösung allgemein für zu starr und für unter Umständen unbillig[15]. Es ist allerdings zu bedenken, dass die persönliche Haftung der Genossenschafter sowohl für die Mitglieder gefährlich als auch für die Gläubiger wesentlich ist; unter diesem Gesichtspunkt spricht für die zwingende Parallelität der Beschränkungs- und Verteilungsregeln deren Einfachheit und Klarheit.

---

8   Die Statuten sehen beispielsweise eine kollektiv auf Fr. 100 000.– beschränkte Haftung der Mitglieder vor.
9   Beispielsweise Fr. 1000.– pro Mitglied oder 50% jedes Anteils oder Fr. 100.– pro Anteil (bei Anteilen mit gleichem Nominalwert).
10 Bei global festgesetztem Betrag ändert die Haftung jedes Genossenschafters nach Massgabe der Ein- und Austritte.
11 BERNHEIMER, S. 89; GUTKNECHT, S. 43; GYSIN, S. 405; MAYER, S. 43; OLSTEIN, S. 38.
12 Sie entspricht insbesondere der Ansicht von GUTKNECHT, S. 40 und 42; KUMMER, S. 123; NIGG, S. 116 ff., und TANNER, S. 60.
13 AB-YBERG, S. 104; siehe auch GUTZWILLER, ad Art. 870 OR, N. 7. Der zwingende Charakter des Art. 870 Abs. 2 OR wurde in BGE 78 III, 1952, S. 33, 48 bestätigt; das Bundesgericht kam allerdings zum Schluss, eine Verteilungsklausel pro Kopf sei gültig, falls ihre Eintragung unangefochten geblieben ist.
14 BERNHEIMER, S. 90; siehe auch OEZGÜR, S. 139.
15 Während BERNHEIMER, S. 92, und KUMMER, S. 133, diese Regelung als zwingend betrachten und NIGG, S. 123, ihr beistimmt, kommen AB-YBERG, S. 132, und TANNER, S. 63, zum Schluss, sie gelte nur ergänzend und die Statuten könnten andere Regelungen oder Aufteilungen vorsehen.

II. Unbeschränkte Haftung

Diese Haftungsform, welche die konzessionierten Versicherungsgenossenschaften ihren Mitgliedern ebensowenig vorschreiben dürfen (Art. 869 Abs. 1 OR), unterscheidet sich von der beschränkten Haftung dadurch, dass der Anteil des Passiveüberschusses bei Konkurs der Genossenschaft nicht gegen oben begrenzt ist. Art. 869 OR wirft somit keine Fragen bezüglich einer Beschränkung des Haftungsbetrages der Mitglieder auf.

Gemäss Art. 869 Abs. 2 OR ist die unbeschränkte Haftung solidarisch, indem jeder Genossenschafter, über den Betrag seines Anteils hinaus, zur Bezahlung derjenigen Beträge gezwungen werden kann, welche seine Mitgenossenschafter nicht geleistet haben. Das Interesse der Gläubiger an einer eindeutigen Regelung gebietet, dass diese Solidarität als zwingend angesehen wird, wie das Bundesgericht es anzunehmen scheint (§ 17 und 20 GenV)[16].

Bezüglich Verteilung schweigt der Gesetzgeber auch für diese Haftungsform. Die Lehre räumt ein, dass das Bundesgericht in § 8 Abs. 1 GenV nur eine Verteilung nach Köpfen vorgesehen hat, wenn man davon ausgeht, dass der Schluss dieser Bestimmung («...und wenn Genossenschaftsanteile bestehen») nur die beschränkte Haftung betrifft. Dennoch gehen die meisten Kommentare davon aus, dass die Verteilung des Passivenüberschusses der Genossenschaften mit Grundkapital nach Massgabe der Höhe der Anteile jedes Genossenschafters vorgenommen werden muss[17], und laut einzelnen Autoren ist auch diesbezüglich § 8 GenV nicht zwingend[18]. Wir können uns dieser Ansicht nicht anschliessen. § 8 GenV fordert u.E. ausschliesslich und zwingend eine gleichmässige Verteilung; angesichts Art. 869 OR besteht kein Anlass zur Annahme, der Gesetzgeber habe eine andere Lösung beabsichtigt.

---

16 Siehe auch FREY (Anm. 6), S. 28; HAGER (Anm. 6), S. 62; KUMMER, S. 131; MÜLLER, S. 64; TANNER, S. 63. Contra: AB-YBERG, S. 120; BERNHEIMER, S. 92; NIGG, S. 120 ff.
17 AB-YBERG, S. 131; BERNHEIMER, S. 92; NIGG, S. 124 ff.; TANNER, S. 62. Contra: KUMMER, S. 133, Anm. 2.
18 AB-YBERG, S. 132; KUMMER, S. 134; TANNER, S. 63.

III. Nachschusspflicht

1. Zweierlei Nachschüsse

Die Nachschusspflicht kann beschränkt oder unbeschränkt (Art. 871 Abs. 2 OR) und in beiden Fällen solidarisch oder nicht solidarisch sein; auch hier wird, wie für die beschränkte Haftung, Solidarität nicht vermutet (§ 17 GenV)[19].

Ist die Nachschusspflicht statutarisch beschränkt, so muss zwischen der Frage der Begrenzung der von jedem Mitglied forderbaren Beträge und derjenigen der Verteilung des Passivenüberschusses unterschieden werden. Die erste Frage ist in Art. 871 Abs. 2 OR geregelt, wonach Nachschüsse erstens für alle gleich sein, zweitens im Verhältnis zu den Mitgliederbeiträgen oder drittens im Verhältnis zu den Genossenschaftsanteilen beschränkt werden können. Es ist umstritten, ob diese Aufzählung abschliessend ist oder ob insbesondere auch die Benützung der genossenschaftlichen Einrichtungen in Betracht gezogen werden kann[20]. Dieses Problem ist zudem mit der ebenfalls umstrittenen Frage verbunden, ob Art. 872 OR nur auf die beschränkte und unbeschränkte Haftung gemäss Art. 869 und 870 OR oder auch auf die Nachschusspflicht anwendbar sei[21]. Der Gesetzgeber äusserte sich zu dieser Frage eindeutig und wollte zweifellos die Geltung von Art. 872 OR auf die Haftung beschränken[22]; denn da die Nachschusspflicht nicht zu Gunsten der Gläubiger, sondern der Genossenschaft geht, ist der Ausschluss statutarischer Bestimmungen gemäss Art. 872 OR nicht gerechtfertigt. Zudem bildet dieser Artikel keine Ausnahme von Art. 854 OR[23], weshalb die Beschränkung der Nachschüsse «auf einzelne Gruppen von Mitgliedern» nur in ganz besonderen Fällen in Betracht gezogen werden kann. Da somit Art. 872 OR für Nachschüsse nicht gilt, muss davon ausgegangen werden, dass die in Art. 871 Abs. 2 OR erwähnten Beschränkungsgründe nicht abschliessend aufgezählt sind.

---

19 Siehe vorn, Anm. 6. Laut MAYER, S. 43, muss bei unbeschränkter Nachschusspflicht und Konkurs Solidarität vermutet werden.
20 Laut BERNHEIMER, S. 90 ff., und KUMMER, S. 124, ist die Aufzählung des Art. 871 Abs. 2 OR nicht abschliessend. GUTKNECHT, S. 32; MAYER, S. 43; NIGG, S. 57, und TANNER, S. 61, vertreten die gegenteilige Ansicht.
21 Laut AB-YBERG, S. 39; BERNHEIMER, S. 88; HAGER (Anm. 6), S. 62; NIGG, S. 57 ff., und TANNER, S. 61, gilt Art. 872 OR auch für die Nachschusspflicht. Für GUTKNECHT, S. 41; GUTZWILLER, ad Art. 872 OR, N. 2; KUMMER, S. 124, und MAYER, S. 24 und 36, gilt er nur für die Haftung. Das Bundesgericht scheint die erste These zu unterstützen, siehe BGE 78 III, 1952, S. 33.
22 Protokoll der Kommission des Ständerates, vom 22. Januar 1935, S. 49; Amtl. Bull. NR, 6. November 1934, S. 736. Protokoll der Kommission des Nationalrates, vom 8. Februar 1933, S. 41.
23 Contra: GUTKNECHT, S. 41.

Bezüglich der Frage der Verteilung sieht Art. 871 Abs. 3 OR vor, dass die von den Genossenschaftern geschuldeten Beträge entweder gleichmässig nach Köpfen oder, wenn Genossenschaftsanteile bestehen, nach Massgabe derselben verteilt werden. Diese Regelung gilt jedoch nur ergänzend, da die Statuten andere Verteilungskriterien vorsehen können, insoweit diese mit dem Grundsatz der Gleichbehandlung vereinbar sind.

Bei unbeschränkter Nachschusspflicht kann die Gesellschaft deren Ausübung immer wieder zur Deckung eines Bilanzverlustes im Sinne von Art. 871 Abs. 1 OR verlangen. Bei beschränkter Nachschusspflicht kann dagegen das Mitglied während seiner Mitgliedschaft, auch bei Konkurs der Genossenschaft[24], nicht zur Bezahlung einer den vorgesehenen Höchstbetrag übersteigenden Summe gezwungen werden[25], es sei denn, seine Pflicht sei durch eine gemäss Art. 869 OR durchgeführte Statutenänderung erneut in Kraft getreten. Obgleich de lege lata einzig diese Lösung möglich ist, vermag sie offensichtlich weder für die Genossenschaftsgläubiger noch für die nach der Forderung von Nachschüssen eintretenden Mitglieder zu befriedigen[26]. Eine gesetzliche Regelung, wonach jede Nachschussforderung im Handelsregister einzutragen ist, wäre wünschenswert.

2. Verwendung der Nachschüsse

Die Nachschüsse dienen nur «zur Deckung von Bilanzverlusten» (Art. 871 Abs. 1 OR). Diese Bestimmung, welcher auch die Gesellschaft mit beschränkter Haftung untersteht (Art. 803 Abs. 1 OR)[27], ist folgendermassen auszulegen:
– Eine Gesellschaft, deren Statuten eine Nachschusspflicht vorsehen, kann Nachschüsse nur einfordern, insoweit sie überschuldet ist oder (gemäss der berücksichtigten Bilanz) erscheint, oder, für eine Genossenschaft mit Grundkapital, insoweit dieses nicht mehr völlig gedeckt ist (unabhängig davon, ob der Verlust mehr als die Hälfte des Kapitals beträgt); eine Gesellschaft, welche zwar Verluste erlitten hat, aber ausreichende Reserven für deren Ausgleich besitzt, darf die statutarisch vorgesehenen Nachschüsse nicht einfordern. Die in Art. 871 Abs. 1 OR erwähnte Bilanz entspricht sowohl der Jahresbilanz, ohne Berücksichtigung allfälliger stiller Reserven[28], als auch der gemäss Art. 903 OR oder allenfalls Art. 913 Abs. 1 und Art. 742 Abs. 1 OR erstellten Liquidationsbilanz; die Statuten können allerdings

---

24 Contra: GUTKNECHT, S. 33; GYSIN, S. 393; HAGER (Anm. 6), S. 64.
25 AB-YBERG, S. 40; MAYER, S. 65; TANNER, S. 67.
26 Ohne die Komplikationen zu erwähnen, welche beispielsweise entstehen können, wenn nach einem ersten Nachschussaufruf nur einzelne Mitglieder den ihnen durch die statutarischen Beschränkungsbestimmungen gesetzten Höchstbetrag erreicht haben.
27 Siehe H. WOHLMANN, SPR VIII/2, § 39, und VON STEIGER, ad Art. 803 OR.
28 Siehe dazu VON STEIGER, ad Art. 803 OR, N. 7, und BLICKENSTORFER, S. 217 ff.

vorsehen, dass eine Nachschusspflicht nur aufgrund einer Liquidationsbilanz besteht[29].
- Die Genossenschaft kann selbstverständlich über die von ihr geforderten Nachschüsse frei verfügen und kann solche Gelder sowohl zur Bezahlung von Verbindlichkeiten als auch für neue Investitionen verwenden. Die Tatsache, dass Nachschüsse zwingend zur Deckung von Verlusten dienen, beschränkt zwar ihre Verwendung nicht, bedeutet aber, dass sie erstens nicht höher als die in der berücksichtigten Bilanz ausgewiesenen Verluste sein dürfen, und zweitens, dass es sich um à fonds perdus-Beiträge ohne Gegenleistung von seiten der Genossenschaft handelt; zudem darf die Genossenschaft insbesondere dort, wo Nachschüsse aufgrund einer Betriebsbilanz gefordert wurden, keine Abschreibungen oder Reservenbildungen vornehmen, welche zu erneuten Verlusten führen und erneut die Nachschusspflicht auslösen[30].
- Eine Genossenschaft, deren Bilanz Verluste ausweist und deren Statuten keine Nachschüsse vorsehen, kann Art. 889 OR nicht dadurch umgehen, dass sie aufgrund von Art. 832 Ziff. 3 und Art. 867 Abs. 1 OR, unter der Bezeichnung «besondere Beiträge» oder einem anderen Namen, à fonds perdus- Leistungen einführt und von den Mitgliedern einfordert[31]. Die Aufforderung einer überschuldeten Genossenschaft zur Zeichnung neuer Genossenschaftsanteile (welche eine zumindest aleatorische Gegenleistung darstellen) ohne Anwendung von Art. 889 OR ist, wie erwähnt[32], ebenfalls fragwürdig.

---

29 Laut GUTKNECHT, S. 31 ff., und MAYER, S. 31 ff., muss jede Bilanz von der Kontrollstelle geprüft und von der Generalversammlung genehmigt werden. Das erste Erfordernis ist vernünftig, die Zulässigkeit des zweiten jedoch u.E. insbesondere dann fragwürdig, wenn Nachschüsse aufgrund einer Liquidationsbilanz eingefordert werden; siehe dazu auch BLICKENSTORFER, S. 220.
30 Fordert dagegen die Genossenschaft Nachschüsse aufgrund einer Liquidationsbilanz ein und übersteigen solche Nachschüsse den von der Betriebsbilanz festgestellten Verlust, kann der Überschuss für Schuldentilgung verwendet werden oder ist er einer besonderen Reserve zuzuweisen.
31 Contra (?): TANNER, S. 23.
32 Vorn, Drittes Kapitel, § 9.

§ 19 Änderungen der Haftungsbestimmungen oder des Kreises der Mitglieder

Literatur

Siehe Literatur zu § 17.

I. Verminderung oder Vermehrung der Haftung

Änderungen der Ausgestaltung der persönlichen Haftung setzen eine Statutenrevision voraus (Art. 874 Abs. 1 OR) und können zum Vorteil oder zum Nachteil der Mitglieder ausfallen, indem ihre Haftung entweder vermindert oder aufgehoben oder aber vermehrt wird. Im ersten Fall bedarf die Statutenänderung – unter Vorbehalt anderslautender statutarischer Bestimmungen – gemäss Art. 888 Abs. 2 OR einer Mehrheit von zwei Dritteln der abgegebenen Stimmen; im zweiten Fall kommen Art. 889 OR und, für Fusionen, Art. 914 Ziff. 11 OR zur Anwendung.

Bei der unbeschränkten oder beschränkten Haftung gemäss den nach unserem Verständnis ausgelegten Art. 869 und 870 OR sind die Auswirkungen einer verminderten oder vermehrten Haftung eindeutig. Die Qualifikation gewisser Änderungen der (insbesondere beschränkten) Nachschusspflicht, einschliesslich gemäss Art. 872 OR vorgenommener Statutenrevisionen, kann dagegen schwierig sein. Grundsätzlich löst jede Änderung der Beschränkungs- oder Verteilungskriterien die Anwendung von Art. 889 OR aus, da sie fast notgedrungen einem Teil der Mitglieder zum Nachteil gereicht. Art. 888 OR kommt nur zur Anwendung, wenn die der Generalversammlung vorgeschlagene Änderung alle Mitglieder begünstigt, insbesondere durch eine allgemeine Herabsetzung des Haftungshöchstbetrages[33].

Die Verminderung der Haftung der Mitglieder betrifft vor der Publikation der revidierten Statuten entstandene Verbindlichkeiten nicht (Art. 874 Abs. 3 OR); bei Fusionen kommen die Gläubiger der übernommenen Gesellschaft solange in den Genuss der von deren Statuten vorgesehenen Haftungsbestimmungen, als das Vermögen der übernommenen Gesellschaft getrennt verwaltet wird (Art. 914 Ziff. 2 und 10 OR). Unter «vorher entstandenen Verbindlichkeiten» sind Schulden zu verstehen,

---

33 Beispiel: Eine Genossenschaft, deren Statuten Nachschüsse von höchstens Fr. 10 000.– pro Mitglied vorsehen, muss sich im allgemeinen nach Art. 889 OR richten, wenn sie als neues Begrenzungskriterium den Wert der Anteile einführen will. Legt sie aber den Höchstbetrag auf Fr. 1000.– pro Anteil fest und begrenzen die Statuten die Zahl der Anteile, welche ein Mitglied zeichnen darf, auf weniger als zehn, untersteht die Statutenrevision Art. 888 OR (jedenfalls bei unverändertem Verteilungsmodus).

welche zum Zeitpunkt der Publikation der revidierten Statuten in der Bilanz der Genossenschaft aufgeführt waren oder hätten aufgeführt werden sollen; solche Verbindlichkeiten müssen selbstverständlich nicht fällig sein. Die Anwendung des Art. 874 Abs. 3 OR ist in der Praxis nicht einfach, und das Bundesgericht trägt nichts zur Klärung bei mit der Forderung, dass der Verteilungsplan «für jeden leistungspflichtigen Genossenschafter den Haftungsanteil oder Nachschuss für die durch die Konkursaktiven nicht gedeckten Verbindlichkeiten, hinsichtlich welcher die ursprüngliche Haftung oder Nachschusspflicht gemäss Art. 874 Abs. 3 OR fortbesteht, und den Haftungsanteil oder Nachschuss für die ungedeckten Verbindlichkeiten, hinsichtlich welcher die Beschränkung gilt, gesondert aufzuführen» hat (§ 9 GenV).

Es kann an dieser Stelle weder auf alle Fragen eingegangen werden, welche die Erstellung des Verteilungsplanes und die Festsetzung des «Haftungsanteils» jedes Mitgliedes aufwerfen, noch können alle Probleme im Zusammenhang mit dem Eintritt neuer Mitglieder besprochen werden, welche für die vor ihrem Eintritt entstandenen Verbindlichkeiten nach den neuen Bestimmungen haften (Art. 875 Abs. 1 OR). Als Beispiel sei das Problem genannt, welches dadurch entsteht, dass eine Änderung der Haftungsbestimmungen, wie erwähnt, einzelnen Mitgliedern zum Vorteil, anderen zum Nachteil gereicht. Die konkrete Änderung stellt zwar eine Haftungsvermehrung im Sinne von Art. 889 OR dar, kann aber dennoch aus der Sicht der Gläubiger eine Verminderung der Haftung der Mitglieder bedeuten. In einem solchen Fall kommt zweifellos Art. 874 Abs. 3 OR zur Anwendung; offen bleibt aber die Frage, ob er alle und somit auch die durch die neue Regelung benachteiligten Mitglieder betrifft, oder ob die Gläubiger Art. 874 Abs. 4 OR geltend machen können. Sind umgekehrt die neuen Bestimmungen insgesamt günstiger für die Gläubiger und ist Art. 874 Abs. 4 OR grundsätzlich anwendbar, stellt sich die Frage, ob sie sich gegenüber den von der neuen Regelung bevorteilten Mitgliedern auf Art. 874 Abs. 3 OR berufen können. Die gleichzeitige Anwendung beider erwähnten Bestimmungen scheint am ehesten angebracht; doch auch die gegenteilige Meinung ist vertretbar.

Die von den Statuten einer Genossenschaft vorgesehenen Haftungsbestimmungen verändern sich insbesondere durch den wechselnden Kreis der Mitglieder faktisch dauernd. Solche faktische Änderungen erfordern selbstverständlich keine Statutenrevisionen; zudem bedarf eine Statutenrevision, welche die Haftungsregelung nur indirekt betrifft, keiner qualifizierten Mehrheit gemäss Art. 889 OR; dies gilt insbesondere für die Erhöhung des Grundkapitals in einer Genossenschaft, deren Statuten eine beschränkte Haftung nach Massgabe des Wertes der Anteile oder deren Anzahl vorsehen[34]. In diesem Zusammenhang ergibt sich dort ein noch schwierigeres Pro-

---

34 Contra: AB-YBERG, S. 108. Der Autor geht zudem davon aus, dass Art. 974 Abs. 3 OR bei der

blem, wo die Anteile einer Genossenschaft frei übertragbar sind, auch an Personen, welche nicht Mitglieder sind oder werden und deshalb nicht persönlich haften[35]. Dienen in einem solchen Fall die Anteile als Beschränkungs- oder Verteilungskriterium, stellt sich die Frage, ob ihre Übertragung die potentielle Haftung des veräussernden Mitgliedes und damit die Garantie für die Gläubiger herabsetzt, oder ob die veräusserten Anteile weiterhin dem Veräusserer anzurechnen sind, *falls der Erwerber nicht Mitglied ist*. Zwar ist, wegen des möglichen Missbrauchs im Falle der ersten Möglichkeit, einzig die zweite Lösung vertretbar; sie vermag aber nicht zu befriedigen; denn sobald der Umfang der Haftung nach Massgabe der finanziellen Beteiligung ändern muss, erscheint es unlogisch, einem Mitglied den Besitz von Anteilen anzurechnen, welche es in Wirklichkeit mit allen ihnen anhaftenden Rechten übertragen hat[36].

II. Stellung der neuen und der ausscheidenden Mitglieder

Gemäss Art. 875 und 876 OR gehören zum Kreis der Mitglieder sowohl Personen, welche zum Zeitpunkt der Einforderung der Nachschüsse oder des Konkurses der Genossenschaft Mitglieder sind, und zwar unabhängig vom Datum ihres Eintritts, als auch, bei Konkurs, Personen, welche innerhalb des Jahres (oder einer statutarisch festgesetzten längeren Frist) vor dem Konkurs ausgeschieden sind; die letzteren Personen haften allerdings nur für vor ihrem Ausscheiden entstandene Verbindlichkeiten. Zudem dauert die Haftung der Genossenschafter nach Auflösung der Gesellschaft an, wenn innerhalb eines Jahres (oder einer statutarisch festgesetzten längeren Frist) seit der Eintragung der Auflösung[37] im Handelsregister der Konkurs über die Genossenschaft eröffnet wird.

Die Liste der Mitglieder wird aufgrund des beim Handelsregister liegenden Verzeichnisses erstellt (§ 1 GenV). Bezüglich des Erwerbs der Mitgliedschaft ist die Eintragung in das Verzeichnis der Mitglieder nicht konstitutiv, sondern führt nur zur Vermutung der Mitgliedschaft der eingetragenen Personen. Diesen steht der Nachweis offen, dass sie die Mitgliedschaft nicht erworben haben, und die Genossenschaft

---

Herabsetzung des Grundkapitals anwendbar ist (S. 109). Angesichts der Tatsache, dass die Gläubiger Befriedigung oder Sicherstellung verlangen können (Art. 874 Abs. 2 und 733 OR), trifft dies u.E. nicht zu.
35 FORSTMOSER, ad Art. 849 OR, N. 67; MAYER, S. 71.
36 Zum Problem des Auseinanderklaffens von Anteilen und Mitgliedschaft, siehe vorn, Viertes Kapitel, § 14.
37 Und nicht des «Ausscheidens (sortie)», wie der französische Text des Art. 876 Abs. 3 OR irrtümlicherweise lautet. Zur Anwendung dieser Bestimmung bei Auflösung ohne Liquidation, siehe D. WEHRLI, Die Umwandlung einer Genossenschaft in eine Aktiengesellschaft, Zürich 1976, S. 190 ff.

ihrerseits kann (oder die Gläubiger können) die Mitgliedschaft nicht eingetragener Mitglieder geltend machen[38]. In der Praxis beruht die Anfechtung der Mitgliedschaft, d.h. der Haftungspflicht, selbstverständlich am häufigsten auf einer Verletzung von Art. 840 Abs. 2 OR[39]. Geht es hingegen um die Frage, ob eine regelmässig im Verzeichnis der Mitglieder eingetragene Person zum Zeitpunkt des Konkurses noch Mitglied ist, oder ein Jahr vorher noch war, und können die Genossenschaft und ihre Gläubiger nachweisen, dass das betreffende Mitglied fälschlicherweise gestrichen wurde[40], so kann diese Person, falls sie noch aufgeführt ist, nicht geltend machen, sie sei in Wirklichkeit ausgeschieden oder ihr Ausscheiden liege, im Widerspruch zur Eintragung im Handelsregister, schon länger als ein Jahr zurück[41]. Deshalb sah der Gesetzgeber nicht nur vor, dass die Verwaltung jeden Eintritt oder Austritt eines Genossenschafters anzumelden hat (Art. 877 Abs. 1 OR), sondern ermächtigte auch die ausgeschiedenen Mitglieder oder die Erben verstorbener Mitglieder, das Ausscheiden von sich aus eintragen zu lassen (Art. 877 Abs. 2 OR)[42].

Weniger als ein Jahr vor dem Konkurs gestrichene Mitglieder haften, wie erwähnt, für «vor ihrem Ausscheiden entstandene Verbindlichkeiten», d.h. trotz des Wortlautes von Art. 876 Abs. 1 OR, nicht für vor ihrem Ausscheiden, sondern vor ihrer Streichung entstandene Verbindlichkeiten[43]; eine wörtliche Auslegung des Gesetzes wäre mit dem Zweck des Art. 876 OR, d.h. dem Schutz der Gläubiger, nicht vereinbar. Zu den genannten Verbindlichkeiten gehören, wie in Art. 874 Abs. 3 OR[44], alle im entscheidenden Zeitpunkt, hier der Streichung, in der Bilanz aufgeführten oder aufzuführenden Verbindlichkeiten, unabhängig von ihrer Fälligkeit[45].

---

38   AB-YBERG, S. 87; B. BÜRGISSER, Der Erwerb der Mitgliedschaft bei Genossenschaften, Diss. Basel 1942, S. 34 ff.; J.G. FREY, Mitgliedschaft und Mitgliedschaftswechsel bei der Genossenschaft, Diss. Basel 1943, S. 53; GERWIG, GR, S. 300 ff.; GUTZWILLER, ad Art. 878 OR, N. 8; HEINI, S. 203; MÜLLER, S. 69; NIGG, S. 97 ff.; R. WINKLER, Die Begründung und Beendigung der Mitgliedschaft in der Genossenschaft nach schweizerischem OR, Diss. Basel 1948, S. 240. Siehe auch BGE 78 III, 1952, S. 33.
39   Siehe dazu vorn, Viertes Kapitel, § 12, und AB-YBERG, S. 69 ff.
40   AB-YBERG, S. 89; GERWIG, GR, S. 301 ff.
41   AB-YBERG, S. 90; GERWIG, GR, S. 301 ff.; BGE 89 I, 1963, S. 285. Contra: NIGG, S. 102.
42   Da die Verwaltung zur Anmeldung im Handelsregister verpflichtet ist, die Mitglieder aber dazu nur berechtigt sind, ist unter Umständen nicht auszuschliessen, dass ein nicht oder verspätet gestrichenes Mitglied die Verwaltung haftbar machen kann, wenn es durch deren Nachlässigkeit zu Beiträgen verpflichtet wird, welche es eigentlich nicht mehr entrichten müsste.
43   Gleicher Ansicht: AB-YBERG, S. 94; A. HAGER, Der Austritt des Genossenschafters und die daran geknüpften Rechtsfolgen, Diss. Bern 1948, S. 61; NIGG, S. 92 ff.; WINKLER (Anm. 38), S. 235 ff. Contra: GUTKNECHT, S. 73, und MAYER, S. 69, Anm. 31.
44   Während der französische Text einmal von «dettes» verpflichtet und dann wieder von «engagements» spricht, verwendet die deutsche Fassung einheitlich den Ausdruck «Verbindlichkeiten».
45   Contra: GUTKNECHT, S. 74. Gemäss AB-YBERG, S. 96, können die von Lehre und Rechtsprechung für die Kollektivgesellschaft entwickelten Grundsätze (siehe insbesondere Art. 569 und 591 OR) bis zu einem gewissen Masse analog angewandt werden; siehe auch HAGER (Anm. 6), S. 61, insbes. Anm. 48; NIGG, S. 93 ff., und WINKLER (Anm. 38), S. 237.

§ 20 Aktivierung der Haftung

Literatur

Siehe Literatur zu § 17.

I. Ohne Konkurs

Solange über eine Genossenschaft nicht der Konkurs eröffnet ist, können nur Nachschüsse «jederzeit» (Art. 871 Abs. 4 OR) von den Mitgliedern eingefordert werden, falls Bilanzverluste ausgewiesen sind. Die Statuten können jedoch weitere Voraussetzungen (beispielsweise bezüglich Höhe oder Art der Verluste) vorsehen oder jede Einforderung von Nachschüssen ausschliessen, solange die Genossenschaft nicht im Sinne von Art. 903 OR eigentlich überschuldet ist.

Für den Beschluss zur Einforderung von Nachschüssen ist grundsätzlich die Verwaltung zuständig[46]. Die Statuten können jedoch diese Kompetenz einem anderen Organ zuweisen[47], jedenfalls wenn die Genossenschaft nicht überschuldet ist[48], oder vorsehen, dass die Nachschüsse, ohne Beschluss, automatisch fällig werden, sobald die Bilanz der Genossenschaft Verluste ausweist. Tritt die Genossenschaft in Liquidation, so fällt die Einforderung der Nachschüsse in die Kompetenz der Liquidatoren (Art. 913 Abs. 1 und 743 OR), jedoch nur nach Massgabe der Überschuldung der Genossenschaft, zur Vermeidung des Konkurses. Denn die Nachschüsse dienen weder der Wiederherstellung des Grundkapitals einer aufgelösten Genossenschaft noch – falls die Verteilung der Nachschüsse nicht nach Massgabe des Wertes der Anteile vorgenommen wird – der Änderung der Ausgestaltung der in § 913 Abs. 2 OR vorgesehenen Rückzahlung der Anteile (vgl. zum Konkurs, § 19 Abs. 3 GenV).

---

46 GUTZWILLER, ad Art. 871 OR, N. 10; MAYER, S. 62; NIGG, S. 49.
47 MAYER, S. 63; NIGG, S. 49.
48 Man kann davon ausgehen, dass die Verwaltung das unentziehbare Recht und die unentziehbare Pflicht hat, Nachschüsse einzufordern, um die Erklärung der Zahlungsunfähigkeit zu vermeiden (siehe Art. 903 Abs. 4 OR). Deshalb ist u.E. (siehe § 18, Anm. 29) das Erfordernis der Genehmigung der massgeblichen Bilanz durch die Generalversammlung fragwürdig. Ausser bei Überschuldung verfügt die Verwaltung u. E. (unter Vorbehalt anderslautender statutarischer Bestimmungen) über eine gewisse Ermessensfreiheit bezüglich des Beschlusses betreffend Einforderung und Höhe der Nachschüsse; siehe dazu NIGG, S. 49, und contra: BLICKENSTORFER, S. 216.

Die Verwaltung ist ausserdem zuständig, die von jedem Mitglied gemäss Gesetz und Statuten geschuldeten Beträge festzusetzen und diese gemäss Art. 867 Abs. 2 bis 4 OR einzufordern (Art. 871 Abs. 5 OR)[49].

Die Mitglieder können die Beschlüsse der Verwaltung bezüglich Einforderung und Verteilung der Nachschüsse nicht anfechten; hingegen können sie die richterliche Feststellung erwirken, dass die Einforderungsvoraussetzungen nicht erfüllt sind oder dass der Verteilungsplan der Verwaltung nicht gemäss Gesetz oder Statuten aufgestellt worden ist.

II. Bei Konkurs

Bei Konkurs oder bei Abtretung der Aktiven (§ 25 GenV) und bis zum Abschluss dieser Verfahren wird die Haftung durch die Konkursverwaltung geltend gemacht (Art. 869 Abs. 2, 870 Abs. 3 und 871 Abs. 4 OR), gemäss den Bestimmungen des Art. 873 OR und der GenV. Kurz zusammengefasst[50] sehen diese Bestimmungen folgendes vor:

1. Die Konkursverwaltung erstellt zuerst die Liste der haftbaren Mitglieder, einschliesslich der im Lauf des Vorjahres ausgeschiedenen Mitglieder (§ 2 GenV), und stellt den mutmasslichen Überschuss der Passiven fest (§ 7 GenV).
2. Dann erstellt die Konkursverwaltung, unter Beachtung der gesetzlichen und statutarischen Bestimmungen bezüglich Beschränkung und Verteilung, einen provisorischen Verteilungsplan, unter Beachtung ebenfalls allfälliger nachträglicher Änderungen des Haftungssystems und der besonderen Stellung der im Vorjahr ausgeschiedenen Genossenschafter (§ 7 bis 9 GenV); sehen die Statuten neben der persönlichen Haftung auch eine Nachschusspflicht vor, so ist zuerst diese zu beanspruchen (da diesbezüglich die Genossenschaft selber Gläubigerin ist), wobei ein allfälliger Ausfall nach Massgabe der persönlichen Haftung der Genossenschafter auf diese umzulegen ist (§ 10 GenV).
    Diese Regeln gelten auch bei solidarischer Haftung der Mitglieder. Darin weicht das in Art. 873 OR vorgesehene Verfahren wesentlich von Art. 144 Abs. 1 OR ab, indem die Konkursverwaltung ihre Schuldner nicht unter den zahlungskräftigsten Genossenschaftern auswählen darf[51].

---

49 Zu diesen Bestimmungen, siehe Drittes Kapitel, § 9.
50 Für weitere Einzelheiten, siehe insbes. AB-YBERG, S. 135 ff.; MÜLLER, S. 75 ff.; NIGG, S. 129 ff.
51 Hingegen darf die Konkursverwaltung einerseits mit Zustimmung der Gläubigerversammlung Vergleiche mit allen oder einzelnen Mitgliedern abschliessen (Art. 4 GenV) und anderseits auf die Betreibung gegen Mitglieder, von welchen offenkundig keine Zahlung erhältlich ist, verzichten (Art. 16 Abs. 1 GenV).

3. Die Konkursverwaltung macht die Auflage des provisorischen Verteilungsplanes öffentlich bekannt und zeigt sie jedem Genossenschafter unter Angabe des ihn betreffenden Betrages besonders an (§ 11 GenV). Wird der provisorische Verteilungsplan weder von Genossenschaftern noch von Gläubigern angefochten (siehe § 13 bis 15 GenV)[52] oder sind Beschwerden rechtskräftig beurteilt worden, so wird der provisorische Verteilungsplan vollstreckbar (§ 12 GenV) und die Konkursverwaltung beginnt die Beiträge von den Genossenschaftern einzuziehen (§ 16 GenV).
4. Sind einzelne Beiträge uneinbringbar und sehen die Statuten eine solidarische Haftung vor, so erstellt die Konkursverwaltung einen zusätzlichen Verteilungsplan, in welchem die nicht eingebrachten Beiträge, unter Beachtung der Vorschriften bezüglich Beschränkung und Verteilung, auf die übrigen Genossenschafter verlegt werden; die Aufstellung eines Zusatzplanes wird wiederholt, falls erneut nicht alle Beiträge eingebracht werden können (§ 18 GenV).
5. Sobald die Verteilungsliste definitiv ist, erstellt die Konkursverwaltung den endgültigen Verteilungsplan, fordert (falls der Passivenüberschuss grösser als vorgesehen ist) von den Genossenschaftern zusätzliche Beiträge ein oder erstattet Mehrleistungen zurück (§ 19 GenV). Schliesslich werden die geleisteten Haftungsanteile an die Konkursgläubiger verteilt (§ 21 GenV).

Aufgrund des dargestellten gesetzlichen Systems sind das Recht der Gläubiger (bei persönlicher Haftung der Genossenschafter im Sinne von Art. 869 und 870 OR), ihre Ansprüche noch nach Schluss des Konkursverfahrens individuell geltend zu machen (Art. 878 Abs. 1 OR), und das Recht auf Rückgriff der Genossenschafter untereinander (Art. 873 Abs. 2, am Schluss, und Art. 878 Abs. 2 OR) praktisch nicht von grosser Bedeutung, umso mehr als das Gesetz dafür eine sehr kurze Frist ansetzt[53].

---

[52] Laut Appellationshof des Kantons Bern, SJZ 47, 1950–1951, S. 175, ist die Frage, ob jemand überhaupt Mitglied einer Genossenschaft sei, in den in der Verordnung vorgeschriebenen Beschwerdeverfahren zu beurteilen; siehe auch A. HAGER, Der Austritt des Genossenschafters und die daran geknüpften Rechtsfolgen, Diss. Bern 1948, S. 65.

[53] Die in Art. 878 Abs. 1 OR vorgesehene Frist ist eindeutig eine Verwirkungsfrist. Es ist mit AB-YBERG, S. 125, davon auszugehen, dass das Gleiche für die in Art. 878 Abs. 2 OR (welcher sich auf Abs. 1 bezieht, «verjährt ebenfalls»), vorgesehene Frist gilt. Zu Art. 878 OR, siehe insbes. NIGG, S. 132 ff.

Siebtes Kapitel

Organisation der Genossenschaft

Die Organisation der Genossenschaft gleicht in ihrem allgemeinen Aufbau stark derjenigen der Aktiengesellschaft. Bei der Erarbeitung der Art. 879 bis 910 OR stützte sich der Gesetzgeber offensichtlich mehr auf Art. 698 ff. OR 1936 als auf Art. 64 ff. ZGB über die Vereine. Somit gehören zur Genossenschaft zwingend drei Organe, d.h. eine Generalversammlung, eine Verwaltung und eine Kontrollstelle, deren Befugnisse und Pflichten im wesentlichen wie im Aktienrecht geregelt sind.

Die Regelung ist jedoch kürzer gefasst als diejenige der Art. 698 ff. OR 1936, und verschiedene Einrichtungen und Vorschriften sind vom Vereinsrecht beeinflusst und tragen dem besonderen Charakter der Genossenschaft Rechnung. Deshalb sind Auslegung und Anwendung des Genossenschaftsrechts oft mit Schwierigkeiten verbunden[1]. Es stellt sich immer wieder die Frage, ob man sich vom Aktienrecht oder vom Vereinsrecht leiten lassen muss: Wollte der Gesetzgeber, mit seinem Schweigen, beispielsweise den Genossenschaften die Ernennung von Verwaltungsdelegierten verbieten, oder soll man im Gegenteil davon ausgehen, dass er, laut Botschaft, «bezüglich der Delegation der Pflichten und Kompetenzen und der Übertragung der Geschäftsführung und Vertretung...den Statuten volle Freiheit» lassen will[2]?

Auf der Stufe der Generalversammlung zeigt sich die Besonderheit der Genossenschaft vor allem im System der schriftlichen Stimmabgabe (Urabstimmung, Art. 880 OR), in der Möglichkeit der Schaffung des besonderen Organs der Delegiertenversammlung, welche ganz oder teilweise die Befugnisse der Generalversammlung ausübt (Art. 892 OR), in der besonderen Regelung der konzessionierten Versicherungsgenossenschaften (Art. 893 OR) und in zwingenden Vorschriften im Bereich von Stimmrecht und Vertretung, zur Gewährleistung des demokratischen Zustandekommens der Genossenschaftsbeschlüsse (Art. 885 und 886 OR).

Die Verwaltung der Genossenschaft zeichnet sich durch ihren Kollegialcharakter aus, da sie aus mindestens drei Personen bestehen muss (Art. 894 Abs. 1 OR). Wie weiter hinten dargestellt wird[3], ist die Haftung der Geschäftsführungs- und Vertretungsorgane (Art. 916 ff. OR) weniger streng geregelt als in Art. 754 ff. OR.

---

1   Siehe dazu vor allem FORSTMOSER, Grossgenossenschaften, S. 162 ff., insbes. S. 171 ff., und das Werk von HENGGELER (insbes. S. 17 ff.).
2   BBl 1928 I, S. 300.
3   Hinten, Neuntes Kapitel.

Die Regelung der Kontrollstelle weist zwar keine Besonderheiten auf, ausser auch hier bezüglich der Haftung und der – wahrscheinlich irrtümlichen – Erwähnung einer Prüfung der Geschäftsführung (Art. 906 Abs. 1 OR); dennoch ist zu erwähnen, dass im Genossenschaftsrecht mit Art. 663 ff. OR 1936 (Art. 662a ff. neues Recht) vergleichbare Bestimmungen oder ein Verweis auf jene fehlen; die Pflichten der Genossenschaft im Bereich der Buchführung ergeben sich, wie erwähnt[4], grundsätzlich einzig aus Art. 957 ff. OR.

---

4   Vorn, Drittes Kapitel, § 11.

§ 21 Generalversammlung

Literatur

P.M. BELSER, Versicherungsgenossenschaften, Diss. Zürich 1975, S. 90 ff.; BERNHEIMER, S. 55 ff. und 107 ff.; CAPITAINE, SJK Nr. 1159, und La participation et le droit de vote aux assemblées de délégués de la Société coopérative suisse, ZSR 80 I, 1961, S. 293 (zit. Participation et droit de vote); FORSTMOSER, S.T., N. 272 und 395 ff., und Grossgenossenschaften, S. 191 ff.; GERWIG, GR, S. 317 ff.; P. GLOOR, Recht und Berechtigung der Delegiertenversammlung in der Genossenschaft, Diss. Basel 1949; GUHL, S. 761 ff.; GUTZWILLER, ad Art. 879 ff. OR; HENGGELER, S. 91 ff.; E. HENSEL, Das Generalversammlungsrecht der Genossenschaft nach dem neuen schweizerischen OR, Diss. Zürich 1942; KUMMER, S. 34 ff.; C. PESTALOZZI, Mehrstimmrecht in Generalversammlung und Urabstimmung der Genossenschaft, ein Beitrag zur Reform des schweizerischen Genossenschaftsrechts, Zürich 1977; L. SIGG, Das oberste Organ in der Genossenschaft, Diss. Zürich 1954; R. SODER, La cooptation et la société coopérative d'assurance concessionnaire en droit suisse, Diss. Freiburg i. Ue. 1952; F. VON STEIGER, S. 77 ff. und 111 ff.; H.P. WEBER-DÜRLER, Gesellschafterversammlung, Urabstimmung und Delegiertenversammlung, Diss. Zürich 1973; H. WENNINGER, Das Stimmrecht des Genossenschafters nach dem revidierten schweizerischen OR, Diss. Zürich 1944; W. WITSCHI, Stimmrecht und Wahlrecht in der Genossenschaft (unter besonderer Berücksichtigung des Stimmrechts des Gemeinwesens und der Frage der Beschränkbarkeit des passiven Wahlrechts), Diss. Basel 1944.

In zahlreichen Belangen ist auch die Lehre zur Aktiengesellschaft hilfreich; siehe insbesondere die folgenden neueren Werke: F. BIANCHI, Die Traktandenliste der Generalversammlung der Aktiengesellschaft, Zürich 1982; P. HAEFLIGER, Die Durchführung der Generalversammlung bei der Aktiengesellschaft, Bern 1978; A. SCHETT, Stellung und Aufgaben der Verwaltung einer AG bei der Durchführung der ordentlichen GV, Zürich 1977; P. SCHMITT, Das Verhältnis zwischen Generalversammlung und Verwaltung in der Aktiengesellschaft, Zürich 1991; B. TANNER, Quoren für die Beschlussfassung in der Aktiengesellschaft, Zürich 1987.

I. Generalversammlung im traditionellen Sinne

In ihrer herkömmlichen Form (einer mehr oder weniger regelmässig stattfindenden Versammlung aller Mitglieder) ist die Generalversammlung ein zwingend vorgeschriebenes Organ der Genossenschaft, unter Vorbehalt der Bestimmungen der Art. 880, 892, 893 und 922 OR. Gemäss Art. 879 Abs. 1 OR (dessen Wortlaut demjenigen von Art. 698 Abs. 1 OR 1936 entspricht) ist die Generalversammlung oberstes Organ der Genossenschaft[5], welchem Art. 879 Abs. 2 OR verschiedene unübertragbare Befugnisse zuweist. Diese Vorschriften sind zwingendes Recht[6], bedeuten aber nicht, ebensowenig wie für die Aktiengesellschaft, dass sich die

---
5   Zu Sinn und Tragweite dieser Bestimmung, siehe insbes. SIGG, S. 7 ff.
6   BGE 67 I, 1949, S. 262.

Generalversammlung die vom Gesetz einem anderen Organ, insbesondere der Verwaltung, übertragenen Befugnisse anmassen kann. Aufgrund der Dualitätstheorie haben Generalversammlung und Verwaltung je ihre eigenen Kompetenzen, und die Vorrangstellung der Generalversammlung besteht einzig darin, dass sie zur Wahl und Abberufung der Mitglieder der Verwaltung berechtigt ist (Art. 879 Abs. 2 Ziff. 2 und Art. 890 Abs. 1 OR)[7].

1. Einberufung der Generalversammlung

Merkwürdigerweise sieht zwar das Gesetz eine jährlich stattfindende Generalversammlung nicht ausdrücklich vor; dennoch bezweifeln weder Lehre[8] noch Rechtsprechung[9], dass sie unumgänglich ist. Diese Verpflichtung ergibt sich nicht nur, wie das Bundesgericht bemerkte, aus Art. 879 Abs. 2 Ziff. 3 und 906 Abs. 1 OR, sondern hat auch eine recht eindeutige Grundlage in Art. 908 Abs. 4 OR; diese Bestimmung erwähnt nämlich ausdrücklich die «ordentliche Generalversammlung», welche ganz offensichtlich jährlich abgehalten werden muss. Im übrigen sollte u. E. Art. 699 Abs. 2 OR, wonach die ordentliche Generalversammlung innerhalb sechs Monaten, nach Schluss des Geschäftsjahres stattfindet, entsprechend angewandt werden. Auch wenn dies vom Gesetz nicht näher ausgeführt wird, können und müssen ausserordentliche Generalversammlungen «je nach Bedarf» einberufen werden (vgl. Art. 699 Abs. 2 OR); das Gesetz sieht dies insbesondere in den Art. 903 Abs. 3 und 905 Abs. 2 OR vor.

Die Generalversammlung wird grundsätzlich von der Verwaltung, allenfalls von der Kontrollstelle, den Liquidatoren oder den Vertretern der Anleihensgläubiger einberufen (Art. 881 Abs. 1 OR). Diese zwingende Regelung entspricht derjenigen für die Aktiengesellschaft (Art. 699 Abs. 1 OR)[10]. Das Gesetz sieht aber zudem vor, dass die Generalversammlung auch «durch ein anderes nach den Statuten dazu befugtes Organ» einberufen werden kann. Diese Vorschrift ist nicht ganz klar. Aus ihrem Wortlaut («durch die Verwaltung *oder* ein anderes...Organ») ist jedenfalls nicht zu schliessen, dass das von den Statuten bezeichnete Organ, beispielsweise die Geschäftsleitung oder ein Ausschuss, die Generalversammlung (ausser unter Umständen die ordentliche Generalversammlung) an Stelle und unter Ausschluss der Verwaltung einberufen kann; diese *muss* das Recht zur Einberufung der Generalversammlung, insbesondere unter den in Art. 903 Abs. 3 und 905 Abs. 2 OR erwähnten

---

7 FORSTMOSER, S.T., N. 273.
8 Ibid., N. 276; GUTZWILLER, ad Art. 882 OR, N. 10 (mit Verweisen auf GERWIG, SIGG und VON STEIGER); HENSEL, S. 46.
9 BGE vom 17. September 1941, Pra 30, 1941, Nr. 127, S. 281.
10 Siehe insbes. BÜRGI, ad Art. 699 OR, und VON STEIGER, Das Recht der Aktiengesellschaft, S. 187 ff.

Umständen, zwingend behalten. Diese Vorschrift bezieht sich somit in Wirklichkeit nicht auf ein Recht zur Einberufung, sondern auf ein Recht, die Einberufung der Generalversammlung zu *verlangen,* oder sie soll ermöglichen, dass aus praktischen Gründen (insbesondere in grossen Genossenschaften) die Einladungen zur Generalversammlung durch ein dem Verwaltungsrat unterstelltes Organ, aber auf dessen Verantwortung, gültig unterzeichnet und versandt werden können. In diesem Zusammenhang sei daran erinnert, dass gemäss Rechtsprechung (bezüglich eines Vereins, aber gültig für alle Körperschaften) die Beschlüsse der durch ein unzuständiges Organ einberufenen Generalversammlung null und nichtig sind[11].

Art. 881 Abs. 2 OR erteilt den Genossenschaftern das Recht, die Einberufung der Generalversammlung zu erlangen und ist zwingendes Recht, auch wenn die gesetzlichen Voraussetzungen statutarisch erleichtert werden können[12]. Im Unterschied zu Art. 699 Abs. 3 OR 1936 fordert Art. 881 Abs. 2 OR nicht, dass die Mitglieder ihr Begehren «schriftlich unter Angabe des Zweckes» stellen; sie müssen jedoch die Gründe ihres Begehrens nennen, damit die Verwaltung bei der Einberufung die Traktanden bekannt geben kann (Art. 883 Abs. 1 OR). Wird die Einberufung der Generalversammlung innerhalb einer angemessenen Frist verweigert (oder unterlassen), können sich die Mitglieder an den Richter wenden (Art. 881 Abs. 3 OR), welcher, wie im Aktienrecht[13], die Einberufung der Versammlung anzuordnen hat, sobald die gesetzlichen oder statutarischen Voraussetzungen gegeben sind, und allenfalls die Traktandenliste festlegt[14].

Gemäss Art. 882 Abs. 1 OR, dessen Wortlaut – mit Ausnahme der Länge der Frist – demjenigen des ersten Satzes des Art. 700 OR entspricht, ist die Generalversammlung mindestens 5 Tage vor dem Versammlungstag in der von den Statuten vorgesehenen Form einzuberufen. Merkwürdigerweise handelt es sich hierbei nicht um eine gesetzlich vorgeschriebene statutarische Bestimmung, da sie in Art. 832 Abs. 1 OR unerwähnt bleibt (vgl. Art. 626 Ziff. 5 OR); einerseits muss aber die gesetzlich vorgesehene Frist eingehalten werden, und anderseits muss die gewählte Form der Einberufung gewährleisten, dass jedes Mitglied an der Versammlung teilnehmen kann und gebührend über Ort und Zeitpunkt ihrer Abhaltung informiert wird. Die Statuten können die (zu kurze) gesetzliche Frist selbstverständlich verlängern[15];

---

11 BGE 71 I, 1945, S. 383 (Verein). Selbstverständlich sind solche Beschlüsse nur nichtig, wenn der *Beschluss* zur Einberufung durch ein unzuständiges Organ gefasst wurde. Die alleinige *Einberufung* durch eine dazu unberechtigte, aber auf Anweisung oder mit Zustimmung des zuständigen Organs handelnde Person bleibt selbstverständlich ohne Folgen (oder bewirkt zumindest nicht die Nichtigkeit der gefassten Beschlüsse). Zu diesem Problem, siehe auch HENGGELER, S. 94 ff.
12 Wie SIGG, S. 17, anhand eines praktischen Beispiels aufzeigt, müssen solche statutarischen Erleichterungen den Grundsatz der Gleichbehandlung berücksichtigen.
13 Siehe insbes. BIANCHI, S. 38 ff.
14 Entscheid der Cour de justice Genf, vom 25. September 1953, SJ 1954, S. 580.
15 Zur Berechnung der Frist, siehe den BGE vom 19. Februar 1980, SJ 1981, S. 39, 40. Siehe auch HENSEL, S. 85 ff.

zudem sollte u. E. diese Frist für die ordentliche Generalversammlung zwingend zehn Tage betragen, um mit der in Art. 856 Abs. 1 OR (über die zwingend vorgeschriebene Auflage der Betriebsrechnung und des Revisorenberichts) vorgesehenen Frist übereinzustimmen.

Im allgemeinen sehen die Statuten die schriftliche Einberufung der Mitglieder vor; in grossen Genossenschaften wird häufig durch öffentliche Auskündigung (oder auch schriftlich und durch öffentliche Auskündigung) einberufen. Art. 882 Abs. 2 OR, wonach Genossenschaften von über 30 Mitgliedern durch öffentliche Auskündigung einberufen dürfen, ist vor allem von historischem Interesse, da heute die Vervielfältigung von Dokumenten ohne weiteres möglich ist. Der Begriff «öffentliche Auskündigung» ist ungenau und schliesst einerseits die Veröffentlichung der Einberufung in einem amtlichen lokalen Blatt, anderseits den Aushang der Einberufung an einer oder mehreren, jedermann leicht zugänglichen und regelmässig aufgesuchten Stellen ein. Gemäss Rechtsprechung sind die Beschlüsse einer regelwidrig einberufenen Generalversammlung nicht nichtig, sondern anfechtbar[16]. Ein schwerer Verstoss gegen Art. 882 OR, welcher zahlreichen Mitgliedern die Teilnahme an der Generalversammlung verunmöglicht, muss jedoch zweifellos Nichtigkeit der gefassten Beschlüsse nach sich ziehen[17].

Art. 883 OR ist zwingendes Recht, legt die Form der Traktandenliste fest und ist ebenfalls deutlich vom Aktienrecht beeinflusst (Art. 700 OR 1936), auf welches somit zurückzugreifen ist[18]. Der einzige beachtenswerte, aber praktisch unbedeutende Unterschied betrifft die Statutenänderung: während Art. 700 Abs. 1 OR 1936 deren Auflage zur Einsicht verlangte, fordert Art. 883 Abs. 1 OR, dass die Traktandenliste den «wesentlichen Inhalt» solcher Änderungen enthält. Die verschiedenen die Traktandenliste betreffenden Vorschriften sind nicht Ordnungsvorschriften, sondern zwingendes Recht. Deshalb sind den Mitgliedern die Traktanden betreffend Beschlüsse und Wahlen genügend klar und genau bekanntzugeben[19]; insbesondere darf über unter dem Traktandum «Verschiedenes» («Varia») zur Sprache kommende Punkte nicht beschlossen werden[20]. Gemäss Rechtsprechung kann ein Mitglied die

---

16 Siehe den in der vorangehenden Anm. zit. Entscheid sowie BGE 116 II, 1990, S. 713, und den Entscheid des Kantonsgerichtes Graubünden, vom 23. Januar 1959, SJZ 57, 1961, S. 124.
17 Siehe BGE 78 III, 1952, S. 33, wo das Bundesgericht auf Machenschaften anspielt, die darauf ausgerichtet sind, «einzelne Mitglieder (allenfalls eine grosse Anzahl) vom Erscheinen abzuhalten und eine Anfechtung binnen gesetzlicher Frist zu verhindern». Kürzlich bestätigte das Bundesgericht in BGE 115 II, 1989, S. 468 die Nichtigkeit der Beschlüsse einer durch ein unzuständiges Organ einberufenen Generalversammlung, oder einer Versammlung, zu welcher nur ein Teil der Aktionäre einberufen wurden oder an welcher ein Nichtaktionär teilgenommen und eine entscheidende Rolle gespielt hat.
18 Siehe insbes. das hauptsächlich Art. 700 OR 1936 gewidmete Werk von BIANCHI. Zur Genossenschaft, siehe insbes. HENSEL, S. 82 ff.
19 Siehe beispielsweise BGE 103 II, 1977, S. 141.
20 GUTZWILLER, ad Art. 883 OR, N. 3 ff.

von der Versammlung gefassten Beschlüsse wegen Verstosses gegen Art. 883 OR anfechten[21], wobei unter Umständen sehr wichtige Beschlüsse, beispielsweise die Einführung einer persönlichen Haftung der Mitglieder, nichtig erklärt werden können[22].

Eine regelwidrig (durch eine unzuständige Person oder unter Missachtung der vorgeschriebenen Frist oder nicht in der statutarisch vorgesehenen Form) einberufene Versammlung oder eine Versammlung mit einer nicht den gesetzlichen oder statutarischen Vorschriften entsprechenden Traktandenliste kann dennoch gültige Beschlüsse fassen, wenn und solange alle Mitglieder an der Versammlung anwesend sind und falls kein Widerspruch erhoben wird (Art. 884 OR)[23]. Diese als «Universalversammlung» bezeichnete Einrichtung stammt aus dem Aktienrecht (Art. 701 OR), und die auf die beiden Gesellschaften anwendbaren Bestimmungen sind sehr ähnlich[24]. Im Unterschied zu Art. 701 OR erwähnt Art. 884 OR nicht, ob sich die Mitglieder vertreten lassen können oder ob zwingend alle Mitglieder persönlich anwesend sein müssen. In den sehr engen Schranken des Art. 886 OR muss u.E. die Vertretung zulässig sein. Von einer «falschen» Universalversammlung, in welcher sich ein oder mehrere Mitglieder der Abstimmung über die Traktanden widersetzt haben oder in welcher zum Zeitpunkt der Abstimmung nicht alle Mitglieder anwesend waren, gefasste Beschlüsse sind nichtig oder anfechtbar. Art. 884 OR ist als solcher nie verletzt, da entweder die von ihm vorgesehenen Voraussetzungen erfüllt und die Regelwidrigkeiten der Einberufung gedeckt oder aber die Voraussetzungen nicht erfüllt sind, womit die begangenen Regelwidrigkeiten gegen Art. 881, 882 oder 883 OR verstossen, was, wie erwähnt, zu Nichtigkeit oder (häufiger) Anfechtbarkeit[25] der gefassten Beschlüsse führt[26].

---

21 BGE 80 II, 1954, S. 271. Siehe auch den Entscheid des Appellationshofes des Kantons Bern, vom 10. Juni 1955, SJZ 52, 1956, S. 179.
22 BGE 78 III, 1952, S. 33.
23 Hingegen müssen solche Beschlüsse nicht unbedingt einstimmig gefasst werden; ein Mitglied erhebt unter Umständen keinen Widerspruch gegen eine Beschlussfassung der Versammlung, lehnt aber ein bestimmtes Traktandum ab.
24 Zum (im neuen Recht unveränderten) Art. 701 OR, siehe insbes. BIANCHI, S. 74 ff., und TANNER, S. 308 ff. Zur Genossenschaft im besonderen, siehe HENSEL, S. 207 ff.
25 Wie in BGE 86 II, 1960, S. 95 (Aktienrecht) und im vorn, in Anm. 16 erwähnten Fall.
26 Deshalb ist die Diskussion der Lehre über Nichtigkeit oder Anfechtbarkeit der von einer Pseudo-Universalversammlung gefassten Beschlüsse u.E. sinnlos. Jedenfalls wird im allgemeinen die Lösung «Nichtigkeit» vorgezogen; siehe u. a. BÜRGI, ad Art. 701 OR, N. 6, und GUTZWILLER, ad Art. 884 OR, N. 5

2. Stimmrecht und Vertretung der Mitglieder

Art. 885 OR enthält eine klare Bestimmung, deren absolut zwingender Charakter (trotz des Wortlautes des Art. 833 Ziff. 7 OR) weder von der Lehre noch von der Rechtsprechung in Frage gestellt wird[27]. Laut SIGG[28] beruht diese Bestimmung nicht nur auf dem personalen Grundcharakter der Genossenschaft, da diesbezüglich der Ausschluss auf finanziellen Kriterien beruhender Ungleichheiten (Art. 854 OR) genügt hätte, sondern sie hängt auch mit den für die Genossenschaft typischen Elementen der demokratischen Form und Selbsthilfe zusammen. Unabhängig von solchen Überlegungen beeinträchtigt Art. 885 OR – wie in der Praxis häufig festgestellt wird – die Verwendbarkeit der Form der Genossenschaft und ist zweifellos ein Grund für ihre gleichbleibende Zahl in der Schweiz. Ein Stimmrecht der Mitglieder nach Massgabe ihrer finanziellen Beteiligung verstiesse gegen Sinn und Geist der Genossenschaft; zweckmässig und vernünftig wäre aber ein insbesondere nach Massgabe der Benützung der genossenschaftlichen Einrichtungen variierender Umfang dieses Rechtes[29].

Die Anwendung des Art. 885 OR ist unproblematisch, da keinerlei Ausnahmen vorgesehen sind[30]. Es ist somit stets gesetzwidrig, einem Mitglied mehr als eine Stimme zu gewähren; dies gilt für jedes Kriterium, für jede Begründung einer solchen Bevorteilung und für natürliche und juristische Personen. Ebensowenig dürfen die Statuten die Zahl der Stimmen einer bestimmten Mitgliedergruppe beschränken oder ein auf die finanzielle Beteiligung gestütztes Präsenz- oder Stimmenquorum vorsehen oder die Gültigkeit der Genossenschaftsbeschlüsse von der Zustimmung eines Mitgliedes abhängig machen, auch wenn es sich dabei um eine öffentlich-rechtliche Körperschaft handelt[31]. Den Mitgliedern darf das Stimmrecht, beispielsweise während des ersten Jahres der Mitgliedschaft oder bis zur vollen Liberierung der Anteile oder als Sanktion (auch wenn eine Ausschliessung möglich wäre), weder dauernd noch vorübergehend entzogen werden. Schliesslich ist auch die Erteilung eines Stimm- oder Vetorechts an Nichtmitglieder unzulässig[32].

Es stellen sich jedoch Fragen, welche schwieriger zu beantworten sind: Erstens fragt es sich, ob dem Präsidenten, wie in der Aktiengesellschaft[33], der Stichentscheid

---

27 BGE 72 II, 1946, S. 91; 67 I, 1941, S. 262.
28 S. 20.
29 Siehe dazu insbes. P. FORSTMOSER, Die Genossenschaft – Anachronismus oder Rechtsform der Zukunft?, SAG 1974, S. 155, und PESTALOZZI.
30 Zur Auslegung des Art. 885 OR, siehe insbes. BERNHEIMER, S. 55 ff.; GLOOR, S. 62 ff.; HENSEL, S. 59 ff.; SIGG, S. 21 ff.; F. VON STEIGER, S. 85 ff.; WENNINGER, insbes. S. 44 ff.; WITSCHI, S. 9 ff.
31 BGE 67 I, 1941, S. 262; zum Stimmrecht der öffentlich-rechtlichen Körperschaften, in Verbindung mit Art. 926 OR, siehe BERNHEIMER, S. 133 ff.; SIGG, S. 220 ff.; WENNINGER, S. 149 ff.
32 Laut SIGG, S. 26, verstösst die Einräumung des Genehmigungsrechtes eines Dritten gegen Art. 879 Abs. 2 OR; siehe auch WENNINGER, S. 51 ff.
33 BGE 95 II, 1969, S. 555.

§ 21 Generalversammlung

zugestanden werden darf. Dies muss verneint werden, da ein solcher Stichentscheid, aus welchem Grund auch immer, einer Ungleichbehandlung gleichkommt, welche, trotz ihrer Zeitweiligkeit, gegen Art. 885 OR verstösst[34]. Allerdings «rechtfertigt es sich denn auch innerlich ebenso gut, statt den Willen der ablehnenden 50% zu berücksichtigen, auf jenen der zustimmenden 50% abzustellen»[35]; dies spricht jedoch nicht zugunsten des Stichentscheides; die Statuten könnten höchstens vorsehen, dass ein von 50% gutgeheissener Beschluss als angenommen gilt oder dass bei Stimmengleichheit das Los entscheidet.

Zweitens fragt es sich, ob die in Art. 887 OR (entspricht Art. 695 OR) vorgesehene Ausschliessung vom Stimmrecht, welche Personen, die in irgendeiner Weise an der Geschäftsführung teilgenommen haben, die Mitwirkung an den Beschlüssen über die Entlastung der Verwaltung verbietet, auf weitere Beschlüsse ausgedehnt werden darf, insbesondere – in Anlehnung an Art. 68 ZGB – auf Beschlüsse über ein Rechtsgeschäft oder einen Rechtsstreit, an welchem ein Mitglied beteiligte Partei ist. Die Ausdehnung der gesetzlichen Ausschliessung vom Stimmrecht ist im Aktienrecht im allgemeinen unzulässig[36]. Wir können uns dieser gegen Ethik und gute Sitten verstossenden Meinung nicht ohne weiteres anschliessen; will man ihr aber folgen, gilt sie zweifellos auch für die Genossenschaft[37], um so mehr als Art. 885 OR eine restriktive Auslegung des Art. 887 OR rechtfertigt.

Drittens kann man sich fragen, ob Art. 885 OR zur Nichtigkeit von vertraglichen Stimmrechtsvereinbarungen der Mitglieder führt, welche bekanntlich im Aktienrecht, insbesondere im Hinblick auf Art. 692 OR (was sehr fragwürdig ist), als grundsätzlich zulässig gelten[38]. Diese – in der Praxis unbedeutende – Frage kann u. E. nicht für alle konkreten Fälle einheitlich beantwortet werden. Grundsätzlich ist es jedem Genossenschafter, wie dem Aktionär, «erlaubt, seine Stimmabgabe nach den Wünschen eines Dritten zu richten»[39], und eine Vereinbarung, welche die ihm von Art. 885 OR gewährte Stimmfreiheit beschränkt, ist nicht ipso facto rechtswidrig. Dieser Standpunkt ist besonders dort gerechtfertigt, wo jedes Mitglied über eine

---

34 HENSEL, S. 154; SIGG, S. 26 ff.; WITSCHI, S. 42. Contra: GUTZWILLER, ad Art. 885 OR, N. 6 ff., und WENNINGER, S. 68. In der Praxis sind statutarische Bestimmungen, welche dem Präsidenten den Stichentscheid gewähren, recht häufig.
35 BGE 95 II, 1969, S. 555, 561.
36 BGE 83 II, 1957, S. 57; siehe auch BÜRGI, ad Art. 695 OR, N. 15 ff.
37 Die Lehre ist geteilter Meinung. GUTZWILLER, ad Art. 887 OR, N. 1 ff.; HENSEL, S. 63, und WITSCHI, S. 15, lehnen die Ausdehnung der Pflicht zur Stimmenthaltung ab, wohingegen BERNHEIMER, S. 58; SIGG, S. 23 ff.; F. VON STEIGER, S. 134, und WENNINGER, S. 88 ff., im Gegenteil davon ausgehen, dass die Statuten weitere Fälle der Ausschliessung vom Stimmrecht vorsehen dürfen. Siehe auch hinten, Neuntes Kapitel, § 28, zur Frage der Anwendung des Art. 887 OR auf den Generalversammlungsbeschluss über die Anhebung einer Verantwortlichkeitsklage.
38 BGE 88 II, 1962, S. 172 = Pra 51, Nr.128, S. 385. Für die Genossenschaft, siehe F. VON STEIGER, S. 86, welcher die Zulässigkeit von Stimmrechtsvereinbarungen bejaht; WENNINGER, S. 105 ff., und WITSCHI. S. 17 ff.
39 Siehe den in der vorangehenden Anm. zit. Entscheid, S. 175.

Stimme innerhalb der Gesellschaft verfügt (gemäss Art. 534 Abs. 2 OR); richtet sich dagegen die Zahl der Stimmen der Mitglieder beispielsweise nach dem Wert ihrer finanziellen Beteiligung an der Genossenschaft, ist die Zulässigkeit der Vereinbarung zweifellos viel fragwürdiger, auch wenn formell weiterhin jedes Mitglied über eine einzige Stimme in der Generalversammlung verfügt. Unzulässig wäre es jedenfalls, die Form der Genossenschaft derjenigen der Aktiengesellschaft (aus steuerlichen oder anderen Gründen) vorzuziehen und aufgrund einer alle Mitglieder bindenden Vereinbarung die Anwendung von Art. 885 OR durch eine Regelung gemäss Art. 692 OR zu umgehen.

Art. 886 OR wurde auf Anregung der Versicherungsgesellschaften geschaffen, welche es ihren im Ausland wohnhaften Mitgliedern ermöglichen wollten, sich in den Generalversammlungen vertreten zu lassen[40]. Dieser Artikel ist insoweit zwingendes Recht, als die Statuten weder das den Mitgliedern durch Art. 886 Abs. 1 OR gewährte Recht aufheben oder beschränken, noch die in Art. 886 Abs. 2 und 3 OR vorgesehenen Voraussetzungen erleichtern dürfen[41]. Der Ausdruck «Familienangehörige» in Abs. 3 muss extensiv ausgelegt werden; er umfasst auf jeden Fall Verwandte und Verschwägerte und u. E. – angesichts des Zwecks der Bestimmung – auch alle mit dem Genossenschafter im gemeinsamen Haushalt lebenden Personen[42]. Obgleich Art. 886 OR nicht von der gesetzlichen Vertretung spricht, können sich selbstverständlich Minderjährige und Entmündigte durch ihren Vormund, Kranke oder Abwesende durch ihren Beistand (Art. 392 ZGB) und die Erben eines Mitgliedes durch den von ihnen bestellten gemeinsamen Vertreter vertreten lassen.

3. Kompetenzen der Generalversammlung

Die Generalversammlung ist, wie erwähnt, das oberste Organ der Genossenschaft, und das Gesetz verleiht ihr gewisse unübertragbare Befugnisse (Art. 879 OR). Auch wenn sie die unübertragbare Befugnis zur «Beschlussfassung über die Gegenstände, die der Generalversammlung durch das Gesetz oder die Statuten vorbehalten sind» (Art. 879 Abs. 2 Ziff. 5 OR) besitzt, müssen nicht alle ihr durch Gesetz oder Statuten zustehenden Befugnisse zwingend ihr oder nur ihr übertragen werden. Bezüglich der Kompetenzen der Generalversammlung ist zu unterscheiden zwischen ihr zwingend und ausschliesslich vorbehaltenen, ihr ausschliesslich aber fakultativ vorbehaltenen

---

40 GUTZWILLER, ad Art. 886 OR, N. 1.
41 Siehe VPB 18, 1946–47, Nr. 62 (Laut Eidg. Handelsregisteramt, Unzulässigkeit einer statutarischen Bestimmung, wonach sich der Eigentümer eines Hofes durch seinen Pächter vertreten lassen darf); HENSEL, S. 52 ff.; WENNINGER, S. 77; WITSCHI, S. 39 ff.
42 Gleicher Ansicht: GLOOR, S. 62 (unter Verweis auf Art. 331 Abs. 2 ZGB); HENSEL, S. 53.

und gegebenenfalls oder grundsätzlich einem anderen Organ vorbehaltenen Befugnissen.

a) Unübertragbare Befugnisse

Gemäss Art. 879 Abs. 2 Ziff. 1 OR (entspricht Art. 698 Ziff. 1 OR) hat die Generalversammlung die unübertragbare und unbedingte Befugnis[43] zur Festsetzung und Änderung der Statuten. Ausarbeitung und Erlass des «Gesellschaftsvertrages» sind, wie erwähnt[44], eine Kompetenz der konstituierenden Versammlung (Art. 830 und 834 Abs. 1 OR). Für (partielle oder totale) Statutenänderungen ist, wie ebenfalls erwähnt[45], bei der Einberufung der Versammlung der wesentliche Inhalt der vorgeschlagenen Änderungen bekanntzugeben (Art. 883 Abs. 1 OR). Die Versammlung kann die ihr vorgelegten Bestimmungen ändern oder ergänzen; sie muss jedoch erneut einberufen werden, falls die Mitglieder solchen Bestimmungen einen beträchtlich anderen als den bei der Einberufung vorgeschlagenen Inhalt geben wollen. Alle Statutenänderungen müssen dem Handelsregister zur Eintragung angemeldet werden. Auch wenn das Gesetz dies nicht erwähnt, werden von der Generalversammlung beschlossene Änderungen, wie für die Aktiengesellschaft (Art. 647 Abs. 3 OR), erst mit ihrer Eintragung wirksam[46].

Als zweite Befugnis erwähnt Art. 879 Abs. 2 OR die Wahl der Verwaltung und der Kontrollstelle (vgl. Art. 698 Ziff. 2 OR). Das Recht zur Abberufung der gleichen Personen ist in einer anderen Gesetzesbestimmung vorgesehen (Art. 890 Abs. 1 OR), ist aber ebenfalls eine unübertragbare Befugnis, welche – unter Vorbehalt der richterlichen Befugnis (Art. 890 Abs. 2 OR) – nur der Generalversammlung zusteht und welche zwingend anerkannt werden muss. Wahl und Abberufung der Verwaltung und der Kontrollstelle dürfen weder statutarischen Voraussetzungen unterstellt werden noch von der Genehmigung oder einem Antrag der Verwaltung selber (a fortiori ist jede Kooptation ausgeschlossen), eines Mitgliedes, einer Mitgliedergruppe oder eines oder mehrerer Dritter abhängig gemacht werden. Ebenso unzulässig ist es im Hinblick auf Art. 885 OR und Art. 879 Abs. 2 OR, durch analoge Anwendung des Art. 709 Abs. 2 OR (Art. 708 Abs. 5 OR 1936) eine besondere Bestimmung in die Statuten aufzunehmen, wonach einzelnen (beispielsweise nach beruflichen oder geographischen Gesichtspunkten geschaffenen) Mitgliedergruppen die Wahl eines Vertreters in die Verwaltung durch die Generalversammlung zugestanden wird[47]; eine solche Bestimmung könnte allenfalls Gegenstand einer Stimmrechtsverein-

---

43 BGE 67 I, 1941, S. 262.
44 Vorn, Zweites Kapitel, § 8.
45 Vorn, I.
46 F. VON STEIGER, S. 112.
47 In diesem Sinne, mit Nuancen, SIGG, S. 33 ff. Contra: HENSEL, S. 118 und 166 ff.; WITSCHI, S. 43.

barung sein. Die einzige Ausnahme zu Art. 879 Abs. 2 Ziff. 2 und zu Art. 890 Abs. 1 OR findet sich in Art. 926 OR[48].

Art. 879 Abs. 2 Ziff. 3 OR unterscheidet sich von der entsprechenden aktienrechtlichen Bestimmung (Art. 698 Abs. 2 Ziff. 3 OR 1936 und Art. 698 Ziff. 3 und 4 OR). Erstens genehmigt die Genossenschaftsversammlung keine Erfolgs- und Verlustrechnung, sondern eine Betriebsrechnung (Art. 958 OR). Zweitens fordert das Gesetz keinen jährlichen Geschäftsbericht der Verwaltung, auch wenn ein solcher in der Praxis von den Statuten häufig vorgesehen ist. Drittens und vor allem muss die Generalversammlung nicht unbedingt über die Verteilung des Reinertrages beschliessen, da der Reinertrag aus dem Betrieb, wenn die Statuten es nicht anders bestimmen, «in seinem ganzen Umfang in das Genossenschaftsvermögen» fällt (Art. 859 Abs. 1 OR). Dabei hat aber die Generalversammlung das – zweifellos unübertragbare – Recht, aufgrund und im Rahmen des Art. 863 OR, in den Statuten nicht vorgesehene Reserven zu bilden[49]. Die Befugnis der Generalversammlung, die Betriebsrechnung und die Bilanz *abzunehmen*, verpflichtet sie selbstverständlich nicht zur Genehmigung der ihr vorgelegten Rechnung. Wie im Aktienrecht[50] kann sie diese zurückweisen, mit Vorbehalten genehmigen oder verschiedene Zusätze oder Änderungen verlangen.

Art. 879 Abs. 2 Ziff. 4 OR befähigt die Generalversammlung zur Entlastung der Verwaltung. Diese Befugnis steht einzig der Generalversammlung zu und kann dieser nicht statutarisch entzogen werden. Das Aktienrecht enthält eine gleiche Bestimmung (Art. 698 Ziff. 5 OR), zu welcher sich Lehre und Rechtsprechung ausführlich äussern[51], weshalb an dieser Stelle nur kurz darauf eingegangen wird[52]. Die Entlastung ist eine negative Schuldanerkennung, die wegen Irrtum oder absichtlicher Täuschung ungültig werden kann[53], die aber keineswegs eine objektiv zufriedenstellende Geschäftsführung durch den Verwaltungsrat einschliesst. Die Generalversammlung kann schwere Fahrlässigkeit oder Schuld feststellen und trotzdem Entlastung erteilen. Entgegen dem Wortlaut des Art. 879 Abs. 2 Ziff. 4 OR betrifft die Entlastung nicht nur die Verwaltungsräte, sondern auch die übrigen an der Geschäftsführung beteiligten Personen (vgl. Art. 887 und 916 OR). Hingegen umfasst die Entlastung die Rechnungsrevisoren nur, wenn die Statuten dies vorsehen oder die Versammlung dies beschliesst. Die Genossenschafter können auch nur einen Teil der erwähnten

---

48 Siehe hinten, § 22.
49 Siehe vorn, Drittes Kapitel, § 10.
50 BÜRGI, ad Art. 698 OR, N. 52.
51 Siehe P. FORSTMOSER, Die aktienrechtliche Verantwortlichkeit, 2. Aufl., Zürich 1987, S. 140 ff. (mit Zit. in Anm. 778).
52 Zum Genossenschaftsrecht im besonderen, siehe K.U. BLICKENSTORFER, Die genossenschaftliche Verantwortlichkeit, Zürich 1987, S. 133 ff.; GUTZWILLER, ad Art. 879 OR, N. 30 ff.; HENSEL, S. 125 ff.; F. VON STEIGER, S. 135.
53 BGE 78 II, 1952, S. 155; 66 II, 1940, S. 161.

§ 21 Generalversammlung

Personen entlasten. Die Entlastung durch die Generalversammlung wirkt nur für die ihr bekannten Geschäftshandlungen («für bekanntgegebene Tatsachen», Art. 758 Abs. 1 OR), d. h. grundsätzlich nur für Tatsachen, die in den Berichten und Unterlagen erwähnt werden, welche den Mitgliedern im Hinblick auf die Versammlung oder an der Versammlung vorgelegt oder übergeben wurden[54]; sowohl von der Verwaltung als von den Mitgliedern aus gesehen ist es unlogisch und bedauerlich, dass der Gesetzgeber nicht auch einen Geschäftsbericht fordert. Durch die Entlastung werden die entlasteten Personen vor einer Haftungsklage der Genossenschaft geschützt (Art. 916 OR). Hingegen ist sie gegenüber Gläubigern unwirksam. Mitglieder, welche der Entlastung nicht zugestimmt haben, können innert sechs Monaten nach dem Entlastungsbeschluss klagen (Art. 917 und 758 OR). Wie weiter hinten erwähnt wird[55], gewährt das Genossenschaftsrecht den Mitgliedern (und auch den Gläubigern) das Klagerecht nur in Ausnahmefällen und nur gegen Verwaltungsräte und Liquidatoren. Der Entlastungsbefugnis der Generalversammlung entspricht ein Recht der betroffenen Personen gegenüber der Gesellschaft, Entlastung zu verlangen, falls die Versammlung keinen diesbezüglichen Beschluss gefasst hat.

Das Gesetz behält der Generalversammlung weitere unübertragbare Befugnisse vor. Einzig die konstituierende Versammlung kann (und muss) einen allfälligen schriftlichen Bericht der Gründer beraten und die notwendigen Organe bestellen (Art. 834 Abs. 2 und 3 OR). Die Generalversammlung muss über Ausschlüsse entscheiden (wofür die Statuten auch die Verwaltung als zuständig erklären können) und über Rekurse der Ausgeschlossenen befinden (Art. 846 Abs. 3 OR). Gemeinsam mit der Verwaltung ist sie zudem befugt, Mitgliedern die Einsichtnahme in die Geschäftsbücher und Korrespondenzen der Genossenschaft zu gestatten (Art. 857 Abs. 2 OR)[56]. In Genossenschaften mit Grundkapital muss die Generalversammlung zwingend einberufen werden, wenn die Hälfte des Genossenschaftskapitals nicht mehr gedeckt ist (Art. 903 Abs. 3 OR). Sie ist befugt, Beschlüsse der Verwaltung betreffend Einstellung der von der Generalversammlung Bevollmächtigten oder Beauftragten in ihren Funktionen zu genehmigen oder aufzuheben (Art. 905 Abs. 2 OR). Schliesslich kann einzig die Generalversammlung – intern – die Auflösung (einschliesslich Fusion) der Genossenschaft beschliessen (Art. 911 Ziff. 2 und 914 OR) und allenfalls der Übernahme des Vermögens der Genossenschaft, ohne Liquidation, durch eine öffentlich-rechtliche Körperschaft beistimmen (Art. 915 OR).

---

54 In BGE 95 II, 1969, S. 320 kommt das Bundesgericht zum Schluss, die Entlastung betreffe auch notorische oder doch allen Aktionären bekannte Tatsachen.
55 Hinten, Neuntes Kapitel.
56 Siehe vorn, Fünftes Kapitel, § 16.

b) Weitere Befugnisse

Gewisse vom Gesetz erwähnte Befugnisse der Generalversammlung sind vom Bestand (oder Fehlen) einer statutarischen Bestimmung abhängig oder können durch die Statuten einem anderen Organ zugewiesen werden. Beispielsweise steht das Recht zur Entscheidung über die Aufnahme neuer Mitglieder der Verwaltung zu, kann aber der Generalversammlung übertragen werden (Art. 840 Abs. 3 OR); die Befugnis zur Entscheidung über Ausschlüsse liegt dagegen, wie erwähnt, grundsätzlich bei der Generalversammlung, kann aber der Verwaltung zugewiesen werden. Das Recht, die Geschäftsführung oder einzelne Zweige Geschäftsführern oder Direktoren zu übertragen, erfordert eine statutarische Grundlage und kann sowohl der Verwaltung als auch der Generalversammlung vorbehalten werden (Art. 898 OR). Gemäss Art. 910 OR kann die Generalversammlung den Auftrag der Rechnungsrevisoren ausdehnen und die periodische Revision der gesamten Geschäftsführung anordnen; solche besonderen Bestimmungen können aber auch in den Statuten vorgesehen werden. Bei Liquidation der Genossenschaft entscheidet die Generalversammlung darüber, für welche genossenschaftlichen oder gemeinnützigen Institutionen der Liquidationsüberschuss verwendet wird, falls die Statuten keine Bestimmungen über dessen Verteilung enthalten und kein anderes Organ bezeichnen (Art. 913 Abs. 5 OR). Werden die Liquidatoren nicht in den Statuten genannt, ist die Generalversammlung zu deren Bestellung und Abberufung zuständig (Art. 913 Abs. 1 und 740 Abs. 1 und 4 OR). Schliesslich kann die Generalversammlung die Liquidatoren am freihändigen Verkauf der Aktiven hindern (Art. 743 Abs. 4 OR), was allerdings schon in den Statuten verboten werden kann.

Die Statuten können der Generalversammlung selbstverständlich weitere Befugnisse übertragen (Art. 879 Abs. 2 Ziff. 5 OR), welche das Gesetz nicht ausdrücklich erwähnt. Die Generalversammlung kann beispielsweise beauftragt werden, die Höhe der statutarisch vorgesehenen Beiträge zu bestimmen (Art. 832 Ziff. 3 OR), die Ausgestaltung der Benützung der genossenschaftlichen Einrichtungen vorzunehmen oder gewisse Entscheide der Verwaltung zu genehmigen (wichtige Verträge, neue Tätigkeiten im Rahmen des Gesellschaftszweckes usw.).

4. Beratungen und Beschlüsse der Generalversammlung

Das Gesetz enthält keine Bestimmungen über den Ablauf der Generalversammlung; es bezeichnet weder deren Präsidenten noch schreibt es die Organisation der Abstimmungen und Wahlen vor. Es sieht nur vor, dass die Verwaltung die Geschäfte der Generalversammlung vorzubereiten (Art. 902 Abs. 2 Ziff. 1 OR) und deren Protokoll zu führen hat (Art. 902 Abs. 3 OR). Das Aktienrecht ist kaum ausführlicher gehalten, doch können die wenigen darin getroffenen Bestimmungen (in Art. 702 OR)[57] zweifellos analog auf die Genossenschaft angewandt werden. Häufig und sinnvollerweise enthalten zudem die Statuten oder ein Reglement diesbezügliche Vorschriften.

Die Verwaltung[58] muss den Ort der Versammlung bestimmen und die für ihren normalen Gang und für die Gewährleistung der Präsenz einzig der Befugten erforderlichen Massnahmen treffen. Fehlen statutarische oder reglementarische Vorschriften, so bestellt die Verwaltung den Präsidenten der Versammlung (meistens den Verwaltungsratspräsidenten) und den Führer des (von diesem gemeinsam mit dem Präsidenten unterzeichneten) Protokolls der Beratungen und Beschlüsse; die grundsätzliche Zuständigkeit der Verwaltung schliesst allerdings nicht aus, dass die Versammlung sich selber organisiert und ihren Präsidenten und Sekretär mit Stimmenmehrheit selber ernennt[59]. Das wohlerworbene Recht der Genossenschafter zur Teilnahme an der Versammlung schliesst auch das Recht ein, sich zu den Traktanden zu äussern und ihre Erklärungen im Protokoll festhalten zu lassen (vgl. Art. 702 Abs. 2 OR). Der Präsident kann allerdings die Redezeit beschränken und alle Massnahmen (einschliesslich des Ausschlusses eines Mitgliedes von der Versammlung, bei Störung oder Erregung von Ärgernis) im Dienste des ungestörten Gangs der Versammlung treffen.

Gemäss Art. 888 Abs. 1 OR fasst die Generalversammlung «ihre Beschlüsse und vollzieht ihre Wahlen...mit absoluter Mehrheit der abgegebenen Stimmen», d. h. mit der Mehrheit der anwesenden oder vertretenen Mitglieder, welche sich geäussert haben, d. h. unter Ausschluss der Stimmenthaltungen oder der leer eingelegten Zettel[60]. Darin liegt ein deutlicher Unterschied zu Art. 703 OR. Der Abstimmungsmodus (geheim oder durch Handaufheben, Wahl der Stimmenzähler usw.) ist im Gesetz nicht geregelt; beim Fehlen statutarischer[61] oder reglementarischer Bestimmungen legt der Präsident oder die Versammlung selber (mit Stimmenmehrheit) die geltenden Regeln fest.

Art. 888 Abs. 1 OR ist kein zwingendes Recht, da er statutarische Bestimmungen vorbehält (siehe auch Art. 833 Ziff. 6 OR). Diese können insbesondere vorsehen, dass die absolute Mehrheit nicht nach der Zahl der abgegebenen Stimmen, sondern

---

57 Zu einer ausführlichen Darstellung der Fragen zum Ablauf der Versammlung, siehe das Werk von HAEFLIGER, und auch HENSEL, S. 90 ff.
58 Oder ein anderes Organ (Revisoren, Liquidatoren), welches die Versammlung einberuft.
59 Solche Beschlüsse können selbstverständlich gefasst werden, ohne dass sie in der Traktandenliste aufgeführt sind.
60 GUTZWILLER, ad Art. 889 OR, N. 5; HENGGELER, S. 45 ff.; HENSEL, S. 154 ff.; F. VON STEIGER, S. 83 und 85. Der Ausdruck «absolute Mehrheit» ist selbstverständlich nur sinnvoll, wenn auf einen Antrag mehr als zwei Antworten (nicht nur ein «ja» oder ein«nein») möglich sind oder wenn mehrere Kandidaten zur Wahl stehen.
61 Es trifft nicht zu (siehe F. VON STEIGER, S. 85), dass solche Bestimmungen auf Art. 833 Ziff. 7 OR beruhen, da sonst vom Versammlungspräsidenten oder der Versammlung, mangels statutarischer Bestimmungen, festgelegte Regeln ungültig wären.

nach der Zahl der den anwesenden und vertretenen Mitgliedern zustehenden Stimmen berechnet wird. Sie können grundsätzlich auch ein Präsenzquorum oder eine qualifizierte Mehrheit (der anwesenden oder aller Mitglieder) vorschreiben. Es fragt sich allerdings, ob das Erfordernis eines stark qualifizierten Mehrs oder der Einstimmigkeit[62] immer zulässig ist. Für die Beschlüsse der ordentlichen Generalversammlung ist Einstimmigkeit jedenfalls unzweckmässig[63]. Für andere Beschlüsse, beispielsweise bezüglich Ausschlüsse[64] oder der Genehmigung wichtiger Verträge, kann sie völlig gerechtfertigt sein. Der dispositive Charakter des Art. 888 Abs. 1 OR ermöglicht zudem die Ausgestaltung der Wahlen unter Vermeidung des reinen Systems des absoluten Mehrs bei mehreren Kandidaten, insbesondere zu Gunsten der einfachen Mehrheit (welche häufig im zweiten Wahlgang ausreichend erscheint); die Zulässigkeit des Proportionalsystems ist jedoch u.E. fragwürdig[65], da es, wie eine auf Art. 709 Abs. 2 OR beruhende statutarische Bestimmung, ein gegen Art. 885 OR verstossendes Stimmenprivileg schafft und die mit Art. 854 OR schwer vereinbare Wahl von Personen ermöglicht, welche weniger Stimmen als ausgeschiedene Kandidaten erhalten haben.

Die anderslautenden gesetzlichen Bestimmungen, auf welche Art. 888 Abs. 1 OR anspielt, sind diejenigen der Art. 888 Abs. 2, 889 Abs. 1 und 914 Ziff. 11 OR. Art. 888 Abs. 2 OR ist zwingendes Recht; doch können, nach seinem eigenen Wortlaut, die von ihm erwähnten Beschlüsse statutarisch nach Belieben erschwert werden, insoweit sie den Grundsatz der Gleichbehandlung und die Regel «ein Mitglied, eine Stimme» berücksichtigen; in diesem Zusammenhang ist noch zu erwähnen, dass die Erleichterung solcher Voraussetzungen sinnvollerweise nur mit der in der betroffenen Bestimmung vorgesehenen Mehrheit beschlossen werden kann (vgl. im Aktienrecht Art. 648 Abs. 1 OR 1936). Man kann sich fragen, ob der Ausdruck «Abänderung der Statuten» («révision des statuts») dem Ausdruck «Änderung» («modification») entspricht oder ob er nur gewichtigere Änderungen meint. Die letztere Auslegung[66] ist zufriedenstellender, da kein Grund besteht, für unwesentliche Änderungen ein qualifiziertes Mehr zu verlangen; deshalb ist sinnvollerweise davon auszugehen, dass der Gesetzgeber nur an materielle Änderungen gedacht hat. Zur Gewährleistung der Rechtssicherheit und des Schutzes der Genossenschafter muss die Anwendung des Art. 888 Abs. 2 OR gefordert werden, sobald die vorge-

---

62 Die Einstimmigkeit scheint als solche nicht gegen Art. 885 OR zu verstossen. Dieser Artikel wäre zwar verletzt, wenn ein bestimmtes Mitglied ein statutarisches Vetorecht genösse (siehe BGE 67 I, 1941, S. 262); aber ein Vetorecht jedes Mitgliedes beachtet den Grundsatz der absoluten Gleichbehandlung.
63 Zudem verstiesse das Erfordernis der Einstimmigkeit für Beschlüsse gemäss Art. 857 Abs. 2 OR widerrechtlich gegen das Auskunftsrecht der Mitglieder.
64 Unter den vorn erwähnten Voraussetzungen, Viertes Kapitel, § 13, insbes. Anm. 102 und 103.
65 Contra: F. VON STEIGER, S. 84; siehe auch HENSEL, S. 164 ff.
66 Insbes. von GUTZWILLER, ad Art. 889 OR, N. 29 ff. Contra: HENSEL, S. 105.

schlagene Änderung mehr ist als eine formelle Änderung oder die Ausmerzung eines redaktionellen Fehlers; im übrigen werden unwesentliche Änderungen fast immer mit grosser Mehrheit oder sogar einstimmig angenommen.

Art. 889 Abs. 1 und 914 Ziff. 11 OR betreffen die Einführung oder Verschärfung – durch Statutenänderung – der persönlichen Haftung oder der Nachschusspflicht der Genossenschafter. Wie Art. 888 Abs. 2 OR sind diese Bestimmungen zwingendes Recht, schliessen aber eine Erschwerung des Zustandekommens der betreffenden Beschlüsse nicht aus. Wie erwähnt[67], ist oft schwierig zu beurteilen, ob ein Beschluss die Lage der Mitglieder erschwert oder nur verändert, und bisweilen ist die Wirkung nicht für alle Mitglieder gleich. Grundsätzlich untersteht jeder Beschluss, welcher (durch eine Änderung der Beschränkungs- oder Verteilungskriterien) die Lage eines oder mehrerer Mitglieder erschwert, dem Art. 889 OR, auch wenn er die Lage anderer Mitglieder erleichtert.

Der Generalversammlung unterbreitete Anträge, welche die von den Statuten oder Art. 888 oder 889 OR vorgesehene Mehrheit nicht erreichen, müssen als abgelehnt gelten. Betrachtet sie die Verwaltung oder die Versammlung dennoch zu Unrecht als angenommen, sollten solche «gefassten» Beschlüsse, jedenfalls wenn sie erhebliche Auswirkungen haben[68], null und nichtig erklärt werden, da sie keine wirklichen «Beschlüsse» sind. Die Rechtsprechung ist jedoch diesbezüglich ziemlich schwankend. In einem Entscheid erachtete das Bundesgericht einen unregelmässigen Beschluss über eine Statutenänderung als nichtig (aber im konkreten Fall zum Schutz der Dritten dennoch wirksam)[69], während es in einem anderen Fall zum Schluss kam, wenn die erlassene oder veränderte statutarische Bestimmung nicht selber rechts- oder sittenwidrig sei, werde der Versammlungsbeschluss nur anfechtbar[70]. Es liess die Frage offen, ob ein Beschluss der Generalversammlung, welcher formell keine Statutenänderung beinhaltet, aber mit der für eine Statutenänderung geforderten Mehrheit gefasst wurde, wie eine Statutenänderung behandelt werden kann[71].

---

67 § 19.
68 Siehe hinten, Ziff. 5.
69 BGE 78 III, 1952, S. 33.
70 BGE 80 II, 1954, S. 271.
71 BGE 93 II, 1967, S. 30. Im konkreten Fall wurde der Beschluss, welcher eine statutarische Grundlage erfordert hätte, nichtig erklärt.

5. Anfechtung der Generalversammlungsbeschlüsse

Der Wortlaut des Art. 891 OR deckt sich weitgehend mit demjenigen des (im neuen Recht wesentlich veränderten) Art. 706 OR 1936; deshalb kann hier auf die Lehre und die ausgiebige Rechtsprechung zum Aktienrecht Bezug genommen werden[72].

Die Anfechtungsklage ist ein unverzichtbares Recht der Genossenschafter; sie können, ausser in einem konkreten Fall, nicht gültig darauf verzichten, und die Genossenschaftsstatuten dürfen dieses Recht weder aufheben noch dessen Ausübung erschweren.

Es sind ausschliesslich die Beschlüsse der Generalversammlung anfechtbar[73]; die vom Bundesgericht gegen eine Ausdehnung des Geltungsbereichs des Art. 706 OR 1936 auf Verwaltungsratsbeschlüsse angeführten Gründe[74] gelten auch für die Genossenschaft; die Statuten können keine gegenteilige Lösung vorsehen, welche dem Richter unter Umständen eine unmögliche Aufgabe übertragen würde.

Ein Beschluss wird aufgehoben, wenn er gegen das Gesetz oder die Statuten verstösst[75]. Im Genossenschaftsrecht verstösst eine Verletzung des Grundsatzes der Gleichbehandlung nicht, wie im Aktienrecht vor der Reform von 1991, gegen einen allgemeinen Grundsatz, sondern selbstverständlich gegen das Gesetz, d.h. gegen Art. 854 OR.

Art. 891 OR erwähnt lediglich die Möglichkeit der Aufhebung von Versammlungsbeschlüssen; Lehre und Rechtsprechung anerkennen jedoch neben den anfechtbaren auch nichtige Beschlüsse (Art. 20 OR), welche im übrigen ausnahmsweise auch von einem anderen Organ, insbesondere der Verwaltung, ausgehen können[76]. Nichtigkeit eines Beschlusses kann, nicht nur durch Mitglieder (unabhängig von ihrer Beteiligung am Beschluss) und Verwaltung, sondern auch durch betroffene Dritte, jederzeit geltend gemacht werden (in einer Feststellungsklage oder durch Einrede). Wie schon mehrmals erwähnt, ist aber die Unterscheidung zwischen nichtigen und anfechtbaren Beschlüssen schwierig vorzunehmen, und die diesbezüglich entwickel-

---

72 Siehe VON GREYERZ, VIII/2, § 16, mit Hinweisen, insbes. in Anm. 27. Zum Genossenschaftsrecht, siehe insbes. BERNHEIMER, S. 107 ff.; GERWIG, GR, S. 287 ff.; GUTZWILLER, ad Art. 891 OR; SIGG, S. 45 ff.; F. VON STEIGER, S. 120 ff.; WENNINGER, S. 120 ff.
73 Siehe insbes. SIGG, S. 166 ff.; BERNHEIMER, S. 111 ff.; KUMMER, S. 144 ff., und SODER, S. 104 ff.; sie gehen von der Anfechtbarkeit auch gewisser Verwaltungsratsbeschlüsse aus. BLICKENSTORFER (Anm. 52), S. 42 (unter Bezugnahme auf GERWIG, GR, S. 228) vertritt die Ansicht, dass Verwaltungsratsbeschlüsse, welche nicht die Geschäftsführung der Genossenschaft betreffen, anfechtbar sein müssen.
74 BGE 76 II, 1950, S. 51 (mit Verweis auf das Genossenschaftsrecht).
75 Unzweckmässigkeit oder Fragwürdigkeit genügen nicht: BGE vom 1. Juli 1942, SJ 1943, S. 65, 68.
76 Siehe BGE 72 II, 1946, S. 91 (Nichtigkeit eines Verwaltungsratsbeschlusses über die Ausgabe und Zuteilung neuer Anteile); siehe auch Art. 714 OR.

§ 21 Generalversammlung

ten Grundsätze der Rechtsprechung erlauben oft keine eindeutige Lösung der konkreten Fälle[77].

Ein materiell gültiger, aber unregelmässig zustande gekommener Beschluss (insbesondere im Hinblick auf Art. 881 bis 889 OR oder auf statutarische Bestimmungen im Zusammenhang mit Gesetzesvorschriften) ist im allgemeinen lediglich anfechtbar, kann aber, wie erwähnt, ausnahmsweise auch nichtig sein. Es fragt sich, ob für diese Unterscheidung auf die Schwere der Unregelmässigkeit oder auf die Bedeutung des Beschlusses als solchen oder aber auf die Tatsache abgestellt werden muss, ob die Verletzung ein oder mehrere Mitglieder daran gehindert hat, innert der von Art. 891 OR gesetzten Frist zu handeln. Diese Fragen sind schwierig zu beantworten; es ist jedoch davon auszugehen, dass die Sanktion der Nichtigkeit vernünftigerweise wichtigen, mit einer schweren Unregelmässigkeit behafteten Beschlüssen (insbesondere mit *dauernden oder vielfachen Auswirkungen* für die Mitglieder) vorbehalten bleiben sollte[78]. In einzelnen Fällen kann das Geltendmachen der Nichtigkeit rechtsmissbräuchlich sein, wenn beispielsweise ein Beschluss weit zurückliegt und der Beschwerdeführer bisher dessen Gültigkeit nicht in Frage gestellt hat. Eine weitere Schwierigkeit entsteht, wenn es sich bei einem unregelmässig gefassten und nach den erwähnten Kriterien nichtigen Beschluss um eine Statutenänderung handelt, welche schon im Handelsregister eingetragen wurde. Eine solche statutarische Bestimmung ist selbstverständlich nichtig und, unter Vorbehalt des Art. 2 ZGB, wirkungslos. Es fragt sich aber, ob nachträglich auf dieser statutarischen Grundlage gefasste Beschlüsse ebenfalls nichtig sind. Dies muss wahrscheinlich verneint werden, da solche spätere Beschlüsse denjenigen gleichzusetzen sind, welche ohne statutarische Grundlage oder aufgrund einer gesetzwidrigen statutarischen Bestimmung gefasst wurden (sie werden im folgenden erwähnt).

Das Problem der Unterscheidung von Nichtigkeit und Anfechtbarkeit betrifft nicht nur gültige, aber formell unregelmässige Beschlüsse. Es stellt sich auch dort, wo ein

---

77 Gemäss BGE 86 II, 1960, S. 78, 88 werden Beschlüsse dadurch nichtig, dass sie «gegen die Grundstruktur der juristischen Person verstossen, dass sie unvereinbar wären mit den Rechtssätzen, welche dem Schutz der Gesellschaftsgläubiger oder der Wahrung öffentlicher Interessen dienen», oder «dass ihr Inhalt unsittlich wäre». In BGE 80 II, 1954, S. 271, 275 führt das Bundesgericht unter Hinweis auf einen unveröffentlichten Entscheid aus, ein Beschluss sei «anfechtbar und nicht nichtig..., wenn er nur die Statuten, Gesetzesbestimmungen dispositiven Rechts oder Vorschriften verletzt, die zwar zwingend sind, aber lediglich den Schutz privater Interessen einzelner Aktionäre bezwecken». In BGE 93 II, 1967, S. 30, 31 schliesslich bezeichnet das Bundesgericht einen Beschluss als nichtig, «wenn er einen unmöglichen oder gegen das Gesetz oder die Statuten verstossenden Inhalt hat, sowie wenn er gegen das Recht der Persönlichkeit verstösst» und wenn er «unter Verletzung zwingender Vorschriften über die Beschlussfassung zustandegekommen ist».

78 Selbstverständlich muss auch ein unwichtiger, aber mit einer sehr schweren Unregelmässigkeit behafteter Beschluss nichtig erklärt werden. In der Praxis stellt sich diese Frage jedoch nur selten. Erfolgte nämlich der Verstoss unbeabsichtigt, so werden Verwaltung und Versammlung nicht auf der Gültigkeit des Beschlusses bestehen; im andern Fall handelt es sich sehr wahrscheinlich um einen wichtigen Beschluss.

187

Beschluss direkt eine materielle gesetzliche oder statutarische Vorschrift verletzt, sich auf eine gesetzwidrige statutarische Bestimmung stützt, sich, wie erwähnt, auf eine wegen einer formellen Unregelmässigkeit nichtige statutarische Bestimmung bezieht oder keine statutarische Grundlage besitzt, deren er laut Gesetz zu seiner Gültigkeit bedarf. In diesen Fällen lassen sich die von der Rechtsprechung entwikkelten Grundsätze leichter anwenden. Verstösst ein Beschluss einzig gegen die Statuten, so ist er immer nur anfechtbar (er ist selbstverständlich weder nichtig noch anfechtbar, wenn die verletzte statutarische Bestimmung ihrerseits gesetzwidrig ist). Verstösst ein Beschluss, direkt oder wegen seiner gesetzwidrigen statutarischen Grundlage oder wegen fehlender statutarischer Grundlage, gegen das Gesetz, so ist er grundsätzlich anfechtbar, aber dann nichtig, wenn er wichtiges zwingendes Gesetzesrecht verletzt, das die Gesellschaftsstruktur (beispielsweise die unübertragbaren Befugnisse der Generalversammlung) betrifft oder dem Schutz der Gläubiger oder der Wahrung öffentlicher Interessen dient. Dabei muss bedacht werden, dass es neben einfach anfechtbaren auch noch Beschlüsse gibt, welche einerseits in bezug auf ihre direkten Auswirkungen im konkreten Fall anfechtbar, anderseits aber «wirkungslos» sind, insoweit sie als Grundlage für weitere Beschlüsse dienen sollen. Fasst beispielsweise die Generalversammlung einen grundsätzlichen künftig gültigen Beschluss betreffend die Benützung der genossenschaftlichen Einrichtungen und verstösst dieser Beschluss gegen Art. 854 OR, und legt die Generalversammlung gleichzeitig aufgrund dieses ersten Beschlusses die Ausgestaltung der Benützung der Einrichtungen im laufenden Jahr fest, sind beide Beschlüsse anfechtbar. Bleibt der grundsätzliche Beschluss unangefochten, so wird er dadurch nicht gesetzmässig, und alle nachfolgenden Ausführungsbeschlüsse bleiben anfechtbar. Die gleichen Überlegungen gelten auch für statutenwidrige Beschlüsse oder für gesetzwidrige Statutenänderungen: Gesetzwidrige, aber im Handelsregister eingetragene statutarische Bestimmungen sind wirkungslos, auch wenn sie unangefochten bleiben; auf dieser Grundlage gefasste Beschlüsse können somit angefochten werden, weil sie zwar statutenmässig, aber gesetzwidrig sind.

Die in Art. 891 OR vorgesehene Anfechtungsklage kann von der Verwaltung und von jedem Mitglied erhoben werden. «Verwaltung» bedeutet «Verwaltungsrat», welcher als auf Beschluss hin konstituiertes Organ einzig klageberechtigt ist, unter Ausschluss untergeordneter Organe und der Mitglieder des Verwaltungsrates[79]; dies führt zum wenig zufriedenstellenden Ergebnis, dass Verwaltungsräte, welche nicht Genossenschafter sind (Art. 894 Abs. 1 OR und 926 OR[80]), nicht aktivlegitimiert sind. Mitglieder müssen zum Zeitpunkt Mitglied gewesen sein, in welchem der angefochtene Beschluss gefasst wurde, und müssen zum Zeitpunkt der Anfechtung

---

79 BÜRGI, ad Art. 706 OR, N. 52: siehe BGE 75 II, 1949, S. 149, 153.
80 Siehe KUMMER, S. 63, Anm. 1.

noch Mitglied sein[81]. Die Rechtsprechung verlangt zudem, dass sie dem Beschluss nicht zugestimmt haben[82]. Diese vom Gesetz nicht vorgeschriebene Lösung ist insbesondere für die Genossenschaft nicht sehr glücklich. Ein Genossenschafter kann nämlich einem Beschluss zustimmen und erst nachher gewahr werden, dass dieser gesetz- oder statutenwidrig ist, ohne dass er absichtliche Täuschung oder einen wesentlichen Irrtum geltend machen könnte[83]; deshalb wäre die Regelung vorzuziehen, dass jedes Mitglied innerhalb der vorgeschriebenen Frist klageberechtigt ist, unter Vorbehalt einzig des Rechtsmissbrauchs.

Auch wenn dies von Art. 891 OR nicht ausdrücklich erklärt wird, richtet sich die Anfechtungsklage «gegen die Gesellschaft» (Art. 706 Abs. 1 OR), welche durch ihre Verwaltung, oder, falls die Verwaltung Klägerin ist, durch einen vom Richter bestimmten Vertreter vertreten ist. Die vom Gesetz vorgesehene Frist von zwei Monaten kann wahrscheinlich nicht geändert werden; die Statuten können sie selbstverständlich nicht verkürzen, sie aber, im Hinblick auf das Ziel des Gesetzgebers (Rechtssicherheit, Schutz aller Beteiligten) auch nicht verlängern oder ihren Ausgangspunkt ändern[84]. Im Extremfall (wenn beispielsweise ein oder mehrere Mitglieder weder zur Generalversammlung einberufen noch innert zwei Monaten über deren Beschlüsse informiert wurden) könnten die von der Generalversammlung gefassten Beschlüsse nichtig erklärt werden. Bezüglich Gerichtsstand, Prorogation, Schiedsgerichtsbarkeit, Wirkungen (ex tunc und allgemein) eines Aufhebungsurteils decken sich Genossenschafts- und Aktienrecht.

II. Schriftliche Stimmabgabe (Urabstimmung)

Gemäss Art. 880 OR (siehe auch Art. 855 OR) können Genossenschaften mit mehr als 300 Mitgliedern oder bei denen die Mehrheit der Mitglieder aus Genossenschaften besteht (d. h. Genossenschaftsverbände[85]) in ihren Statuten vorsehen[86], dass alle oder ein Teil der Beschlüsse der Generalversammlung durch schriftliche Stimmabgabe (Urabstimmung) der Genossenschafter gefasst werden. A contrario dürfen somit Genossenschaften, welche keine Genossenschaftsverbände sind oder nicht (oder nicht mehr) 300 Mitglieder zählen, die Urabstimmung nicht einführen (oder beibehalten). Beschlüsse, welche unter Missachtung dieses Verbotes zustande kamen, sind,

---

81 BGE vom 19. Februar 1980, SJ 1981, S. 39 (bezüglich Art. 706 OR 1936).
82 BGE 74 II, 1948, S. 41, 43.
83 Siehe dazu den Entscheid des Kantonsgerichtes von Graubünden, vom 23. Januar 1959, SJZ 57, 1961, S. 124.
84 Siehe BGE 86 II, 1960, S. 78, 88.
85 Siehen hinten, Achtes Kapitel, § 24.
86 Das Erfordernis einer statutarischen Grundlage ergibt sich auch aus Art. 833 Ziff. 6 OR.

falls man sich an die Rechtsprechung zur Aktiengesellschaft[87] hält, nichtig; wahrscheinlich sind aber unter gewissen Umständen (insbesondere, wenn eine Genossenschaft nur vorübergehend weniger als 300 Mitglieder zählt) solche schriftlich zustandegekommene Beschlüsse lediglich anfechtbar. Zudem betrifft Art. 880 OR weder die schriftliche Stimmabgabe (im Gegensatz zu derjenigen durch Handaufheben) im Rahmen einer Generalversammlung noch die schriftliche Stimmabgabe eines oder mehrerer an der Teilnahme verhinderter oder vertretener Mitglieder[88].

Die Urabstimmung ist auch im Recht über die Gesellschaft mit beschränkter Haftung vorgesehen (Art. 808 Abs. 2 OR[89]), und die Rechtsprechung lässt sie auch in den Statuten von Vereinen zu[90]. Hingegen geht das Bundesgericht davon aus, dass für Aktiengesellschaften die herkömmliche Generalversammlung zwingend sei und dass somit schriftlich oder auf dem Zirkulationsweg zustandegekommene Beschlüsse nichtig und wirkungslos seien[91]. Die Urabstimmung ist zweifellos mit gewichtigen Nachteilen verbunden[92]. Sie beschränkt die Möglichkeit der Mitglieder beträchtlich, sich durch Fragen zu informieren; sie beraubt diese ihres Rechtes, vor der Abstimmung an der Beratung teilzunehmen, sich voreinander zu äussern und ihre Einwände geltend zu machen. Zudem verleiht sie der Verwaltung und deren Anträgen ein Übergewicht.

Die schriftliche Stimmabgabe untersteht grundsätzlich den für die Generalversammlung geltenden Vorschriften. Die zu deren Einberufung oder zum Begehren nach deren Einberufung (Art. 881 OR) befugten (oder verpflichteten) Personen sind auch ermächtigt, eine Urabstimmung zu organisieren oder organisieren zu lassen. Die für die Einberufung der Generalversammlung vorgesehene Frist gilt auch für die Urabstimmung, so dass mindestens fünf Tage zwischen der Zusendung[93] der Einberufung und dem letzten Tag verstreichen müssen, an welchem die Mitglieder ihren Stimmzettel zurücksenden oder an einer in der Einberufung bezeichneten Stelle deponieren können. Die Einberufung muss die Abstimmungsvorlagen klar angeben; die Fragen müssen genau formuliert sein und eine eindeutige Antwort (grundsätzlich ein «Ja» oder ein «Nein») erlauben. Bei Statutenrevisionen muss den Mitgliedern nicht nur der «wesentliche Inhalt», sondern der vollständige Text der vorgeschlagenen Änderungen unterbreitet werden[94]; bei Wahlen müssen die Mitglieder auch

---

87 BGE 67 I, 1941, S. 342.
88 Siehe dazu R. RUEDIN, Le vote par correspondance dans la société anonyme, in: Hommage à R. Jeanprêtre, Neuenburg 1982, und WEBER-DÜRLER, S. 100 ff.
89 Siehe VON STEIGER, ad Art. 808 OR.
90 BGE 48 II, 1922, S. 145.
91 Siehe vorn, Anm. 87.
92 Siehe dazu insbes. HENSEL, S. 178 ff.; SIGG, S. 47 ff.; WEBER-DÜRLER, S. 101 ff.
93 BÜRGI, ad Art. 700 OR, Ziff. 9. Im vorn, in Anm. 15 erwähnten Entscheid lief die Frist seit dem Tag nach der *Zustellung* des (am Vortag veröffentlichten) Schweizerischen Handelsblattes.
94 In Urabstimmungen dient die «Einberufung» nicht nur der Information, sondern ist Teil des Beschlussverfahrens.

§ 21 Generalversammlung

andere als die von der Verwaltung vorgeschlagenen Kandidaten wählen können. Obwohl Art. 886 OR nur die Beschlüsse der Generalversammlung erwähnt, kann sich ein Mitglied zweifellos auch in der Urabstimmung durch ein anderes Mitglied vertreten lassen, welches seinen Stimmzetteln eine vom vertretenen Mitglied unterzeichnete Vollmacht beilegt[95].

Art. 880 OR sieht vor, dass «die Befugnisse der Generalversammlung ganz oder zum Teil» durch schriftliche Stimmabgabe der Genossenschafter ausgeübt werden. Dennoch erscheint es nicht sinnvoll und sicher nicht zweckmässig, die Einrichtung der Generalversammlung ganz wegzulassen, besonders hinsichtlich derjenigen Fälle, in welchen das Gesetz keinen Beschluss der Genossenschafter vorsieht oder verlangt[96]. Es fragt sich beispielsweise, wie die Verwaltung, ohne Generalversammlung, vorgehen soll, wenn die letzte Jahresbilanz ergibt, dass die Hälfte des Genossenschaftskapitals nicht mehr gedeckt ist (Art. 903 Abs. 3 OR). Wahrscheinlich muss sie eine schriftliche Umfrage vornehmen oder eine Informationsversammlung organisieren, auch wenn es sich dabei nicht um eine eigentliche Generalversammlung handelt. Hat, um ein anderes Beispiel zu nennen, die Verwaltung von der Generalversammlung bestellte Bevollmächtigte in ihren Funktionen eingestellt (Art. 905 Abs. 2 OR), muss sie entweder ihre Abberufung begründen und beantragen oder auch hier, vor einer allfälligen Abstimmung, eine Informationsversammlung organisieren.

Schriftlich gefasste Beschlüsse können wie Generalversammlungsbeschlüsse angefochten werden; dies sieht Art. 891 Abs. 1 OR ausdrücklich vor. Die Frist von zwei Monaten beginnt jedoch nicht schon am letzten Tag der Rücksendung der Stimmzettel oder deren Auszählung, sondern erst an dem Tag zu laufen, an welchem den Genossenschaftern das Abstimmungsergebnis mitgeteilt wird[97]. Die Form dieser Mitteilung und auch die Ausgestaltung der Urabstimmung werden im allgemeinen von den Statuten oder einem Reglement vorgesehen.

---

95 Contra: BERNHEIMER, S. 68; HENSEL, S. 189; WENNINGER, S. 77.
96 Zu den wichtigen Entscheiden, siehe auch die Kritik von FORSTMOSER, Grossgenossenschaften, S. 200 ff.
97 GUTZWILLER, ad Art. 891 OR, N. 23.

III. Delegiertenversammlung

Genossenschaften, welche zur Durchführung von Urabstimmungen berechtigt sind (Art. 880 OR), haben auch die Möglichkeit, die herkömmliche Generalversammlung durch eine Delegiertenversammlung zu ersetzen (Art. 892 OR). Dies gilt somit einerseits für grosse Genossenschaften, welche «mehr als 300 Mitglieder zählen», anderseits für Genossenschaftsverbände[98]. Im folgenden wird einzig die Delegiertenversammlung grosser Genossenschaften besprochen; die Eigenheiten der Genossenschaftsverbände kommen weiter hinten im entsprechenden Kapitel zur Sprache[99].

1. Sinn und Rechtsnatur der Delegiertenversammlung

Angesichts der praktischen Schwierigkeiten[100], welche mit der Zusammenkunft und den Beratungen der Generalversammlung sehr grosser Gesellschaften verbunden sind, werden diese vom Gesetzgeber ermächtigt, «von der direkten Demokratie zum Repräsentativsystem» überzugehen[101], indem alle oder ein Teil der normalerweise der Generalversammlung vorbehaltenen Befugnisse einer kleineren, nur aus einem Teil der Genossenschafter bestehenden Versammlung übertragen werden.

Diese ratio legis ist von Bedeutung; denn entgegen dem Eindruck, welchen der Wortlaut des Art. 892 OR, insbesondere seine Absätze 2 und 3, erwecken könnten, wird die Organisation der Delegiertenversammlung nicht dem Belieben der betreffenden Genossenschaften überlassen, und die Befugnis, die Generalversammlung durch eine solche Versammlung zu ersetzen, schliesst angesichts der Begründung dieser Ermächtigung nicht automatisch das Recht ein, von den zwingenden Vorschriften der Art. 828 ff. OR, insbesondere der Art. 854 und 885 OR, abzuweichen.

---

98   Siehe hinten, Achtes Kapitel, § 24.
99   Hinten, Achtes Kapitel.
100 Welche sich tatsächlich als recht theoretisch erweisen angesichts des schwachen Besuchs der Versammlungen grosser Gesellschaften (Genossenschaften und Aktiengesellschaften).
101 F. von Steiger, S. 79.

2. Zusammensetzung und Wahl der Versammlung

Es wird einhellig davon ausgegangen[102], dass die Delegierten unter den Mitgliedern zu wählen sind (oder bei juristischen Personen unter ihren Vertretern), dass alle Mitglieder und nur sie wahlberechtigt sind. Als unzulässig gelten Delegierte «von Rechtes wegen», durch Dritte bezeichnete Delegierte, die Selbsterneuerung der Delegierten[103] und faktisch (durch eine einzige Liste) von der Verwaltung ausgewählte Delegierte; jedes Mitglied muss vertreten sein (auch wenn es nicht zu einem Wahlkreis oder einer statutarisch festgelegten Sektion gehört) und jedes Mitglied hat im Rahmen der die Delegierten wählenden Versammlung(en) das gleiche Wahlrecht; wenn somit die Delegierten (in gleichbleibender oder wechselnder Zahl) durch alle Mitglieder, d.h. durch eine Generalversammlung oder Urabstimmung gewählt werden müssen, gilt Art. 885 OR sowohl im Rahmen der die Delegierten wählenden Versammlung als auch für die Delegiertenversammlung selber. Gemäss Art. 888 Abs. 1 OR werden die Delegierten mit der absoluten Mehrheit der abgegebenen Stimmen gewählt. Gestützt auf Art. 892 Abs. 2 OR können jedoch die Statuten eine andere Wahlart vorsehen[104] und beispielsweise die absolute Mehrheit durch die relative Mehrheit (im ersten oder im zweiten Wahlgang) ersetzen oder (fragwürdig, aber üblich) ein Proportionalsystem anwenden[105].

Hingegen ist die Lehre geteilter Meinung darüber, ob sich, bei der Wahl der Delegierten durch verschiedene Mitgliedergruppen oder -sektionen, die Zahl der durch die verschiedenen Wahlkreise gewählten Delegierten oder die Zahl der diesen Delegierten zugewiesenen Stimmen unbedingt nach der Zahl der Mitglieder jedes Kreises zu richten habe. Mehrere Autoren sind der Ansicht, im Hinblick auf Art. 854 und 885 OR sei dies die einzig zulässige Lösung[106], selbstverständlich unter Vorbehalt kleiner und unvermeidlicher Ungleichheiten[107]. Andere Autoren gehen davon aus, dass Art. 892 OR grossen Genossenschaften erlaubt, sich auf andere Kriterien, beispielsweise die Benützung der genossenschaftlichen Einrichtungen, zu stützen[108].

---

102 Die Lehre zur Delegiertenversammlung ist ziemlich umfangreich. Siehe insbes. BERNHEIMER, S. 59 ff.; CAPITAINE, Participation et droit de vote; FORSTMOSER, Grossgenossenschaften, S. 200 ff.; GERWIG, GR, S. 320 ff., und SV, S. 187 ff.; GLOOR, S. 57 ff.; GUTZWILLER, ad Art. 892 OR; HENSEL, S. 189 ff.; KUMMER, S. 36 ff.; SIGG, S. 55 ff.; F. VON STEIGER, S. 77 ff.; WEBER-DÜRLER, S. 146 ff.; WENNINGER, S. 126 ff.; WITSCHI, S. 48 ff.
103 Das System der Selbsterneuerung wird allerdings in der Praxis verwendet; siehe SIGG, S. 56.
104 Siehe dazu insbes. GLOOR, S. 93 ff.; WEBER-DÜRLER, S. 152.
105 Siehe vorn, I, 4; laut GLOOR, S. 94 ff., ist das Proportionalsystem in der Praxis am häufigsten.
106 Insbes. GERWIG, GR, S. 321, und SV, S. 188; GUTZWILLER, ad Art. 892 OR; HENSEL, S. 197; SIGG, S. 63 ff. und 79 ff.; WEBER-DÜRLER, S. 153; WENNINGER, S. 136.
107 Sehen beispielsweise die Statuten die Wahl eines Delegierten pro zwanzig Mitglieder oder pro angebrochene Zahl zwanzig vor, können eine Sektion von 41 Mitgliedern und eine andere Sektion von 59 Mitgliedern je drei Delegierte stellen. Zudem kann auch die erforderliche Gewährleistung der Vertretung isolierter, nicht einem Wahlkreis angehöriger Mitglieder zu Ungleichheiten führen.
108 BERNHEIMER, S. 60 ff.; CAPITAINE, Participation et droit de vote, S. 295; KUMMER, S. 34 ff.

GLOOR schliesslich schlägt eine Zwischenlösung vor, wonach sich grosse Genossenschaften mit u. a. juristischen Personen oder Handelsgesellschaften als Mitgliedern bei der Wahl ihrer Delegierten nicht ausschliesslich auf die Zahl der Mitglieder jeder Sektion stützen müssen[109]. Wir schliessen uns der ersten Meinung an, welche u.E. am besten mit der vorn erwähnten ratio legis des Art. 892 OR übereinstimmt, wonach eine Genossenschaft zwar aus praktischen Gründen die Generalversammlung durch eine Delegiertenversammlung ersetzen, nicht aber von Art. 885 OR abweichen darf.

Es stellt sich die Frage, ob die Tatsache, dass die Delegierten aus dem Kreis der Mitglieder stammen müssen, auch bedeutet, dass zwingend alle Mitglieder wählbar sind. Da Art. 885 OR nur das Stimmrecht betrifft, kann einzig Art. 854 OR die Wählbarkeit beschränken. Weil diese Gesetzesbestimmung nur den Grundsatz der relativen Gleichbehandlung (und das Verbot von Unterscheidungen aufgrund finanzieller Kriterien) zum Ausdruck bringt, kam das Bundesgericht zum Schluss, dass grosse Genossenschaften (im konkreten Fall Konsumgenossenschaften) die Wählbarkeit der Mitglieder von verschiedenen Voraussetzungen, wie beispielsweise einer minimalen Mitgliedschaftsdauer, einem Mindestmass an Warenbezug oder der Nichtmitgliedschaft in einer anderen Konsumgenossenschaft, abhängig machen dürfen[110]. Dieser Entscheid vermag nicht zu überzeugen. Wenn jeder Genossenschafter die unübertragbare Befugnis zur Teilnahme an der Generalversammlung besitzt, muss er u. E. auch das potentielle Recht haben, Mitglied des die Generalversammlung ersetzenden Organes zu sein. Die Einrichtung der Delegiertenversammlung wurde einzig aus praktischen Gründen und nicht deshalb geschaffen, um die Bildung einer Gruppe von Mitgliedern «erster Klasse» mit einer besonderen Beziehung zur Gesellschaft zu gestatten. Bei nicht zu grossen Wahlkreisen (und sie sollten nicht zu gross sein[111]) sind die Mitglieder ohne weiteres in der Lage, Delegierte zu wählen, welche, gemäss Gesetz (Art. 866 OR), die Interessen der Genossenschaft in guten Treuen wahren.

Die vorn wiederholt als besondere Organe grosser Genossenschaften erwähnten Sektionen haben bisweilen zusätzliche statutarische Kompetenzen, beispielsweise den Einzug der Mitgliederbeiträge[112]. Zudem können solche Sektionen selber Rechtspersönlichkeit besitzen, d.h. ihrerseits als Genossenschaft oder Verein organisiert sein. In solchen Fällen sind die Mitglieder der Dachgenossenschaft gleichzeitig

---

109 S. 66 ff. Siehe auch HEINI, S. 210.
110 BGE 69 II, 1943, S. 41. Zu dieser Frage, siehe GLOOR, S. 74 ff.
111 GLOOR, S. 97.
112 Siehe SIGG, S. 91, welcher zudem die Möglichkeit einer Kompetenz im Bereich des Ausschlusses erwähnt; die Rechtmässigkeit ist allerdings fragwürdig, insbesondere im Hinblick auf BGE 80 II, 1954, S. 71.

Mitglied ihrer Sektion; hingegen besteht kein Grund zur Annahme, die Sektionen seien auch Mitglieder der Dachgenossenschaft[113].

3. Einberufung der Delegiertenversammlung

Die Einberufung der Delegiertenversammlung wird in den Statuten geregelt (Art. 892 Abs. 2 OR) oder untersteht den für die Einberufung der Generalversammlung geltenden Vorschriften (Art. 892 Abs. 4 OR). Die Vorschriften des Art. 881 OR sind jedoch zwingendes Recht. Deshalb dürfen die Statuten die in Art. 881 Abs. 1 OR erwähnten Personen nicht ihres Rechtes auf Einberufung oder ihrer Pflicht zur Einberufung der Versammlung berauben. Hingegen ist die Auslegung des Art. 881 Abs. 2 und 3 OR umstritten; laut der einen Meinung sind diese Bestimmungen tel quel anzuwenden; gemäss anderen Autoren muss der Ausdruck «Genossenschafter» durch «Delegierte» ersetzt werden[114]. Es ist denn auch schwierig einzusehen, dass die Mitglieder ihr Recht zur Einberufung verlieren und dass die Delegierten kein solches Recht erhalten. Es erscheint zwar durchaus logisch, dass das Recht der Genossenschafter insoweit auf die Delegierten übergeht, als das zu beratende Problem, welches dem Begehren nach Einberufung zugrunde liegt, in die Kompetenz der Delegiertenversammlung fällt (welche nicht unbedingt alle Kompetenzen der Generalversammlung besitzt); diese Lösung begünstigt im übrigen die Genossenschafter, da es oft leichter ist, einige Delegierte (allenfalls in Sektionsversammlungen) von der Notwendigkeit der Einberufung einer Generalversammlung zu überzeugen, als die Unterschriften eines Zehntels aller Genossenschafter zu erhalten. Da aber Art. 881 OR zwingendes Recht ist und dem Genossenschafter eine unübertragbare Befugnis verleiht, ist u.E. die wörtliche Auslegung dieser Bestimmung vorzuziehen. Selbstverständlich können – und sollten – die Statuten den Delegierten ein paralleles Einberufungsrecht verleihen[115], und es ist u. E. rechtmässig, wenn die Delegiertenversammlung ein solches Recht in einem Organisationsreglement, ohne besondere statutarische Grundlage, selber vorsieht.

---

113 Dies wäre, laut SIGG, «ein Unding». Sind einzig die Sektionen Mitglieder der Dachgenossenschaft, handelt es sich selbstverständlich nicht mehr um eine «grosse Genossenschaft» (mit mehr als 300 Mitgliedern), sondern um einen Genossenschaftsverband.

114 GLOOR, S. 108 ff., und SIGG, S. 78, vertreten die erste Meinung, wohingegen HENSEL, S. 204, und VON STEIGER, S. 77, (laut welchem fragwürdig ist, ob die Genossenschafter auch die Einberufung der Versammlung erreichen können) der zweiten Ansicht folgen.

115 Laut GLOOR, S. 110, gewähren die Statuten grosser Genossenschaften dieses Recht nur den Delegierten, ohne Erwähnung der Genossenschafter; siehe dazu auch GUTZWILLER, ad Art. 892 OR, N. 22 ff.

Die gesetzlich vorgesehene Anwendbarkeit der Bestimmungen über die Generalversammlung (Art. 892 Abs. 4 OR) bedeutet insbesondere, dass die Delegierten im Fall einer Universalversammlung ohne Beachtung der für die Einberufung ihrer Versammlung geltenden Formvorschriften zusammentreten und beschliessen können (Art. 884 OR). Zudem kann sich ein an der Teilnahme an der Versammlung verhinderter Delegierter durch einen anderen Delegierten, oder sogar (etwas fragwürdiger) durch ein Mitglied, welches nicht Delegierter ist, vertreten lassen (Art. 886 OR)[116].

4. Beschlüsse und Befugnisse der Versammlung

Die Beschlüsse der Delegiertenversammlung unterstehen, wie diejenigen der Generalversammlung, den Art. 888 und 889 OR, von welchen die Statuten, wie erwähnt, innerhalb gewisser Schranken abweichen dürfen[117]. Obgleich gemäss Art. 892 Abs. 1 OR grosse Genossenschaften alle Befugnisse der Generalversammlung der Delegiertenversammlung übertragen dürfen, geht man im allgemeinen davon aus, dass (in Art. 889 Abs. 1 und 914 Ziff. 11 OR vorgesehene) Beschlüsse über die Einführung oder Vermehrung der persönlichen Haftung oder der Nachschusspflicht zwingend in die Kompetenz der Generalversammlung fallen[118]. Im anderen Fall verlöre ein Mitglied, welches sich einem solchen Beschluss widersetzt hat, dessen Delegierter oder Delegierte ihm aber zugestimmt haben, sein Austrittsrecht (Art. 889 Abs. 2 OR), und ein Delegierter, welcher diesem Beschluss im Sinne seiner Sektion zugestimmt hat, ihn aber persönlich nicht gutheisst, sein Recht zum Rücktritt mit sofortiger Wirkung. Dieses Argument vermag nicht ganz zu überzeugen, da es auch für andere wichtige Beschlüsse, beispielsweise für die Umwandlung des Gesellschaftszwecks, welche im allgemeinen den nichtzustimmenden Genossenschaftern einen wichtigen Austrittsgrund verschafft, geltend gemacht werden kann[119]; allerdings hat die Einführung der persönlichen Haftung unter Umständen schwerwiegende Konsequenzen, welche eine Ausnahmeregelung rechtfertigen.

Grundsätzlich stimmen die Delegierten ohne Weisung der von ihnen vertretenen Mitglieder. Sie können jedoch vor wichtigen Beschlüssen die Mitglieder ihrer Sektion einzeln oder in einer Versammlung befragen. Eine Sektion kann u.E. ihren Delegierten den zwingenden Auftrag erteilen, einen Antrag abzulehnen oder gutzu-

---

116 Siehe HENSEL, S. 206, und GLOOR, S. 124 ff., welcher die Möglichkeit einer Vertretung nicht zuzulassen scheint.
117 Vorn, I, 4.
118 Siehe HENSEL, S. 202; SIGG, S. 82 ff.; WEBER-DÜRLER, S. 160.
119 Zudem steht weder fest, ob ein Mitglied durch die Stimmabgabe seiner Delegierten gebunden ist, noch ob diese selber an ihre Stimmabgabe gebunden sind; siehe dazu auch hinten, 5, wo sich das gleiche Problem für die Anwendung des Art. 891 OR stellt.

heissen[120]. Wie schon mehrfach erwähnt, wurde die Einrichtung der Delegiertenversammlung aus praktischen Gründen geschaffen, und es liegt auf der Hand, dass die Delegierten nicht ihre persönliche, sondern die Ansicht der Mehrheit der von ihnen vertretenen Mitglieder zum Ausdruck bringen müssen.

Eine grosse Genossenschaft kann die Befugnisse der Generalversammlung frei auf diese, die Delegiertenversammlung und die Urabstimmung verteilen. Praktisch übt häufig die Delegiertenversammlung die allgemeinen Befugnisse der Generalversammlung, insbesondere der ordentlichen Generalversammlung, aus, und seltenere (wie die in Art. 893 Abs. 2 OR erwähnten) Beschlüsse sowie Statutenänderungen werden von der Generalversammlung oder in einer Urabstimmung beschlossen. Bisweilen erteilen die Statuten den Mitgliedern ein fakultatives oder obligatorisches Referendumsrecht, welches ihnen die Möglichkeit der Ratifizierung gewisser Beschlüsse der Delegiertenversammlung eröffnet oder garantiert.

Die Urabstimmung der Delegierten ist vom Gesetz nicht vorgesehen. Art. 880 OR erwähnt sie nicht, und es ist kaum denkbar, dass sie über Art. 892 Abs. 4 OR mit der Begründung eingeführt werden könnte, die Vorschriften für die Generalversammlung umfassten auch Art. 880 OR. Der Gesetzgeber verstand Delegiertenversammlung und Urabstimmung sicher nicht als kumulative, sondern als alternative Möglichkeiten[121]. In der Praxis ist ihre Kumulation jedoch recht häufig.

5. Rechte der Mitglieder, welche nicht Delegierte sind

Die Mitglieder, welche nicht auch Delegierte sind, verlieren ihr Recht auf Beratung und ihr Stimmrecht in den in die Zuständigkeit der Delegiertenversammlung fallenden Bereichen. Sie behalten jedoch die ihnen gesetzlich gewährleisteten persönlichen Rechte, insbesondere das Kontrollrecht (Art. 856 und 857 OR)[122], das Recht auf Einberufung der Generalversammlung (Art. 881 OR), das Recht auf Abberufung von Verwaltung und Kontrollstelle, das Recht zur Anfechtung der Generalversammlungsbeschlüsse (Art. 891 OR) und das – allerdings sehr beschränkte[123] – Recht, die Genossenschaftsorgane haftbar zu machen (Art. 917 ff. OR).

---

120 HENSEL, S. 199; siehe auch WENNINGER, S. 137 ff. Contra: GLOOR, S. 113 ff., und WEBER-DÜRLER, S. 158 (welche zur Unterstützung ihrer Ansicht die Schranken der Vertretung gemäss Art. 886 OR anführt). Ein solcher zwingender Auftrag hat selbstverständlich nur interne Bedeutung, und die Tatsache, dass sich ein Delegierter nicht daran hält, hat keine Auswirkungen auf die Gültigkeit des Beschlusses.
121 SIGG, S. 87, erachtet es ebenfalls als «fragwürdig», ob eine grosse Genossenschaft für die Delegiertenversammlung die Urabstimmung vorsehen kann.
122 F. VON STEIGER, S. 79, stellt (u.E. zu Unrecht) in Frage, ob die Mitglieder das Protokoll der Delegiertenversammlung erhalten dürfen.
123 Siehe hinten, Neuntes Kapitel.

Obgleich Art. 891 OR die Beschlüsse der Delegiertenversammlung nicht erwähnt, können diese, insbesondere im Hinblick auf Art. 892 Abs. 4 OR, zweifellos nicht nur durch die Delegierten, sondern auch durch die übrigen Mitglieder angefochten werden[124]. Das einzige Problem betrifft die Anwendung der – im übrigen fragwürdigen[125] – Vorschrift, wonach ein Mitglied nur diejenigen Beschlüsse anfechten darf, welchen es nicht zugestimmt hat; es fragt sich nämlich, ob ein Mitglied in diesem Sinne einem Beschluss zugestimmt hat, welchen seine Delegierten gutgeheissen haben (und wie steht es, wenn sie den Beschluss nicht einstimmig gutgeheissen haben?); es fragt sich im weiteren, ob ein Delegierter in diesem Sinne einem Beschluss zugestimmt hat, wenn er damit einzig den Wünschen (oder Weisungen) seiner Sektion nachgekommen ist. Diese Probleme sind u.E. von Fall zu Fall nach Treu und Glauben zu lösen. Grundsätzlich ist ein Delegierter durch seine Stimmabgabe gebunden, wenn er anlässlich der Beschlussfassung keine Vorbehalte angemeldet hat; von einem Mitglied, welches nicht Delegierter ist, wird, wenn auch nicht unwiderlegbar, vermutet, dem von ihm angefochtenen Beschluss nicht zugestimmt zu haben, auch wenn dieser von seinen Delegierten einstimmig oder mehrheitlich angenommen worden ist. Für Haftungsklagen gelten u. E. die gleichen Erwägungen für die Ermittlung der Auswirkungen der von der Delegiertenversammlung beschlossenen Entlastung[126].

IV. Ausnahmebestimmungen für konzessionierte Versicherungsgenossenschaften

Art. 893 OR wurde auf Antrag der Rentenanstalt eingeführt, welche geltend machte, dass die grossen Versicherungsgenossenschaften Hunderttausende von teilweise im Ausland wohnhaften Mitgliedern zählen, was die Abhaltung einer Generalversammlung verunmögliche[127]. Tatsächlich war diese Begründung nicht stichhaltig, da solchen Genossenschaften schon damals Urabstimmung und Delegiertenversammlung zur Verfügung standen. Es trifft dagegen zu, dass die Mitglieder solcher unter staatlicher Aufsicht stehender Pseudogenossenschaften wenig Interesse für ihre Genossenschaft zeigen (sie kennen oft deren Rechtsform nicht), welcher sie nur als Partei im Versicherungsvertrag angehören[128].

---

124 GLOOR, S. 116; SIGG, S. 87 ff.
125 Siehe vorn, I, 5.
126 Im wesentlichen gleicher Ansicht BLICKENSTORFER (Anm. 52), S. 104.
127 Zu den Vorbereitungsarbeiten, siehe GUTZWILLER, ad Art. 893 OR, N. 1 ff.
128 Siehe FORSTMOSER, Grossgenossenschaften, S. 193; HENSEL, S. 215 ff.; SIGG, S. 158 ff.; SODER.

§ 21 Generalversammlung

Die Befugnisse, welche aufgrund einer statutarischen Bestimmung der Verwaltung übertragen werden können, umfassen, unter Vorbehalt von Art. 893 Abs. 2 OR, alle Kompetenzen der Generalversammlung, einschliesslich ihrer normalerweise unübertragbaren Befugnisse. Somit kann der Verwaltungsrat durch Kooptation ernannt und erneuert werden (Art. 879 Abs. 2 Ziff. 2 OR), kann ein Verwaltungsratsmitglied durch seine Kollegen abberufen werden (Art. 890 Abs. 1 OR), und – was gegen das eigentliche Konzept der Genossenschaft verstösst – kann der Verwaltungsrat zur Änderung der Statuten befugt sein[129].

Durch die Anwendung des Art. 893 OR werden zudem gewisse Kompetenzen der Generalversammlung überflüssig und gegenstandslos: Das Rekursrecht ausgeschlossener Mitglieder an die Generalversammlung (Art. 846 Abs. 3 OR) fällt dahin; allein die Verwaltung kann einem Mitglied die Einsichtnahme in die Geschäftsbücher und Korrespondenz gestatten (Art. 857 Abs. 2 OR); die Verwaltung muss niemanden mehr (ausser sich selber) einberufen, wenn die Hälfte des Genossenschaftskapitals nicht mehr gedeckt ist (Art. 903 Abs. 3 OR).

Da die von Art. 893 OR betroffenen Genossenschaften mehr als 1000 Mitglieder haben, steht ihnen auch die Möglichkeit der Urabstimmung oder der Delegiertenversammlung offen. Deshalb kann die herkömmliche Generalversammlung auch die in Art. 893 Abs. 2 OR erwähnten Befugnisse verlieren; vorbehalten bleibt der Beschluss zur Einführung oder Vermehrung der Nachschusspflicht[130], welcher, wie erwähnt[131], wahrscheinlich nicht von der Delegiertenversammlung gefasst werden kann.

Die Auslegung des Art. 893 OR wirft mehrere Probleme auf. Ein erstes betrifft die Entlastung der Verwaltungsräte. Theoretisch kann das Recht zur Entlastung (Art. 879 Abs. 2 Ziff. 4 OR) der Verwaltung übertragen werden. Da aber die Geschäftsführungsorgane bei Beschlüssen über die Entlastung kein Stimmrecht haben (Art. 887 Abs. 1 OR), kann sich der Verwaltungsrat nicht selber entlasten[132]. Das Gegenteil wäre unsinnig und würde zudem die Genossenschaft (welche beispielsweise in Konkurs geraten ist oder deren Verwaltung geändert hat) und vielleicht auch die Mitglieder der in Art. 754 ff. OR vorgesehenen Haftungsklagen berauben (siehe Art. 920 OR).

---

129 Sobald die Generalversammlung die Befugnis zur Statutenänderung, einschliesslich der Änderung einer auf Art. 893 OR beruhenden Bestimmung (was vielleicht nicht zutrifft?) verliert, ist die Gesellschaft mehr Anstalt als Genossenschaft.
130 Art. 893 OR erwähnt selbstverständlich die beschränkte oder unbeschränkte persönliche Haftung der Mitglieder nicht, da Art. 869 Abs. 1 und 870 Abs. 1 OR deren Einführung durch konzessionierte Versicherungsgenossenschaften ausschliessen.
131 Vorn, III, 4.
132 HENSEL, S. 226. Contra: BELSER, S. 110; FORSTMOSER, Grossgenossenschaften, S. 191, und offenbar SIGG, S. 158.

Organisation der Genossenschaft

Ein weiteres Problem betrifft die Auslegung der «Befugnisse...zur Auflösung...der Genossenschaft». Diese Befugnisse beinhalten wahrscheinlich nicht nur den Auflösungsbeschluss (Art. 911 Ziff. 2 OR), sondern gegebenenfalls auch die Beschlüsse über die Verwendung des Liquidationsüberschusses (Art. 913 Abs. 5 OR). Hierbei fragt es sich, ob die Befugnisse der Generalversammlung im Bereich von Auflösung, Fusion, Umwandlung und Übernahme durch eine öffentlich-rechtliche Körperschaft (welche eindeutig unter Art. 893 Abs. 2 OR fallen) nicht auch auf Beschlüsse ausgedehnt werden müssen, deren Auswirkungen denjenigen einer Auflösung oder Fusion gleichen; vernünftigerweise sollten Beschlüsse über eine grundlegende Änderung des Gesellschaftszwecks, über die Übertragung des Genossenschaftsbestandes auf eine andere Institution (ohne eigentliche Fusion)[133] oder über eine Spaltung der Gesellschaft zwingend der Generalversammlung (oder der Delegiertenversammlung) vorbehalten werden.

Grundsätzlich verletzt die Übertragung der Befugnisse der Generalversammlung auf die Verwaltung die persönlichen Rechte der Mitglieder nicht. Diese behalten insbesondere das Auskunftsrecht (Art. 856 und 857 OR)[134], das Recht zur Abberufung von Verwaltung und Kontrollstelle (Art. 890 Abs. 2 OR) und das Recht zur Haftungsklage gegen die Gesellschaftsorgane (Art. 754 ff. OR). Ihr Recht zur Einberufung der Generalversammlung oder der Delegiertenversammlung (Art. 881 OR) wird selbstverständlich eingeschränkt und besteht quasi nicht, wenn die Generalversammlung nur noch die in Art. 893 Abs. 2 OR vorgesehenen Befugnisse besitzt. Dieses Recht (wie auch das Recht zur Abberufung von Verwaltung und Kontrollstelle) ist jedoch in einer grossen Genossenschaft sehr theoretisch, da schwerlich mehrere Tausend Mitglieder gemeinsam handeln werden.

Das interessanteste Problem bezüglich Art. 893 OR betrifft die Anwendung des Art. 891 OR auf die Beschlüsse des Verwaltungsrates. Wie erwähnt[135], sind im allgemeinen Verwaltungsratsbeschlüsse nicht anfechtbar; dies wurde vom Gesetzgeber in weiser Voraussicht bestimmt und vom Bundesgericht zu Recht bestätigt. Die Möglichkeit einer Ausnahme von dieser Vorschrift für den Fall, dass die Verwaltung die Befugnisse der Generalversammlung ausübt, ist jedoch nicht ohne weiteres von der Hand zu weisen. Auch eine enge Auslegung des Art. 891 OR schliesst nämlich eine Angleichung der von einem anderen Organ, in Ausübung der Befugnisse der Generalversammlung, getroffenen Beschlüsse an die in diesem Artikel erwähnten «von der Generalversammlung...gefasste(n) Beschlüsse» nicht aus; auch wenn

---

133 Siehe dazu Art. 21 Abs. 2 VAG, welcher eine solche Übertragung (des schweizerischen Versicherungsbestandes) der Zustimmung des Eidgenössischen Justiz- und Polizeidepartementes unterstellt und den Versicherten ein Einspracherecht verleiht.
134 Gemäss Art. 21 Abs. 4 VAG wird die Bilanz der konzessionierten Versicherungsgenossenschaften im Schweizerischen Handelsblatt publiziert.
135 Vorn, I, 5.

§ 21 Generalversammlung

Art. 891 OR die Beschlüsse der Delegiertenversammlung nicht erwähnt, ist deren Anfechtbarkeit unbestritten. Zudem könnte hier eher von einer Gesetzeslücke gesprochen werden als dort, wo sich die Verwaltung auf ihre herkömmlichen Befugnisse beschränkt[136]; denn der Gesetzgeber ist bei der Beratung des Art. 893 OR nicht auf die Frage der Anwendung des Art. 891 OR eingegangen. Den Mitgliedern ist u.E. eine richterliche Kontrolle der Beschlüsse des obersten Organs der Gesellschaft, d.h. auch der Verwaltung einer Genossenschaft gemäss Art. 893 OR, zu gewährleisten[137], allerdings nur insoweit ein solches Organ tatsächlich die oberste Gewalt ausübt[138] und Beschlüsse fasst, welche nicht die Geschäftsführung betreffen und deren Aufhebung die Tätigkeit der Gesellschaft nicht lähmt. Somit können, in unserem Zusammenhang, nur die von der Verwaltung aufgrund des Art. 879 Abs. 2 OR gefassten Beschlüsse bei Gericht angefochten werden[139].

---

136 Vgl. BGE 76 II, 1950, S. 51.
137 Im in der vorangehenden Anm. zit. Entscheid kommt das Bundesgericht zum gleichen Schluss.
138 Siehe BELSER, S. 110 ff., und SIGG, S. 174 ff. HENSEL kommt auf S. 229 zum Schluss, dass nur gesetzwidrige (nicht aber statutenwidrige) Beschlüsse anfechtbar sind.
139 Der Verwaltungsrat muss die Beschlüsse den Mitgliedern selbstverständlich rasch mitteilen (was schwierig durchsetzbar ist). Die Frist der Anfechtungsklage beginnt jedoch erst mit der Mitteilung durch den Verwaltungsrat zu laufen.

§ 22 Verwaltung

Literatur

BERNHEIMER, S. 69 ff. und 119 ff.; CAPITAINE, SJK Nr. 1159, S. 4 ff.; FORSTMOSER, S.T., N. 287 ff.; B. GELZER, Die statutarische Sonderstellung öffentlich-rechtlicher Körperschaften in privatrechtlichen Genossenschaften auf Grund von Art. 926 OR, Diss. Basel 1954; GERWIG, GR, S. 322 ff.; GUTZWILLER, ad Art. 894 ff. OR; HENGGELER, S. 115 ff.; KUMMER, S. 65 ff.; L. SIGG, Das oberste Organ in der Genossenschaft, Diss. Zürich 1954; F. VON STEIGER, S. 50 ff.; W. WITSCHI, Stimmrecht und Wahlrecht in der Genossenschaft, Diss. Basel 1944, S. 21 ff.; H. WOLFER, Die Genossenschaftsverwaltung nach schweizerischem Recht, Diss. Basel 1947.
Siehe auch die Lehre zur Verwaltung der Aktiengesellschaft, insbesondere die folgenden neueren Werke: E.A. SLINGERLAND, Die Aufsicht über die Geschäftsführung bei Kapitalgesellschaften, Diessenhofen 1982; E.F. STAUBER, Das Recht des Aktionärs auf gesetz- und statutenmässige Verwaltung, Zürich 1985; A. STOFFEL, Beamte und Magistraten als Verwaltungsräte von gemischt-wirtschaftlichen Aktiengesellschaften, Diessenhofen 1975; M. WEBER, Vertretung im Verwaltungsrat, Zürich 1994.

I. Zusammensetzung des Verwaltungsrates

Die Bestimmungen über die Zusammensetzung des Verwaltungsrates (Art. 894 und 895 OR) unterscheiden sich in verschiedener Hinsicht von den entsprechenden Bestimmungen des Aktienrechts (Art. 707 und 709–711 OR 1936)[140]. Erstens muss die Verwaltung zwingend aus mindestens drei Personen bestehen, während die Verwaltung der Aktiengesellschaft aus einem oder mehreren Mitgliedern bestehen kann. Zweitens müssen nicht unbedingt alle Verwaltungsräte Genossenschafter sein, es sei denn, die Statuten sehen etwas anderes vor[141]; es genügt, dass die Mehrheit des Verwaltungsrates aus Genossenschaftern besteht, ohne dass diese jedoch zur Hinterlegung von Anteilen verpflichtet sind (vgl. Art. 709 und 710 OR 1936, beide vom neuen Recht aufgehoben). Drittens untersagt das Gesetz den Revisoren die Zugehörigkeit zum Verwaltungsrat nicht ausdrücklich (vgl. Art. 727 Abs. 2 OR 1936; siehe Art. 727c Abs. 1 OR[142]). Während schliesslich das Aktienrecht nur verlangt, dass einer der in der Schweiz wohnhaften Verwaltungsräte zur Vertretung der Gesellschaft

---

140 Zu den parallelen Bestimmungen, insbes. zu Art. 894 Abs. 2 OR (entspricht Art. 707 Abs. 3 OR) und Art. 895 Abs. 2 OR (entspricht Art. 711 Abs. 4 OR), siehe die Lehre zum Aktienrecht, insbes. VON GREYERZ, VIII/2, § 17; BÜRGI, ad Art. 707 und 711 OR; VON STEIGER, Das Recht der Aktiengesellschaft, S. 18 ff.
141 F. VON STEIGER, S. 52; WOLFER, S. 120. Die Statuten können zwar verlangen, dass alle Verwaltungsräte Mitglieder sind; sie dürfen aber nicht, in Abweichung von Art. 894 Abs. 1 OR, vorsehen, dass alle Verwaltungsräte oder ihre Mehrheit keine Genossenschafter sind.
142 Siehe hinten, § 23, I.

§ 22 Verwaltung

befugt sein muss (Art. 711 Abs. 3 OR 1936; siehe Art. 708 Abs. 2 OR), fordert Art. 895 Abs. 1 OR zudem, dass dieser Vertreter Schweizer Bürger ist.

Nach einhelliger Lehre können Genossenschaften, wie die Aktiengesellschaften, statutarisch Wählbarkeitsvoraussetzungen festsetzen[143]. Diese Ansicht ist zweifellos begründet, da das passive Wahlrecht – mit Ausnahme u.E. für die Delegiertenversammlung[144] – nicht dem Grundsatz der absoluten, sondern demjenigen der relativen Gleichbehandlung, gemäss Art. 854 OR, untersteht[145]. Es überrascht hingegen nicht, dass die Meinungen darüber auseinandergehen, welche Voraussetzungen rechtmässig sind, und welche gegen den Grundsatz der Gleichbehandlung verstossen; in diesem Bereich ist die Aufstellung genauer Vorschriften insbesondere auch deshalb schwierig, weil gewisse Wählbarkeitsvoraussetzungen in der einen Genossenschaft zulässig, in der anderen aber, im Hinblick auf deren Zweck und Tätigkeiten, widerrechtlich sind.

Jedenfalls können die Statuten die uneingeschränkte Handlungsfähigkeit jedes Verwaltungsrates fordern[146]. Desgleichen dürfen u. E. für Nichtmitglieder, für welche Art. 854 OR folglich nicht gilt, unter dem Vorbehalt von Rechts- und Sittenwidrigkeit beliebige Voraussetzungen gefordert werden. Die (sinnvolle) Voraussetzung eines Mindestalters oder (ebenfalls sinnvoll) einer Mindestdauer der Mitgliedschaft[147] sowie das Erfordernis der schweizerischen Nationalität jedes Verwaltungsrates (vgl. Art. 895 Abs. 1 OR) oder auch eines mehr oder minder intensiven Gebrauchs der Gesellschaftseinrichtungen[148] sind im allgemeinen zulässig, können aber im konkreten Fall gegen Art. 854 OR verstossen. Die Statuten können auch Interessenkonflikte zu vermeiden suchen, indem sie beispielsweise die Wählbarkeit von Lieferanten, Kunden, Angestellten oder Konkurrenten der Genossenschaft oder den gleichzeitigen Sitz von Verwandten im Verwaltungsrat ausschliessen. Laut einzelnen Autoren ist die Voraussetzung beruflicher Kompetenz oder Spezialisierung (unter Vorbehalt besonderer Gesetzesbestimmungen) unzulässig. Diese Frage ist u. E. nuancierter zu betrachten: werden solche Voraussetzungen objektiv festgelegt (beispielsweise Besitz eines Diploms oder mehrjährige ununterbrochene Berufsausübung), können sie auf jeden Fall Nichtmitgliedern vorgeschrieben werden; unter

---

143 Siehe insbes. BERNHEIMER, S. 69 ff.; KUMMER, S. 65 ff.; F. VON STEIGER, S. 53; WITSCHI (sehr einschränkend), S. 64 ff.; WOLFER, S. 133 ff.; siehe auch die von GUTZWILLER, ad Art. 894 OR, N. 11 ff. zit. Beispiele.
144 Vorn, § 21, III.
145 BERNHEIMER, S. 69. Contra: (aber ohne Ausnahmen auszuschliessen) WOLFER, S. 138.
146 Die Lehre lässt im allgemeinen die Wählbarkeit urteilsfähiger Minderjähriger (mit Zustimmung ihres gesetzlichen Vertreters) grundsätzlich zu; siehe GUTZWILLER, ad Art. 894 OR, N. 13; F. VON STEIGER, S. 53; WOLFER, S. 130 ff., sowie die Kritik von HENGGELER, S. 118 ff.
147 Laut WOLFER, S. 141 ff., ist diese Voraussetzung nur in grossen Genossenschaften zulässig.
148 Loc. cit.

Umständen kann es zudem der Gesellschaftszweck erfordern oder sinnvoll erscheinen lassen, dass alle Verwaltungsräte gewisse Befähigungen aufweisen[149].

Statutarische Bestimmungen, welche bestimmten Mitgliedern oder Mitgliedergruppen eine Vertretung im Verwaltungsrat garantieren, sind, wie erwähnt[150], schwierig mit Art. 885 OR zu vereinbaren. Sie sind u. E. nur insoweit zulässig, als sie solchen Minderheiten oder Gruppen kein die Generalversammlung bindendes Antragsrecht verleihen. Beispielsweise können die Statuten einer Genossenschaft mit landesweiten Tätigkeiten und Mitgliedern ohne Verletzung von Art. 854 und 885 OR vorsehen, dass im Verwaltungsrat eine gewisse Anzahl von Vertretern der Romandie oder des Tessins sitzen; hingegen dürfen sie solchen «Gruppen» nicht das Recht zugestehen, ihre Vertreter zu wählen und deren Wahl (ausser aus wichtigen Gründen) von der Generalversammlung zwingend bestätigen zu lassen.

Die Wahl eines die statutarischen Wählbarkeitsvoraussetzungen nicht erfüllenden Verwaltungsrats durch die Generalversammlung ist anfechtbar (Art. 891 OR); die vom betreffenden Verwaltungsrat vorgenommenen Rechtshandlungen bleiben aber selbstverständlich gültig. Die Auflösungsklage gemäss Art. 831 Abs. 2 OR («...fehlt es der Genossenschaft an den notwendigen Organen») steht nur offen, wenn eine Genossenschaft keine Verwaltung oder keinen zu deren Vertretung befugten Verwaltungsrat mehr besitzt[151]. Das in Art. 895 Abs. 2 OR vorgesehene Verfahren entspricht demjenigen gemäss Art. 711 Abs. 4 OR 1936 (siehe auch Art. 86 und 96 HRegV)[152] und ist anwendbar, wenn der Verwaltungsrat nicht mehr mehrheitlich aus in der Schweiz wohnhaften schweizerischen Verwaltungsräten besteht, oder wenn kein Mitglied dieser Mehrheit zur Vertretung der Gesellschaft mehr befugt ist. Sinkt die Zahl der Verwaltungsräte im Verlaufe einer Amtsperiode unter die gesetzlich oder statutarisch vorgeschriebene Mindestzahl oder erfüllt ein Verwaltungsrat die statutarischen Wählbarkeitsvoraussetzungen nicht mehr, so muss die Verwaltung spätestens anlässlich der nächstfolgenden Generalversammlung die notwendigen Wahlen vornehmen lassen; falls sie dies unterlässt, steht dem Mitglied jedoch kein individuelles Mittel zur Durchsetzung dieser Wahl zur Verfügung[153].

---

149 Das neue Aktienrecht fordert von den Revisoren, nicht aber von den Verwaltungsräten besondere Kompetenzen für die Erfüllung ihrer Aufgaben; zudem wurde die geplante Begrenzung auf zehn Verwaltungsratsmandate in grossen Gesellschaften (Art. 707 Abs. 4 OR) im Laufe der Vorbereitungsarbeiten fallen gelassen.
150 Vorn, § 21, 1.
151 Siehe auch hinten, Zehntes Kapitel, § 29.
152 Zur Aktiengesellschaft, siehe insbes. BÜRGI, ad Art. 711 OR, N. 25 ff.
153 Hingegen verfügt eine Gruppe, welche mindestens den zehnten Teil der Genossenschafter umfasst, über die in Art. 881 Abs. 3 OR vorgesehene Klage.

II. Wahl und Abberufung der Verwaltungsräte

Die Verwaltungsräte werden durch die Generalversammlung (Art. 897 Abs. 2 Ziff. 2 OR) oder allenfalls durch Urabstimmung gewählt (Art. 880 OR). In Genossenschaften mit Delegiertenversammlung (Art. 892 Abs. 1 und 922 Abs. 1 OR), in konzessionierten Versicherungsgenossenschaften (Art. 893 OR) und in Genossenschaften mit Beteiligung einer öffentlich-rechtlichen Körperschaft (Art. 926 OR) können jedoch die Mitglieder ihre Befugnis zur Wahl der Exekutive ganz oder teilweise verlieren. Grundsätzlich wählt die Generalversammlung mit der absoluten Mehrheit der abgegebenen Stimmen (Art. 888 Abs. 1 OR); wie erwähnt[154] können jedoch die Statuten von dieser Regel, insbesondere zugunsten der relativen Mehrheit, abweichen.

Die Amtsdauer der Verwaltungsräte ist auf höchstens vier Jahre beschränkt (Art. 896 Abs. 1 OR); in konzessionierten Versicherungsgenossenschaften, für welche die für die Aktiengesellschaft geltenden Vorschriften zur Anwendung kommen (Art. 896 Abs. 2 OR), werden die Verwaltungsräte grundsätzlich für drei Jahre gewählt, wobei die Statuten diese Amtsdauer verkürzen oder auf höchstens sechs Jahre verlängern dürfen (Art. 710 Abs. 1 OR). Die Verwaltungsräte sind grundsätzlich wieder wählbar (Art. 896 Abs. 2 OR), doch können die Statuten etwas anderes vorsehen; allfällige Beschränkungen müssen jedoch die Gleichbehandlung der Mitglieder berücksichtigen und dürfen nicht willkürlich sein[155]. Die Statuten sollten festhalten, dass das Verwaltungsratsmandat bis zur im letzten Amtsjahr einberufenen ordentlichen Generalversammlung läuft; andernfalls müssen, gemäss Rechtsprechung des Bundesgerichtes[156], die Amtsjahre auf den Tag genau berechnet werden, was selbstverständlich unbefriedigend ist.

Der Verwaltungsrat tritt sein Amt nur und erst mit dessen Annahme an (schriftlich, mündlich oder durch konkludentes Handeln). Während Art. 680 Abs. 1 OR für die Aktiengesellschaft eine statutarisch vorgesehene Pflicht zur Annahme eines Verwaltungsratsmandates verbietet, ist eine solche Pflicht in der Genossenschaft möglich und Nichtbefolgung kann einen Ausschlussgrund bilden[157]. Namen, Vornamen, Wohnort und Staatsangehörigkeit der Verwaltungsräte sind in das Handelsregister einzutragen (Art. 836 OR, Art. 40 und 93 HRegV). Die Eintragung wirkt nicht konstitutiv; der Verwaltungsrat ist mit seiner Wahl und der Annahme des Mandates zur Leitung und Vertretung der Genossenschaft befugt[158]. Das Rechtsverhältnis zwischen Verwaltungsrat und Genossenschaft ent-

---

154 Vorn, § 21, I.
155 Beispielsweise ist der statutarische Ausschluss jeder Wiederwahl, unabhängig von der seit dem Ablauf der ersten Amtsdauer verstrichenen Zeit, nicht denkbar.
156 Siehe ZBGR 24, 1943, S. 43.
157 WOLFER, S. 146 ff.

spricht im wesentlichen demjenigen eines Verwaltungsrates zu seiner Aktiengesellschaft[159]; der die Parteien bindende Vertrag ist ein Vertrag sui generis und gleicht dem Auftrag oder dem Arbeitsvertrag, dessen Inhalt teilweise vom Gesetz sowie von den Statuten und den Reglementen der Genossenschaft festgelegt wird.

Das Mandat der Verwaltungsräte ist beendet, wenn sie am Schluss ihrer Amtsperiode nicht wiedergewählt werden, entweder weil sie nicht wiederwählbar sind oder weil sie eine Erneuerung ihres Mandates nicht beantragen oder nicht erhalten. Andere Gründe für das Erlöschen des Verwaltungsratsmandates sind Tod, Rücktritt, Widerruf, nicht mehr erfüllte gesetzliche oder statutarische Wählbarkeitsvoraussetzungen und die Löschung der Genossenschaft aus dem Handelsregister. Verwaltungsräte können jederzeit zurücktreten (vgl. Art. 404 OR); umgekehrt ist das sie wählende Organ, d.h. im allgemeinen die Generalversammlung, berechtigt, sie jederzeit mit sofortiger Wirkung abzuberufen (Art. 890 Abs. 1 OR). Das Genossenschaftsrecht enthält keine dem Art. 708 Abs. 3 OR 1936 entsprechende Bestimmung, welche den Verwaltungsrat – unter Vorbehalt einer anderslautenden statutarischen Bestimmung – von der Pflicht befreit, beim Ausfall während des Geschäftsjahres eines oder mehrerer Verwaltungsratsmitglieder eine ausserordentliche Generalversammlung einzuberufen; dennoch sollte diese sinnvolle Bestimmung analog angewandt werden, indem der Verwaltungsrat selbstverständlich anlässlich der nächsten ordentlichen Generalversammlung die erforderlichen Wahlen organisieren muss. Im übrigen können die Statuten im Interesse einer ungestörten Tätigkeit des Verwaltungsrates die Wahl von Suppleanten durch die Generalversammlung vorsehen, welche automatisch an die Stelle der an der Amtsausübung verhinderten Verwaltungsräte treten[160]; hingegen darf sich der Verwaltungsrat in keinem Fall und auch nicht nur für kurze Zeit selbst erneuern, bis eine Generalversammlung zusammentritt.

Die Abberufungsklage gemäss Art. 890 OR ist eine Eigenheit des Genossenschaftsrechts; das Aktienrecht kennt eine vergleichbare, aber dennoch andere Klage für die Liquidatoren (Art. 741 Abs. 2 OR)[161]; die erste Bestimmung konkretisiert den persönlichen Charakter der Beziehung zwischen den Genossenschaftern und ihren Verwaltungsräten, die zweite dient dem Schutz der Minderheitsaktionäre. Die Abberufung muss von wenigstens einem Zehntel der Genossenschafter verlangt werden; es besteht kein Anlass, Art. 881 Abs. 2 OR analog anzuwenden und eine Mindestzahl von drei Genossenschaftern zu fordern[162].

---

158 Art. 933 Abs. 2 OR zeitigt hier wenig, dort aber selbstverständlich mehr Wirkung, wo die Eintragung eines nicht mehr amtierenden Verwaltungsrates nicht gestrichen wurde.
159 Siehe insbes. BÜRGI, ad Art. 708 OR, N. 1 ff.
160 Siehe BÜRGI, ad Art. 708 OR, N. 43 ff.; F. VON STEIGER, S. 55.
161 Art. 741 Abs. 2 OR gilt, über Art. 913 Abs. 1 OR, ebenfalls für das Genossenschaftsrecht.
162 GUTZWILLER, ad Art. 890 OR, N. 10. Contra: CAPITAINE, SJK Nr. 1159, S. 5.

Der von Art. 890 Abs. 2 OR angesprochene Kreis wird in Art. 890 Abs. 1 OR umschrieben (französische Fassung: «le juge peut les révoquer»). Er umfasst somit die Mitglieder der Verwaltung und der Kontrollstelle sowie andere von der Generalversammlung gewählte. Geschäftsführungsorgane, d.h. nicht nur die in Art. 905 Abs. 2 OR erwähnten Bevollmächtigten und Beauftragten, sondern auch die «Geschäftsführer und Direktoren», zu deren Ernennung die Statuten die Generalversammlung allenfalls ermächtigen (Art. 898 OR). Hingegen scheint es keine Klage gegen vom Verwaltungsrat ernannte untergeordnete Organe zu geben[163]; allerdings ist diese Auslegung fragwürdig, da die Fortsetzung des Textes (er beauftragt den Richter, «soweit notwendig, eine Neuwahl *durch die zuständigen Genossenschaftsorgane* zu verfügen») darauf hinweist, dass dabei nicht nur an die Generalversammlung als zuständiges Organ gedacht wurde[164].

Die Abberufungsklage, welche ohne vorgängige Schritte bei der Verwaltung oder der Generalversammlung erhoben werden kann (vgl. Art. 846, 857 und 881 OR)[165], richtet sich nicht gegen die betroffenen Personen, sondern gegen die Genossenschaft selber; die Klage muss in der Hauptsache die Abberufung eines oder mehrerer amtierender Verwaltungsräte (oder anderer Organe) beantragen, nicht aber beispielsweise auf Feststellung der Beendigung eines Mandates oder auf Einberufung einer mit dem Ersatz von Verwaltungsräten oder der Vervollständigung des Verwaltungsrates beauftragten Generalversammlung lauten. Die Klage muss sich auf wichtige Gründe, d.h. auf Tatsachen stützen, welche beweisen, dass die betreffenden Verwaltungsräte ihre Aufgaben nicht oder nicht mehr gesetz- oder statutenmässig erfüllen oder erfüllen können. Gemäss dem Wortlaut des Gesetzes («...insbesondere, wenn die Abberufenen die ihnen obliegenden Pflichten vernachlässigt haben oder zu erfüllen ausserstande waren») ist die Abberufung eines Verwaltungsrates nicht unbedingt auf schuldhaftes Verhalten zurückzuführen; ein offensichtlicher Mangel an Kompetenz oder Zeit, Krankheit oder längere Abwesenheit können wichtige Gründe darstellen. Allerdings müssen solche Tatsachen schwerwiegend sein oder dauernd oder wiederholt auftreten; der Richter muss (wahrscheinlich gegen den Wunsch der Mehrheit der Mitglieder) nur ausnahmsweise einschreiten und darf insbesondere nicht indirekt Wählbarkeitsvoraussetzungen festlegen, welche die Statuten nicht vorgesehen haben. Heisst das Gericht die Klage gut, so ordnet es bei Bedarf eine neue Wahl an[166]. Es ist nicht ganz ersichtlich, worum es sich bei den «für die Zwischenzeit geeigneten Massnahmen» (zwischen Urteil und Generalversamm-

---

163 GUTZWILLER, ad Art. 890 OR, N. 6.
164 Allerdings könnte es sich um den Verwaltungsrat einer von Art. 893 OR vorgesehenen Genossenschaft handeln (wenn man, u. E. berechtigterweise, davon ausgeht, dass zwar nicht Art. 890 Abs. 1 OR, aber Art. 890 Abs. 2 OR anwendbar ist).
165 BGE 72 II, 1946, S. 91 (Verwaltungsräte, welche zu ihrem eigenen Vorteil und zum Nachteil der übrigen Genossenschafter neue Anteile ausgaben).
166 Ibid.

lung) handelt; denkbar wäre gegebenenfalls die Ernennung eines Kurators, wenn alle Verwaltungsratsmitglieder abberufen wurden[167]; im übrigen kann der Richter vorsorgliche Massnahmen treffen für die bedeutungsvollere und im allgemeinen längere Zeit zwischen Einreichung der Klage und Abberufungsurteil[168].

III. Organisation und Beschlüsse des Verwaltungsrates

Das Aktienrecht ist in diesem Bereich verhältnismässig kurz gehalten. Immerhin gewährt es den Verwaltungsräten ein Recht auf Auskunft und Einsicht (Art. 715a OR); es sieht die Kompetenz des Präsidenten zur Einberufung einer Sitzung entweder von sich aus oder auf Begehren eines anderen Verwaltungsrates vor (Art. 715 OR); es fordert die Bezeichnung eines Präsidenten und eines Sekretärs (Art. 712 Abs. 1 OR); es verlangt die Führung eines Protokolls (Art. 713 Abs. 3 OR); es sieht vor, dass die Beschlüsse des Verwaltungsrates mit der Mehrheit der abgegebenen Stimmen gefasst werden und gewährt dem Präsidenten grundsätzlich den Stichentscheid (Art. 713 Abs. 1 OR); schliesslich bewilligt und regelt es die Beschlussfassung auf dem schriftlichen Weg (Art. 713 Abs. 2 OR).

Für das Genossenschaftsrecht verzichtete dagegen der Gesetzgeber auf jegliche Regelung der Organisation und Beschlüsse der Verwaltung; einzig Art. 902 Abs. 3 OR ist zu entnehmen, dass die Beratungen und Beschlüsse des Verwaltungsrates in einem Protokoll festzuhalten sind. In der Praxis muss somit die Organisation des Verwaltungsrates entweder durch die Statuten geregelt oder in einem Reglement vorgesehen werden[169]. Die Genossenschaftsstatuten enthalten im allgemeinen Bestimmungen über Einberufung und Beschlüsse des Verwaltungsrates, häufig mit dem Hinweis, dass sich im übrigen die Verwaltung selber organisiert[170].

Jede Genossenschaft muss, nur schon aufgrund von Art. 22 Abs. 2 HRegV, einen Präsidenten und zudem einen Verwaltungsrat haben, welcher, als Sekretär oder unter einer entsprechenden Bezeichnung, das Protokoll führt[171]; die Ernennung eines Vizepräsidenten ist üblich, aber nicht obligatorisch. Die Vorschriften des Aktienrechts kommen analog zur Anwendung. Die Verwaltungsräte haben, in Anbetracht

---

167 Insbesondere ist der Richter nicht ermächtigt, die von abberufenen Verwaltungsräten gefassten Beschlüsse aufzuheben.
168 Im Kanton Genf erfolgt die Klage gemäss Art. 741 Abs. 2 OR im summarischen Verfahren, diejenige gemäss Art. 890 Abs. 2 OR im ordentlichen Verfahren.
169 Siehe Zweites Kapitel, § 7, und hinten, IV.
170 Siehe beispielsweise BGE 72 II, 1946, S. 91, 110. Der Verwaltungsrat ist zudem auch dann berechtigt und verpflichtet, sich zu organisieren, wenn die Statuten dies nicht vorsehen.
171 WOLFER, S. 53. Wie für die Aktiengesellschaft ist davon auszugehen, dass der Sekretär nicht Verwaltungsratsmitglied sein muss.

ihrer Pflichten und ihrer Verantwortung, zweifellos ein Recht auf Auskunft[172]. Zudem ist jeder Verwaltungsrat zwingend zur Einberufung des Verwaltungsrates berechtigt[173], wobei sich der Präsident einem missbräuchlichen Begehren widersetzen kann[174].

Jeder Verwaltungsrat verfügt zwingend über eine einzige Stimme[175], und der persönliche Charakter seines Mandates verunmöglicht seine Vertretung durch ein anderes Verwaltungsratsmitglied oder, a fortiori, durch einen Dritten[176]. Die Anwendung dieser Grundsätze schliesst jedoch weder den Stichentscheid des Präsidenten[177] noch Vorschriften aus, welche den Verwaltungsräten beim Vorliegen eines Interessenkonfliktes Stimmenthaltung vorschreiben. Unter Vorbehalt anderslautender Bestimmungen in Statuten oder Reglementen, welche häufig ein Anwesenheitsquorum vorschreiben, fasst der Verwaltungsrat seine Beschlüsse mit der absoluten Mehrheit der anwesenden Mitglieder[178]; schliesslich kann der Verwaltungsrat einer Genossenschaft, entsprechend demjenigen der Aktiengesellschaft (Art. 713 Abs. 2 OR), durch schriftliche Abstimmung Beschluss fassen[179]. Wie erwähnt können Verwaltungsratsbeschlüsse durch einen Genossenschafter oder einen Verwaltungsrat, welcher nicht Genossenschafter ist, nicht angefochten werden; hingegen kann jeder Betroffene Nichtigkeit eines Beschlusses feststellen lassen, welcher bezüglich seines Zustandekommens oder seines Inhaltes offensichtlich widerrechtlich ist[180].

Zur Entschädigung der Verwaltungsräte, welche das Gesetz nicht oder nur indirekt in Art. 904 OR erwähnt, ist folgendes zu sagen: Für die Aktiengesellschaft geht die Lehre im allgemeinen davon aus, dass die Verwaltungsräte, welche ein auftragsähnlicher Vertrag sui generis an ihre Gesellschaft bindet, Anspruch auf eine Entschädigung (zusätzlich zur Spesenvergütung) haben, auch wenn die Statuten diesbezüglich nichts vorsehen[181]. Diese Lösung gilt auch für die Genossenschaft. In Anbetracht des Wortlautes des Art. 904 OR (...«als Gewinnanteile...gemachten Bezüge») scheint die

---

172 WOLFER, S. 55. Zu Art. 713 Abs. 1 OR 1936, siehe BÜRGI, ad Art. 713 OR, N. 4 ff.; VON GREYERZ, VIII/2, § 17.
173 WOLFER, S. 55.
174 Das Recht zur Einberufung des Verwaltungsrates wie auch das Recht auf Auskunft sind nicht wirksam geschützt; bei Verletzung dieser Rechte verfügt ein Minderheitsmitglied des Verwaltungsrats über kein Mittel zur Durchsetzung seines Rechtes, ausser allenfalls über die Generalversammlung.
175 Siehe BGE 71 I, 1945, S. 187; dieser Entscheid betrifft die Aktiengesellschaft, doch gilt die Begründung des Bundesgerichtes auch für die Genossenschaft.
176 Siehe dazu BGE 71 II, 1945, S. 277.
177 F. VON STEIGER, S. 55; WOLFER, S. 60.
178 F. VON STEIGER, S. 55. WOLFER, S. 59, fragt sich allerdings, ob der Verwaltungsrat ohne Anwesenheit der Mehrheit seiner Mitglieder überhaupt beraten kann.
179 HENGGELER, S. 115; F. VON STEIGER, S. 55; WOLFER, S. 61.
180 Zu einem Beispiel, siehe BGE 72 II, 1946, S. 91. Zur Aktiengesellschaft, siehe Art. 714 und 706b OR.
181 BÜRGI, ad Art. 708 OR, N. 10; F. VON STEIGER, Das Recht der Aktiengesellschaft, S. 225.

Ausrichtung von Gewinnanteilen an die Verwaltungsräte möglich, obgleich sich dies schlecht mit dem Charakter der Genossenschaft verträgt[182]. In Übereinstimmung mit Art. 859 Abs. 1 OR ist die Ausrichtung von Gewinnanteilen nur zulässig, wenn die Statuten sie vorsehen (vgl. Art. 627 Ziff. 2 OR). Das Problem ist eher nebensächlich, da die Genossenschaften in der Praxis ihre Verwaltungsräte mit «Entschädigungen für die Teilnahme an den Sitzungen» («jetons de présence») oder ähnlichen Entschädigungen entlohnen[183]. Art. 904 OR entspricht Art. 679 OR 1936[184].

IV. Kompetenzen und Pflichten der Verwaltung

1. Befugnisse des Verwaltungsrates gegenüber der Generalversammlung

Das Genossenschaftsrecht präzisiert weder Umfang noch Schranken der Befugnisse des Verwaltungsrates; laut Aktienrecht kann er «in allen Angelegenheiten Beschluss fassen, die nicht nach Gesetz oder Statuten der Generalversammlung zugeteilt sind» (Art. 716 Abs. 1 OR). In der Praxis enthalten die Statuten häufig (und rechtmässig) eine derartige Bestimmung[185]. Andernfalls ergibt sich, gemäss WOLFER, die Lösung von Fall zu Fall «aus der Natur und aus der Tradition der Genossenschaft und aus praktischen Erwägungen»[186]. Da das Gesetz einerseits der Generalversammlung nur genau umschriebene Kompetenzen zuweist (Art. 879 OR) und anderseits der Verwaltung das unbeschränkte Recht zur Leitung der Geschäfte der Genossenschaft zugesteht (Art. 902 OR), ist u.E. grundsätzlich davon auszugehen, dass Beschlüsse, welche nicht ausdrücklich der Generalversammlung übertragen werden, wie in der Aktiengesellschaft in den Geschäftsbereich der Verwaltung fallen. Im übrigen sind in der Praxis Kompetenzkonflikte selten und beziehen sich nur auf Handlungen und Beschlüsse, welche nicht die Leitung im engen Sinne betreffen, wie beispielsweise der Beitritt zu einem Verband oder die Einführung einer Haftungsklage gegen die Genossenschaftsorgane[187]. Zudem kann die Generalversammlung indirekt durch Weisungen oder durch die Forderung auf die Verwaltung Einfluss nehmen, dass gewisse Beschlüsse nicht ohne ihre Zustimmung oder Befragung gefasst werden.

---

182 Art. 904 OR wurde im Verlaufe der parlamentarischen Beratungen spät und ohne weitere Abklärungen vom Aktienrecht (Art. 679 OR 1936) übernommen; hätte der Gesetzgeber die Einrichtung der Gewinnanteile zulassen wollen, so hätte er wohl eine mit Art. 677 OR vergleichbare Regelung in das Gesetz aufgenommen.
183 GUTZWILLER, ad Art. 904 OR, N. 6.
184 Siehe BÜRGI, ad Art. 679 OR.
185 Siehe VOGEL, S. 182.
186 S. 41; siehe auch HENGGELER, S. 126.
187 Siehe dazu hinten, Neuntes Kapitel, § 28.

2. Gesetzliche und statutarische Pflichten der Verwaltung[188]

Die Verwaltung ist zur Leitung der Geschäfte der Genossenschaft befugt und dazu verpflichtet, dies mit aller Sorgfalt zu tun. Die in Art. 902 OR definierten Pflichten entsprechen im wesentlichen denjenigen, welche Art. 722 OR 1936 den Verwaltungsräten der Aktiengesellschaft vorschrieb. Die Pflicht zur allfälligen Führung eines Verzeichnisses der Genossenschafter (siehe Art. 835 Abs. 4, 836 Abs. 3 und 877 OR) ist selbstverständlich eine Eigenheit der Genossenschaftsverwaltung. Im Gegensatz zu Art. 722 OR 1936 erwähnt aber Art. 902 OR das Recht der Verwaltung zum Erlass der «für den Geschäftsbetrieb erforderlichen Reglemente» nicht, sondern spielt lediglich im Zusammenhang mit der Überwachungspflicht der Verwaltung auf solche allfälligen Reglemente an (Art. 902 Abs. 2 Ziff. 2 OR). Dies ist der einzige Hinweis des Genossenschaftsrechts auf die Existenz von Reglementen, wohingegen sie im OR 1936 wiederholt erwähnt wurden, indem es zwischen den einer statutarischen Grundlage bedürftigen Organisationsreglementen (Art. 712 Abs. 2, 717 und 721 OR) und den Geschäftsreglementen (Art. 722 Abs. 2 Ziff. 2 und 3) unterschied, welche keine statutarische Grundlage benötigen[189]. Wie erwähnt[190] geht aus Art. 833 Ziff. 6, 897 und 898 OR hervor, dass eine reglementarische Grundlage prinzipiell nicht genügt, um im Rahmen der Verwaltung die Aufgaben zu verteilen, um Ausschüsse zu schaffen, um gewisse Befugnisse der Verwaltung einem oder mehreren Verwaltungsräten zu übertragen oder um die Befugnisse der Generalversammlung und der Verwaltung zu regeln. Hingegen können die verschiedenen (gesetzlichen oder statutarischen) Geschäftsorgane einer Genossenschaft gültig einerseits Geschäftsreglemente und anderseits Organisationsreglemente entweder für sie selber und für die ihnen unterstellten Organe erlassen[191].

Neben den ihr durch Art. 902 und 903 OR[192] auferlegten Pflichten hat die Verwaltung der Genossenschaft verschiedene Obliegenheiten bezüglich des Handelsregisters (Art. 835 Abs. 3, 837 Abs. 2, 877 Abs. 1, 901 und 912 OR)[193]; sie hat den Revisoren die für ihre Prüfung erforderlichen Bücher und Belege vorzulegen (Art. 907 Abs. 2 OR); sie kann einem Genossenschafter die Einsichtnahme in die Geschäftsbücher und Korrespondenzen gestatten (Art. 857 Abs. 2 OR); sie darf und muss gesetz- oder statutenwidrige Generalversammlungsbeschlüsse gerichtlich an-

---

188 Siehe insbes. GUTZWILLER, ad Art 897–899 und 902 OR; HENGGELER, S. 125 ff.; F. VON STEIGER, S. 51 ff.; WOLFER, S. 83 ff.
189 Zu den Reglementen der Aktiengesellschaft, siehe BÜRGI, ad Art. 712 OR, N. 30 ff., und das Werk von E.J. EIGENMANN, Das Reglement der AG, Zürich 1952. Das neue Recht erwähnt ausdrücklich nur das sogenannte Organisationsreglement (Art. 716b Abs. 1 OR; siehe auch Art. 716a Abs. 1 OR).
190 Vorn, Zweites Kapitel, § 7.
191 Zu verschiedenen Beispielen solcher Reglemente, siehe GUTZWILLER, ad Art. 833 OR, N. 14 ff.
192 Zu Art. 903 OR, siehe vorn, Drittes Kapitel, § 11.
193 Zu weiteren Einzelheiten, siehe WOLFER, S. 83 ff.

fechten (Art. 891 OR); sie hat verschiedene Pflichten und Verantwortlichkeiten bei Fusionen (Art. 914 OR). Zudem kann die Verwaltung jederzeit die von ihr bestellten Personen abberufen, welchen sie einen Teil der Geschäftsführung oder Vertretung übertragen hat (Art. 905 Abs. 1 OR), und sie kann die von der Generalversammlung bestellten Bevollmächtigten und Beauftragten in ihren Funktionen einstellen (Art. 905 Abs. 2 OR). Im weiteren ist die Verwaltung grundsätzlich befugt, sich zur Aufnahme neuer Mitglieder zu äussern (Art. 840 Abs. 3 OR) und sie kann, als erste Instanz, für die Ausschliessung eines Mitglieds zuständig sein (Art. 846 Abs. 3 OR). Zudem auferlegt das Gesetz der Verwaltung stillschweigend Pflichten, beispielsweise die Ausstellung von Mitgliedschaftsausweisen und Anteilscheinen (Art. 852 OR), die Einforderung von den Mitgliedern geschuldeten Leistungen (Art. 867 und 871 Abs. 4 OR) oder den Aufschub der Rückzahlungen an ausscheidende Mitglieder (Art. 864 Abs. 3 OR). Schliesslich weisen die Statuten der Verwaltung häufig weitere Befugnisse zu, beispielsweise die Festsetzung der genauen Höhe der von den Mitgliedern geschuldeten Leistungen (Beiträge, Eintrittsgeld, Zahl und Wert der Genossenschaftsanteile usw.) aufgrund der statutarischen Bestimmungen oder die (leider vom Genossenschaftsrecht nicht vorgesehene) Pflicht zur Erstellung eines schriftlichen Geschäftsberichtes (vgl. Art. 724 OR 1936).

3. Aufgabenverteilung innerhalb der Verwaltung

In der Aktiengesellschaft werden gemäss Gesetz die Geschäftsführung gemeinsam und die Vertretung, einzeln, durch alle Verwaltungsmitglieder ausgeübt (Art. 716 Abs. 3 und 718 Abs. 1 OR); die Statuten oder ein Reglement können jedoch Geschäftsführung und Vertretung ganz oder teilweise einem oder mehreren Verwaltungsdelegierten übertragen (oder, wie in der Praxis üblich, die Generalversammlung oder die Verwaltung zu einer solchen Übertragung ermächtigen) (Art. 716b Abs. 1 und 718 Abs. 1 und 2 OR); zudem kann der Verwaltungsrat einen oder mehrere mit besonderen Aufgaben betraute Ausschüsse schaffen (Art. 716 Abs. 2 OR).

Die Rechtsvorschriften für die Genossenschaft sind einfacher und strenger. Art. 898 OR (entspricht Art. 717 OR 1936) sieht keine Delegation im Rahmen des Verwaltungsrates vor; in Art. 897 OR sind einzig Ausschüsse vorgesehen, deren Bestand und Befugnisse einer statutarischen Grundlage bedürfen. Es fragt sich, ob mit CAPITAINE[194] davon ausgegangen werden muss, dass die Bezeichnung von Verwaltungsdelegierten zwingend ausgeschlossen ist. Dies trifft zweifellos nicht zu. Wie der Bundesrat in seiner Botschaft unter Bezugnahme auf Art. 897 und 898 OR

---

194 SJK Nr. 1159, S. 6, und Particularités et anomalies du droit coopératif suisse, ZBJV 89, 1953, S. 97, 107. Contra: HENGGELER, S. 132 ff., und WOLFER, S. 75.

(Art. 884 und Art. 885 des Entwurfes) erwähnte, wollte das Gesetz den Statuten in diesem Bereich die grösstmögliche Freiheit belassen[195]. Es wäre unlogisch, dass die Geschäftsführung, unter Vorbehalt der unentziehbaren Befugnisse des Verwaltungsrates, einem oder mehreren Dritten (Art. 898 OR), nicht aber einem Verwaltungsrat übertragen werden darf. Das Erfordernis der aus mindestens drei Personen bestehenden Verwaltung spricht nicht dagegen[196], da der Verwaltungsrat als solcher bei Delegation der Geschäftsführung und Vertretung einige unentziehbare Befugnisse behält (allgemeine Politik, Überwachung, Überschuldungsanzeige usw.).

Ausschüsse gemäss Art. 897 OR müssen von den Statuten vorgesehen werden, welche entweder die solchen Organen übertragenen Aufgaben selber umschreiben oder unter Umständen die Generalversammlung in einem Reglement zu deren Festsetzung ermächtigen[197]. Hingegen belegen der Wortlaut des Art. 897 OR und die fehlende Erwähnung von Ausschüssen in Art. 898 OR recht deutlich, dass die Statuten nicht lediglich die Verwaltung ermächtigen dürfen, den Umfang der Befugnisse solcher Ausschüsse selber festzulegen[198]. Auch wenn sich das Gesetz zur Zusammensetzung solcher Gruppen nicht äussert, muss davon ausgegangen werden, dass sie, wie in der Aktiengesellschaft (Art. 716a Abs. 2 OR), ausschliesslich aus Mitgliedern des Verwaltungsrates bestehen. Selbstverständlich kann die Verwaltung (wer könnte sie daran hindern?) auch ohne statutarische Grundlage weitere Ausschüsse und Kommissionen bilden, welchen Geschäftsführer, Direktoren oder ausserhalb der Gesellschaft stehende Dritte angehören. In einem solchen Fall darf sich aber die Verwaltung, falls solche Ausschüsse Fehler in der Geschäftsführung begehen, nicht mit der Begründung entlasten, sie habe die Mitglieder dieser Organe richtig ausgewählt, instruiert und überwacht. In diesem Zusammenhang ist auf den entscheidenden Unterschied zwischen den Ausschüssen der Aktiengesellschaft und denjenigen der Genossenschaft hinzuweisen: die ersteren dürfen lediglich Vorbereitungs- und Überwachungsaufgaben übernehmen, die letzteren können dagegen zur Erfüllung eigentlicher Geschäftsführungsaufgaben ermächtigt werden[199].

4. Delegation der Geschäftsführung an Dritte[200]

Gemäss Art. 898 OR kann die Geschäftsführung oder einzelne Zweige derselben Dritten, d.h. Personen (Mitgliedern oder Nichtmitgliedern) übertragen werden, wel-

---
195 Siehe die Einführung zum vorliegenden Kapitel.
196 Ein besseres Argument könnte sich auf Art. 897 OR stützen, welcher eine Delegation innerhalb der Verwaltung nur an *mehrere* Personen, in Form eines Ausschusses, vorsieht.
197 WOLFER, S. 72.
198 Siehe dazu allerdings die Bemerkungen von HENGGELER, S. 132.
199 Zum Ursprung dieses Unterschieds, siehe GUTZWILLER, ad Art. 897–899 OR, N. 53 ff.
200 Siehe insbes. VOGEL, S. 208 ff.

che nicht der Verwaltung angehören. Eine solche Delegation bedarf einer statutarischen Grundlage, welche die Generalversammlung oder die Verwaltung ermächtigt, Geschäftsführer oder Direktoren zu ernennen. Wie im Aktienrecht (siehe Art. 716b Abs. 1 OR) bedeutet die Tatsache, dass die gesamte Geschäftsführung Dritten übertragen werden kann, nicht, dass die Verwaltung oder die Generalversammlung zur Delegation derjenigen Kompetenzen, insbesondere der Überwachung, ermächtigt ist, welche vom Gesetz zwingend der Verwaltung zugewiesen werden (siehe dazu Art. 716a OR).

5. Vertretung der Genossenschaft

Aufgrund von Art. 832 Ziff. 4 OR muss die Art der Vertretung von den Statuten bestimmt werden; diese nennen entweder die mit Einzel- oder Kollektivunterschrift versehenen Personen (Präsident des Verwaltungsrates, Sekretär usw.), oder – was am häufigsten ist – die Organe (Verwaltung oder Generalversammlung), welche zur Bezeichnung solcher Personen zuständig sind. Zudem sind gemäss Art. 835 Abs. 2, 836 Abs. 1 und 2 und 901 OR sowie Art. 93 Abs. 1 lit. g HRegV die Vertreter der Genossenschaft in das Handelsregister einzutragen.

Der kollegiale Charakter der Genossenschaftsverwaltung bewirkt nicht, dass die Verpflichtungen der Genossenschaften von allen Verwaltungsräten zu genehmigen oder zu unterzeichnen oder dass diese alle zeichnungsberechtigt sind. Hingegen geht aus Art. 895 Abs. 1 OR hervor, dass mindestens einer der (in der Schweiz wohnhaften Schweizer) Verwaltungsräte zur Vertretung der Genossenschaft berechtigt sein muss[201], und dass deshalb, entgegen dem Anschein des Art. 898 OR, nicht die gesamte Vertretung ausschliesslich Dritten übertragen werden darf.

Das Gesetz erwähnt nur die Abberufung, nicht aber die Ernennung der Prokuristen und Handlungsbevollmächtigten. Die Übereinstimmung des Wortlautes von Art. 905 und 726 OR erlaubt den Schluss, dass die Vorschrift des Art. 721 Abs. 3 OR 1936 (siehe Art. 721 Abs. 1 OR) analog für Genossenschaften gilt. Mit andern Worten obliegt die Ernennung von Prokuristen und weiteren Bevollmächtigten, unter Vorbehalt anderslautender statutarischer Bestimmungen, der Verwaltung.

Gemäss Art. 899 OR, dessen Wortlaut mit demjenigen des Art. 718 OR 1936 übereinstimmt (desgleichen deckt sich die Ordnungsvorschrift des Art. 900 mit Art. 719 OR), sind die zur Vertretung befugten Personen ermächtigt (je nachdem einzeln oder kollektiv), im Namen der Genossenschaft alle Rechtshandlungen vorzunehmen, die der Zweck der Genossenschaft mit sich bringen kann, unter Vorbehalt, für Prokuristen und Handlungsbevollmächtigte, der in Art. 459 Abs. 2 und 462

---

201 Das Aktienrecht sieht dies ausdrücklich vor (Art. 718 Abs. 3 OR).

Abs. 2 OR vorgesehenen Beschränkungen[202]. Wie auch in der Aktiengesellschaft muss der Begriff des Gesellschaftszweckes extensiv ausgelegt werden[203]; deshalb kann eine Genossenschaft nur ausnahmsweise die eingegangenen Verpflichtungen mit der Begründung anfechten, ihr Vertreter habe die ihm durch Art. 899 Abs. 1 OR übertragenen Befugnisse überschritten. Ebenfalls wie in der Aktiengesellschaft und gemäss Art. 933 OR sind Dritte durch ihnen unbekannte Beschränkungen nicht gebunden; sie müssen aber den ihnen bekannten Beschränkungen Rechnung tragen; im übrigen dürfen sie auch auf eine Ermächtigung schliessen, welche die Genossenschaft einem Vertreter nur stillschweigend oder offenbar dadurch erteilt hat, dass sie sein Handeln in ihrem Namen duldet[204].

V. Haftung der Genossenschaft für die Handlungen ihrer Organe

Gemäss Art. 899 Abs. 3 OR, welcher mit Art. 718 Abs. 3 OR 1936 übereinstimmt (Art. 722 OR)[205], haftet die Genossenschaft für unerlaubte Handlungen, welche zur Geschäftsführung oder zur Vertretung befugte Personen in Ausübung ihrer geschäftlichen Verrichtungen begehen. Solche Personen – wie auch die in Art. 916 OR in limine erwähnten Personen – sind Organe der Genossenschaft, welche «an der Bildung des Willens derselben effektiv und in entscheidender Weise teilnehmen»[206]; mit andern Worten bestätigt Art. 899 Abs. 3 OR lediglich den Grundsatz des Art. 55 Abs. 2 ZGB, wonach die Organe «die juristische Person...durch ihr sonstiges Verhalten» verpflichten[207]. Die Gesellschaft verfügt über keinen Entlastungsbeweis; handelt es sich dagegen beim Handelnden um eine Hilfsperson, so kann die Gesellschaft nachweisen, dass sie alle nach den Umständen gebotene Sorgfalt angewendet hat (Art. 55 OR). Die Unterscheidung zwischen Organ und Hilfsperson ist nicht immer leicht. Jedenfalls setzt die Einstufung als Organ nicht die (einzelne oder kollektive)

---

202 Und zudem unter Vorbehalt der in Art. 899 Abs. 2 OR vorgesehenen Beschränkungen für Genossenschaften mit einer oder mehreren Zweigniederlassungen.
203 Wie das Bundesgericht in BGE 96 II, 1970, S. 439, 445, ausführt:«...der Gesellschaftszweck die Gesamtheit der Rechtshandlungen umfasse, die bei objektiver Betrachtung, sei es auch nur in mittelbarer Weise, zur Erreichung des Gesellschaftszweckes beitragen können, d. h. alle Handlungen, die der Gesellschaftszweck nicht geradezu ausschliesst» (Pra 60, Nr. 104, S. 323). Siehe auch BGE 111 II, 1985, S. 284, wo der Schutz Dritter noch verstärkt wird.
204 BGE 96 II, 1970, S. 439.
205 Siehe BÜRGI, ad Art. 718 OR, N. 18 ff.; VON GREYERZ, VIII/2, § 17.
206 BGE 101 Ib, 1975, S. 422 (Pra 65, Nr. 64, S. 147).
207 «Art. 718 Abs. 3 OR ist Anwendungsfall des in Art. 55 Abs. 2 ZGB statuierten Prinzips der Haftung juristischer Personen für unerlaubte Handlungen ihrer Organe», BGE 105 II, 1979, S. 289, 292. Allerdings ist laut diesem fragwürdigen Entscheid eine Gesellschaft nicht einmal mehr durch das System der Kollektivunterschrift geschützt (Direktor, welcher die Unterschrift eines zweiten Vertreters der Gesellschaft gefälscht hat).

Zeichnungsberechtigung voraus[208]. Obgleich man sich nicht immer an die Benennung der Angestellten und Beauftragten einer Gesellschaft halten kann, sind definitionsgemäss Verwaltungsräte stets, Direktoren und Geschäftsführer grundsätzlich und Prokuristen häufig Organe; im technischen Bereich (im Gegensatz zum kaufmännischen Bereich) zog das Bundesgericht die Grenze zwischen Ingenieuren und Werkmeistern[209]. Wie auch im Bereich der Verantwortlichkeit (Art. 916 ff. OR) kann eine Person (faktisch) als Organ gelten, auch wenn sie in der Gesellschaft kein offizielles Amt innehat[210].

Der unerlaubt Handelnde haftet selbstverständlich persönlich (Art. 55 Abs. 3 ZGB und Art. 41 ff. OR). Gegenüber Dritten (d.h. dem Opfer, der Versicherungsgesellschaft usw.) werden die Gesellschaft und das verantwortliche Organ als gemeinsame Verursacher im Sinne von Art. 50 Abs. 1 OR (echte Solidarität) betrachtet; die Handlung des Organs ist faktisch nichts anderes als die Handlung der juristischen Person. Bezüglich der internen Beziehungen ist jedoch die Haftung der Gesellschaft aus dem Gesetz abzuleiten, und deren Regressansprüche gegen das verantwortliche Organ unterstehen Art. 51 Abs. 2 OR (unechte Solidarität)[211], unabhängig von den Ansprüchen, welche sich aus dem sie bindenden Vertrag (insbes. aus Art. 321e und 398 OR) oder, je nach Art der unerlaubten Handlung, aus den Bestimmungen der Art. 916 ff. OR ergeben[212].

Die Genossenschaft haftet auch für den Schaden aus Nichterfüllung oder mangelhafter Erfüllung eines Vertrages durch ihre Organe. In einem solchen Fall stützt sich der betroffene Dritte auf Art. 55 Abs. 2 ZGB (auf Art. 101 OR, wenn der Schadenverursacher eine einfache Hilfsperson ist); hat das verantwortliche Organ keine unerlaubte Handlung begangen, so kann der Dritte selbstverständlich nur gegen die Genossenschaft selber vorgehen[213].

---

208 Ibid., S. 289.
209 BGE 88 II, 1962, S. 516, und 87 II, 1961, S. 184.
210 BGE 101 Ib, 1975, S. 422.
211 Siehe K. OFTINGER, Schweizerisches Haftpflichtrecht, Bd. I, 4. Aufl., Zürich 1975, S. 342 und 348.
212 BÜRGI, ad Art. 753/754 OR, N. 45.
213 Siehe dazu P. FORSTMOSER, Die aktienrechtliche Verantwortlichkeit, 2. Aufl., Zürich 1987, S. 94 ff. und 197.

VI. Beteiligung einer öffentlich-rechtlichen Körperschaft an der Verwaltung

Das Genossenschaftsrecht (Art. 926 OR) sieht, wie auch das Aktienrecht (Art. 762 OR)[214], vor, dass die Statuten der Genossenschaft einer öffentlich-rechtlichen Körperschaft, mit einem öffentlichen Interesse an jener, das Recht einräumen können, Vertreter in ihre Verwaltung (und in die Kontrollstelle) abzuordnen. Bezüglich des Begriffs der «Körperschaft des öffentlichen Rechts» enthält Art. 926 Abs. 1 OR eine Aufzählung, welche, im Gegensatz zu derjenigen in Art. 915 OR, nicht abschliessend ist[215]. Somit kann es sich bei der öffentlich-rechtlichen Körperschaft auch um andere Körperschaften als Bund, Kanton, Bezirk oder Gemeinde handeln, und der Ausschluss öffentlich-rechtlicher Stiftungen und anderer Anstalten erscheint nicht gerechtfertigt. Bezüglich des Begriffes «Interesse» muss, obgleich Art. 926 OR (im Gegensatz zu Art. 762 OR) nicht näher darauf eingeht, zweifellos angenommen werden, dass Mitgliedschaft nicht Voraussetzung für die Beteiligung der Körperschaft ist[216]; es genügt ein «Interesse» an der Genossenschaft, welches beispielsweise durch die Gewährung eines Darlehens, einer Garantie, von Subventionen oder Steuererleichterungen oder durch die unentgeltliche Zurverfügungstellung von Einrichtungen oder Grundstücken konkretisiert wird[217]. Die Tatsache schliesslich, dass es sich um eine «öffentliche» Körperschaft handeln muss, bedeutet, dass deren Tätigkeit dem Gemeinwesen dienen oder nützen muss[218].

Nach üblicher Ansicht sind nicht die Vertreter, sondern ist die öffentlich-rechtliche Körperschaft selber Mitglied der Verwaltung[219]; ihre Stellung unterscheidet sich somit von derjenigen der juristischen Personen und privatrechtlichen Handelsgesellschaften, welche gemäss Art. 894 Abs. 2 OR «als solche nicht als Mitglied der Verwaltung wählbar sind». Insbesondere werden die Vertreter der öffentlich-rechtlichen Körperschaft von dieser frei gewählt[220] und sie unterstehen weder allfälligen statutarischen Wählbarkeitsvoraussetzungen noch den gesetzlichen und statutari-

---

214 Siehe BÜRGI, ad Art. 762 OR; VON GREYERZ, VIII/2, § 27; W. ZEHNDER, Die Beteiligung des Gemeinwesens an der Aktiengesellschaft, Diss. Basel 1944.
215 BERNHEIMER, S. 119; BÜRGI, ad Art. 762 OR, N. 5; GELZER, S. 153 ff.; GUTZWILLER, ad Art. 926 OR, N. 34. Trotz des eindeutigen Wortlautes («wie...»), halten einzelne Autoren, wie STOFFEL, S. 99 ff., und ZEHNDER (Anm. 214), S. 159, die Aufzählung für abschliessend.
216 BERNHEIMER, S. 119 ff.; SIGG, S. 210.
217 Siehe BERNHEIMER, S. 122 ff.
218 Siehe GUTZWILLER, ad Art. 926 OR, N. 34 ff.; STOFFEL, S. 106 ff.
219 BERNHEIMER, S. 126. Contra: STOFFEL, S. 138 ff. Eine genaue Definition der Rechtsstellung solcher Vertreter scheint jedoch nicht vordringlich zu sein; siehe dazu GELZER, S. 188 ff.
220 BÜRGI, ad Art. 726 OR, N. 15. Der gegenteiligen Ansicht von D. DÉNÉRÉAZ, Les entreprises d'économie mixte et de droit public organisées selon le droit privé, ZSR 72, 1953, S. 51a, kann kaum gefolgt werden.

schen Beschränkungen der Mandatsdauer und der Wiederwahl der Verwaltungsräte[221]. Die Bestimmung des Art. 894 OR, wonach die Verwaltung mehrheitlich aus Genossenschaftern bestehen muss, bleibt durch die Anwesenheit von Vertretern der Körperschaft unberührt: ist die Körperschaft Mitglied, zählen solche Vertreter als Genossenschafter, ist sie nicht Mitglied, zählen sie als Dritte.

Die Zahl (oder das Verhältnis) der Vertreter der öffentlich-rechtlichen Körperschaft im Verwaltungsrat[222] (und in der Kontrollstelle) muss in den Statuten vorgesehen sein; wird die auf Art. 926 OR beruhende statutarische Bestimmung erst später eingeführt, muss der diesbezügliche Generalversammlungsbeschluss mit der in Art. 888 Abs. 2 OR vorgesehenen Mehrheit gefasst werden[223]. Art. 926 OR gesteht zwar der Körperschaft eine mehrstimmige Vertretung zu, indem mehrere Vertreter über je eine Stimme verfügen können; er erlaubt jedoch nicht, dass solchen Vertretern mehr als je eine Stimme gewährt wird[224]; ihre Zahl sollte nicht über das durch die Bedeutung der Beteiligung der Körperschaft oder durch die der Genossenschaft erwachsenden Vorteile gerechtfertigte Mass hinausgehen[225]. Zudem geht die Lehre im allgemeinen zu Recht davon aus, dass die Bezeichnung der Mehrheit der Mitglieder der Verwaltung durch die Körperschaft gegen den Grundsatz der Gleichbehandlung und gegen die eigentliche Natur der Genossenschaft verstossen würde[226].

Gemäss Art. 926 Abs. 2 OR haben die Vertreter der öffentlich-rechtlichen Körperschaft «die gleichen Rechte und Pflichten wie die von der Genossenschaft gewählten», d.h. von der Generalversammlung gewählten Verwaltungsräte. Bei den in Art. 926 OR angesprochenen Rechten handelt es sich, neben dem Recht zur Teilnahme an den Sitzungen und Beschlüssen der Verwaltung, insbesondere um das Recht auf Auskunft – welches, wie erwähnt[227], den Verwaltungsräten gewährt werden muss – und um das Recht, den Verwaltungsrat einberufen zu lassen.

Das Bundesgericht kam (zu Recht) zum Schluss, Art. 926 OR sei eine Ausnahmebestimmung, welche nicht extensiv ausgelegt werden dürfe und welche insbesondere, im Hinblick auf Art. 879, 854 und 885 OR, nicht erlaube, dass der Körperschaft ein Vetorecht gegen Statutenänderungen gewährt werde[228]. Ebensowenig darf die Körperschaft über mehr als eine Stimme in der Generalversammlung verfügen oder sich

---

221 BERNHEIMER, S. 127 und 129; GELZER, S. 120 ff.
222 Und nur in diesem; denn die Körperschaft darf kaum Direktoren oder andere mit der Geschäftsführung oder Vertretung betraute Organe ernennen; hingegen können die Statuten die Körperschaft ermächtigen, in von der Verwaltung geschaffenen Ausschüssen vertreten zu sein.
223 BÜRGI, ad Art. 762 OR, N. 12; GELZER, S. 51. Contra: Laut VON GREYERZ, VIII/2, § 27, ist Einstimmigkeit erforderlich.
224 BERNHEIMER, S. 127; GELZER, S.102 ff.; KUMMER, S. 60; OEZGÜR, S. 141; SIGG, S. 21.
225 BERNHEIMER, S. 128; GELZER, S. 101; SIGG, S. 211.
226 BERNHEIMER, S. 127; GELZER, S. 93 ff.; KUMMER, S. 60. Zur Aktiengesellschaft, siehe BÜRGI, ad Art. 726 OR, N. 13, wonach eine Mehrheit der Vertreter der Körperschaft zulässig ist.
227 Vorn, III.
228 BGE 67 I, 1941, S. 262.

§ 22 Verwaltung

ohne Mitgliedschaft überhaupt an der Abstimmung beteiligen. Diese Lösung wurde von mehreren Autoren de lege lata oder de lege ferenda in Frage gestellt[229]. Andere schlossen sich dieser Rechtsprechung an und unterstrichen, dass die Körperschaft im Rahmen von Art. 27 ZGB und Art. 20 OR ihre Rechte mittels vertraglicher Abmachungen sichern könne[230]. Es liegt u.E. auf der Hand, dass die Änderung oder Aufhebung der statutarischen Bestimmung, welche gemäss Art. 926 Abs. 1 OR die Beteiligung einer öffentlich-rechtlichen Körperschaft an der Verwaltung oder an der Kontrollstelle vorsieht, dem Veto der betroffenen Körperschaft unterstellt werden darf[231], zumindest solange ihr Interesse an der Genossenschaft fortbesteht. Wenn und insoweit Art. 926 Abs. 1 OR von Art. 879, 854 und 885 OR abweicht, schafft ein solches Veto keine Ungleichbehandlung, sondern garantiert lediglich die Beachtung einer tatsächlichen Ungleichheit. Hingegen besteht kein Anlass, der Körperschaft den einseitige Einspruch gegen andere Statutenänderungen zu gewähren; eine Genossenschaft verlöre im Gegenteil ihren Charakter, wenn der Staat, als Mitglied oder Nichtmitglied, ihre Organisation und Struktur durch ein allgemeines Vetorecht blockieren könnte.

Aufgrund von Art. 926 Abs. 3 OR, welcher von Art. 890 Abs. 1 OR abweicht, können die von der interessierten Körperschaft abgeordneten Vertreter nur von dieser selbst abberufen werden. Es fragt sich, ob diese Vorschrift auch die Anwendung von Art. 890 Abs. 2 OR ausschliesst und ob die Genossenschaft selber aus wichtigen Gründen die Abberufung ihrer Verwaltungsräte erreichen kann. Für die Aktiengesellschaft geht die Lehre, gestützt auf einen alten Bundesgerichtsentscheid[232], im allgemeinen davon aus, dass die Gesellschaft tatsächlich die Vertreter der öffentlich-rechtlichen Körperschaft aus wichtigen Gründen abberufen lassen kann[233]. Dieser Ansicht kann u. E. nur gefolgt werden, wenn der Begriff der wichtigen Gründe sehr restriktiv, im Sinne von Art. 890 Abs. 2 OR, ausgelegt wird[234]. Dieser Artikel gilt u. E. auch für die Delegierten der Körperschaft (wie auch für die selbsternannten Verwaltungsräte der Genossenschaften gemäss Art. 893 OR)[235], obgleich Art. 890

---

229 BERNHEIMER, S. 133 ff.; GELZER, S. 15–85; GERWIG, SV, S. 190 ff.; GUTZWILLER, ad Art. 926 OR, N. 32 ff. und 56 ff.; HENSEL, S. 57; KUMMER, S. 60 ff.; F. VON STEIGER, S. 84 und 114; WENNINGER, S. 149 ff.; WITSCHI, S. 22 ff.
230 OEZGÜR, S. 142; SIGG, S. 220 ff. Diese Frage wurde vom Bundesgericht im vorn, in Anm. 228 zit. Entscheid offengelassen.
231 Ein vergleichbares Ergebnis kann dadurch erreicht werden, dass für eine Änderung dieser Bestimmung Einstimmigkeit verlangt wird. Laut DÉNÉRÉAZ, (Anm. 220), S. 50a; GELZER, S. 91 ff., und STOFFEL, S. 143 ff., hat die Körperschaft ein absolut wohlerworbenes Recht auf Beibehaltung dieser Bestimmung.
232 BGE 59 II, 1933, S. 264.
233 Siehe BÜRGI, ad Art. 726 OR, N. 17; STOFFEL, S. 293 ff.
234 Siehe vorn, II. Die wichtigen Gründe des Art. 890 Abs. 2 OR decken sich insbesondere nicht mit denjenigen, welche die Generalversammlung einer Aktiengesellschaft aufgrund von Art. 709 OR geltend machen kann, um die Wahl des Vertreters einer Aktionärsgruppe zu verweigern.
235 Gleicher Ansicht GELZER, S. 110 ff.

Abs. 2 OR nach seinem Wortlaut (welcher sich auf Art. 890 Abs. 1 OR bezieht), nur für von der Generalversammlung gewählte Organe gilt; Art. 926 Abs. 3 OR will nicht das Abberufungsrecht des Richters, sondern dasjenige der Generalversammlung ausschliessen.

Der zweite Satz des Art. 926 Abs. 3 OR, wonach die Körperschaft «gegenüber der Genossenschaft, den Genossenschaftern und den Gläubigern für diese Mitglieder» haftet, ist nicht besonders klar. Wie vorn erwähnt, ist die Körperschaft selber Mitglied der Verwaltung. Wenn somit die Vertreter der Körperschaft ihre Pflichten (welche sich aufgrund von Art. 926 Abs. 2 OR mit denjenigen der übrigen Mitglieder der Verwaltung decken) verletzen und der Genossenschaft, den Genossenschaftern oder den Gläubigern einen Schaden verursachen, müssen sich die Klagen gemäss Art. 916 und 917 OR gegen die öffentlich-rechtliche Körperschaft selber richten. Im Gegensatz zu den Verwaltungsräten gemäss Art. 894 Abs. 2 OR haften die Vertreter der Körperschaft gegenüber der Genossenschaft, den Genossenschaftern und den Gläubigern nicht persönlich[236]. Als Mitglied der Verwaltung haftet die öffentlich-rechtliche Körperschaft für den von ihren Vertretern verursachten Schaden genau gleich wie die übrigen Mitglieder der Verwaltung und allenfalls solidarisch mit diesen (Art. 918 OR); selbstverständlich kann sie sich nicht mit dem Nachweis entlasten, sie habe die Vertreter richtig gewählt, instruiert und überwacht[237]. Begeht der Vertreter eine unerlaubte Handlung und verursacht er in der Ausübung seiner geschäftlichen Verrichtungen einen Schaden, kann das Opfer von der Genossenschaft Schadenersatz verlangen (Art. 899 Abs. 3 OR); diese greift jedoch nicht auf ihren Verwaltungsrat, sondern auf die öffentlich-rechtliche Körperschaft zurück.

---

236 Hingegen bleibt, gemäss Art. 926 Abs. 3 OR, in fine, der Rückgriff auf ihre Vertreter vorbehalten; siehe dazu STOFFEL, S. 279 ff.
237 Laut BERNHEIMER, S. 129, ist die Haftung der Körperschaft mit derjenigen des Arbeitgebers gemäss Art. 101 OR vergleichbar; vielleicht sollte man sich eher auf Art. 55 ZGB berufen.

§ 23 Kontrollstelle

Literatur

K. U. BLICKENSTORFER, Die genossenschaftsrechtliche Verantwortlichkeit, Zürich 1987, S. 188 ff.; CAPITAINE, SJK Nr. 1159, S. 7 ff.; FORSTMOSER, Grossgenossenschaften, S. 226 ff.; GUTZWILLER, ad Art. 906 ff. OR; HENGGELER, S. 136 ff.; H. S. KARPF, Kontrolle und Prüfung der eingetragenen Genossenschaft nach dem schweizerischen Obligationenrecht und nach dem deutschen Genossenschaftsgesetz, Diss. Zürich 1981; G. ROESCHLI, Die Aufgaben der Revisoren unserer Konsumgenossenschaften, 2. Aufl., Basel 1943; VON STEIGER, S. 79 ff.; R. STEUDLER, Le contrôle dans les sociétés coopératives de consommation, La Chaux-de-Fonds 1941.
Siehe zudem zur Kontrollstelle der Aktiengesellschaft: K. BÄTTIG, Die Verantwortlichkeit der Kontrollstelle im Aktienrecht, Diss. St. Gallen 1976; H. BERWEGER, Die Prüfung der Geschäftsführung durch die Kontrollstelle im schweizerischen Aktienrecht, Zürich 1980; BÜRGI, ad Art. 727 ff. OR; VON GREYERZ, VIII/2, § 18; A. HIRSCH, L'organe de contrôle dans la société anonyme, Genf 1965; Schriftenreihe der Schweizerischen Treuhand- und Revisionskammer, Aufgaben und Verantwortlichkeit der Kontrollstelle, Bd. 36 (mit zehn Beiträgen), und Rechtsgrundlagen und Verantwortlichkeit des Abschlussprüfers, Bd. 45 (mit acht Beiträgen).

Auch wenn die Bestimmungen über die (seit 1937 obligatorische) Kontrollstelle der Genossenschaft den Vorschriften in Art. 727–731 OR 1936 sehr nahekommen[238], enthalten Art. 906–910 OR einige interessante Bestimmungen (oder Lücken): die Amtsdauer der Revisoren ist gesetzlich nicht befristet (vgl. Art. 906 Abs. 2 OR und 727 Abs. 4 OR 1936); Unvereinbarkeit der Mandate des Verwaltungsrats und des Revisors ist nicht ausdrücklich vorgesehen (vgl. Art. 727 Abs. 2 OR 1936); die Kontrollstelle der Genossenschaft muss offenbar die Geschäftsführung prüfen (Art. 906 Abs. 1 OR); Grossgenossenschaften sind nicht verpflichtet, ihre Rechnung externen Sachverständigen vorzulegen (vgl. Art. 723 OR 1936)[239]; schliesslich können Aufgaben der Verwaltung der Kontrollstelle übertragen werden (vgl. Art. 731 Abs. 1, 2. Satz, OR 1936).

I. Wahl und Zusammensetzung der Kontrollstelle

Jede Genossenschaft muss, gemäss ihren Statuten (Art. 832 Ziff. 4 OR), einen oder mehrere Revisoren wählen (Art. 906 OR); sie kann zudem Ersatzleute bezeichnen, welche diese bei deren Ausfallen während der Amtsdauer ersetzen (Art. 906

---

238 Siehe dazu die vorn erwähnte Literatur.
239 Diese Lücke wird im allgemeinen bedauert; siehe insbes. FORSTMOSER, Grossgenossenschaften, S. 227, und C. TERRIER, La comptabilité des sociétés coopératives, Zürich 1983, S. 158. Selbstverständlich *darf* die Genossenschaft externe Sachverständige beiziehen.

Abs. 2 OR)[240]. Revisoren und Ersatzleute werden von der Generalversammlung gewählt (Art. 906 Abs. 2 und 879 Abs. 2 Ziff. 2 OR), unter Vorbehalt der gesetzlich vorgesehenen Ausnahmen in Art. 880 OR (Urabstimmung), Art. 892 und 922 OR (Befugnisse der Delegiertenversammlung), Art. 893 OR (Wahl durch den Verwaltungsrat) und Art. 926 OR (Abordnung durch eine öffentlich-rechtliche Körperschaft). Hat eine Genossenschaft keine Revisoren oder keine Revisoren mehr, so kann ein Mitglied oder ein Gläubiger aufgrund von Art. 831 Abs. 2 OR theoretisch die Auflösung der Genossenschaft verlangen[241].

Das Mandat der Revisoren muss mindestens ein Jahr dauern (Art. 906 Abs. 2 OR). Wie erwähnt sieht das Gesetz keine Höchstdauer vor, und die analoge Anwendung des Art. 727 Abs. 4 OR 1936, welcher eine Dauer von drei Jahren vorsieht, erscheint weder gerechtfertigt noch gefordert. Unter Vorbehalt anderslautender statutarischer Bestimmungen sind Revisoren somit unbegrenzt wiederwählbar.

Im Gegensatz zu den Mitgliedern der Verwaltung unterstehen die Revisoren weder Voraussetzungen bezüglich Staatsangehörigkeit oder Wohnsitz, noch müssen sie Mitglieder sein (Art. 906 Abs. 3 OR). Ausserdem kann die Rechnungsrevision durch natürliche oder juristische Personen[242] oder auch durch «Behörden» (Art. 906 Abs. 4 OR) durchgeführt werden; zum letzteren Fall bemerkt die Botschaft, dass die Kontrolle durch eine Behörde «bei unter Mitwirkung von Behörden verwalteten Sparkassen» von praktischer Bedeutung ist[243]. Bezüglich der Frage, ob die Revisoren einer Genossenschaft, trotz des diesbezüglichen Schweigens des Gesetzes, wie diejenigen der Aktiengesellschaft (Art. 727 Abs. 2 OR 1936) nicht gleichzeitig Verwaltungsräte oder Angestellte der Gesellschaft sein dürfen, ist die Lehre geteilter Meinung[244]. Auch wenn die Ämterkumulation von Verwaltungsrat und Revisor nicht wünschbar ist, hat der Gesetzgeber sie möglicherweise absichtlich nicht untersagt; ebensowenig verbietet er den Revisoren die Übernahme von Verwaltungsaufgaben. Zwar sind eine statutarische Bestimmung und ein Generalversammlungsbeschluss, welche alle Aufgaben der Kontrollstelle der Verwaltung übertragen oder jene einzig oder mehrheitlich aus Verwaltungsräten bestellen, u.E. null und nichtig; dies wäre mit der Struktur der Genossenschaft unvereinbar und widerspräche völlig den Be-

---

240 Zu den Ersatzleuten, siehe insbes. HIRSCH, S. 62 ff.
241 Siehe Zehntes Kapitel, § 29.
242 Handelt es sich bei der Kontrollstelle um eine juristische Person, so haften nicht deren Organe oder Hilfspersonen, sondern sie selbst gemäss Art. 916 ff. OR; siehe BLICKENSTORFER, S. 191.
243 BBl 1928 I, S. 300.
244 Für Unvereinbarkeit: beispielsweise P. BELSER, Versicherungsgenossenschaft, Diss. Zürich 1975, S. 118 ff.; CAPITAINE, SJK Nr. 1159, S. 7; HENGGELER, S. 120 ff.; J. JAEGGI, Die Haftung der Verwaltung und der Kontrollorgane gegenüber der Genossenschaft, den Genossenschaftern und Gläubigern, Diss. Basel 1955, S. 3; VON STEIGER, S. 52; H. WOLFER, Die Genossenschaftsverwaltung nach schweizerischem Recht, Diss. Basel 1947, S. 41 ff. Contra: FORSTMOSER, S. T., N. 298, und Grossgenossenschaften, S. 27; GUTZWILLER, ad Art. 906 OR, N. 16; KARPF, S. 128 ff.; TERRIER, (Anm. 239), S. 156.

weggründen (Schutz der Mitglieder und Gläubiger) für gesetzlich vorgeschriebene Revisoren. Hingegen ist es u.E. de lege lata zulässig, dass zu einer aus mehreren Revisoren bestehenden Kontrollstelle auch ein Verwaltungsrat gehört[245].

Das Gesetz verlangt von den Revisoren keine besonderen Befähigungen[246]; selbstverständlich können die Statuten diese Lücke füllen[247]. Wer das Amt des Revisors ohne der Grösse und den Tätigkeiten der Gesellschaft angemessene Befähigung übernimmt, haftet selbst. Ein offensichtlich unfähiger (oder fahrlässiger) Revisor kann nötigenfalls, gemäss Art. 890 Abs. 2 OR, auf Antrag von wenigstens einem Zehntel der Mitglieder vom Richter abberufen werden[248].

Wie die Verwaltungsräte sind auch die Revisoren durch einen Vertrag sui generis mit ihrer Gesellschaft verbunden; es handelt sich um einen auftragsähnlichen Vertrag, dessen Inhalt durch Art. 907–909 OR und allenfalls ergänzend durch die Statuten oder durch einen Generalversammlungsbeschluss gegeben ist. Ebenfalls wie für Verwaltungsräte endet dieser Auftrag (grundsätzlich[249]) zum vorgesehenen Zeitpunkt, durch die in Art. 405 OR vorgesehenen Umstände, durch Rücktritt (welcher jederzeit, aber unter Umständen mit Haftung erfolgen kann), durch Abberufung (Art. 890 und 926 Abs. 3 OR) oder auch durch Löschung der Genossenschaft im Handelsregister[250].

Die Haftung der Revisoren (oder der sie abordnenden öffentlich-rechtlichen Körperschaft) ist in Art. 916 ff. OR[251], für Kreditgenossenschaften und konzessionierte Versicherungsgenossenschaften in Art. 754 ff. OR (Art. 920 OR) geordnet. Diese Bestimmungen schliessen nicht aus, dass Personen, welche nicht oder nicht mehr gültig mit der Prüfung beauftragt sind, faktisch aber das Revisorenamt ausüben, aufgrund der erwähnten Vorschriften für den Schaden haften, welchen sie der Genossenschaft, ihren Mitgliedern oder ihren Gläubigern verursacht haben[252].

---

245 Siehe GUTZWILLER, ad Art. 906 OR, N. 16.
246 Das gleiche galt für die Aktiengesellschaft; gemäss dem neuen Recht (Art. 727a OR) «müssen (sie) befähigt sein, ihre Aufgaben bei der zu prüfenden Gesellschaft zu erfüllen».
247 Die Tatsache, dass statutarisch vorausgesetzte Fähigkeiten einzelne Mitglieder oder deren Mehrzahl an der Übernahme dieses Amtes verhindern, bedeutet selbstverständlich keine Verletzung des Grundsatzes der Gleichbehandlung.
248 Zu diesem Verfahren, siehe vorn, § 22, II.
249 In BGE 86 II, 1960, S. 171 kam das Bundesgericht zum Schluss, die Amtsdauer der Kontrollstelle könne nicht abgelaufen sein, solange sie die Rechnungsprüfung nicht vorgenommen habe.
250 Zur Stellung der Revisoren zwischen Auflösung und Löschung, siehe insbes. HIRSCH, S. 68 ff.
251 Siehe hinten, Neuntes Kapitel.
252 FORSTMOSER, Die aktienrechtliche Verantwortlichkeit, 2. Aufl., Zürich 1987, S. 253. (Offenbar) contra: BLICKENSTORFER, S. 188 ff. Das Bundesgericht liess diese Frage in BGE 112 II, 1986, S. 349, offen.

II. Kompetenzen und Pflichten der Kontrollstelle

1. Prüfung der Betriebsrechnung

Der Wortlaut des Art. 907 Abs. 1, 1. Satz, OR entspricht demjenigen des Art. 728 Abs. 1 OR 1936; demnach decken sich die wichtigsten Aufgaben der Revisoren einer Genossenschaft mit denjenigen der Kontrollstelle einer Aktiengesellschaft. Die Buchführung der Genossenschaften (unter Ausschluss von Kreditgenossenschaften und konzessionierten Versicherungsgenossenschaften) untersteht zwar nicht Art. 662a ff. OR, sondern nur Art. 957–961 OR (Art. 858 OR). Diese Bestimmungen unterscheiden sich aber, wie erwähnt[253], nur unwesentlich voneinander, und die vom Bundesgericht im Laufe der Jahre zu Sorgfaltspflicht und Umfang der Aufgabe der Revisoren von Aktiengesellschaften entwickelten Grundsätze gelten im allgemeinen auch für die Genossenschaft. Nachdem das Bundesgericht vorerst davon ausgegangen war, die Revisoren hätten lediglich eine formelle, rein kalkulatorische Prüfung von Bilanz und Rechnung vorzunehmen[254], forderte es später die Gewährleistung der Befolgung der Buchungsvorschriften für die Einrichtungen und ihre Amortisation[255], die Prüfung der Bewertung der Warenlager[256] und die detaillierte Prüfung der Bilanzposten, einschliesslich der Beteiligung an weiteren Gesellschaften (auch wenn diese ihrerseits geprüft werden)[257]. Dazu kommt in Genossenschaften die Pflicht, die korrekte Führung eines allfälligen Verzeichnisses der Genossenschafter (Art. 835 Abs. 4 OR) durch die Verwaltung (Art. 902 Abs. 3 OR) und die rechtzeitige Vornahme der vorgeschriebenen Mitteilungen an das Handelsregister (Art. 877 Abs. 1 OR) zu prüfen[258].

Art. 728 Abs. 2 OR 1936 und Art. 907 Abs. 2 OR lauten praktisch gleich. Die Verwaltung der Genossenschaft hat mit den Revisoren zusammenzuarbeiten, damit diese ihren Auftrag erfüllen können. Die Zusammenarbeit erfolgt teilweise automatisch (Vorlage der Bücher und Belege), teilweise auf Verlangen (bezüglich des Inventars und bestimmter Angelegenheiten, beispielsweise Streitfällen oder besonderen Verpflichtungen); in diesem Zusammenhang wurde schon erwähnt[259], dass die Verwaltung nach dem Wortlaut des Gesetzes nicht verpflichtet ist, die Revisoren über die Bildung und Auflösung stiller Reserven zu unterrichten (vgl. Art. 669

---

253 Vorn, Drittes Kapitel, § 11.
254 BGE 65 II, 1939, S. 2. HEINI, S. 208, scheint davon auszugehen, dass die Kontrollstelle keine anderen Pflichten hat.
255 BGE vom 31. Januar 1945, JT 1945 I, S. 244.
256 BGE 93 II, 1967, S. 22.
257 BGE vom 11. November 1975, Der Schweizer Treuhänder 1976, S. 28.
258 BLICKENSTORFER, S. 194.
259 Vorn, Drittes Kapitel, § 11.

Abs. 4 OR), dass aber der Verwaltungsrat auf Verlangen der Kontrollstelle darüber
Auskunft zu geben hat.

2. Prüfung der Geschäftsführung?

Gemäss dem eindeutigen Wortlaut des Art. 906 Abs. 1 OR müssen die Revisoren die
Geschäftsführung der Genossenschaft prüfen. Verschiedene Autoren haben neuerdings die Meinung vertreten, dieser Text verlange tatsächlich von der Kontrollstelle,
dass sie sich mit der Geschäftstätigkeit der Verwaltung befasse[260]. Dieser Ansicht
kann man sich insbesondere im Hinblick darauf anschliessen[261], dass Verwaltungsräte von Genossenschaften bisweilen mit den Geschäften wenig vertraut sind, und
dass deshalb der Gesetzgeber eine gewisse Prüfung ihrer Aktivitäten als angebracht
erachtete. Die herkömmliche herrschende Lehre geht jedoch davon aus, dass die
Erwähnung der «Geschäftsführung» in Art. 906 OR auf einen Redaktionsfehler
zurückzuführen ist[262]. Die zweite Ansicht ist u.E. aus verschiedenen Gründen berechtigter. Erstens hätte die Absicht, eine Prüfung der Geschäftsführung einzuführen, im
Rahmen der Gesetzgebungsarbeiten sicherlich zu Diskussionen und Meinungsverschiedenheiten geführt; zweitens wäre es widersprüchlich, dass die Kontrollstelle
Verwaltungsaufgaben übernehmen und auch deren korrekte Ausführung prüfen
müsste; drittens und vor allem deckt sich der Wortlaut des Art. 908 Abs. 3 OR
praktisch mit demjenigen des Art. 729 Abs. 3 OR 1936, was eindeutig beweist, dass
Art und Umfang des Eingriffs der Revisoren in die Rechnung im Bereich der
Geschäftsführung denjenigen in der Aktiengesellschaft entsprechen.

3. Weitere Aufgaben

Wie erwähnt erlaubt Art. 910 Abs. 1 OR nicht nur die Ergänzung der Organisation und die Erweiterung der Befugnisse der Kontrollstelle[263], sondern er ermächtigt stillschweigend (vgl. Art. 731 Abs. 1, in fine, OR 1936) auch die Statuten
oder die Generalversammlung, die Revisoren mit «Aufgaben der Verwaltung» zu
betrauen; es handelt sich dabei beispielsweise um die Vorbereitung der Bilanz oder

---

260 Insbesondere A. HUNZIKER, Über die Prüfung der Geschäftsführung durch die Kontrollstelle, in:
    Revision et conseil d'entreprise, Zürich 1975, S. 144 ff., und KARPF, S. 150 ff.
261 Das Bundesgericht nahm im übrigen kritiklos auf diese Prüfung der Geschäftsführung Bezug in BGE
    100 Ib, 1974, S. 137.
262 BLICKENSTORFER, S. 194 ff.; CAPITAINE, SJK Nr. 1159, S. 7; FORSTMOSER, Grossgenossenschaften,
    S. 291; HENGGELER, S. 139; JAEGGI (Anm. 244), S. 32 ff.; F. VON STEIGER, Sind die Aufgaben der
    Kontrollstelle bei der Genossenschaft umfassender als bei der Aktiengesellschaft?, SAG 1940–1941,
    S. 65.
263 Zur Erweiterung des gesetzlichen Auftrages der Revisoren, siehe insbes. BÜRGI, ad Art. 731 OR,
    N. 4 ff., und HIRSCH, S. 116 ff.

die Unterstützung der Verwaltung bei deren Erstellung[264], die Genehmigung wichtiger Verträge oder das Fassen von Beschlüssen, welche ein Mitglied oder mehrere Mitglieder der Verwaltung in einen Interessenkonflikt versetzen[265]. Zudem verstösst es nicht gegen Art. 910 Abs. 1 OR, wenn die Verwaltung, im Namen der Gesellschaft, der Kontrollstelle besondere Aufträge (interne Rechnungsprüfung usw.) überträgt[266]. In solchen Fällen untersteht die Haftung der Revisoren nicht Art. 916 ff. OR, sondern ausschliesslich Art. 394 ff. OR[267]; das gleiche gilt im übrigen auch für die Haftung von Revisionsverbänden oder besonderen Revisoren, welchen die Statuten oder die Generalversammlung gemäss Art. 910 Abs. 2 OR die periodische Revision der Geschäftsprüfung übertragen können[268].

4. Schriftlicher Bericht und Teilnahme an der Generalversammlung

Der obligatorische schriftliche Bericht der Revisoren (Art. 908 Abs. 1 OR) unterscheidet sich nicht wesentlich von demjenigen, welchen das Aktienrecht fordert (Art. 729 Abs. 1 OR 1936), mit dem Vorbehalt, dass im Hinblick auf Art. 859 Abs. 1 OR nicht unbedingt Vorschläge über die «Gewinnverteilung» gemacht werden. Im übrigen müssen die Revisoren, auch wenn das Gesetz dies nicht weiter ausführt, Anträge bezüglich der Genehmigung der Bilanz, mit oder ohne Vorbehalt, oder ihrer Rückweisung an die Verwaltung stellen; der Bericht (oder sein Anhang[269]) muss gegebenenfalls (schwerwiegende) Mängel aufzeigen, welche die Revisoren in Erfüllung ihres Auftrages feststellen konnten (Art. 908 Abs. 3, in fine, OR)[270]. Die folgerichtige Sanktion eines fehlenden Revisionsberichtes ist Nichtigkeit der Beschlüsse der Generalversammlung bezüglich Bilanz und Verwendung des Reingewinns[271]; dies ergibt sich sowohl aus dem Wortlaut des Art. 908 Abs. 2 OR als auch aus dem Auftrag der Kontrollstelle, die Gläubiger zu schützen. Es ist allerdings bedeutungslos[272], ob die Beschlüsse der Generalversammlung nichtig oder anfecht-

---

264 BLICKENSTORFER, S. 196
265 VON STEIGER, S. 79 ff. Allerdings bestreitet HENGGELER, S. 142, die Rechtmässigkeit der Zuweisung von der Verwaltung zukommenden Aufgaben an die Kontrollstelle.
266 HIRSCH, S. 117 ff.
267 BGE 112 II, 1986, S. 258. Erfüllt hingegen die Kontrollstelle Aufgaben, welche normalerweise der Verwaltung zufallen, muss ihre Haftung unter dem Blickwinkel von Art. 916 ff. OR geprüft werden; siehe BLICKENSTORFER, S. 196.
268 BLICKENSTORFER, S. 192.
269 HIRSCH, S. 174.
270 Die Kontrollstelle kann u.E. auch den diskreteren Weg der mündlichen Mitteilung an die Generalversammlung wählen.
271 Siehe HIRSCH, S. 163, mit Zit. in Anm. 15, und, zum neuen Aktienrecht, Art. 729c Abs. 2 OR.
272 Unter Vorbehalt der Möglichkeit, dass die Gesellschaft die den Mitgliedern als Zinsen auf die Anteile oder als Rückerstattung ausgerichteten Beträge durch Klage auf ungerechtfertigte Bereicherung zurückfordern kann.

bar sind, da die Verwaltung (falls sie das Fehlen des Berichtes verursacht hat) oder die Revisoren (falls sie dessen Erstellung unterlassen haben) für aus ihrer Fahrlässigkeit entstandenen Schaden haften.

Die Revisoren müssen an der ordentlichen Generalversammlung teilnehmen (Art. 908 Abs. 4 OR). Diese Bestimmung geht über eine Ordnungsvorschrift hinaus, da die Kontrollstelle in der Generalversammlung eine Rolle zu spielen hat, indem sie dort, gemäss Art. 857 OR[273], den Mitgliedern die zusätzlichen Auskünfte erteilen kann oder muss, welche sie ihnen, gemäss Art. 909 OR (identisch mit Art. 730 OR 1936)[274] nicht persönlich, ausserhalb der Generalversammlung, vermitteln darf. Die Abwesenheit der Revisoren an der Generalversammlung erlaubt denjenigen Mitgliedern, welche dagegen Einspruch erhoben haben, die Anfechtung der Generalversammlungsbeschlüsse[275].

5. Einberufung der Generalversammlung

Wie in der Aktiengesellschaft (Art. 699 Abs. 1 OR) können und müssen die Revisoren «nötigenfalls» die Generalversammlung einberufen (Art. 881 Abs. 1 OR). Zur Einberufung verpflichtet sind sie insbesondere, wenn die Verwaltung ihrer Pflicht zur Einberufung der ordentlichen Generalversammlung im Laufe des Geschäftsjahrs nicht nachkommt oder nicht nachkommen kann, oder wenn sie die Einberufung der Generalversammlung gemäss Art. 903 Abs. 3 OR unterlässt. Die Revisoren müssen zudem eine ausserordentliche Generalversammlung einberufen, wenn die Genossenschaft offenbar oder offensichtlich überschuldet ist und die Verwaltung die Erstellung einer Zwischenbilanz oder die Benachrichtigung des Richters[276] (oder auch die Einforderung von Nachschüssen) verweigert oder unterlässt. Wird die Generalversammlung durch die Kontrollstelle einberufen, so stellt diese grundsätzlich die Tagesordnung auf, leitet die Versammlung und sorgt für die Erstellung des Protokolls; allerdings kann auch ohne weiteres die Verwaltung die beiden letzteren Aufgaben jedenfalls dann übernehmen, wenn sie die Notwendigkeit der Versammlung anerkennt.

---

273 Siehe Fünftes Kapitel, § 16.
274 Zu diesen Bestimmungen, siehe BÜRGI, ad Art. 730 OR; HIRSCH, S. 98 ff.; GUTZWILLER, ad Art. 909 OR.
275 Siehe HIRSCH, S. 175 ff., und Art. 729c Abs. 2 und 3 OR. Die von CAPITAINE, SJK Nr. 1159, S. 8, vorgeschlagene Sanktion der Nichtigkeit ist wohl unzulässig.
276 Siehe insbes. CH. VON GREYERZ, Prüfung, Berichterstattung und Vorgehen bei Kapitalverlust und Überschuldung, in: Aufgaben und Verantwortlichkeit der Kontrollstelle, Zürich 1979, S. 9 ff.

Achtes Kapitel

Genossenschaftsverbände

§ 24 Begriff und Bildung des Verbandes

Literatur

BERNHEIMER, S. 175 ff.; C. H. BRUGGMANN, Zum Problem des Genossenschaftsverbands, Diss. Basel 1952; M. BÜTIKOFER, Genossenschaftsverbände nach dem schweizerischen Obligationenrecht, Diss. Bern 1945; CAPITAINE, SJK Nr.1163; GERWIG, GR, S. 153 ff.; H. G. GIGER, Die Mitwirkung privater Verbände bei der Durchführung öffentlicher Aufgaben, Diss. Bern 1951; P. GLOOR, Recht und Berechtigung der Delegiertenversammlung in der Genossenschaft, Diss. Basel 1949; GUTZWILLER, ad Art. 921–925 OR; E. HENSEL, Das Generalversammlungsrecht der Genossenschaft nach dem neuen schweizerischen Obligationenrecht, Diss. Zürich 1942, S. 189 ff.; H. KAUFMANN, Die öffentlichrechtlichen Aufgaben des Zentralverbandes Schweiz. Milchproduzenten (ZVSM), Diss. Freiburg i. Ue. 1971; KUMMER, S. 42 ff., und Das oberste Organ des Genossenschaftsverbandes (zit. «Das oberste Organ»), in: Berner Festgabe zum schweizerischen Juristentag 1979, Bern 1979, S. 265; H. LÖFFEL, Die Entstehung, Entwicklung und Funktion der Verbände landwirtschaftlicher Bezugs- und Absatz-Genossenschaften in der Schweiz unter besonderer Berücksichtigung des Verbandes ostschweizerischer landwirtschaftlicher Genossenschaften, Diss. Bern 1939; E. F. SCHMID, Genossenschaftsverbände, Zürich 1979; K. SEILER, Verbände nach schweizerischem Vereins- und Genossenschaftsrecht, Diss. Zürich 1937; L. SIGG, Das oberste Organ in der Genossenschaft, Diss. Zürich 1954; VON STEIGER, S. 173 ff.; H. P. WEBER-DÜRLER, Gesellschaftsversammlung, Urabstimmung und Delegiertenversammlung, Diss. Zürich 1973; H. WENNINGER, Das Stimmrecht des Genossenschafters nach dem revidierten schweizerischen Obligationenrecht, Diss. Zürich 1943.

I. Definition

Gemäss dem Wortlaut der Art. 921–925 OR besteht der Genossenschaftsverband *ausschliesslich* aus anderen Genossenschaften, den sogenannten «angeschlossenen Genossenschaften»; dies entspricht der herkömmlichen Definition des Verbandes[1]. Später kam die überwiegende Lehre jedoch zum Schluss, dass die Art. 921–925 OR auch für Genossenschaften gelten, deren Mitglieder *mehrheitlich* Genossenschaften

---

1 BRUGGMANN, S. 188 ff.; BÜTIKOFER, S. 10; CAPITAINE, SJK Nr. 1163, S. 1; GLOOR, S. 128; GUTZWILLER, ad Art. 921 OR, N. 6 ff.; KUMMER, S. 13 ff., und Das oberste Organ, S. 265; WENNINGER, S. 147. Zu weiteren, ausführlicheren Zit., siehe SCHMID, S. 27 ff.

sind[2]. Diese Sicht wird teilweise von den Materialien untermauert[3] und bringt Recht und Praxis zur Deckung, da ausschliesslich aus Genossenschaften zusammengesetzte Verbände selten sind. Es ist faktisch sinnvoll, dass ein Verband andere Mitglieder, beispielsweise natürliche Personen, welche keiner angeschlossenen Genossenschaft beitreten können, oder auch juristische Personen (Vereine) oder Handelsgesellschaften aufnehmen kann, ohne dadurch seinen besonderen Charakter zu verlieren.

Es fragt sich aber, ob eine Genossenschaft, welche mehrheitlich oder sogar ausschliesslich aus anderen, Art. 828 ff. OR unterstellten Gesellschaften besteht, notwendigerweise ein Verband ist, d.h. ob sich der Verband einzig durch die Zusammensetzung seiner Mitgliedschaft definiert. Es fragt sich zudem, ob sich Verbände gemäss Art. 921 ff. OR von den in Art. 880 und 892 OR erwähnten Genossenschaften unterscheiden, bei denen «die Mehrheit der Mitglieder aus Genossenschaften besteht». Laut BERNHEIMER weist der echte Verband jedoch eine eigene Struktur und Besonderheiten auf, welche ihn von anderen Genossenschaften unterscheiden, und der Verbandszweck und der Zweck der Mitgliedgenossenschaften müssen sich ganz oder nahezu decken; in diesem Sinne ist, laut diesem Autor, eine aus mehreren Konsumgenossenschaften bestehende Kreditgenossenschaft kein Verband[4].

Der typische Verband ist nicht nur eine gemeinsame Tochtergesellschaft, sondern eine Dachgesellschaft, welche nicht nur im gleichen wirtschaftlichen Bereich tätig ist wie ihre Mitglieder, sondern innerhalb der von ihr «beherrschten» Gruppe noch Koordinations-, Überwachungs- und andere Aufgaben erfüllt (siehe Art. 924 OR). Zudem gilt die Delegiertenversammlung als oberstes Organ der Verbände (Art. 922 Abs. 1 OR), wohingegen eine solche von Genossenschaften gemäss Art. 892 OR ausdrücklich eingeführt werden muss; dies weist darauf hin, dass der Gesetzgeber diese zwei Arten von Gesellschaften auseinanderhalten wollte. Andernfalls wäre die Erwähnung der mehrheitlich aus Genossenschaften bestehenden Genossenschaften in Art. 880 und 892 OR überflüssig.

Wie auch immer man diese Argumente gewichten will, erscheint die von BERNHEIMER vorgeschlagene Unterscheidung weder nötig noch wünschbar. Erstens drängt sie sich aufgrund der historischen Auslegung der betreffenden Bestimmungen nicht auf[5]. Zweitens kann der Begriff des Verbandes nicht ohne weiteres genau definiert werden. Drittens besteht vor allem kein überzeugender Grund, den in Art. 892 OR beschriebenen Genossenschaften die in Art. 921 ff. OR vorgesehene

---

2 Dieser Ansicht sind insbesondere BERNHEIMER, S. 176; K. U. BLICKENSTORFER, Die genossenschaftliche Verantwortlichkeit, Diss. Zürich 1987, S. 110; GERWIG, GR, S. 154; HENSEL, S. 191 ff.; SCHMID, S. 33; SIGG, S. 177 ff.; VON STEIGER, S. 174.
3 Siehe SCHMID, S. 29 ff.
4 S. 175; siehe auch BRUGGMANN, S. 20 ff., und BÜTIKOFER, S. 17.
5 Siehe dazu SIGG, S. 181 ff., welcher aufgrund der Materialien zum Schluss kommt, der Satz «Genossenschaften...., bei denen die Mehrheit der Mitglieder aus Genossenschaften besteht» (Art. 880 und 892 OR), stelle die gesetzliche Definition des Verbandes dar.

Organisationsform abzusprechen, insoweit eine solche Organisation für sie von praktischem Interesse ist[6]; die Anwendung des Art. 921 OR (welcher von Art. 831 Abs. 1 OR abweicht) oder des Art. 923 OR (welcher die Abweichung von Art. 894 OR erlaubt) ist sowohl für die von einigen Genossenschaften für einen besonderen Zweck gegründete Tochtergesellschaft als auch für einen eigentlichen Verband gerechtfertigt. Somit sollte u.E. jede Genossenschaft, deren Mitglieder mehrheitlich Genossenschaften sind, als Verband betrachtet und behandelt werden[7]. Hingegen verbietet der eindeutige Wortlaut des Gesetzes, die Art. 921 ff. OR sowie Art. 880 und 892 OR auf Genossenschaften anzuwenden, welche mehrheitlich aus Vereinen oder Genossenschaften und Vereinen bestehen; dies ist bedauerlich, wenn man bedenkt, wie ähnlich diese beiden Arten von Körperschaften in Praxis und Rechtsprechung behandelt werden.

Die Mitgliedgenossenschaften eines Verbandes können ihrerseits Verbände sein; recht häufig schliessen sich beispielsweise regionale Verbände zu einem nationalen Verband zusammen. Auch wenn dies unüblich ist, können theoretisch die Mitgliedgenossenschaften der regionalen Verbände ebenfalls dem nationalen Verband angeschlossen sein. Dies ist selbstverständlich für andere Verbände nicht möglich (deren Mitglieder sich aus natürlichen Personen zusammensetzen), da sie dadurch ihren Verbandscharakter verlören[8]. Schliesslich gibt es noch Verbände, deren Mitglieder Sektionen sind, welche keine Rechtspersönlichkeit haben, aber statutarische Organe der betreffenden Verbände sind[9].

Der Abschnitt des OR über die Genossenschaftsverbände wurde auf Begehren von Landwirtschaftskreisen in das Gesetz aufgenommen; in diesem Bereich (Viehzucht, Weinbau usw.) sind denn auch Verbände am häufigsten anzutreffen. Eine bedeutende Rolle spielen sie jedoch auch im Rahmen der Konsumgenossenschaften, Raiffeisenbanken und Bürgschaftsgenossenschaften, und sie sind auch im Versicherungs-und Bauwesen anzutreffen[10].

---

6 Beispielsweise wird die von BERNHEIMER erwähnte Kreditgenossenschaft diese Gesellschaft kaum ermächtigen, die Tätigkeiten der Mitgliedgenossenschaften zu beaufsichtigen oder deren Generalversammlungsbeschlüsse anzufechten (Art. 924 OR).
7 Dies entspricht der Ansicht von SCHMID, S. 47, und SIGG, siehe vorn, Anm. 5.
8 Siehe dazu SCHMID, S. 135.
9 Siehe hinten, II.
10 Zur wirtschaftlichen Bedeutung der Verbände, siehe SCHMID, S. 78 ff., wonach mehr als zwei Drittel aller Genossenschaften einem Verband angehören. Zur Ausübung von Tätigkeiten im öffentlichen Interesse durch private Genossenschaften, siehe die Werke von GIGER und KAUFMANN, und GUTZWILLER ad Art. 926 OR, N. 22 ff.; SCHMID, S. 70 ff.

II. Errichtung

Die Errichtung eines Verbandes untersteht den Art. 830 ff. OR[11]. Allerdings weicht Art. 921 OR von Art. 831 Abs. 1 OR ab, indem er die Mindestzahl der an der Errichtung beteiligten Personen von sieben auf drei herabsetzt. Zu den Gründern können ausser Genossenschaften auch andere Personen gehören[12], wobei aber die ersteren zwingend überwiegen und mindestens zu dritt sein müssen. Sinkt die Zahl der angeschlossenen Genossenschaften eines bestehenden Verbandes unter drei, d.h. umfasst dieser als einzige Mitglieder nur noch eine oder zwei Genossenschaften oder zwei Genossenschaften und ein anderes Mitglied, kann ein Mitglied oder ein Gläubiger die in Art. 831 Abs. 2 OR vorgesehene Klage anbringen[13] (deren praktische Bedeutung bekanntlich gering ist). Sind dagegen die Mehrheit der Mitglieder nicht mehr Genossenschaften, so verliert die Genossenschaft ihren Verbandscharakter. Demzufolge muss sie nicht nur mindestens sieben Mitglieder umfassen (da sie sonst mit der in Art. 831 Abs. 2 OR vorgesehenen Klage angefochten werden kann), sondern sie ist vor allem nicht mehr berechtigt, die in Art. 880, 892 und 921–924 OR vorgesehenen Organisationsformen zu verwenden und muss innert nützlicher Frist ihre Statuten ändern (es sei denn, sie gewinne durch die Aufnahme neuer Genossenschaften oder durch den Austritt anderer Mitglieder ihre Eigenschaft als Verband zurück). Diese Pflicht ist nicht oder nicht nur «lex imperfecta»[14], da die Nichtübereinstimmung der Statuten mit dem Gesetz beträchtliche Folgen hat[15]: es ist zwar fraglich, ob der Handelsregisterführer (allenfalls auf Verlangen eines Mitglieds oder eines Dritten) das in Art. 60 HRegV vorgesehene Verfahren einleiten kann; hingegen sind alle Beschlüsse der Delegiertenversammlung anfechtbar (Art. 891 OR), und der «Verband» kann die auf Art. 924 OR beruhenden statutarischen Bestimmungen nicht mehr durchsetzen.

Jede Genossenschaft, deren Mitglieder bei ihrer Errichtung oder im Laufe ihres Bestehens mehrheitlich Genossenschaften sind, ist ein Verband im Sinne des Gesetzes. Somit müssen keine weiteren Voraussetzungen gegeben sein und keine besondere Bestimmung in die Statuten aufgenommen werden; Art. 922–924 OR ändern oder ergänzen somit die Definition des Art. 828 OR nicht, und ebensowenig fügen sie den Vorschriften des Art. 832 OR weitere Bestimmungen bei. Führen die Statuten

---

11 Siehe vorn, Zweites Kapitel.
12 Siehe vorn, I. Allerdings gehen BERNHEIMER, S. 176, und GERWIG, GR, S. 155, im Gegensatz zu SCHMID, S. 33, davon aus, dass ein Verband neben den Genossenschaften auch andere Mitglieder aufnehmen kann, dass jedoch nur die ersteren an der Gründung teilnehmen können.
13 Siehe hinten, Zehntes Kapitel, § 29.
14 SCHMID, S. 101.
15 Siehe vorn, Erstes Kapitel, § 3. Die Stellung eines Pseudoverbandes gleicht in gewisser Hinsicht derjenigen einer Pseudogenossenschaft, deren Zweck nicht mit Art. 828 OR vereinbar ist.

§ 24 Begriff und Bildung des Verbandes

eine Delegiertenversammlung ein, so muss der Handelsregisterführer prüfen, ob die Zahl der Delegierten der angeschlossenen Genossenschaften festgesetzt oder festsetzbar ist (Art. 922 Abs. 2 OR); zudem prüft er, ob die auf Art. 922 und 924 OR beruhenden statutarischen Bestimmungen nicht offensichtlich gesetzwidrig sind.

Genossenschaften gemäss Art. 921 ff. OR dürfen den Ausdruck «Verband» in ihrer Gesellschaftsfirma verwenden[16]; es steht ihnen frei, ihren Tätigkeitsbereich durch eine zusätzliche gebietsbezogene Bezeichnung zu beschreiben oder zu präzisieren. Hingegen haben solche Genossenschaften kein Monopol auf den Ausdruck «Verband», auch nicht unter den Genossenschaften; eine ganz oder mehrheitlich aus Vereinen zusammengesetzte Genossenschaft beispielsweise kann sich durchaus als «Verband» bezeichnen.

Der Beschluss, einen Verband zu errichten oder einem Verband beizutreten, ist bedeutungsvoll und kann für die betreffende Genossenschaft, und, jedenfalls indirekt (im Hinblick auf Art. 925 OR), für ihre Mitglieder beträchtliche Folgen haben. Er gehört zu den wenigen Beschlüssen, welche nicht eindeutig in die Kompetenz der Verwaltung oder der Generalversammlung fallen. Trotz des Fehlens einer Art. 721 Abs. 2 OR entsprechenden Bestimmung im Genossenschaftsrecht muss wahrscheinlich Zuständigkeit der Verwaltung angenommen werden[17], unter Vorbehalt derjenigen Fälle, in welchen der Gesellschaftszweck die Beteiligung an anderen Genossenschaften eindeutig nicht einschliesst[18] und die Generalversammlung allenfalls diesen Zweck ändern kann. Selbstverständlich können die Statuten die Kompetenz der Generalversammlung vorsehen und kann die Verwaltung ihren Beitrittsbeschluss von der Zustimmung der Generalversammlung abhängig machen[19].

---

16 SCHMID, S. 102 ff., weist allerdings darauf hin, dass die Verwendung dieses Ausdrucks durch eine kleine Genossenschaft irreführend sein kann.
17 SCHMID, S. 98 (mit Zit. in Anm. 19). Contra: B. BÜRGISSER, Der Erwerb der Mitgliedschaft bei Genossenschaften, Diss. Basel 1942, S. 52.
18 Siehe SCHMID, S. 98.
19 Ibid., S. 98 ff.

§ 25 Organisation des Verbandes

Literatur

Siehe Literatur zu § 24.

I. Allgemeines

Die Verbände unterstehen Art. 828 ff. OR, ihre Organisation Art. 879 ff. OR. Art. 922 Abs. 1 OR bezeichnet aber die Delegiertenversammlung, an Stelle der Generalversammlung (Art. 879 Abs. 1 OR), als oberstes Organ des Genossenschaftsverbandes, und Art. 923 OR sieht vor, dass seine Verwaltung nicht aus einer Mehrheit von Vertretern der angeschlossenen Genossenschaften (Art. 894 OR), sondern ausschliesslich aus deren Mitgliedern gebildet wird.

Der Gesetzgeber gibt zwar den dispositiven Charakter der Art. 922 und 923 OR deutlich zu erkennen; hingegen äussert er sich nicht zum möglichen Inhalt vom Gesetz abweichender statutarischer Bestimmungen[20]. Deshalb ist die Auslegung des Art. 922 Abs. 1 OR umstritten: einzelne Kommentare halten es für zulässig, die Verwaltung zum obersten Organ eines Verbandes zu machen oder ihr zumindest einen Teil der Befugnisse der Generalversammlung zu übertragen[21]; andere Autoren gehen davon aus, dass Art. 922 Abs. 1 OR den Verbänden lediglich erlaubt, die Delegiertenversammlung durch die herkömmliche Generalversammlung zu ersetzen oder die in Art. 880 OR vorgesehene Urabstimmung einzuführen[22]. Die zweite Ansicht ist u.E. eindeutig vorzuziehen. Eine Genossenschaft ohne Generalversammlung oder mit einer Generalversammlung, welche insbesondere nicht mehr für Statutenänderungen verantwortlich ist, verliert ihre genossenschaftliche Natur und verwandelt sich in eine Anstalt, was nur mit einer klaren gesetzlichen Grundlage denkbar ist. Im Vereinsrecht nämlich bedeutet die Tatsache, dass Art. 64 Abs. 1 ZGB (welcher die Generalversammlung als oberstes Organ bezeichnet) nicht zwingendes Recht ist, laut Lehre[23] und Rechtsprechung[24] nicht, dass ein Verein eine beliebige

---

20 Zu den Materialien, siehe SCHMID, S. 107, Anm. 8.
21 BERNHEIMER, S. 184; CAPITAINE, SJK Nr. 1163, S. 1; GUTZWILLER, ad Art. 922 OR, N. 2; KUMMER, S. 48, und Das oberste Organ, S. 274; WENNINGER, S. 148.
22 BRUGGMANN, S. 55; SCHMID, S. 107 ff.; SIGG, S. 137 und 195 ff.
23 HEINI, II, § 56.
24 In BGE 48 II, 1922, S. 146 äusserte sich das Bundesgericht folgendermassen: «Der ratio legis ist Genüge getan, auch wenn sich der Wille des einzelnen Mitgliedes auf eine andere angemessene Weise Geltung zu verschaffen vermag».

§ 25 Organisation des Verbandes

Organisationsform wählen kann. Die Möglichkeit der Übertragung der obersten Gewalt an die Verwaltung ist zwar dem Genossenschaftsrecht nicht unbekannt; es besteht jedoch keine Parallele zwischen Verbänden und Versicherungsgenossenschaften gemäss Art. 893 OR, deren Gesellschaftsleben beinahe inexistent ist und welche der staatlichen Aufsicht unterstehen.

II. Delegiertenversammlung

1. Sinn und Rechtsnatur

Die herkömmliche Generalversammlung, welche dem zwingenden Grundsatz der absoluten Gleichbehandlung gemäss Art. 885 OR untersteht, eignet sich schlecht für Verbände. Es ist nicht angemessen, dass jede angeschlossene Genossenschaft, unabhängig von der Zahl ihrer Mitglieder, ihrer Grösse und der Bedeutung ihrer Tätigkeiten, ausnahmslos über nur eine Stimme verfügt. Dies ist noch weniger zufriedenstellend, wenn die Mitglieder des Verbandes teilweise natürliche Personen sind, welchen ebenfalls eine Stimme in der Generalversammlung zugestanden werden muss.

Die in Art. 892[25] und 922 OR vorgesehene Delegiertenversammlung wurde hauptsächlich eingeführt, um die Anwendung des Art. 885 OR zu umgehen, nicht aber, um aus praktischen Gründen eine direktdemokratische Einrichtung durch ein Abgeordnetensystem zu ersetzen, wie dies für Genossenschaften mit mehr als 300 Mitgliedern zutrifft. Laut der geltenden Lehre ist somit die Delegiertenversammlung der Verbände nichts anderes als eine aus Vertretern der angeschlossenen Genossenschaften gebildete Generalversammlung, für welche Art. 885 OR nicht gilt[26].

Diese Sicht trifft jedoch, laut SCHMID[27], nicht ganz zu. Der Gesetzgeber sah in Art. 922 OR, unter Vorbehalt einer anderen Regelung durch die Statuten, nicht lediglich vor, dass jede angeschlossene Genossenschaft Anspruch auf eine Stimme in der Generalversammlung hat. Er beabsichtigte die Einführung einer anderen Art von Versammlung, welche in einem Verband das gleichzeitige Bestehen einer Generalversammlung mit geringeren Befugnissen nicht ausschliesst (was eindeutig aus Art. 892 OR hervorgeht). Die Schaffung einer Delegiertenversammlung ermöglicht nicht nur die Umgehung des Art. 885 OR, wonach jedes Mitglied nur über eine

---

25 Hier geht es nur um Genossenschaften, «bei denen die Mehrheit der Mitglieder aus Genossenschaften besteht». Zur Delegiertenversammlung von Grossgenossenschaften, siehe vorn, Siebtes Kapitel, § 21.
26 BÜTIKOFER, S. 39; GERWIG, GR, S. 321; GLOOR, S. 130 ff.; KUMMER, S. 42, Anm. 2; SEILER, S. 79; SIGG, S. 119 und 136; WEBER-DÜRLER, S. 147; WENNINGER, S. 126 ff. und 148.
27 S. 114 ff.; siehe auch BRUGGMANN, S. 54 ff.

Stimme verfügt, sondern sie erlaubt auch eine Abweichung vom ebenfalls auf Art. 885 OR beruhenden Grundsatz, dass jedes Mitglied über mindestens eine Stimme in der Generalversammlung verfügt. Deshalb kann in einem Verband, dessen Mitglieder teilweise natürliche Personen sind, vorgesehen werden, dass diese nur durch einen einzigen Delegierten oder, allgemeiner, durch einen oder mehrere Delegierte vertreten werden, welche in der Versammlung über eine Stimmenzahl verfügen, die kleiner ist als die Zahl der durch sie vertretenen Personen; ebenso können mehrere angeschlossene Genossenschaften durch den gleichen Delegierten vertreten werden[28].

2. Zusammensetzung und Wahl der Delegiertenversammlung

Gemäss Art. 922 Abs. 2 OR setzen die Statuten die Zahl der Delegierten der angeschlossenen Genossenschaften fest. Art. 892 Abs. 2 OR sieht vor, dass die Statuten die Zusammensetzung und Wahlart der Versammlung bestimmen. Diese knappen Vorschriften lassen den Verbänden eine grosse Organisationsfreiheit, wobei sie jedoch weder die Delegiertenversammlung entstellen noch die Anwendung des Grundsatzes der Gleichbehandlung oder andere für alle schweizerischen Körperschaften geltenden Grundregeln umgehen dürfen. Alle Mitglieder eines Verbandes müssen die Möglichkeit haben, an der Wahl eines oder mehrerer Delegierten teilzunehmen; die Versammlung muss sich ausschliesslich aus von den Verbandsmitgliedern gewählten Personen zusammensetzen. Es ist beispielsweise unzulässig, dass die Einzelmitglieder in der Delegiertenversammlung nicht vertreten sind oder dass ihre Delegierten von der Verwaltung oder einem anderen Verbandsorgan bezeichnet werden[29]; ebensowenig dürfen einzelne Personen (beispielsweise die Mitglieder der Verwaltung des Verbandes) von Rechtes wegen Mitglieder der Versammlung sein[30].

Es ist oft schwierig zu ermitteln, ob die Regeln über die Organisation in den Statuten (oder in einem Reglement) des Verbandes vorgesehen werden müssen (oder dürfen), oder ob die angeschlossenen Genossenschaften für deren Erlass zuständig sind. Für die Delegiertenversammlung müssen selbstverständlich die Zahl oder die Art der Ermittlung der Zahl der Delegierten jedes Mitglieds sowie die Zahl der Stimmen jedes Delegierten[31] in den Statuten des Verbandes festgesetzt werden. Sind seine Mitglieder teilweise natürliche Personen, müssen die gleichen Statuten die Wahlart und die Mandatsdauer der von diesen Personen gewählten Delegierten

---

28 SCHMID, S. 113 ff. Diese Ansicht wird selbstverständlich von denjenigen Autoren nicht geteilt, welche die Delegiertenversammlung faktisch als Generalversammlung betrachten.
29 SCHMID, S. 116 ff.; SIGG, S. 121 ff.
30 BRUGGMANN, S. 102; SCHMID, S. 124.
31 Siehe dazu hinten, 3.

ordnen. Hingegen sind Wahl und Bezeichnung der Delegierten der angeschlossenen Genossenschaften hauptsächlich deren Angelegenheit[32]. In den Statuten der Dachgenossenschaft enthaltene diesbezügliche Vorschriften binden und verpflichten die angeschlossenen Genossenschaften; sie werden aber selbstverständlich nicht Bestandteil deren eigener Statuten[33]. Die statutarische Bestimmung eines Verbandes beispielsweise, wonach jede angeschlossene Genossenschaft ihre Delegierten durch ihre Generalversammlung zu wählen hat, erteilt dieser keineswegs eine neue Kompetenz; ebensowenig kann der Verband den nicht nach seinen Statuten gewählten Delegierten die Teilnahme an der Versammlung verwehren[34].

Das Gesetz verlangt weder, dass die Delegierten der angeschlossenen Genossenschaften Mitglieder oder Verwaltungsräte dieser Genossenschaften sind, noch dass die Vertreter der Einzelmitglieder ihrerseits Einzelmitglieder sind. Die gegenteilige Lösung für Genossenschaften mit mehr als 300 Mitgliedern[35] ist für Verbände, deren Versammlung anders geartet und begründet ist, nicht angebracht. Die Statuten der angeschlossenen Genossenschaften können selbstverständlich Wählbarkeitsvoraussetzungen festlegen; das gleiche gilt für die Verbandsstatuten nur insoweit, als solche Voraussetzungen im Hinblick auf den Zweck und die Tätigkeiten des Verbandes gerechtfertigt sind und die Wahlfreiheit der Mitglieder nicht ungebührlich beschränken.

3. Stimmrecht der Delegierten

In den meisten Verbänden bezeichnet jede angeschlossene Genossenschaft einen einzigen Delegierten, welcher über eine nach einem oder mehreren Kriterien festgesetzte *Anzahl Stimmen* verfügt. Es sind jedoch auch andere Organisationsformen möglich; insbesondere können die gewählten Kriterien der Festsetzung der *Anzahl Delegierten* (welche dann grundsätzlich über je eine Stimme verfügen) jeder Genossenschaft in einer Versammlung mit fester oder variabler Mitgliederzahl dienen. Es können auch alle angeschlossenen Genossenschaften gleich gestellt werden, entweder mit je einem Delegierten und einer Stimme (wodurch die Delegiertenversammlung faktisch zur Generalversammlung wird) oder mit je einem Delegierten mit mehreren Stimmen oder mit einer gleichen Anzahl Delegierten mit je einer Stimme. Die beiden letztgenannten Systeme sind ebenfalls sinnvoll, da sie den angeschlosse-

---

32 Die Erwähnung der «Wahlart» in Art. 892 Abs. 2 OR betrifft nicht so sehr die Verbände als vielmehr die Grossgenossenschaften.
33 SIGG, S. 150 ff.
34 Zum Verhältnis der Statuten des Verbandes zu denjenigen der angeschlossenen Genossenschaften, siehe hinten, § 26.
35 Vorn, Siebtes Kapitel, § 21.

nen Genossenschaften die Möglichkeit eröffnen, ihre Stimmen in einer Abstimmung oder Wahl aufzuteilen[36].

Unabhängig davon, ob die Delegierten Genossenschaften oder natürliche Personen vertreten, kann der Verband beliebige Kriterien zur Festsetzung der Zahl der Delegierten und Stimmen wählen. Die Kriterien müssen jedoch unter Beachtung des Grundsatzes der Gleichbehandlung gewählt werden (Art. 854 OR), d.h. genossenschaftlicher Natur sein, sich aus dem Gesellschaftszweck und der Tätigkeit des Verbandes ableiten lassen und auf alle Mitglieder gleich angewandt werden[37].

Das einfachste und am häufigsten verwendete Kriterium ist die Zahl der Mitglieder der angeschlossenen Genossenschaft. Ebenfalls gebräuchlich ist die direkt (Umfang der Käufe oder Verkäufe usw.) oder indirekt (Stückzahl Vieh, Grösse des Hofes usw.) bemessene Benützung der genossenschaftlichen Einrichtungen. Der Wert der finanziellen Beteiligung der Genossenschafter ist grundsätzlich kein zulässiges Mass, es sei denn, er beruhe seinerseits auf genossenschaftlichen Kriterien, beispielsweise in einer Viehzuchtgenossenschaft auf der Stückzahl Vieh. Laut BERNHEIMER ist es (sinnvollerweise) zulässig – gemäss der geltenden Rechtsprechung[38] allerdings unzulässig –, dass ein Verband ausnahmsweise ein echtes Kapitalstimmrecht vorsieht, wenn er ein grosses Kapital braucht und auf den Weg der freiwilligen Kapitalbildung angewiesen ist[39].

Umfasst ein Verband auch natürliche Personen, kann der Grundsatz der Gleichbehandlung nicht immer mit mathematischer Genauigkeit befolgt werden. Praktisch ist oft jedes Einzelmitglied Mitglied der Delegiertenversammlung, und seine Stimme hat, im Verhältnis zu den Stimmen der angeschlossenen Genossenschaften, fast unvermeidlich ein unverhältnismässiges (zu kleines oder zu grosses) Gewicht. Die Lehre geht im allgemeinen davon aus, dass Einzelmitglieder sowohl bei der Wahl der Delegierten als auch in der Delegiertenversammlung, wenn sie persönlich Mitglied sind, stets nur eine Stimme haben können[40]. Diese Ansicht vermag u.E. nicht zu überzeugen, da Art. 854 OR (hier unter Ausschluss von Art. 885 OR anwendbar) keineswegs verlangt, dass alle Mitglieder gleich behandelt werden; beruht allerdings das Kriterium in den angeschlossenen Genossenschaften auf der Zahl der Mitglieder jeder Genossenschaft, so müssen die Einzelmitglieder ebenfalls gleich behandelt werden.

Die Verbandsstatuten sehen häufig die Ernennung von Ersatzdelegierten vor, welche bei Abwesenheit des amtierenden Delegierten an der Versammlung teilneh-

---

36 Siehe KUMMER, Das oberste Organ, S. 269; SIGG, S. 132, Anm. 25.
37 Siehe dazu BERNHEIMER, S. 181 ff.; BRUGGMANN, S. 63 ff.; KUMMER, Das oberste Organ, S. 269; OEZGÜR, S. 131 ff.; SCHMID, S. 121 ff.; SIGG, S. 122 ff.
38 BGE 69 II, 1943, S. 41.
39 BERNHEIMER, S. 185. Contra: BRUGGMANN, S. 53; SCHMID, S. 124, Anm. 198.
40 SCHMID, S. 127; SIGG, S. 121 ff. und 133 ff.

men und stimmen können. In Ermangelung eines solchen Systems kommt u.E. Art. 886 OR zur Anwendung, wonach sich ein Delegierter durch einen anderen Delegierten[41] oder vielleicht auch durch ein Mitglied (natürliche Person) oder, falls es sich dabei um eine juristische Person handelt, durch eine von dieser bezeichnete Person vertreten lassen kann.

4. Einberufung der Delegiertenversammlung

Die Art der Einberufung muss grundsätzlich in den Statuten angegeben werden (Art. 892 Abs. 2 OR); mangels solcher Bestimmungen kommen, gemäss Art. 892 Abs. 4 OR, Art. 881 ff. OR zur Anwendung[42]. Die den Verbänden belassene Freiheit in der Ausgestaltung der Einberufung der Delegiertenversammlung berechtigt diese jedoch nicht, zum Nachteil der Mitglieder von Art. 881 Abs. 2 und 3 OR abzuweichen. Wie in Genossenschaften mit mehr als 300 Mitgliedern[43] stellt sich in Anwendung dieser Bestimmungen auch hier die Frage, ob das Recht zur Einberufung den Mitgliedern selber oder ausschliesslich ihren Delegierten oder beiden gleichermassen zusteht. Wie für Genossenschaften mit mehr als 300 Mitgliedern ist auch hier einzig die wörtliche Auslegung des Art. 881 OR zulässig[44]. Ihr Ergebnis ist, insbesondere für Verbände auch mit natürlichen Personen als Mitglieder, nicht zufriedenstellend; der Vorschlag, «Mitglied» als «Delegierter» zu lesen[45] überzeugt ebensowenig, da er völlig ungerechtfertigt zu unterschiedlichen Ergebnissen führt, je nach der Art der statutarisch vorgesehenen Versammlung, d.h. je nachdem, ob die Mitglieder je einen Delegierten mit mehreren Stimmen oder eine unterschiedliche Zahl von Delegierten mit je einer Stimme wählen. Die beste Lösung könnte darin bestehen, dass der Ausdruck «wenigstens der zehnte Teil der Genossenschafter» in Art. 881 Abs. 2 OR für Verbände als «der Delegierten, welche in der Versammlung über wenigstens einen Zehntel der Stimmen verfügen» verstanden wird; diese Auslegung ist de lege lata allerdings schwer vertretbar[46].

---

[41] Laut HENSEL, S. 206, und BRUGGMANN, S. 59, lässt sich nicht der abwesende Delegierte, sondern das Mitglied vertreten.
[42] Siehe vorn, Siebtes Kapitel, § 21.
[43] Ibid.
[44] BERNHEIMER, S. 185; SCHMID, S. 120; SIGG, S. 125. Selbstverständlich können die Verbandsstatuten den Delegierten das Recht zur Einberufung ihrer Versammlung erteilen.
[45] Lösung von VON STEIGER, S. 77 (wonach es «weniger sicher» ist, dass die Mitglieder ebenfalls das Recht zur Einberufung besitzen) und von GUTZWILLER, ad Art. 892 OR, N. 22 (welcher offenbar ein solches Recht der Mitglieder eher bejaht).
[46] Sie wird insbesondere unterstützt von BRUGGMANN, S. 57; GLOOR, S. 134 (nur dort, wo die Mitglieder des Verbandes ausschliesslich Genossenschaften und Vereine sind), und HENSEL, S. 204.

Sind die Voraussetzungen von Art. 884 OR gegeben, so kann die Delegiertenversammlung, wie die Generalversammlung, ohne Einhaltung der Vorschriften über die Einberufung zusammentreten und beschliessen.

5. Beschlüsse und Befugnisse der Delegiertenversammlung

Ohne anderslautende gesetzliche oder statutarische Bestimmungen beschliesst und wählt die Delegiertenversammlung, wie die Generalversammlung (Art. 892 Abs. 4 OR), mit der absoluten Mehrheit der abgegebenen Stimmen (Art. 888 Abs. 1 OR). Laut der geltenden Lehre, und wie schon für Genossenschaften mit mehr als 300 Mitgliedern erwähnt[47], bedürfen Beschlüsse über die Einführung oder Erschwerung der persönlichen Haftung der Zustimmung von drei Vierteln nicht der Delegierten, sondern sämtlicher Genossenschafter[48]. Diese wörtliche Auslegung des Art. 889 Abs. 1 OR ist zwar vertretbar, bedeutet aber, dass, entgegen dem Wortlaut der Art. 892 Abs. 1 und 922 Abs. 1 OR, eine der Befugnisse der Generalversammlung von der Delegiertenversammlung nicht ausgeübt werden kann. Wesentlich ist jedenfalls, dass das in Art. 889 Abs. 2 OR vorgesehene Austrittsrecht der Mitglieder erhalten bleibt und diesen somit die Stimmabgabe ihrer (befugten) Delegierten normalerweise nicht angerechnet werden kann.

Die Delegierten stimmen und wählen grundsätzlich frei; die durch sie vertretenen Mitglieder können ihnen jedoch Weisungen oder einen zwingenden Auftrag erteilen[49]. Die Delegierten einer angeschlossenen Genossenschaft stimmen unter Umständen unterschiedlich, weil sie entweder ihre eigene Ansicht vertreten oder unterschiedliche Weisungen erhalten haben, falls die Genossenschaft ihre Stimmen in einer umstrittenen Frage aufteilen wollte[50]. Somit kann ein Delegierter, welcher über mehrere Stimmen verfügt, diese im Rahmen einer Abstimmung aufteilen[51].

Obgleich die schriftliche Abstimmung gesetzlich nicht vorgesehen wurde, ist sie zweifellos zulässig[52], entweder aufgrund von Art. 892 Abs. 4 OR[53], oder aber sicher aufgrund von Art. 992 Abs. 1 OR. Zudem kann ein Verband, gemäss Art. 880 OR, einzelne Beschlüsse der Urabstimmung der Mitglieder unterstellen; dann allerdings

---

47 Vorn, Siebtes Kapitel, § 21.
48 BERNHEIMER, S. 185; BRUGGMANN, S. 58; SCHMID, S. 116 und 126 ff.; SIGG, S. 136. Contra (?): GLOOR, S. 133.
49 BRUGGMANN, S. 62 ff.; SCHMID, S. 119; SEILER, S. 81; WENNINGER, S. 137 ff. Contra: GLOOR, S. 113 ff.
50 SCHMID, S. 119.
51 Ibid. Contra: BÜTIKOFER, S. 39.
52 BRUGGMANN, S. 55 und 64; SCHMID, S. 129; SIGG, S. 152.
53 Siehe Siebtes Kapitel, § 21.

kommt Art. 885 OR zur Anwendung[54] (das gleiche gilt, wenn der Verband eine Generalversammlung vorsieht).

Die Delegiertenversammlung besitzt alle Befugnisse und Kompetenzen, welche das Gesetz dem obersten Organ der Genossenschaft zuweist (gemäss Art. 879 Abs. 2 OR) und welche die Statuten nicht ausdrücklich der (durch die Urabstimmung der Mitglieder ersetzbaren) Generalversammlung übertragen; dies gilt, wie erwähnt, gemäss der geltenden Lehre, unter Vorbehalt der in Art. 889 Abs. 1 OR vorgesehenen Beschlüsse. Keine unübertragbare Befugnis der Versammlung darf durch andere Verbandsorgane, sei es die Verwaltung[55], seien es Sektionen der angeschlossenen Genossenschaften oder die Mitglieder der Genossenschaften, ausgeübt werden[56].

6. Individualrechte der Delegierten und Mitglieder

Durch die Einrichtung der Delegiertenversammlung verlieren die Mitglieder ihr Recht auf Beratung und Abstimmung, nicht aber, grundsätzlich, die ihnen gesetzlich gewährten persönlichen Rechte[57]. Diese sind jedoch nicht völlig unabhängig von den Beschlüssen der Delegiertenversammlung, und der Einfluss der letzteren auf solche Rechte ist nicht immer ohne weiteres zu ermitteln, insbesondere weil die Stimmabgabe eines Delegierten nicht unbedingt die Ansicht der durch ihn vertretenen Genossenschaft oder natürlichen Personen wiedergibt. Die Stellung der Delegierten und die Rechtsnatur ihres Status sind schwierig zu umschreiben. Sie sind Beauftragte, jedoch mit einem besonderen Auftrag, welcher mit demjenigen der Parlamentarier nicht identisch (wenn man davon ausgeht, dass sie zwingende Weisungen erhalten können), aber vergleichbar ist[58].

Die Anfechtung der Versammlungsbeschlüsse (Art. 891 OR) illustriert, wie erwähnt, dieses Problem, wenn man von der Organisation der Grossgenossenschaften ausgeht. Die Klage steht offensichtlich nur den Mitgliedern, nicht aber den Delegierten offen (welche in Grossgenossenschaften stets Mitglieder sind); es wäre aber logisch und wünschbar, dass auch die Delegierten beispielsweise die Beschlüsse einer unrechtmässig einberufenen Versammlung anfechten könnten. Zur Frage, wann von einem Mitglied angenommen wird, es habe dem von seinem oder seinen Delegierten

---

54 BERNHEIMER, S. 68, und FORSTMOSER, ST, N.285, bestreiten dies, offenbar weil sie die Urabstimmung der Mitglieder derjenigen der Delegierten gleichsetzen. Laut BRUGGMANN, S. 65, kommt Art. 885 OR nicht zur Anwendung, wenn die Urabstimmung dringlichen Fällen vorbehalten bleibt
55 Siehe vorn, I.
56 Zu dieser von der Genossenschaft Migros angewandten Möglichkeit, siehe BRUGGMANN, S. 66, und SIGG, S. 138 ff.
57 BERNHEIMER, S. 67; SCHMID, S. 118.
58 Siehe dazu insbes. GLOOR, S. 111 ff.

genehmigten Beschluss zugestimmt, siehe die entsprechenden Ausführungen für Genossenschaften mit mehr als 300 Mitgliedern[59].

Auf den ersten Blick sollten die Delegierten in den Genuss des Kontrollrechtes gemäss Art. 856 und 857 OR kommen, dessen Verbindung mit dem Stimmrecht, insbesondere für Beschlüsse der ordentlichen Generalversammlung, offensichtlich ist. Da den Mitgliedern ein solches Recht auf jeden Fall zusteht[60], ist die Ansicht durchaus vertretbar, dass die Delegierten dieses nur indirekt, über die durch sie vertretenen natürlichen und juristischen Personen besitzen. Jedenfalls verlieren die Mitglieder ihr Recht, in der Versammlung Fragen zu stellen (sie können sie allerdings vorher stellen), und es verstösst gegen den gesunden Menschenverstand, den Delegierten die Möglichkeit abzusprechen, in ihrer Versammlung Fragen zu stellen und allenfalls Klage gemäss Art. 857 Abs. 3 OR zu erheben. Dennoch entspricht dies der gesetzlichen Lösung, es sei denn, man gehe von einer Lücke in Art. 857 OR aus (seine analoge Anwendung auf Nichtmitglieder ist unzulässig).

III. Verwaltung

Laut Art. 923 OR wird die Verwaltung, «sofern die Statuten es nicht anders bestimmen, aus Mitgliedern der angeschlossenen Genossenschaften gebildet». Diese Bestimmung weicht von Art. 894 OR nur ab – und erlaubt nur eine Abweichung – im Hinblick auf die Forderung, dass die Verwaltungsräte mehrheitlich Genossenschafter sein müssen; somit muss die Verwaltung eines Verbandes aus mindestens drei Personen bestehen, welche weder juristische Personen noch Handelsgesellschaften sein dürfen (Art. 894 Abs. 2 OR)[61].

Sehen die Statuten nichts Besonderes vor und legen sie beispielsweise nur die Zahl der Verwaltungsräte fest, müssen alle Mitglieder der Verwaltung Mitglieder der angeschlossenen Genossenschaften oder (gemäss Art. 894 Abs. 2, in fine, OR) Vertreter der Mitglieder solcher Gesellschaften sein, falls es sich dabei um juristische Personen oder Handelsgesellschaften handelt. Eine Ausnahme von dieser Bestimmung ist, auch bei diesbezüglich schweigenden Statuten, darin zu sehen, dass auch allfällige Einzelmitglieder des Verbandes wählbar sind[62].

Innerhalb der vorn erwähnten Schranken können die Statuten eine andere Regelung vorsehen, und insbesondere auch die Wählbarkeit von Mitgliedern der Verwaltung der angeschlossenen Genossenschaften, welche nicht Genossenschafter sind,

---

59 Vorn, Siebtes Kapitel, § 21. Siehe auch (zur Entlastung), BLICKENSTORFER, S. 110 ff.
60 SCHMID, S. 118; VON STEIGER, S. 77.
61 SCHMID, S. 131. Contra: KUMMER, S. 70, Anm. 2.
62 Gleicher Ansicht sind auch BERNHEIMER, S. 186, und SCHMID, S. 132.

oder auch ausserhalb des Verbandes oder der Verbandsglieder stehender Personen in die Verwaltung des Verbandes erlauben. Die Statuten dürfen eine angemessene Verteilung der Sitze unter den angeschlossenen Genossenschaften, nach Massgabe ihrer Grösse und der Anzahl ihrer Stimmen in der Delegiertenversammlung, weder verhindern noch müssen sie eine solche gewährleisten. Die Statuten können zudem Bestimmungen enthalten, welche die Vertretung verschiedener beruflicher oder regionaler Interessen in der Verwaltung gewährleisten[63].

---

63 BRUGGMANN, S. 73; SCHMID, S. 132; siehe auch die bei GUTZWILLER, ad Art. 923 OR, N. 3 ff., zit. Beispiele.

§ 26 Beziehungen zwischen Verband und Verbandsgliedern

Literatur

Siehe Literatur zu § 24.

I. Überwachungsrecht des Verbandes

Gemäss Art. 924 Abs. 1 OR kann ein Verband ermächtigt werden, «die geschäftlichen Tätigkeiten der angeschlossenen Genossenschaften zu überwachen». Die «Statuten», von welchen diese Bestimmung spricht, sind nicht die Statuten der angeschlossenen Genossenschaften, sondern diejenigen des Verbandes[64]; mit anderen Worten erhält (und verliert allenfalls) der Verband sein Überwachungsrecht nicht einzeln von jeder angeschlossenen Genossenschaft gemäss deren Statuten, sondern gemeinsam durch seine Verbandsglieder, durch einen grundsätzlich mit Zweidrittelmehrheit der abgegebenen Stimmen gefassten Beschluss (Art. 888 Abs. 2 OR). Akzeptiert eine angeschlossene Genossenschaft die Einmischung des Verbandes in ihre geschäftlichen Tätigkeiten nicht mehr, so kann sie selbstverständlich, gemäss den gesetzlichen und statutarischen Vorschriften über den Verlust der Mitgliedschaft (Art. 842 ff. OR)[65], aus dem Dachverband austreten (oder davon ausgeschlossen werden).

Art. 924 Abs. 1 OR beschreibt den Umfang des dem Verband allenfalls gewährten Überwachungsrechts nicht näher. Einzelne Autoren halten dieses für ziemlich beschränkt und belegen dies mit dem deutschen Wortlaut, welcher nicht von «kontrollieren», sondern von «überwachen» spricht und die Überwachung auf die *geschäftlichen* Tätigkeiten der angeschlossenen Genossenschaften beschränkt[66]. Insoweit jedoch das Überwachungsrecht einem Auskunftsrecht entspricht, ist eine restriktive Auslegung des Art. 924 Abs. 1 OR nicht gerechtfertigt. Die Verbandsglieder können dem Verband einen sehr ausgedehnten Einblick in ihre (geschäftlichen oder anderweitigen) Tätigkeiten, ihre Finanzen und die Beschlüsse ihrer Organe gewähren; der Verband kann dieses Recht auch gegenüber denjenigen (notwendigerweise minoritären) Verbandsgliedern geltend machen, welche keine Genossenschaften sind.

---

64 BERNHEIMER, S. 189; GUTZWILLER, ad Art. 924 OR, N. 8; SCHMID, S. 166; SIGG, S. 201; VON STEIGER, S. 175.
65 Siehe Viertes Kapitel, § 13 ff.
66 Zu dieser Frage, siehe insbes. GUTZWILLER, ad Art. 924 OR, N. 15 ff., und SCHMID, S. 163 ff.

§ 26 Beziehungen zwischen Verband und Verbandsgliedern

Schwierigere Probleme können dort entstehen, wo der Verband die Befugnis zur Einmischung in das organmässige und genossenschaftliche Leben der angeschlossenen Genossenschaften beansprucht, auch wenn dies nur zur Wahrung seines Auskunfts- und Überwachungsrechtes geschieht. Einzelne Eingriffe sind, aufgrund von Art. 924 OR oder anderen gesetzlichen Vorschriften, zum vornherein ausgeschlossen: der Verband kann keinesfalls über ein Vetorecht bezüglich der Beschlüsse und Wahlen der angeschlossenen Genossenschaften[67] oder über das Recht zur Ernennung und Abberufung deren Verwaltungsräte und Revisoren verfügen. Hingegen wird im allgemeinen bejaht – und kommt es praktisch häufig vor –, dass die Verbandsstatuten die Verbandsglieder verpflichten, als Kontrollorgan den Verband selber oder eine von diesem bezeichnete Gesellschaft einzusetzen[68]. Weitere mit der Autonomie der angeschlossenen Genossenschaften und den unübertragbaren Befugnissen ihrer Organe vereinbar befundene Einmischungen sind das Recht des Verbandes zur Teilnahme (ohne Stimmrecht) an den Generalversammlungen seiner Verbandsglieder[69] oder das Recht zur Abordnung eines Vertreters (insbesondere mit lediglich beratender Stimme) in ihre Verwaltungen[70] oder auch das Recht zur Einberufung deren Generalversammlungen[71]. Allerdings ist die gesetzliche Grundlage solcher Rechte, insbesondere des Rechtes zur Bezeichnung des Kontrollorganes (und a fortiori zur Abordnung eines Verwaltungsrates), in Art. 924 Abs. 1 OR fragwürdig. Die Tatsache, dass die Verletzung der auf diesem Artikel beruhenden Pflichten durch die angeschlossene Genossenschaft den Verband nicht nur zu deren Ausschluss aus dem Verband, sondern auch zur Anfechtung der solche Verstösse beinhaltenden Beschlüsse befähigt (Art. 924 Abs. 2 OR)[72], rechtfertigt u.E. die restriktive Auslegung des Art. 924 Abs. 1 OR. Mit anderen Worten soll diese Gesetzesbestimmung nicht dazu dienen, den Verbandsgliedern Pflichten aufzuerlegen, welche sie nicht gültig in ihren eigenen Statuten verankern könnten.

---

67 BRUGGMANN, S. 91; SCHMID, S. 164 und 180. Laut BERNHEIMER, S. 190, kann sich der Verband allerdings ein Vetorecht für Statutenänderungen der angeschlossenen Genossenschaften vorbehalten.
68 BLICKENSTORFER, S. 191; SCHMID, S. 58 ff. und 191.
69 BRUGGMANN, S. 96 ff.; SCHMID, S. 181.
70 BRUGGMANN, S. 64; SCHMID, S. 187 ff.
71 SCHMID, S. 192 ff.
72 Siehe vorn, II.

II. Recht des Verbandes, Beschlüsse der angeschlossenen Genossenschaften anzufechten

Es stellt sich die Frage, ob ein solches Recht, welches einem Verband aufgrund von Art. 924 Abs. 2 OR gewährt werden kann, in den Statuten des Verbandes oder in denjenigen der angeschlossenen Genossenschaft vorgesehen werden muss. Es wurde schon erwähnt, dass die Einflussnahme des Verbandes in das Beschlussverfahren seiner Verbandsglieder aufgrund seiner eigenen statutarischen Bestimmungen fragwürdig ist. Der vorliegende Gesetzestext ist jedoch nicht auslegungsbedürftig. Die Statuten, auf welche sich Art. 924 Abs. 2 OR bezieht, sind ganz offensichtlich die schon in Art. 924 Abs. 1 OR erwähnten Statuten, d.h. wie in Art. 922 und 923 OR, diejenigen des Verbandes[73].

Die Lehre geht aufgrund der Materialien im allgemeinen davon aus, dass es sich bei den in Art. 924 Abs. 2 OR erwähnten «Beschlüssen[74]» nicht nur um diejenigen der General- oder Delegiertenversammlung der angeschlossenen Genossenschaften, sondern auch um diejenigen der Verwaltung oder des Vorstandes solcher Genossenschaften handelt. Dem in diesem Fall eindeutigen Willen des Gesetzgebers[75] muss zwar gefolgt werden; dennoch ist diese Lösung störend und fragwürdig. Die Anfechtung von Beschlüssen der Geschäftsorgane einer Körperschaft stösst auf beträchtliche praktische Hindernisse und führt, wie das Bundesgericht zu Recht bemerkt, zu «erheblichen Unzukömmlichkeiten»[76]. Solche Beschlüsse (beispielsweise ein Vertragsabschluss) werden oft rasch ausgeführt und können nicht mehr angefochten werden; zudem würden die Tätigkeiten einer Gesellschaft gelähmt, wenn die Beschlüsse ihrer Verwaltung bis zum Abschluss eines Gerichtsverfahrens in Frage gestellt oder ausgesetzt werden könnten; Beschlüsse schliesslich, welche mit der Struktur der Genossenschaft unvereinbar sind, insbesondere wenn sie vom unzuständigen Organ gefasst wurden, sind null und nichtig und können sowieso angefochten werden.

Aus Art. 924 Abs. 2 OR ist nicht ersichtlich, ob der Verband einzig gegen das Gesetz oder die Statuten der angeschlossenen Genossenschaft verstossende oder auch Beschlüsse anfechten kann, welche seine eigenen Statuten und Reglemente verletzen. Auch diesbezüglich ist der Wille des Gesetzgebers klar; nicht nur hatte er diese

---

73 BERNHEIMER, S. 189; SCHMID, S. 172. Siehe auch die kritischen Bemerkungen von GUTZWILLER, ad Art. 924 OR, N. 25, und von SIGG, S. 200 ff.
74 BERNHEIMER, S. 190; BRUGGMANN, S. 93; GERWIG, GR, S. 156 ff.; GUTZWILLER, ad Art. 924 OR, N. 26 ff.; SCHMID, S. 169. Contra: SIGG, S. 166, und VON STEIGER, S. 175.
75 Siehe insbes. Amtl. Bull. StR, 1935, S. 112, und NR, 1935, S. 207 ff.
76 BGE 75 II, 1950, S. 51. Das Bundesgericht kam hier zum Schluss, dass Art. 75 ZGB, wie Art. 924 Abs. 2 OR, nicht näher ausführt, welche Beschlüsse anfechtbar sind, und deshalb grundsätzlich die Anfechtung von Vorstandsbeschlüssen nicht erlaubt.

§ 26 Beziehungen zwischen Verband und Verbandsgliedern

letzteren Beschlüsse im Auge, sondern er wollte sogar das Anfechtungsrecht des Verbandes einzig auf diese beschränken[77]. Somit kann SIGG darin nicht gefolgt werden, dass Art. 924 Abs. 2 OR dem Verband einzig das Recht verleihe, im Sinne von Art. 891 OR gegen das Gesetz oder ihre eigenen Statuten verstossende Beschlüsse der angeschlossenen Genossenschaften anzufechten[78].

Wie vorn erwähnt muss jedoch die direkte Anwendung der Verbandsstatuten, welche als Bestandteil der Statuten der Verbandsglieder gelten, die Ausnahme bleiben und darf nicht über den Rahmen des Art. 924 Abs. 1 OR hinausführen. Deshalb betrifft u.E. das dem Verband durch Art. 924 Abs. 2 OR gewährte Recht nur die folgenden Beschlüsse: Erstens Beschlüsse der Generalversammlung oder der Verwaltung der angeschlossenen Genossenschaften, welche gegen statutarische Bestimmungen verstossen, die vom Verband aufgrund von Art. 924 Abs. 1 OR erlassen wurden, und zweitens Beschlüsse (nur) der Generalversammlung[79] der angeschlossenen Genossenschaften, welche gegen das Gesetz und gegen deren eigenen Statuten verstossen.

Als Verfahren kommt analog dasjenige gemäss Art. 891 OR zur Anwendung. Aktivlegitimiert ist nicht der Verwaltungsrat als Organ, sondern sicherlich der Verband selber[80]. Bezüglich des Beginns der Klagefrist muss u.E. die Regelung des Art. 891 Abs. 2 OR nicht durch diejenige des Art. 75 ZGB ersetzt werden, wie dies SCHMID vorschlägt[81]; denn der Verband hat, aufgrund des Art. 924 Abs. 1 OR, die notwendigen Massnahmen zu treffen, um rechtzeitig von den Beschlüssen seiner Verbandsglieder Kenntnis zu erhalten.

Die soeben vorgeschlagene verhältnismässig restriktive Auslegung des Art. 924 OR bedeutet nicht, dass die angeschlossenen Genossenschaften ungestraft die Vorschriften ihres Verbandes verletzen dürfen. Dieser verfügt selbstverständlich über die herkömmlichen genossenschaftsrechtlichen Sanktionen wie Ausschliessung, Verlustigerklärung und allfällige strafrechtliche Sanktionen, um die Beachtung seiner Statuten und Beschlüsse durchzusetzen.

---

77 Siehe insbes. das Protokoll der Nationalratskommission, Sitzung vom 28. und 29. August 1928, S. 32.
78 S. 202 ff. Laut BERNHEIMER, S. 190; BRUGGMANN, S. 94 ff., und SCHMID, S. 170 ff., betrifft dagegen Art. 924 Abs. 2 OR auch die gegen die Verbandsstatuten verstossenden Beschlüsse.
79 Die historische Auslegung des Art. 924 Abs. 2 OR verlangt u.E. nicht, dem Verband, ausserhalb des Rahmens des Art. 924 Abs. 1 OR, das Recht zu gewähren, Beschlüsse anderer Organe als der Generalversammlung anzufechten.
80 SCHMID, S. 172 ff.
81 A. a. O., S. 174.

III. Beziehungen zwischen dem Verband und den Mitgliedern der angeschlossenen Genossenschaften

Gemäss Art. 925 OR darf der Eintritt in einen Genossenschaftsverband für die Mitglieder der eintretenden Genossenschaft keine neuen Verpflichtungen zur Folge haben. Der Gesetzgeber hat diese Bestimmung nur zögernd eingeführt, weil ihm die von der Lehre[82] oft unterstrichene Tatsache bekannt war, dass Art. 925 OR einen selbstverständlichen Grundsatz ausspricht[83].

Selbstverständlich binden die Statuten und Reglemente eines Verbandes – unter Vorbehalt des Art. 924 OR – die Mitglieder der angeschlossenen Genossenschaften nicht (ausser sie seien selbst Mitglied des Verbandes); ebensowenig gehen sie solchen Statuten vor oder ergänzen sie diese[84]. Wie erwähnt kann ein Verband sich auch kein Vetorecht bezüglich der Beschlüsse der Organe der angeschlossenen Genossenschaften vorbehalten.

Hingegen schliesst Art. 925 OR keineswegs aus, dass die Beteiligung einer Genossenschaft an einem Verband, beim Eintritt oder später, für die Mitglieder der angeschlossenen Genossenschaft neue Verpflichtungen schafft. Erstens erfüllt die eintretende Genossenschaft selber finanzielle oder andere Pflichten, welche häufig indirekte bedeutende Auswirkungen auf die Mitglieder zeitigen; man denke beispielsweise an einen Verband, dessen Statuten eine persönliche Haftung oder eine Nachschusspflicht der Mitglieder vorsehen (Art. 869 ff. OR). Zweitens zwingt der Eintritt in einen Verband und später eine solche Mitgliedschaft die angeschlossene Genossenschaft häufig zur Änderung ihrer eigenen Statuten, um diese in Einklang mit denjenigen des Verbandes zu bringen.

Die statutarische Bestimmung eines Verbandes, welche den Mitgliedern der angeschlossenen Genossenschaften direkt eine neue Verpflichtung auferlegt, muss vom Handelsregisterführer abgelehnt werden, wobei allerdings dessen diesbezügliche Unterlassung der betreffenden Bestimmung keine Gültigkeit verleiht. Hingegen darf eine statutarische Bestimmung den Mitgliedern der angeschlossenen Genossenschaften, im Gegenzug zur Beachtung statutarischer Bestimmungen, gewisse Rechte und Vorteile anbieten.

---

82 BRUGGMANN, S. 85 ff.; SCHMID, S. 210; SIGG, S. 209; VON STEIGER, S. 176.
83 Siehe insbes. Amtl. Bull. NR, 1934, S. 780.
84 BERNHEIMER, S. 179; SCHMID, S. 137 ff.; SIGG, S. 144 ff. Gemäss SCHMID können allerdings die Statuten einer angeschlossenen Genossenschaft eine Bestimmung enthalten, wonach die Verbandsstatuten, in einer bestimmten Fassung, für die betreffende Genossenschaft verbindlich sind.

Neuntes Kapitel

Haftung der Gründer und Organe der Genossenschaft

§ 27 In Kreditgenossenschaften und konzessionierten Versicherungsgenossenschaften

Literatur

(Zur Haftung der Gründer und Organe der Aktiengesellschaft liegt eine umfangreiche Literatur vor; im folgenden wird eine Auswahl grundlegender Werke und neuerer Monographien angegeben).
H. BERWEGER, Die Prüfung der Geschäftsführung durch die Kontrollstelle im schweizerischen Aktienrecht, Zürich 1980; P. BÖCKLI, Neuerungen im Verantwortlichkeitsgesetz für den Verwaltungsrat, SZW 1993, S. 261; BÜRGI, ad Art. 752–761 OR; CEDIDAC (Leitung François Dessemontet), La responsabilité des administrateurs de sociétés anonymes (Beiträge von P. TERCIER, J.-F. REGLI, F. DESSEMONTET, A. ZEENDER, R. OBERSON), Lausanne 1987; A. DIEZI, Versicherbarkeit der aktienrechtlichen Verantwortlichkeit, Zürich 1982; J.-N. DRUEY, Organ und Organisation – Zur Verantwortlichkeit aus aktienrechtlicher Organschaft, SAG 1981, S. 77; P. FORSTMOSER, Die aktienrechtliche Verantwortlichkeit, 2. Aufl., Zürich 1987 (zit. Verantwortlichkeit); P.-O. GEHRIGER, Faktische Organe im Gesellschaftsrecht unter Berücksichtigung der strafrechtlichen Folgen, St. Gallen 1979; P. R. GILLIÉRON, Essai d'interprétation du nouvel article 757 OR, SZW 1994, S. 12; VON GREYERZ, VIII/2, § 25; A. HIRSCH, L'organe de contrôle dans la société anonyme, Genf 1965, und La responsabilité des administrateurs dans la société anonyme, SJ 1967, S. 249; F. HORBER, Die Kompetenzdelegation beim Verwaltungsrat der AG und ihre Auswirkungen auf die aktienrechtliche Verantwortlichkeit, Zürich 1986; P. V. KUNZ, Rechtsnatur und Einredeordnung der aktienrechtlichen Verantwortlichkeitsklage, Bern 1993; G. R. LEHNER, Die Verantwortlichkeit der Leitungsorgane von Aktiengesellschaften in rechtsvergleichender und privatrechtlicher Sicht, Basel 1981; T. LUSTENBERGER, Die Verwaltung der Aktiengesellschaft und ihre Sorgfaltspflichten im englischen und schweizerischen Recht, Diss. Bern 1983; A. NIGGLI, Die Aufsicht über die Verwaltung der Aktiengesellschaft im schweizerischen Recht, Diss. Bern 1981; R. PICENONI, Der Entlastungsbeschluss (Décharge) im Recht der Handelsgesellschaften und der Korporationen auf Grund des deutschen, französischen, italienischen und besonders des schweizerischen Rechts, Diss. Zürich 1945; A. von PLANTA, Die Haftung des Hauptaktionärs, Basel 1981; M. SCHIESS, Das Wesen aktienrechtlicher Verantwortlichkeitsansprüche aus mittelbarem Schaden und deren Geltendmachung im Gesellschaftskonkurs, Zürich 1978; K. SCHOOP, Die Haftung für die Überbewertung von Sacheinlagen bei der Aktiengesellschaft, Bern 1981; Schweizer Schriften zum Handels- und Wirtschaftsrecht (herausgegeben von P. Forstmoser), Die Verantwortung des Verwaltungsrates in der AG (Beiträge von H.J. BÄR, P. FORSTMOSER, CH. VON GREYERZ, M.M. PEDRAZZINI, F. VISCHER), Zürich 1978, und Die Haftung des Verwaltungsrates (Beiträge von P. BÖCKLI, P. FORSTMOSER, W. HESS, K. HÜTTE, P. RITTER, T. STAEHELIN), Zürich 1986; E. STAUBER, Das Recht des Aktionärs auf gesetzes- und statutenmässiger Verwaltung, Zürich 1985; W. STOFFEL; Le conseil d'administration et la responsabilité des administrateurs et réviseurs, in: Le nouveau droit des sociétés anonymes, Lausanne 1993, S. 157; J. VOLLMAR, Grenzen der Übertragung von gesetzlichen Befugnissen des Verwaltungsrates an Ausschüsse, Delegierte und Direktoren, Diss. Bern 1986; R. WATTER, Die Verpflichtung der AG aus

rechtsgeschäftlichem Handeln ihrer Stellvertreter, Prokuristen und Organe, Zürich 1985; H.-J. ZELLWEGER, Haftungsbeschränkung und Solidarhaftung im Verantwortlichkeitsrecht, Bern 1972.

Gemäss Art. 920 OR richtet sich die Verantwortlichkeit der Organe von Kreditgenossenschaften und konzessionierten Versicherungsgenossenschaften «nach den Bestimmungen des Aktienrechts», d.h. nach Art. 754–761 OR[1]; zudem kommen für Kreditgenossenschaften mit Bankcharakter die besonderen Bestimmungen des BankG (Art. 38 ff.)[2] zur Anwendung[3]. Da Art. 916–920 ff. OR die Gründungshaftung weder erwähnen noch regeln, fragt es sich, ob der Verweis des Art. 920 OR auf das Aktienrecht auch Art. 752 und 753 OR betrifft; diese Frage wurde vom Bundesgericht[4] offen gelassen und wird von der Lehre[5] einhellig bejaht.

Deshalb wird an dieser Stelle auf die Regelung der Verantwortlichkeit der Organe und Gründer von Kreditgenossenschaften und konzessionierten Versicherungsgenossenschaften nicht eingegangen; der Leser wird auf SPR, Band VIII/2, § 25, sowie auf die vorn angegebene Literatur verwiesen.

Es ist zu betonen, dass der Verweis des Art. 920 OR auf die «Bestimmungen des Aktienrechts» wohl als Verweis nicht auf die am 1. Juli 1937, sondern auf die heute geltende Regelung auszulegen und zu verstehen ist[6]. Somit gelten künftig für Kredit- und Versicherungsgenossenschaften im Bereiche der Verantwortlichkeit die Bestimmungen des am 1. Juli 1992 in Kraft getretenen neuen Aktienrechts. Es ist zu bedauern, dass der Gesetzgeber auf diese Frage nicht näher eingegangen ist; das neue Recht hat insbesondere die Auswirkungen der Solidarität (Art. 759 Abs. 1 OR) gemildert, und es ist paradox, dass heute die Organe der «gewöhnlichen» Genossenschaften, für welche das Aktienrecht nicht gilt, im Bereich der Solidarität einer strengeren Regelung unterstehen als Kredit- und Versicherungsgenossenschaften.

---

[1] Der Entwurf Hoffmann sah diese Ausnahme nicht vor; sie wurde von der Expertenkommission eingebracht; siehe das Protokoll der Expertenkommission, Bern 1928, S. 653 ff.

[2] Siehe insbes. J. MEIER-WEHRLI, Die Verantwortlichkeit der Verwaltung einer Aktiengesellschaft bzw. einer Bank gemäss Art. 754 ff. OR/41 ff. BKG, Diss. Zürich 1968, sowie J. und E. HENGGELER, Die zivilrechtlichen Verantwortlichkeiten im Bankengesetz im neuen schweizerischen Aktienrecht, Zürich 1937.

[3] Siehe auch die Bestimmungen des Art. 52 BVG für Vorsorgeeinrichtungen, und diejenigen der Art. 24 ff. AFG für Anlagefonds.

[4] In BGE 66 II, 1940, S. 161.

[5] Siehe BLICKENSTORFER (§ 24, Anm. 2), S. 161 (mit Zit. in Anm. 9).

[6] Siehe vorn, Erstes Kapitel, § 2 (mit Zit. in Anm. 27).

§ 28 In den übrigen Genossenschaften

Literatur

Insoweit das Genossenschaftsrecht dem Aktienrecht entspricht, siehe die in § 27 erwähnten Werke. Siehe zudem K.U. BLICKENSTORFER, Die genossenschaftsrechtliche Verantwortlichkeit, Zürich 1987; CAPITAINE, SJK Nr. 1161; GUTZWILLER, ad Art. 916 ff. OR; J. JAEGGI, Die Haftung der Verwaltung und der Kontrollorgane gegenüber der Genossenschaft, den Genossenschaftern und Gläubigern, Diss. Basel 1955; A. MOTTA, La responsabilità degli organi della cooperativa rispetto ai membri e ai creditori, Diss. Bern 1938; F. VON STEIGER, S. 128 ff.; H. WOLFER, Die Genossenschaftsverwaltung nach schweizerischem Recht, Diss. Basel 1947.

«Die Verantwortlichkeit der Organe konnte bei der Genossenschaft einfacher geordnet werden als im Aktienrecht, da Unternehmungen mit spekulativem Einschlag von der Genossenschaft ferngehalten werden können. Wir haben umso mehr Grund, von der Aufstellung unnötig scharfer Verantwortlichkeitsbestimmungen abzusehen, weil mit den Schwierigkeiten zu rechnen ist, die Organe der Genossenschaften, die ja zum grossen Teile ehrenamtlich sich betätigen, mit tüchtigen Persönlichkeiten zu bestellen»[7].

Der Wille des Gesetzgebers, dem nicht kapitalbezogenen Selbsthilfecharakter der Genossenschaft Rechnung zu tragen, zeigt sich in den Art. 916–919 OR, welche, im Gegensatz zu Art. 752 ff. OR, erstens die Gründungshaftung nicht regeln, zweitens keine Klage der Genossenschafter und der Gläubiger der Genossenschaft vorsehen, ausgenommen gegenüber der Verwaltung und den Liquidatoren und einzig im Fall einer Verletzung des Art. 903 Abs. 1 und 2 OR, und drittens den Sitz der Genossenschaft nicht zum besonderen Klagegerichtsstand erklären.

I. Gründungshaftung

Die Gründungshaftung in Aktiengesellschaften wird grundsätzlich bei Scheinliberierung des Aktienkapitals und bei Überschätzung von Sacheinlagen oder -übernahmen durch die Gesellschaft ausgelöst. Solche Unregelmässigkeiten können auch in Genossenschaften vorkommen, insbesondere wenn sie ein Grundkapital besitzen, schaffen oder später erhöhen[8]; dies geschieht jedoch selten, was den Gesetzgeber bewogen haben mag, sich diesbezüglich an das allgemeine Recht zu halten.

---

7 Botschaft des Bundesrates, BBl 1928 I, S. 302.
8 Siehe vorn, Drittes Kapitel, § 9. Zur Gründerhaftung bei Überschätzung von Sacheinlagen oder -übernahmen, siehe insbes. BLICKENSTORFER, S. 164 ff., und FORSTMOSER, ad Art. 832/833 OR, N. 185.

Die Gründungshaftung untersteht deshalb Art. 41 ff. OR, welche eine Klage für die Gesellschaft, die Mitglieder und direkt geschädigte Gläubiger vorsehen; im Gegensatz zu Art. 753 und 756–758 OR ermächtigen sie jedoch weder die Gesellschafter noch die Gläubiger, einen ihnen indirekt verursachten Schaden einzuklagen, wenn die Gesellschaft selber nicht tätig wird oder geltend macht, alle Gründer hätten von der Unregelmässigkeit Kenntnis gehabt oder haben können[9]. Zudem verjährt die Klage gemäss Art. 41 OR nicht, wie die Klage des Art. 753 OR (Art. 760 OR), nach fünf Jahren, sondern nach einem Jahr (Art. 60 OR)[10].

Das Gesetz definiert den ausschliesslich in Art. 834 und 835 OR verwendeten Begriff des Gründers nicht. Da aber das allgemeine Recht zur Anwendung kommt, ist diese Frage rechtlich unerheblich; wer an der Gründung einer Genossenschaft beteiligt ist und dabei der Gesellschaft, ihren Mitgliedern oder Gläubigern fahrlässig oder vorsätzlich widerrechtlich einen Schaden verursacht, kann gemäss Art. 41 OR eingeklagt werden[11]. Praktisch umfasst der Kreis der Gründer nicht nur die ersten Mitglieder, sondern auch Personen, welche als Initiatoren, Berater oder Sachverständige an der Gründung mitwirken. Da das Genossenschaftsrecht für die Gründung weder eine beglaubigte Urkunde noch eine Hinterlegung der Einlagen verlangt, werden Notare und Banken seltener zur Rechenschaft gezogen als bei der Gründung von Aktiengesellschaften.

II. Organhaftung

1. Gesellschaftsklage

Die gemäss Art. 916 OR (allein) der Gesellschaft gewährte Klage entspricht derjenigen der Art. 754 und 755 OR, mehr noch derjenigen des Art. 754 OR 1936. Somit kann hierbei auf die Lehre und Rechtsprechung zur Aktiengesellschaft zurückgegriffen werden[12]; es werden kurz die wichtigsten Grundsätze in Erinnerung gerufen.

---

9 BGE 102 II, 1976, S. 353.
10 BGE 66 II, 1940, S. 161.
11 In diesem Sinne BLICKENSTORFER, S. 162; FORSTMOSER, ad Art. 834 OR, N. 15.
12 Siehe auch BLICKENSTORFER, S. 49 ff., 171 ff., 188 ff. und 199 ff.

a) Passivlegitimation

Zu den natürlichen und juristischen Personen[13], welche haftbar gemacht werden können, zählen, neben den Revisoren und Liquidatoren, auch alle «mit der Verwaltung» oder der «Geschäftsführung» betrauten Personen. Diese Bezeichnungen betreffen nicht nur die im Handelsregister eingetragenen Verwaltungsräte, welche tatsächlich eine Geschäftsführungs- oder Verwaltungstätigkeit ausüben. Wie Art. 754 OR gilt Art. 916 OR auch für von der Generalversammlung ernannte, nicht eingetragene Verwaltungsräte, für «Strohmann-Verwaltungsräte» und Treuhänder (deren Beiziehung durch Art. 895 OR gefördert wird), für durch eine juristische Person oder Handelsgenossenschaft abgeordnete Verwaltungsräte (Art. 894 Abs. 2 OR)[14], für alle «offiziellen» Organe der Gesellschaft, insbesondere für Geschäftsführer und Direktoren[15], und, allgemeiner, für alle Personen, welche tatsächlich und massgeblich an der Willensbildung mitwirken[16], und schliesslich für die «offiziösen» oder «faktischen» Organe, welche die eigentliche Geschäftsführung besorgen, entweder hinter der Bühne oder indem sie, zwar ohne Titel, aber erkennbar an den Gesellschaftsgeschäften mitwirken[17].

b) Haftungsvoraussetzungen

Die Ansprüche der Genossenschaft beruhen auf vertraglicher Grundlage[18]. Die Genossenschaft muss nachweisen, dass der Beklagte eine Pflichtverletzung begangen

---

13   Organe und Hilfspersonen, welche im Namen einer juristischen Person – als Kontrollorgan (Art. 906 Abs. 4 OR) oder Liquidator (Art. 41 HRegV) – handeln, haften für ihre Handlungen nicht gegenüber der betreffenden Genossenschaft, sondern gegenüber ihren eigenen Gesellschaften.
14   Nach geltender Lehre können letztere ebenfalls haftbar gemacht werden, jedenfalls wenn sie ihren Vertretern Anordnungen und Weisungen erteilen; siehe FORSTMOSER, Verantwortlichkeit, S. 225 ff., insbes. S. 228. Hingegen haftet für, in Anwendung von Art. 926 Abs. 1 OR, durch eine öffentlich-rechtliche Körperschaft ernannte Verwaltungsräte und Revisoren einzig die Körperschaft selber (Art. 926 Abs. 3 OR).
15   BGE 102 II, 1976, S. 353 (Bevollmächtigter), BGE 65 II, 1939, S. 2 (Direktor).
16   Zum Begriff des Organs und zum Verhältnis zwischen Art. 55 ZGB und Art. 718 und 754 OR, siehe DRUEY und P. FORSTMOSER, Der Organbegriff im aktienrechtlichen Verantwortlichkeitsrecht, in: Freiheit und Verantwortung im Recht (Festschrift Meier-Hayoz), Bern 1982, S. 125. Siehe auch BGE 117 II, 1991, S. 570, wo das Bundesgericht zum Schluss kommt, dass im Hinblick auf Art. 754 OR nur die oberste Leitung einer Gesellschaft, «die oberste Schicht der Hierarchie» haftet.
17   BGE 107 II, 1981, S. 349 (Vertreter einer Gläubigerbank, welcher an den Sitzungen des Verwaltungsrates teilnimmt und die Willensbildung entscheidend beeinflusst); Entscheid des Handelsgerichtes St. Gallen, vom 25. März 1983, SAG 1986, S. 38 (eine juristische Person wird als faktisches Organ betrachtet); dieser fragwürdige Entscheid wurde von P. Merz und W. Sticher dahingehend kritisiert, dass sich das Bundesgericht zu Unrecht auf die vorn, in Anm. 14, dargestellte Meinung bezüglich der offiziellen Vertreter einer juristischen Person im Sinne von Art. 707 Abs. 3 OR stütze). Siehe auch BGE 112 II, 1986, S. 349, wo das Bundesgericht die Frage aufwirft aber offen lässt, ob eine Person als faktischer Revisor betrachtet werden kann.
18   BLICKENSTORFER, S. 91 (mit Zit. in Anm. 44 und 45).

und einen Schaden verursacht hat; der Beklagte muss, um nicht haftbar gemacht zu werden, beweisen, dass ihm keinerlei Verschulden zur Last fällt (Art. 97 Abs. 1 OR).

Die *Pflichten* der Organe einer Genossenschaft unterscheiden sich nicht wesentlich von denjenigen, welche den Organen einer Aktiengesellschaft gesetzlich oder statutarisch vorgeschrieben sind. Art. 902 OR entspricht im wesentlichen Art. 722 OR 1936 und Art. 903 OR entspricht Art. 725 OR 1936. Die Revisoren einer Genossenschaft haben, unter Vorbehalt einer allfälligen Prüfung der Geschäftsführung (Art. 906 Abs. 1 OR)[19], die gleichen Befugnisse, wie sie den Revisoren einer Aktiengesellschaft durch Art. 728 ff. OR zugewiesen sind. Die Liquidatoren werden durch Art. 913 Abs. 1 OR den Bestimmungen der Art. 742 ff. OR unterstellt. Hingegen ist der Geltungsbereich des Art. 916 OR, wie derjenige der Art. 754 und 755 OR, schlecht umschrieben, und das Verhältnis zwischen der durch diese Artikel vorgesehenen Klage und der Klage, welche die Gesellschaft allenfalls aufgrund von Art. 321e OR (direkt oder über Art. 398 OR) erheben kann, bleibt unklar[20]. Art. 754 und 916 OR kommen zwar nur bei Verletzung der dem Organ gesetzlich oder statutarisch als Organ vorgeschriebenen Pflichten zur Anwendung, während Art. 321e OR die Nichterfüllung oder die ungenügende Erfüllung vertraglicher Verpflichtungen betrifft; die Organpflicht zur guten Geschäftsführung eines Verwaltungsrats oder Direktors beispielsweise ist oft schwierig von dessen vertraglichen Pflichten zu unterscheiden. Diese Frage ist allerdings im Genossenschaftsrecht von nebensächlicher Bedeutung, da Art. 916 OR den Mitgliedern und Gläubigern kein Klagerecht gewährt.

Bezüglich des *Verschuldens* fragt es sich, ob die Sorgfaltspflicht der Organe, insbesondere der Verwaltungsräte der Genossenschaft, genau mit derjenigen der Organe der Aktiengesellschaft übereinstimmt. Muss man «auf die oft geringe Erfahrung der Mitglieder namentlich kleiner Genossenschaften»[21] Rücksicht nehmen? Vom Direktor einer konzessionierten Versicherungsgenossenschaft kann sicherlich ein grösseres Mass an Sorgfalt verlangt werden als vom nur ehrenamtlich tätigen Präsidenten einer «Ziegenzuchtgenossenschaft»[22].

Die Sorgfaltspflicht eines Verwaltungsrates ist anhand der Fähigkeiten und Kompetenzen zu beurteilen, welche die gute Verwaltung seiner Gesellschaft normalerweise erfordert, unabhängig von deren Rechtsform und der Regelung der Verantwortlichkeit. Art. 916 und 754 OR haben im wesentlichen den gleichen Inhalt, und der vom Präsidenten einer Viehzuchtgenossenschaft verlangte Sorgfältigkeitsgrad unterscheidet sich nicht von demjenigen des Direktors einer konzessionierten Versicherungsgenossenschaft: keiner der beiden «kann Unkenntnis oder Inkompetenz vor-

---

19 Siehe dazu Siebtes Kapitel, § 23.
20 Siehe dazu FORSTMOSER, Verantwortlichkeit, S. 187 ff.
21 BGE 78 II, 1952, S. 155, 156.
22 F. VON STEIGER, S. 131.

schützen», und beide müssen «die in der von ihnen verwalteten Gesellschaft objektiv erforderliche Sorgfalt anwenden»[23]. Die Anwendung dieser Grundsätze kann jedoch natürlicherweise dazu führen, dass der Verwaltungsrat einer Landwirtschaftsgenossenschaft und der Direktor einer Versicherungsgenossenschaft in vergleichbaren Situationen (beispielsweise bei Überschuldung) ungleich behandelt werden, da vernünftigerweise nicht davon ausgegangen werden kann, dass sie, insbesondere in kaufmännischen und finanziellen Belangen, im Hinblick auf den Zweck und die Tätigkeit der Gesellschaft die gleichen Kompetenzen besitzen.

Zudem ist darauf hinzuweisen, dass ein Verwaltungsrat nicht immer gezwungenermaßen die Fähigkeiten haben kann, seine Genossenschaft, auch wenn er die Zeit dazu fände, allein zu verwalten oder deren (Dritten übertragene) Geschäftsführung allein zu überwachen[24]. Dies gilt vor allem in Genossenschaften, da die Wählbarkeit von Verwaltungsräten, welche nicht Mitglieder sind (Art. 894 Abs. 1 OR), ebengerade vorgesehen wurde, um die Mitwirkung von Personen zu ermöglichen, welche von der Tätigkeit der Genossenschaft nicht direkt betroffen sind, deren (juristische, finanzielle usw.) Spezialisierung der Genossenschaft aber nützlich sein kann. Leider trägt die geltende Regelung der Verantwortlichkeit diesem Umstand wenig Rechnung. Zwar kann die Verwaltung, wie auch in der Aktiengesellschaft, die laufende Geschäftsführung ganz oder teilweise einzelnen Mitgliedern[25] oder dritten Geschäftsführern oder Direktoren übertragen (Art. 898 OR), für deren Irrtümer und Fehler die Mitglieder der Verwaltung nicht haften, wenn sie nachweisen können, dass sie ihre Kollegen oder Untergebenen richtig ausgewählt, instruiert und überwacht haben[26]. Durch die Aufrechterhaltung unübertragbarer Befugnisse der Verwaltung, welche diese weder delegieren noch verteilen darf, wie beispielsweise der Oberleitung (vgl. Art. 716a Abs. 1 OR), verschreibt sich aber das Gesetz dem Grundsatz – welcher nur Fiktion ist –, dass jeder Verwaltungsrat unabhängig von seiner Spezialisierung (Viehzucht oder Finanzwesen!), alle Probleme beherrschen muss, welche die Verwaltung seiner Gesellschaft mit sich bringt oder mit sich bringen kann[27].

Die Gesellschaft muss den *Schaden* und dessen Höhe beweisen. In Anwendung von Art. 42 Abs. 2 OR kann jedoch der Richter den nicht ziffermässig nachweisbaren Schaden nach seinem Ermessen abschätzen oder sogar das Vorliegen eines nicht

---

23 A. HIRSCH, La responsabilité des administrateurs dans la société anonyme, SJ 1967, S. 254 (zit. d.v.d. Ü.).
24 Diese Ansicht deckt sich allerdings nicht mit der geltenden Meinung, wonach Verwaltungsräte allgemeine Kenntnisse besitzen müssen, welche ihnen ermöglichen, unter allen Umständen die ihnen vorgelegten Berichte zu verstehen, einzuschätzen und zu kritisieren (siehe beispielsweise FORSTMOSER, Verantwortlichkeit, S. 108 ff.).
25 Zur Möglichkeit der Ernennung eines Delegierten des Verwaltungsrates, siehe vorn, Siebtes Kapitel, § 22.
26 SJ 1983, S. 96. Zum neuen Recht, siehe Art. 754 Abs. 2 OR. Siehe Anm. 24.
27 Siehe vorn, Anm. 24, und zur Überwachungspflicht BGE 97 II, 1971, S. 403.

absolut bewiesenen, aber nach den Verhältnissen sehr wahrscheinlichen Schadens feststellen. Zudem kann der Richter, insbesondere unter den Voraussetzungen der Art. 44 und 99 Abs. 2 OR, die Ersatzpflicht herabsetzen. Auch die Grösse des Verschuldens des Beklagten ist bei der Festsetzung der Ersatzpflicht von wesentlicher Bedeutung (Art. 43 Abs. 1 OR). Bei mehreren Solidarbeklagten kann, laut Bundesgericht, der Verschuldensgrad jedes einzelnen nur im Rahmen ihrer internen Auseinandersetzung berücksichtigt werden (Art. 918 OR)[28]. Diese von einzelnen Autoren kritisierte Ansicht[29] führt bisweilen zu unbilligen Ergebnissen, wenn beispielsweise der vorsätzliche Schadensverursacher flüchtig oder zahlungsunfähig ist und die Organe, deren Verschulden leicht ist, für den ganzen Schaden aufkommen müssen. Wie vorn erwähnt, hat das neue Aktienrecht die Härte dieser Solidarität gemildert (Art. 759 OR), so dass – entgegen der Absicht des Gesetzgebers – die Organe von Versicherungs- und Kreditgenossenschaften diesbezüglich besser gestellt sind als diejenigen einfacher Genossenschaften; es ist allerdings zu hoffen, dass das Bundesgericht bei der Anwendung des Art. 918 OR seine Rechtsprechung mit Art. 759 Abs. 1 in Übereinstimmung bringen wird.

Die Gesellschaft muss schliesslich noch den *adäquaten Kausalzusammenhang* zwischen dem Handeln oder Unterlassen des Beklagten und dem Schaden beweisen. Dieser Nachweis ist oft schwierig zu erbringen, und die Gerichte begnügen sich mit Vermutungen: Kausalität wird als gegeben erachtet, wenn die Ursache «nach dem gewöhnlichen Lauf der Dinge und nach der Erfahrung des Lebens» geeignet war[30], den eingetretenen Schaden herbeizuführen. Auf der Ebene der Solidarität befreit das überwiegende Verschulden einer Person (beispielsweise eines Verwaltungsrates) den Mitverursacher (beispielsweise einen Revisor) nicht, wenn dessen geringeres Verschulden in Kausalzusammenhang mit dem Schaden steht. Hingegen hat jeder Schädiger nur für den Schaden oder den Teil des Schadens einzustehen, der durch sein Verhalten verursacht wurde[31].

c) Haftungsausschlussgründe

Die Gesellschaftsklage ist, gemäss dem Grundsatz «volenti non fit iniuria», unzulässig, wenn die Gesellschaft in die schädigende Handlung eingewilligt hat, insbesondere wenn ihre Organe mit der Zustimmung oder nach den Weisungen aller Mitglieder oder der Generalversammlung gehandelt haben[32].

---

28 Ibid., S. 415.
29 Siehe insbes. die Anmerkung von A. HIRSCH, zum vorn erwähnten Entscheid, JT 1973 I, S. 77.
30 BGE 93 II, 1967, S. 22, 29.
31 FORSTMOSER, Verantwortlichkeit, S. 100.
32 BGE 111 II, 1985, S. 182; 83 II, 1957, S. 57.

Ebensowenig kann die Gesellschaft klagen, wenn die Generalversammlung ihre Organe entlastet hat. Die (in Art. 879 Abs. 2 Ziff. 4 und 887 OR erwähnte) Entlastung spielt faktisch eine grössere Rolle als im Aktienrecht, weil Art. 916 OR weder den Genossenschaftern noch den Gläubigern ein Klagerecht gewährt. Wie im Aktienrecht ist dagegen die Wirkung der Entlastung begrenzt; sie geht nicht weiter als «aus den der Generalversammlung gemachten Vorlagen ersichtlich ist» und deckt nicht «Geschehnisse, welche der Generalversammlung nicht zur Kenntnis gebracht sind»[33]. Nach der herrschenden (aber fragwürdigen) Ansicht beeinflusst die Entlastung die interne Auseinandersetzung nicht[34].

Der Gesellschaftsklage kann der Einspruch der Verjährung entgegengehalten werden. Gemäss Art. 919 OR, welcher Art. 760 OR entspricht, verjährt der Anspruch auf Schadenersatz in fünf Jahren von dem Tag an, an dem der Geschädigte Kenntnis vom Schaden und von der Person des Ersatzpflichtigen erlangt hat, und spätestens in zehn Jahren nach dem Tag der schädigenden Handlung. Vorbehalten bleiben die längeren Verjährungsfristen des Strafrechts (Art. 919 Abs. 2 OR) und die vertragliche Verjährung von zehn Jahren (Art. 127 OR), wenn das betreffende Organ gegen den Arbeitsvertrag oder Auftrag verstossen hat, durch welchen es mit der Gesellschaft verbunden ist.

d) Beschluss zur Klageerhebung

Die herrschende Lehre geht u.E. zu Recht davon aus, dass der Beschluss zur Erhebung einer Verantwortlichkeitsklage (oder zur Abtretung der Ansprüche der Genossenschaft an Dritte) nicht von der Verwaltung, sondern von der Generalversammlung gefasst werden muss, auch wenn es sich um untergeordnete Organe oder auch um eine Einzelperson handelt; die gegenteilige Lösung verstiesse gegen die unübertragbare Befugnis der Generalversammlung zur Entlastung (oder zur Verweigerung der Entlastung) der mit der Verwaltung und Geschäftsführung betrauten Personen[35]. Gemäss der Lehre, welche sich auf Art. 68 und/oder Art. 2 ZGB stützt, müssen sich zudem die betroffenen Personen, falls sie Mitglieder sind, an der Generalversammlung der Stimme enthalten[36]. Obgleich das Gesetz keine Entlastung für Revisoren (sie wird ihnen dennoch häufig erteilt) und für Liquidatoren vorsieht, muss der

---

33 BGE 78 II, 1952, S. 155, 156; siehe auch BGE 66 II, 1940, S. 161. Diese Grundsätze sind im neuen Recht in Art. 758 Abs. 1 OR verankert.
34 FORSTMOSER, Verantwortlichkeit, S. 138 und 145; BLICKENSTORFER, S. 138.
35 GUTZWILLER, ad Art. 916 OR, N. 30 ff.; HENGGELER, S. 149; JAEGGI, S. 112: F. VON STEIGER, S. 133; WOLFER, S. 133. Contra: BLICKENSTORFER, S. 96 ff. Die gleiche Lösung gilt u.E., trotz Art. 716 Abs. 1 OR, dessen Gegenstück im Genossenschaftsrecht fehlt, auch für die Aktiengesellschaft.
36 BLICKENSTORFER, S. 99 ff.; GUTZWILLER, ad Art. 916 OR, N. 32; JAEGGI, S. 112; F. VON STEIGER (welcher W. TROXLER und H. WENNINGER zitiert), S. 133 f. Diese Enthaltungspflicht kann u. E. auf Art. 887 Abs. 1 OR zurückgeführt werden, da der Beschluss zur Klageerhebung eine Verweigerung der Entlastung darstellt oder bestätigt.

Beschluss zur Erhebung der Verantwortlichkeitsklage gegen diese ebenfalls von der Generalversammlung, d.h. von demjenigen Organ gefasst werden, welches (aufgrund von Art. 890 sowie Art. 913 Abs. 1 und Art. 740 Abs. 4 OR) zu deren Abberufung zuständig ist. Nach dem Konkurs ist die zweite Gläubigerversammlung dafür zuständig (Art. 253 Abs. 2 SchKG).

e) Abtretung der Gesellschaftsklage

Aufgrund von Art. 260 SchKG können die Gläubiger (mit Ausnahme der Mitglieder)[37] einer Genossenschaft in Konkurs die Abtretung derjenigen Rechtsansprüche der Genossenschaft verlangen, auf deren Geltendmachung die Masse verzichtet. In einem solchen Fall handeln die Zessionäre auf eigene Rechnung und Gefahr, wobei ein allfälliger Überschuss an die Masse abzuliefern ist.

2. Klage der Genossenschafter und Gläubiger

a) Geltungsbereich des Art. 917 OR

Art. 917 OR verleiht nur den Genossenschaftern und Gläubigern ein Klagerecht. Er erwähnt zwar auch die Genossenschaft, was aber lediglich eine überflüssige und ungeschickte Referenz an das Aktienrecht darstellt – überflüssig, weil Art. 916 OR der Gesellschaft schon ein Klagerecht verleiht, und ungeschickt, weil dies zu Unrecht den Anschein erweckt, die Genossenschaft könne beispielsweise ihre Revisoren nicht einklagen, wenn sie eine in Art. 917 OR angesprochene Pflichtverletzung geltend macht[38].

Diese Gesetzesbestimmung betrifft nämlich lediglich «die Mitglieder der Verwaltung und die Liquidatoren». Sie sieht die Passivlegitimation weder für Revisoren noch für untergeordnete Organe wie Geschäftsführer und Direktoren vor. Die Frage, ob faktische Organe, welche an der Verwaltung mitwirken, ohne deren Mitglieder zu sein, haftbar gemacht werden können, ist umstritten. Gemäss Wortlaut des Gesetzes[39] muss dies aber u. E. verneint werden, um der ausdrücklichen Unterscheidung des

---

37 Unter Vorbehalt des durch Art. 5 GenV geregelten Falles, dass haftbare oder nachschusspflichtige Genossenschafter die Geltendmachung übernehmen, wenn kein Gläubiger die Abtretung der Ansprüche der Gesellschaft verlangt.
38 Siehe insbes. BLICKENSTORFER, S. 54 ff., und HENGGELER, S. 150.
39 Der gemäss Art. 903 Abs. 2 OR angerufene Richter wird die Konkurseröffnung nur auf Begehren der Verwaltung (im engen Sinn) und eines Verwaltungsratsbeschlusses aussprechen. Wie sollte somit einem faktischen Organ die Unterlassung eines Beschlusses angerechnet werden, für welchen es nicht zuständig war? Da zudem Art. 917 OR nicht für den Revisor einer überschuldeten Genossenschaft gilt, welcher nicht eingreift, wenn eine überschuldete Genossenschaft die ihr durch Art. 903 OR auferlegten Pflichten vernachlässigt, fragt es sich, warum der gleiche Artikel auf einen faktischen Verwaltungsrat angewandt werden sollte.

Gesetzgebers zwischen «mit der Verwaltung, Geschäftsführung...betrauten Personen» des Art. 916 OR und den «Mitgliedern der Verwaltung» des Art. 917 OR Rechnung zu tragen; ein faktisches Organ, welches die Verwaltung von der Überschuldungsanzeige abhält, könnte somit aufgrund des Art. 916 OR, nicht aber durch die Genossenschafter und Gläubiger, belangt werden[40].

Selbstverständlich erwähnt Art. 917 OR einzig die Mitglieder der Verwaltung und die Liquidatoren, weil die vom Gesetz «für den Fall der Überschuldung» vorgesehenen Pflichten, gemäss Art. 903 OR, ebengerade der Verwaltung und gegebenenfalls den Liquidatoren obliegen (siehe Art. 743 Abs. 2 OR). Es sind dies erstens die Pflicht zur Benachrichtigung des Richters bei Überschuldung der Genossenschaft, nach Errichtung einer Liquidationsbilanz, zweitens die allfällige Pflicht zur Einforderung von Nachschüssen zur Vermeidung des Konkurses[41] und drittens die Pflicht, beim Richter den Aufschub der Konkurseröffnung zu beantragen, falls Aussicht auf Sanierung besteht; hingegen fällt die Unterlassung der Einberufung der Generalversammlung, wenn die Hälfte des Genossenschaftskapitals nicht mehr gedeckt ist (Art. 903 Abs. 3 OR), nicht unter die Sanktion des Art. 917 OR, da die Genossenschaft in einem solchen Fall noch nicht überschuldet ist[42].

b) Unmittelbarer Schaden

Die Gestaltung des Art. 917 OR, insbesondere seine Unterteilung in zwei Absätze, zeigt, dass der Gesetzgeber sowohl den ausschliesslich durch Mitglieder oder Gläubiger erlittenen unmittelbaren Schaden als auch den mittelbaren Schaden vorgesehen hat, welcher in erster Linie die Genossenschaft betrifft und dann auf die Mitglieder und allenfalls auf die Gläubiger zurückwirkt. Dennoch stellt sich die Frage, ob die Verletzung der ihnen vom Gesetz bei Überschuldung der Gesellschaft auferlegten Pflichten durch Verwaltungsräte oder Liquidatoren einen unmittelbaren Schaden verursachen kann. Beruht beispielsweise (als klassisches Beispiel) der Schaden, welcher dadurch entsteht, dass die Verwaltung einer überschuldeten Genossenschaft, unter Vorweisung einer unrichtigen Bilanz, Personen zur Zeichnung von Anteilen oder zur Gewährung eines Darlehens bewegt, auf einer Verletzung des Art. 903 Abs. 2 OR (hätte nämlich die Verwaltung diese Bestimmung befolgt, hätte das Mitglied oder der Gläubiger keine Gelegenheiten gehabt, in die Genossenschaft zu investieren), oder steht dieser Schaden eher im Zusammenhang mit einer Verletzung des Art. 902 Abs. 3 OR (ausserhalb des Bereichs des Art. 917 OR), wonach die Verwaltung zur Errichtung einer Bilanz gemäss Art. 957 ff. OR verpflichtet ist?

---

40 Contra: BLICKENSTORFER, S. 182.
41 Contra: BLICKENSTORFER, S. 62, wonach diese Pflicht nicht spezifisch für die Überschuldung gilt. Dies trifft jedoch jedoch u. E. insoweit nicht zu, als ihre Nichtbefolgung den Konkurs der Gesellschaft auslöst.
42 BLICKENSTORFER, S. 62. Contra offenbar: GUTZWILLER, ad Art. 917 OR, N. 7.

Wahrscheinlich wollte der Gesetzgeber in solchen Fällen Art. 917 OR angewandt wissen. Das Ergebnis ist jedoch nicht zufriedenstellend; sinnvoller wäre die Anwendung ausschliesslich der Art. 41 ff. OR[43], wodurch alle Organe – seien es Verwaltungsräte, Revisoren oder Direktoren –, welche absichtlich oder fahrlässig eine unrichtige Bilanz errichtet oder verwendet haben (um bei diesem Beispiel zu bleiben), der gleichen Regelung unterständen, unabhängig davon, ob die Gesellschaft überschuldet ist oder sich nur in einer schwierigen Finanzlage befindet.

Immer dann jedenfalls, wenn Art. 917 OR, entweder wegen der Beschaffenheit des verantwortlichen Organs oder wegen fehlender oder noch nicht eingetretener Überschuldung, nicht anwendbar ist, kann der Ersatz für unmittelbaren Schaden nur aufgrund der Art. 55 Abs. 3 ZGB und 41 ff. OR gefordert werden. Die haftbare Person muss somit eine widerrechtliche Handlung begangen haben, welche, weil sie in Ausübung der Organfunktion erfolgte, auch die Gesellschaft betrifft (Art. 55 Abs. 2 ZGB und 899 Abs. 3 OR). Liegt keine widerrechtliche Handlung vor, beispielsweise bei Nichterfüllung oder mangelhafter Vertragserfüllung, haftet nur die Gesellschaft[44].

c) Mittelbarer Schaden

Die durch Art. 917 OR den *Genossenschaftern* gewährte Klage auf Ersatz ihres mittelbaren Schadens ist praktisch kaum von Interesse, auch wenn man davon ausgeht, dass sie, wie die Gläubiger[45], eine persönliche Schädigung nicht nachweisen müssen und den gesamten von der Gesellschaft unmittelbar erlittenen Schaden geltend machen können. Der von einer schon überschuldeten Gesellschaft erlittene Schaden, von welchem Art. 917 OR grundsätzlich ausgeht, wirkt nicht auf die Genossenschafter zurück (da ihre allfälligen Anteile wertlos sind und kein Liquidationsertrag vorliegt), und sein Ersatz kann der Genossenschaft definitionsgemäss höchstens die Deckung der Passiven ermöglichen[46].

Die *Gläubiger* hingegen haben das gleiche Interesse an einer Klage wie in einer Aktiengesellschaft, wobei sich selbstverständlich hier die Ersatzforderung auf denjenigen Schaden beschränkt, welcher durch eine Verletzung der in Art. 903 OR vorgesehenen Pflichten verursacht wurde, unter Ausschluss des durch fehlerhafte

---

43 Siehe dazu DRUEY, SAG 1981, S. 80 ff., welcher die Anwendung des Art. 754 OR 1936 bei durch Errichtung und Verwendung einer unrichtigen Bilanz verursachtem unmittelbarem Schaden in Zweifel zieht.
44 BGE 110 II, 1984, S. 391.
45 BGE 113 II, 1987, S. 277, und 111 II, 1985, S. 182. Laut einem Entscheid des Obergerichts Zürich, vom 1. Juli 1986, SJZ 1987, S. 216 (siehe auch SAG 1987, S. 120, mit zustimmender Anmerkung von P. FORSTMOSER), sind die Aktionäre lediglich zur Geltendmachung ihres eigenen Schadens legitimiert).
46 In diesem Sinne BLICKENSTORFER, S. 69, welcher allerdings die Möglichkeit eines durch unterlassene oder ungenügende Sanierung verursachten Schadens erwähnt.

Geschäftsführung vor der Überschuldung entstandenen Schadens[47], auch wenn diese zur Überschuldung geführt hat. Normalerweise werden die Gläubiger Ersatz derjenigen Verluste fordern, welche die Genossenschaft zwischen dem Datum, an welchem die Zahlungsunfähigkeit hätte erklärt werden müssen, und dem Datum des Konkurses erlitten hat. In diesem Zusammenhang kommt Art. 917 OR ohne Zweifel zur Anwendung, auch wenn solche neuen Verluste im Laufe der Überschuldung nicht nur unmittelbar durch unterlassene Erklärung der Zahlungsunfähigkeit, sondern durch fehlerhafte Geschäftsführung entstanden sind; in einem solchen Fall ist auch Art. 916 OR anwendbar, so dass die Genossenschaft allenfalls auch gegen andere Organe als die Verwaltung und Liquidatoren vorgehen kann.

Der Verweis des Art. 917 Abs. 2 OR auf die «für die Aktiengesellschaft aufgestellten Vorschriften» betrifft (im Gegensatz zum Verweis des Art. 920 OR) ausschliesslich die Art. 756–758 OR[48]. Er erweitert somit den Geltungsbereich des Art. 917 Abs. 1 OR nicht (weder bezüglich der haftbaren Personen noch bezüglich deren Pflichten) und führt nicht zur Anwendung des Art. 761 OR. Zu Art. 756–758 OR (Art. 755–758 OR 1936) sei auf die diesbezügliche Lehre und Rechtsprechung verwiesen. Aufgrund dieser Bestimmungen können zwar nicht die Gläubiger, aber die Mitglieder schon vor dem Konkurs der Gesellschaft klagen. Da sie daran aber, wie erwähnt, selten interessiert sind und da der von Art. 917 OR angesprochene Schaden definitionsgemäss überschuldete Gesellschaften betrifft, ist eine Klage vor dem Konkurs praktisch ausgeschlossen, unter Vorbehalt schlecht ausgeführter Sanierungsmassnahmen oder der verspäteten Einforderung von Nachschüssen (siehe hinten).

d) Persönliche Haftung der Genossenschafter[49]

Haften die Genossenschafter persönlich (einschliesslich Nachschusspflicht), werden sie unter Umständen zu Leistungen aufgefordert oder gezwungen, welche nicht notwendig geworden wären, wenn die Organe der Genossenschaft ihren Pflichten nachgekommen wären.

Solche Leistungen können einem unmittelbaren Schaden entsprechen, wenn beispielsweise jemand aufgrund einer falschen Bilanz oder Auskunft zum Eintritt in eine Genossenschaft bewogen wurde, deren Statuten die persönliche Haftung vorsehen; in einem solchen Fall kann der betreffende Genossenschafter aufgrund von Art. 41 oder Art. 917 OR die Organe für seinen Schaden haftbar machen und insbesondere

---

47 In der Aktiengesellschaft «beschränkt sich dagegen die Klage der Gläubiger (..) nicht auf den Schaden, welcher der Gesellschaft nach dem Datum entstanden ist, an welchem die Aktiven deren Schulden nicht mehr decken konnten» (d.v. d. Ü.), BGE vom 25. Mai 1981, SJ 1982, S. 221, 227.
48 Gleicher Ansicht BLICKENSTORFER, S. 152.
49 Zum Verhältnis zwischen Verantwortlichkeitsklage und Art. 869 ff. OR im einzelnen, siehe BLICKENSTORFER, S. 215 ff.

die Rückerstattung der aufgrund seiner persönlichen Haftung geleisteten Zahlungen verlangen.

Häufiger erleiden Genossenschafter, welche (vor oder nach dem Konkurs) zur Deckung des durch Verschulden der Genossenschaftsorgane verursachten Schadens beitragen, keinen unmittelbaren Schaden im eigentlichen Sinne, da ihnen gegenüber keine widerrechtliche Handlung begangen wurde und nur ein indirekter Zusammenhang zwischen ihrer statutarischen Haftung und der Verantwortlichkeit der betreffenden Organe besteht.

Vor dem Konkurs fallen nur die Nachschüsse gemäss Art. 871 OR in Betracht. Fordert die Verwaltung solche Nachschüsse ein, ohne die verantwortlichen Organe zu belangen, stellt sich die Frage, ob die Genossenschafter einzeln die geleisteten Beträge zurückfordern oder deren Leistung mit der Begründung verweigern können, die Gesellschaft habe, angesichts der Ansprüche gegenüber ihren Organen, eigentlich keine Bilanzverluste[50]. Die einzige für die Genossenschafter verfügbare Klage ist u.E. diejenige der Art. 917 Abs. 2 und 756 OR, deren Voraussetzungen vor dem Konkurs praktisch kaum je erfüllt sind; es ist immerhin denkbar, dass die Verwaltung einer überschuldeten Gesellschaft verspätet Nachschüsse einfordert, nachdem die Gesellschaft neue Verluste erlitten hat. Ist Art. 917 OR nicht anwendbar, können die Mitglieder, mangels einer Klage wegen mittelbarem Schaden, einzeln nicht vorgehen[51]. Ihr Schicksal liegt in den Händen der Generalversammlung, welche entscheidet, ob, allenfalls nach Abberufung der Verwaltungsräte, die Verantwortlichkeitsklage erhoben wird. Nach erfolgreichem Verfahren beschliessen Verwaltung oder Generalversammlung, ob den Mitgliedern ihre Leistungen ganz oder teilweise zurückerstattet werden.

Nach erfolgtem Konkurs ist die Lage komplexer. Auch hier muss unterschieden werden zwischen dem Schaden im Sinne von Art. 917 OR und dem Schaden, auf welchen einzig Art. 916 OR anwendbar ist. Im ersten Fall können die Mitglieder unter den Voraussetzungen der Art. 757 OR und 260 SchKG die Abtretung ihrer Klage verlangen. Diese Möglichkeit ist von einigem praktischen Interesse, da unter Umständen die Gläubiger nicht tätig werden wollen (andernfalls werden sie gemäss Art. 260 Abs. 2 SchKG prioritär bezahlt), weil ihre Ansprüche ebengerade durch die Nachschüsse der Mitglieder befriedigt wurden. Im zweiten Fall, d.h. wenn nur Art. 916 OR anwendbar ist, können die Mitglieder gemäss § 5 GenV die Abtretung der Gesellschaftsklage verlangen, falls weder die Masse noch die Gläubiger vorgehen

---

50 Die Voraussetzungen für eine Verrechnung sind selbstverständlich nicht gegeben, können hingegen bei einem unmittelbaren Schaden erfüllt sein (wenn die Gesellschaft selber aufgrund von Art. 899 Abs. 3 OR haftet).
51 Man könnte allerdings davon ausgehen, dass dort, wo der Beschluss zur Klageerhebung in die Zuständigkeit der Verwaltung fällt, deren Untätigkeit den Mitgliedern einen unmittelbaren Schaden verursacht.

wollen. Diese Bestimmung ist jedoch nicht zufriedenstellend. Die von ihr vorgesehene Abtretung gilt nur für Mitglieder einer Genossenschaft mit persönlicher Haftung[52] und will einzig den betreffenden Mitgliedern die Rückforderung von Beträgen ermöglichen, welche sie nicht hätten leisten müssen, wenn die Genossenschaftsorgane ihren Pflichten nachgekommen wären; die Abtretung ist somit nicht geeignet, solche Mitglieder im Vergleich zu Mitgliedern gewöhnlicher Genossenschaften zu bevorzugen. Wenn die Summe der von den Mitgliedern (mit beschränkter Haftung) einforderbaren Beträgen gleich hoch oder niedriger ist als derjenige Teil des Bilanzverlustes der Gesellschaft, welcher ihren Organen *nicht* anrechenbar ist, besteht kein echter Zusammenhang zwischen der Haftung der Mitglieder und derjenigen der Gesellschaftsorgane. Weist beispielsweise eine Genossenschaft Verluste von insgesamt 1 000 000 Franken aus, für deren Viertel, d.h. 250 000 Franken, die Verwaltungsräte haften, und übersteigen die von den Mitgliedern einforderbaren Beträge insgesamt 750 000 Franken nicht, ist die Anwendung des § 5 GenV sinnlos. Ebenso unverständlich ist, dass der in § 5 GenV erwähnte Überschuss den Genossenschaften zukommt, welche der Abtretung der Gesellschaftsklage nicht zugestimmt haben, nicht aber den Gläubigern, welche die Abtretung nicht verlangt haben.

e) Gerichtsstand und Verjährung der Klage

Da der Verweis des Art. 917 Abs. 2 OR, wie erwähnt, nur Art. 756–758 OR betrifft, muss die Klage der Mitglieder und Gläubiger, wie die Gesellschaftsklage, bei den zuständigen Gerichten am Wohnsitz der betreffenden Personen erhoben werden. Die Statuten können zwar einen Gerichtsstand der Genossenschaft oder ein Schiedsverfahren vorsehen[53]; solche Bestimmungen können jedoch den Gläubigern nur entgegengehalten werden[54], wenn sie die Gesellschaftsklage, oder ihre eigene Klage gleichzeitig mit der Gesellschaftsklage, erheben[55].

Die Verjährungsfrist von fünf Jahren gemäss Art. 919 OR (welcher Art. 760 OR entspricht) beginnt für die Klage der Gläubiger frühestens mit dem Konkurs der Genossenschaft, d.h. im Zeitpunkt zu laufen, in welchem diese tätig werden können (Art. 757 Abs. 1 OR)[56].

---

52 Siehe vorn, Anm. 37.
53 Wie das Bundesgericht in einem Entscheid vom 23. April 1987 in Erinnerung ruft, verlangt Art. 6 Abs. 2 KSG (SR 279) (unabhängig von der Grösse und der Mitgliederzahl einer Gesellschaft), dass die statutarische Schiedsgerichtsklausel «in einer schriftlichen Erklärung, welche ausdrücklich auf die Statuten Bezug nimmt», d.h. grundsätzlich in der Beitrittserklärung gemäss Art. 840 Abs. 1 OR, erwähnt wird.
54 BGE vom 22. April 1985, SAG 1986, S. 42.
55 BGE vom 6. März 1944, SJ 1944, S. 449.
56 BGE 87 II, 1961, S. 293. In der Praxis beginnt die Frist im allgemeinen zu laufen, wenn der Kollokationsplan und das Inventar zur Einsicht aufgelegt worden sind; siehe BGE 116 II, 1990, S. 158.

Zehntes Kapitel

Auflösung und Liquidation der Genossenschaft

§ 29 Auflösung mit Liquidation

Literatur

CAPITAINE, SJK Nr. 1162; GERWIG, GR, S. 323 ff.; GUTZWILLER, ad Art. 911 ff. OR; H.U. LINIGER, Die Liquidation der Genossenschaft, Zürich 1982; R. MÜLLER, Der Konkurs der Genossenschaft nach schweizerischem Recht, Diss. Zürich 1941; A. OLSTEIN, Der Konkurs der Genossenschaft nach schweizerischem Recht, Diss. Basel 1936; F. VON STEIGER, S. 138 ff. und 172 ff.
Zum Liquidationsverfahren im Hinblick auf den Verweis in Art. 913 Abs. 1 OR, siehe die Lehre zum Aktienrecht.

I. Gründe und Ausgestaltung der Auflösung

Die in Art. 911 OR vorgesehenen Auflösungsgründe decken sich im wesentlichen mit denjenigen für Aktiengesellschaften (Art. 736 OR)[1]. Allerdings hat der Gesetzgeber weder eine Art. 643 Abs. 3 und 4 OR entsprechende Auflösungsklage noch, was wesentlicher ist, eine Klage auf Auflösung aus wichtigen Gründen in das Genossenschaftsrecht aufgenommen. Über letztere wurde im Laufe der Gesetzgebungsarbeiten ausführlich diskutiert; sie wurde hauptsächlich deshalb fallengelassen, weil durch die zwingende Vorschrift des Art. 885 OR Missbräuche der Mehrheit, wie sie bisweilen in Aktiengesellschaften vorkommen, sehr unwahrscheinlich wurden[2]. Zudem können von solchen Missbräuchen betroffene Genossenschafter entweder aus wichtigen Gründen mit sofortiger Wirkung austreten (Art. 842 OR) oder allenfalls beim Richter die Abberufung der verantwortlichen Organe beantragen (Art. 890 Abs. 2 OR).

---

1 Siehe zum Aktienrecht insbes.: BÜRGI, ad Art. 736 OR; VON GREYERZ, VIII/2, § 24; F. VON STEIGER, Das Recht der Aktiengesellschaft, S. 328 ff. Siehe zudem O. DIETHELM, Grundsätzliches zur Frage der Auflösung handelsrechtlicher Körperschaften, Diss. Zürich 1953; C. METZLER, Die Auflösung im Bereiche der AG, Diss. Bern 1953.
2 Siehe insbes. Amtl. Bull. NR, 1936, S. 781 und 782.

Die Auflösung einer Genossenschaft «nach Massgabe der Statuten» (Art. 911 Ziff. 1 OR) kann entweder erfolgen, wenn diese den Bestand der Genossenschaft ausdrücklich befristen oder einer auflösenden Bedingung unterstellen, oder wenn der statutarische Zweck erreicht oder unmöglich geworden ist. Laut Lehre kann die Generalversammlung in allen diesen Fällen die Statuten der Genossenschaft sogar nach der Auflösung ändern, um den Bestand der Gesellschaft zu verlängern[3].

Häufiger (und jederzeit möglich) löst sich die Genossenschaft «durch einen Beschluss der Generalversammlung» auf (Art. 911 Ziff. 2 OR), welcher mit der qualifizierten Mehrheit von zwei Dritteln der abgegebenen Stimmen oder mit einer von den Statuten vorgesehenen (Art. 888 Abs. 2 OR) qualifizierteren Mehrheit (praktisch häufig) gefasst wird. Der Auflösungsbeschluss kann auch durch Urabstimmung erfolgen oder zu den Befugnissen der Delegiertenversammlung gehören. Hingegen kann er nicht, nicht einmal in konzessionierten Versicherungsgenossenschaften mit mehr als 1000 Mitgliedern, in die Kompetenz der Verwaltung fallen (Art. 893 Abs. 2 OR). Gemäss Rechtsprechung ist der Auflösungsbeschluss unwiderruflich, und die Generalversammlung hat nach der Auflösung nur noch reduzierte Befugnisse (Art. 739 Abs. 2 und 913 Abs. 1 OR)[4].

Aufgrund des Art. 912 OR (entspricht Art. 737 OR) ist die Auflösung der Genossenschaft von der Verwaltung zur Eintragung in das Handelsregister anzumelden, unabhängig davon, ob diese nach Massgabe der Statuten oder durch einen Beschluss der Generalversammlung (welcher nicht öffentlich beurkundet werden muss[5]) erfolgt ist. Die Anmeldung muss nicht von allen Mitgliedern der Verwaltung, sondern nur vom Präsidenten und dem Sekretär oder einem zweiten Mitglied des Verwaltungsrates unterzeichnet werden (vgl. Art. 22 Abs. 2 HRegV)[6]. Ist die Verwaltung nicht in der Lage, die Auflösung zur Eintragung anzumelden, muss die Generalversammlung Personen bezeichnen, welche die Anmeldung einzureichen haben (Art. 88 und 96 HRegV)[7]. Es sei daran erinnert, dass die Mitglieder nach Auflösung der Genossenschaft ihr Austrittsrecht nicht mehr ausüben können (Art. 842 Abs. 1 OR).

Als dritte Möglichkeit löst sich die Genossenschaft «durch Eröffnung des Konkurses» auf (Art. 911 Ziff. 3 OR); sie wird vom Richter ausgesprochen, entweder auf Begehren eines Gläubigers (Art. 166 ff. SchKG) oder auf Antrag der Verwaltung, wenn die Forderungen durch die Aktiven nicht mehr gedeckt sind (Art. 903

---

3 CAPITAINE, S. 1; F. VON STEIGER, S. 138; zum Aktienrecht, siehe BÜRGI, ad Art. 736 OR, N. 6.
4 BGE 91 I, 1965, S. 438. Diese Rechtsprechung wurde verschiedentlich kritisiert; siehe beispielsweise W. VON STEIGER, Die privatrechtliche Rechtsprechung des Bundesgerichts im Jahre 1965, ZBJV 103, 1967, S. 113, 119 ff.
5 Vgl. Art. 736 Ziff. 2 OR.
6 BÜRGI, ad Art. 737 OR, N. 3; GUTZWILLER, ad Art. 912 OR, N. 3.
7 Unterlässt die Verwaltung die Einreichung der Anmeldung, kommt Art. 60 HRegV zur Anwendung.

Abs. 2 OR und 192 SchKG)⁸; die Auflösung wird dem Handelsregister durch den Richter mitgeteilt (Art. 176 SchKG und 939 Abs. 1 OR). Im Gegensatz zur Auflösung durch einen Beschluss der Generalversammlung ist diejenige durch Eröffnung des Konkurses nicht unwiderruflich, denn auch der Konkurs kann widerrufen werden (Art. 195 SchKG); in diesem Fall wird die Eintragung der Auflösung gelöscht (Art. 939 Abs. 2 OR und 65 HRegV)⁹.

Schliesslich kann die Genossenschaft «in den übrigen vom Gesetz vorgesehenen Fällen» aufgelöst werden (Art. 911 Ziff. 4 OR). Die Fusion einer Genossenschaft (Art. 914 OR), ihre Übernahme durch eine öffentlich-rechtliche Körperschaft (Art. 915 OR) und ihre Umwandlung in eine andere Gesellschaftsform sind keine Anwendungen des Art. 911 Ziff. 4 OR. In solchen Fällen erfolgt die Auflösung auf Beschluss der Generalversammlung (vgl. insbesondere Art. 882 Abs. 2 und 915 Abs. 2 OR). Konzentrationen und Umwandlungen – auf welche hinten eingegangen wird – betreffen nicht den Rechtsgrund der Auflösung, sondern deren wirtschaftlichen Gründe und Folgen (die Gesellschaft wird nicht liquidiert oder jedenfalls werden ihre Aktiven nicht verwertet). Art. 911 Ziff. 4 OR bezieht sich somit im wesentlichen auf folgende Fälle¹⁰:

1. Eine Genossenschaft kann, gemäss *Art. 831 Abs. 2 OR*, durch Urteil aufgelöst werden, wenn die Zahl der Mitglieder unter sieben fällt¹¹ oder wenn es der Genossenschaft an den notwendigen Organen fehlt. Art. 831 Abs. 2 OR entspricht den Art. 625 Abs. 2 und 775 Abs. 2 OR, weshalb auf die diesbezüglichen Kommentare verwiesen¹² und hier nur kurz darauf eingegangen wird: als «lex imperfecta»¹³ ist Art. 831 Abs. 2 OR nur von geringem praktischem Interesse, in Anbetracht der Voraussetzungen eines Auflösungsurteils, der Ermessensfreiheit des Richters und insbesondere der Nutzlosigkeit für die Gläubiger (welche als einzige von dieser Bestimmung tatsächlich betroffen sind), die Auflösung einer Gesell-

---

8   Zu weiteren Einzelheiten bezüglich der verschiedenen Arten von Konkurs, siehe OLSTEIN, S. 7 ff. Ein Nachlassvertrag mit Vermögensabtretung muss im Handelsregister eingetragen werden, führt aber nicht zur Auflösung der Gesellschaft; siehe BGE 64 II, 1938, S. 361, und 60 I, 1934, S. 35.
9   Wird das Konkursverfahren mangels Aktiven eingestellt, so wird die Eintragung des Konkurses aufgehoben (Art. 65 HRegV), die Auflösung aber nicht widerrufen, BGE 90 II, 1964, S. 247.
10 Es werden an dieser Stelle nur die von ZGB, OR und der HRegV vorgesehenen Auflösungsgründe erwähnt, obgleich es noch weitere Gründe gibt, welche sich aus Spezialgesetzen ergeben (siehe beispielsweise Art. 23 quinquies BankG).
11 Oder drei, wenn es sich um einen Verband handelt (Art. 921 OR). Legen die Statuten diese Mindestzahl auf über sieben fest, führt die Tatsache, dass diese Zahl nicht mehr erreicht ist (aber immer noch sieben oder mehr beträgt), nicht zur Anwendung des Art. 831 Abs. 2 OR; siehe dazu FORSTMOSER, ad Art. 831 OR, N. 27.
12 Insbes. SIEGWART, ad Art. 625 OR, N. 32 ff., und W. VON STEIGER, ad Art. 775 OR, N. 14 ff. Zum Genossenschaftsrecht, siehe FORSTMOSER, ad Art. 831 OR, N. 22 ff., und GUTZWILLER, ad Art. 831 OR, N. 3 ff.
13 FORSTMOSER, ad Art. 831 OR, N. 24; siehe auch F. VON STEIGER, S. 33.

schaft zu begehren, welche entweder noch richtig funktioniert oder bald in Konkurs geraten wird.

Art. 831 Abs. 2 OR erklärt stillschweigend die Zulässigkeit und die Beibehaltung der Rechtspersönlichkeit einer Genossenschaft mit zwei Mitgliedern oder sogar einem einzigen Mitglied[14], obgleich ein einziges übriggebliebenes Mitglied weder «gemeinsame Selbsthilfe» üben noch eine mit Art. 894 Abs. 1 OR vereinbare Verwaltung bilden kann. Ein «Fehlen der notwendigen Organe» liegt vor, wenn die erforderlichen Organe nicht mehr im Amt oder dauernd unerreichbar oder untätig sind; hingegen genügt es nicht, dass sie inkompetent, nachlässig[15] oder vorübergehend untätig sind[16]. Der Verweis (in der französischen, nicht aber in der deutschen Fassung) des Gesetzes auf das «Funktionieren» (fonctionnement) der Genossenschaft rechtfertigt eine verhältnismässig restriktive Auslegung des Begriffs der «notwendigen Organe». Somit kann eine Genossenschaft häufig mit einer Verwaltung aus einem oder zwei Mitgliedern (unter Verletzung des Art. 894 Abs. 1 OR) oder ohne eines der von den Statuten vorgesehenen Organe richtig funktionieren[17]. Hingegen beraubt das Fehlen von Revisoren die Genossenschaft eines Organs, welches für den Schutz ihrer Gläubiger und für den normalen Gang ihrer ordentlichen Generalversammlung unabdingbar ist (Art. 908 OR).

Die Klage des Art. 831 Abs. 2 OR[18] richtet sich gegen die Genossenschaft und erfolgt bei den zuständigen Gerichten am Sitz der Gesellschaft. Kommt der Richter zum Schluss, die Gesellschaft ermangele in ihrem jetzigen Zustand tatsächlich der notwendigen Organe, *muss* er ihr eine angemessene Frist zur Wiederherstellung des gesetzmässigen Zustandes setzen, nach deren Ablauf er, falls die Unregelmässigkeiten fortdauern, die Auflösung verfügen *kann*. Seine Ermessensfreiheit ist nicht unbegrenzt, erlaubt ihm aber eine sorgfältige Interessenabwägung. Die in Art. 831 Abs. 2, am Schluss, OR erwähnten vorsorglichen Massnahmen können insbesondere die richtige Verwaltung der Genossenschaft und den Schutz der Gläubiger während des Verfahrens gewährleisten.

2. Eine Genossenschaft kann gemäss *Art. 57 Abs. 3 ZGB* aufgelöst werden, wenn ihr Zweck widerrechtlich oder unsittlich ist oder wird. Wie erwähnt[19] führt die Wahl oder Verfolgung eines nicht genossenschaftlichen Zwecks laut der herrschenden Lehre nicht zur Anwendung von Art. 57 Abs. 3 ZGB. Wie ebenfalls schon

---

14 FORSTMOSER, ad Art. 831 OR, N. 26.
15 Ibid., N. 31.
16 Im letzteren Fall kann eine Beistandschaft in Betracht gezogen werden (Art. 393 Ziff. 4 ZGB); siehe dazu FORSTMOSER, ad Art. 831 OR, N. 33 und 47 ff., sowie BGE 78 II, 1952, S. 369. Zu weiteren Einzelheiten, siehe J. SCHUMACHER-BAUER, Beistandschaft in der AG, Zürich 1981.
17 Siehe FORSTMOSER, ad Art. 831 OR, N. 32 ff.
18 Zum Verfahren, siehe FORSTMOSER, ad Art. 831 OR, N. 36 ff., und W. VON STEIGER, ad Art. 775 OR, N. 14 ff.
19 Vorn, Erstes Kapitel, § 3.

erwähnt[20], kann zwar, gemäss einem Teil der Lehre, Art. 643 Abs. 3 OR nicht analog angewandt werden, hingegen unter Umständen die Anfechtung der Beschlüsse der Gründungsversammlung zur Auflösung der Gesellschaft führen.

3. Gemäss *Art. 895 Abs. 2 OR*, welcher Art. 708 Abs. 4 OR (Art. 711 Abs. 4 OR 1936) entspricht[21], muss der Handelsregisterführer im Verfahren gemäss Art. 86 HRegV (für Genossenschaften über Art. 96 HRegV anwendbar) nach einer Frist von mindestens dreissig Tagen eine Genossenschaft von Amtes wegen auflösen, deren Verwaltung nicht mehr mehrheitlich aus in der Schweiz wohnhaften Schweizerbürgern besteht, und von denen nicht mindestens eine Person zur Vertretung der Genossenschaft berechtigt ist. Allerdings kann die Auflösung widerrufen werden, wenn innert drei Monaten der gesetzliche Zustand wiederhergestellt wird (Art. 86 Abs. 3 HRegV).

Das Verfahren gemäss Art. 86 HRegV kommt ebenfalls, aufgrund von Art. 88a HRegV (obgleich Art. 96 HRegV diesen nicht erwähnt), zur Anwendung, wenn die Genossenschaft am statutarischen Sitz kein Rechtsdomizil mehr besitzt.

4. Der Handelsregisterführer muss zudem einschreiten, wenn er Kenntnis erhält, dass eine Genossenschaft keine verwertbaren Aktiven mehr hat und keine Aktivitäten mehr ausübt; in einem solchen Fall muss die Genossenschaft nicht mehr aufgelöst werden, da sie schon liquidiert ist; sie muss jedoch im Handelsregister gelöscht werden. Zur Anwendung kommt das 1992 geänderte Verfahren gemäss Art. 89 HRegV. Früher betraf diese Bestimmung nur Genossenschaften, welche keine Organe oder keine Vertreter in der Schweiz mehr besassen; andernfalls hatte der Handelsregisterführer das Verfahren gemäss Art. 60 HRegV zu befolgen[22].

5. Die Verlegung des Sitzes einer schweizerischen Gesellschaft ins Ausland führt nicht notwendigerweise zu deren Auflösung; sie kann aufgrund von Art. 163 IPRG und Art. 51 HRegV ihre Löschung im Handelsregister erreichen, wenn sie nachweist, dass sie an ihrem neuen Sitz fortbesteht und dass ihre Gläubiger befriedigt oder mit der Löschung einverstanden sind.

---

20 Vorn, Zweites Kapitel, § 8.
21 Siehe BÜRGI, ad Art. 711 OR, N. 25 ff.
22 BGE 94 I, 1968, S. 562; das Bundesgericht stellt fest, dass eine von ihren Organen verlassene Gesellschaft, welche aber noch Aktiven besitzt, nicht gelöscht werden darf, sondern einen Beistand erhalten muss (Art. 393 Abs. 4 ZGB).

II. Liquidationsverfahren

Gemäss Art. 738 OR, welcher analog auf Genossenschaften anwendbar ist, tritt grundsätzlich eine aufgelöste Genossenschaft in Liquidation[23]. Die Bestellung der Liquidatoren[24] und das Liquidationsverfahren werden vom Aktienrecht (Art. 913 Abs. 1 OR), d.h. durch Art. 739–747 OR geregelt, weshalb auf die Lehre[25] und Rechtsprechung zu diesen Artikeln verwiesen wird. Obgleich der Verweis auf das Aktienrecht verschiedentlich kritisiert wurde[26], und obgleich er die in Art. 58 ZGB vorgesehene Lösung umkehrt, hat der Gesetzgeber u. E. hiermit eine praktische und sinnvolle Lösung gewählt. Im Stadium der Liquidation besteht nämlich kein wesentlicher Unterschied zwischen Aktiengesellschaften und Genossenschaften, sowohl bezüglich des Verhältnisses zwischen den Liquidatoren und den übrigen Gesellschaftsorganen (Art. 739 Abs. 2 OR), als auch bezüglich der Aufgaben der Liquidatoren (Art. 742 und 743 OR), des Gläubigerschutzes (Art. 744 und 745 OR) oder auch der Massnahmen nach beendeter Liquidation (Art. 746 und 747 OR).

Der Tatsache, dass die Verteilung des Liquidationsüberschusses[27] in den beiden Gesellschaften unterschiedlich geregelt ist, muss selbstverständlich Rechnung getragen werden, insbesondere bei der Anwendung der Art. 739 Abs. 1 und 745 Abs. 1 OR. Zudem wird Art. 743 Abs. 2 OR durch Art. 903 Abs. 4 OR ergänzt. Schliesslich müssen die Liquidatoren von den Mitgliedern nötigenfalls nicht nur ausstehende Zahlungen auf die Anteile (vgl. Art. 743 Abs. 1 OR), sondern auch alle übrigen der Genossenschaft geschuldeten Beträge (Beiträge, Eintrittsgelder, Auslösungssummen usw.) einfordern.

Wird eine Genossenschaft nach Konkurs aufgelöst oder fällt sie nach der Auflösung in Konkurs, erfolgt ihre Liquidation gemäss Art. 221–270 SchKG. Auch hier kommt das gleiche Verfahren wie für die Aktiengesellschaft zur Anwendung. Allerdings gelten besondere Bestimmungen für Genossenschaften mit persönlicher Haftung oder Nachschusspflicht. Diese Vorschriften, insbesondere Art. 869 Abs. 2, 870 Abs. 3, 871 Abs. 4 und 873 OR, ergänzt durch die GenV, wurden vorn besprochen[28].

---

23   BGE 91, 1965, S. 438.
24   Entgegen der Ansicht von GUTZWILLER, ad Art. 913 OR, N. 25, besteht, trotz der Verwendung der Mehrzahl in Art. 740 OR (und der Tatsache, dass sich die Verwaltung der Genossenschaft aus mindestens drei Personen zusammensetzt), kein überzeugender Grund, die Bestellung mehrerer Liquidatoren zu fordern.
25   Insbes. BÜRGI, ad Art. 739–747 OR; VON GREYERZ, VIII/2, § 24; F. VON STEIGER, Das Recht der Aktiengesellschaft S. 339 ff., und im weiteren R. HEBERLEIN, Die Kompetenzausscheidung bei der Aktiengesellschaft, Diss. Zürich 1969. Zur Genossenschaft, siehe: GUTZWILLER, ad Art. 913 OR; LINIGER, S. 112 ff.; F. VON STEIGER, S. 172 ff.
26   Siehe LINIGER, S. 88 ff.
27   Siehe vorn, Fünftes Kapitel, § 19.
28   Vorn, Sechstes Kapitel.

§ 30 Auflösung ohne Liquidation

Literatur

Zur Umwandlung: R. BÄRLOCHER, Die Umwandlung der Genossenschaft in eine Kapitalgesellschaft, Diss. Bern 1941; CAPITAINE, SJK Nr. 1162, S. 7 ff.; R. COUCHEPIN, Keine vereinfachte Umwandlung mehr von Genossenschaften in Handelsgesellschaften, SAG 1967, S. 154; GUTZWILLER, Anhang zum sechsten Abschnitt (im Anschluss an den Kommentar zu Art. 915 OR); J. HENGGELER, Umwandlung von Genossenschaften in andere Rechtsformen, SAG 1939–40, S. 54; T. KADY, Massgebende Bilanz bei der Umwandlung der Genossenschaft in eine Handelsgesellschaft, SAG 1948–49, S. 45; E. LEHMANN, Die Umwandlung einer Genossenschaft in eine AG nach der Bundesratsverordnung vom 29. Dezember 1939, Diss. Basel 1941; P. MÜLLER, Die Umwandlung von Genossenschaften in Handelsgesellschaften (AG oder GmbH), in: Die AG im neuen OR, Heft 8, Zürich 1941; E. REGLI, Die Umwandlung von Genossenschaften in Handelsgesellschaften nach der Verordnung des Bundesrates vom 29. Dezember 1939, Diss. Bern 1942; A. SENDER, Die Umwandlung von Genossenschaften in Aktiengesellschaften auf Grund der V des Bundesrates vom 29. Dezember 1939, Diss. Zürich 1943; F. VON STEIGER, S. 161 ff., und Die Umwandlung der Genossenschaften in Handelsgesellschaften, SAG 1939–40, S. 121; A. STREHLE, Problematik der Umwandlung von grossen Kredit- und Warengenossenschaften in Aktiengesellschaften, Zg Gen W., S. 36; D. WEHRLI, Die Umwandlung einer Genossenschaft in eine Aktiengesellschaft, Diss. Zürich 1976.
Zur Fusion: M. BRUNNER, Der genossenschaftliche Zusammenschluss unter besonderer Berücksichtigung einer vergleichsweisen Darstellung der konsumgenossenschaftlichen Verhältnisse der Schweiz und Österreichs, Diss. Bern 1951; CAPITAINE, SJK Nr. 1162, S. 5 ff.; A. EGGER, Über die Fusion von Genossenschaften, in: Ausgewählte Schriften und Abhandlungen, Bd. II, Zürich 1957, S. 235; GERWIG, GR, S. 326 ff.; GUTZWILLER, ad Art. 914 OR; H. HÄBERLING, Die Fusion von Genossenschaften nach schweizerischem Recht, Diss. Zürich 1951; R. KOHLER Fusionen und Separationen von Konsumgenossenschaften in der Schweiz, Diss. Bern 1952; F. VON STEIGER, S. 151 ff.
Zur Übernahme durch eine öffentlich-rechtliche Körperschaft: CAPITAINE, SJK Nr. 1162, S. 7; GUTZWILLER, ad Art. 915 OR; F. VON STEIGER, S. 150 ff., und Übernahme einer Genossenschaft durch eine Körperschaft des öffentlichen Rechts, SAG 1945–1946, S. 23. Siehe auch hinten, Anm. 67, die Hinweise auf die Lehre zum (identischen) Aktienrecht.

I. Umwandlung

Gemäss den beim Inkrafttreten des neuen Rechts im Jahre 1937 erlassenen Schluss- und Übergangsbestimmungen[29] hatten die existierenden Genossenschaften ihre Statuten innert einer Frist von 5 Jahren den neuen Bestimmungen anzupassen (Art. 2). Für einzelne Genossenschaften, vor allem für wie Handelsgesellschaften organisierte Pseudogenossenschaften, war eine solche Anpassung undenkbar; ihnen stand einzig die Umwandlung offen. Diese Schluss- und Übergangsbestimmungen ermächtigten den Bundesrat, Vorschriften über die Umwandlung einer Genossenschaft in eine Handelsgesellschaft ohne Liquidation zu erlassen (Art. 4). Der Bundesrat machte von

---

29 BG vom 18. Dezember 1936, AS 53, 185.

dieser Kompetenz vorerst von Fall zu Fall, dann durch eine Verordnung vom 29. Dezember 1939 (V über die Umwandlung von Genossenschaften in Handelsgesellschaften, GUV)[30] Gebrauch, deren Bestimmungen im wesentlichen auf Art. 824–826 OR über die Umwandlung von Aktiengesellschaften in Gesellschaften mit beschränkter Haftung beruhten[31]. Rund achtzig Gesellschaften nahmen eine Umwandlung vor zwischen 1937 und dem 1. April 1966, dem Datum der Aufhebung der GUV[32], welche heute nur noch von historischem Interesse ist[33]. Die Aufhebung der GUV wurde allerdings bedauert[34], da nun, mangels besonderer Bestimmungen, die Umwandlung einer Genossenschaft in eine andere Körperschaft nicht mehr ohne Liquidation, durch Universalsukzession, vorgenommen werden kann[35]. Immerhin ist für Bankgenossenschaften die Umwandlung ohne Liquidation weiterhin möglich, mit Zustimmung des Bundesrates, gemäss Art. 14 BankG[36]; seit 1935 haben fünfzehn Banken von dieser Möglichkeit Gebrauch gemacht.

Die Umwandlung einer Genossenschaft verlangt somit heute, wie vor 1937, dass diese aufgelöst wird, in Liquidation tritt und, gemäss Art. 181 Abs. 1 OR[37], ihr Vermögen in die neue, sie ersetzende Gesellschaft einlegt. Dieses Verfahren kann selbstverständlich steuerliche Folgen zeitigen. Dank Art. 6 StG und Art. 5 Abs. 1 VStG und der im allgemeinen gewährten besonderen Regelungen der direkten Bundessteuer und der kantonalen Steuer, sowohl für die aufgelöste Genossenschaft als auch für ihre Mitglieder, sind die steuerlichen Kosten der Umwandlung einer Genossenschaft in eine Handelsgesllschaften selten prohibitiv.

Verfügt die Genossenschaft über Reserven, d.h. über einen Aktivenüberschuss, muss Art. 913 OR berücksichtigt werden. Wenn die übernehmende Gesellschaft nicht ihrerseits einen genossenschaftlichen Zweck oder ein öffentliches Interesse verfolgt (wie dies einer Aktiengesellschaft aufgrund von Art. 620 Abs. 3 OR möglich ist) und ihre Statuten eine Verteilung des Liquidationsüberschusses ausschliessen[38], müssen die Statuten der aufgelösten Genossenschaft zwingend die Verteilung des Überschusses unter ihre Mitglieder erlauben (Art. 913 Abs. 2 OR); andernfalls kann die Umwandlung von denjenigen Genossenschaftern, welche dieser nicht zugestimmt haben, angefochten werden[39]. Eine solche statutarische Bestimmung kann

---

30 SR 2.681.
31 Siehe W. VON STEIGER, ad Art. 824–826 OR.
32 AS 1966, 674.
33 Zu weiteren Einzelheiten betreffend die GenV von 1939, siehe die Ausführungen von BÄRLOCHER, MÜLLER, REGLI und SENDER, sowie von F. VON STEIGER, S. 161 ff., und WEHRLI, S. 32 ff.
34 FORSTMOSER, Grossgenossenschaften, S. 122.
35 BGE 92 I, 1966, S. 400.
36 Siehe WEHRLI, S. 51 ff. und 192 ff.
37 Art. 181 Abs. 2 OR ist dagegen nicht anwendbar; siehe BGE 87 I, 1961, S. 301.
38 WEHRLI, S. 67.
39 Ibid., S. 71.

jederzeit eingeführt werden[40], da die Genossenschafter offensichtlich kein wohlerworbenes Recht daran besitzen, dass der Aktivenüberschuss ihrer Gesellschaft genossenschaftlichen Zwecken oder einem öffentlichen Interesse dient.

Es stellt sich die Frage, ob einem Genossenschafter nicht nur die mit Zweidrittelmehrheit der abgegebenen Stimmen beschlossene (Art. 888 Abs. 2 OR) Auflösung seiner Gesellschaft, sondern auch die Annahme seines Liquidationsanteils in Form von Aktien der übernehmenden Genossenschaft auferlegt werden und er somit gezwungen werden kann, an der Umwandlung mitzuwirken und sogar, durch die Schaffung vinkulierter Namenaktien, seine Investition in der neuen Gesellschaft beizubehalten. Nichts scheint gegen diese Lösung zu sprechen[41]; sie kann einerseits auch den in Art. 865 Abs. 2 OR erwähnten Personen auferlegt werden, welcher diesen «den gleichen Anspruch» wie den Mitgliedern zugesteht, und anderseits auch den Inhabern von Anteilen, welche nicht Mitglieder sind (insoweit sie Anspruch am Liquidationsüberschuss haben können[42]). Dieser Zwang setzt selbstverständlich voraus, dass die neue Gesellschaft nicht durch die Genossenschafter, sondern durch die Genossenschaft gegründet wurde[43]; zudem ist die Abgabe vinkulierter Aktien als Rückzahlung der Anteile, an welchen die Mitglieder auf Grund von Art. 913 Abs. 2 OR ein absolutes Recht besitzen, vermutlich unzulässig[44].

Der Grund, weshalb eine Genossenschaft die Umwandlung in eine Aktiengesellschaft plant, muss logischerweise darin liegen, dass sie im Laufe der Jahre Züge einer Aktiengesellschaft angenommen hat oder annehmen will. Es droht ihr beispielsweise der Austritt zahlreicher Mitglieder, welche sich der Bestimmung des Art. 885 OR nicht mehr fügen wollen, oder sie fühlt sich durch die gesetzliche Beschränkung der Ausrichtung von Dividenden behindert, oder sie will aussergesellschaftliche Kredite aufnehmen durch Mittel (Ausgabe von Partizipationsscheinen, Kapitalerhöhung mit öffentlichem Zeichnungsangebot), welche für Genossenschaften unpassend oder verboten sind. Dennoch kann die betreffende Gesellschaft einzelne genossenschaftliche Züge oder Einrichtungen beibehalten wollen oder müssen, was nicht immer ohne weiteres möglich ist. Die Beibehaltung des Kopfstimmrechts beispielsweise ist nicht immer machbar, da seine Einführung aufgrund von Art. 692 Abs. 2, 2. Satz, OR umstritten ist[45]; die Lösung der Stimmrechtsaktien (jedes Mitglied erhält anlässlich der Umwandlung die gleiche Zahl Titel mit unterschiedlichem Gesamtnominalwert)

---

40 Siehe dazu vorn, Fünftes Kapitel, § 15.
41 Laut WEHRLI, S. 177, welcher BGE 42 II, 1916, S. 155 zitiert, müssen die erhaltenen Aktien frei übertragbar sein; allerdings betrifft dieser Entscheid Art. 713 aOR, welcher den Mitgliedern ein absolut wohlerworbenes Recht am Liquidationsüberschuss verlieh.
42 Siehe vorn, Fünftes Kapitel, § 15.
43 Die Genossenschafter können nämlich nicht gezwungen werden, Titel der neuen Gesellschaft zu zeichnen.
44 Hier kommt der vorn, in Anm. 41 zit. Entscheid zur Anwendung.
45 Siehe WEHRLI, S. 118 ff.

ist praktisch nicht zufriedenstellend. Zudem und in erster Linie dürfen gemäss Art. 680 OR die Statuten der neuen Gesellschaft keine Pflichten zu Lasten der Mitglieder vorsehen; somit können die in vielen Genossenschaften üblichen Abnahme- und Lieferungspflichten, Konkurrenzverbote usw. nur auf vertraglichem Weg beibehalten werden[46].

Es wurde vorn darauf hingewiesen, dass die Aktiengesellschaft entweder durch die in Umwandlung begriffene Genossenschaft oder durch deren Mitglieder gegründet werden kann[47]. Die erste Möglichkeit ist insbesondere deshalb vorzuziehen, weil hierbei nicht erforderlich ist, dass jedes Mitglied der Zeichnung der Aktien zustimmt, auf welche es Anspruch hat; die Genossenschaft erwirbt sie alle (mit Hilfe von zwei Treuhändern), liberiert sie durch Einlage ihres Kapitals und verteilt sie an die Mitglieder, unter Berücksichtigung deren auf Art. 913 OR und den darauf beruhenden statutarischen Bestimmungen gestützten Rechte. Wird dennoch die zweite Lösung gewählt, sind verschiedene Verfahren denkbar. Am einfachsten ist es, die Aktien der Mitglieder durch die Genossenschaft, unter Einlage ihres Kapitals in die Gesellschaft, zu liberieren. Als weitere Möglichkeiten zeichnen die Mitglieder die Aktien der Aktiengesellschaft, liberieren sie durch Einlage ihrer Anteile und/oder ihrer Ansprüche am Liquidationsüberschuss und beschliessen gleichzeitig die Auflösung der Genossenschaft (deren Vermögen auf die neue Aktiengesellschaft übertragen wird).

---

46 Ibid., S. 112.
47 Zu den verschiedenen Umwandlungsverfahren, siehe ibid., S. 125 ff.

II. Fusion

Art. 914 OR regelt die Übernahme einer Genossenschaft durch eine andere[48] (das Genossenschaftsrecht kennt die Vereinigung des Art. 749 OR nicht) und entspricht in den grossen Zügen der entsprechenden Vorschrift des Aktienrechts (Art. 748 OR)[49]. In beiden Rechten verlangt die Fusion den Abschluss eines Fusionsvertrages sowie die Genehmigung dieses Vertrages – und der Übernahme – durch die Generalversammlung beider betroffener Genossenschaften; nach diesen Formalitäten geht das Vermögen der übernommenen Genossenschaft ex lege durch Universalsukzession (nicht durch Abtretung im Sinne von Art. 181 OR) in die übernehmende Genossenschaft über. Ebenfalls in beiden Rechten geniessen die Gläubiger der übernommenen Genossenschaft einen besonderen Schutz, in dessen Rahmen sie einerseits, falls sie dies fordern, bezahlt oder gesichert werden (wenn ihre Forderung nicht verfallen ist), und anderseits das Vermögen ihrer Genossenschaft getrennt verwaltet wird und bei Konkurs eine eigene Masse mit prioritärer Behandlung ihrer Forderungen bildet. Ebenfalls in beiden Rechten schliesslich werden die Mitglieder der übernommenen Genossenschaft grundsätzlich automatisch Mitglieder der übernehmenden Genossenschaft, auch gegen ihren Willen und ohne dass sie ihren allfälligen gesetzlichen oder statutarischen Liquidationsanteil verlangen können. Die einzigen nur dem Genossenschaftsrecht eigenen Bestimmungen sind Art. 914 Ziff. 9–11 OR, welche für die Mitglieder und Gläubiger der übernommenen Genossenschaft die Folgen einer persönlichen Haftung im Rahmen der übernommenen, der übernehmenden oder beider Genossenschaften betreffen.

1. Fusionsvertrag

Wie erwähnt erfordert die Fusion einen durch die zuständigen Verwaltungsorgane beider Genossenschaften abgeschlossenen und unterzeichneten Fusionsvertrag

---

48 Der in der französischen Fassung des Art. 914 OR verwendete Ausdruck «société de même nature» ist als «coopérative» zu verstehen; siehe GUTZWILLER, ad Art. 914 OR, N. 2; HÄBERLING, S. 37 ff.; F. VON STEIGER, S. 152. Zur Frage, ob eine schon aufgelöste oder überschuldete Gesellschaft an einer Fusion teilnehmen kann, siehe insbes. HÄBERLING, S. 39 ff. und 73 ff.

49 Siehe insbes. zu Art. 748 OR: BÜRGI, Vorbemerkungen zu den Art. 748–750 und ad Art. 748 OR; A. CUENDET, La fusion par absorption, en particulier le contrat de fusion dans le droit suisse de la société anonyme, Diss. Lausanne 1973; VON GREYERZ, VIII/2, § 24; A. KÜRY, Die Universalsukzession bei der Fusion von Aktiengesellschaften, Basel 1962; R. MEIER, Die Rechtsnatur des Fusionsvertrages, Zürich 1986; L. MELLINGER, Die Fusion von Aktiengesellschaften im schweizerischen und deutschen Recht, Diss. Zürich 1971; P.-A. RECORDON, La protection des actionnaires lors des fusions et scissions de sociétés, Genf 1974; F. VON STEIGER, Das Recht der Aktiengesellschaft, S. 351 ff.; M. STEHLI, Aktionärschutz bei Fusionen, Zürich 1975; J. SUTER, Die Fusion von Aktiengesellschaften im Privatrecht und im Steuerrecht, Zürich 1965.

(die schriftliche Form wird nicht verlangt, aber stets verwendet). Obgleich Art. 914 OR, im Gegensatz zu Art. 748 OR (in Ziff. 8), diesen Vertrag nicht ausdrücklich erwähnt, ist er fraglos erforderlich; sein Mindestinhalt[50] umfasst die Identität beider Parteien, ihre Willensäusserung zum Zusammenschluss in eine einzige Einheit und die Bezeichnung derjenigen der beiden Genossenschaften, welche fortbestehen soll. Häufig erwähnt der Fusionsvertrag einige statutarische Bestimmungen, welche die übernehmende Genossenschaft ändern oder einführen wird, beispielsweise bezüglich ihrer Firma, ihres Zwecks oder auch der Zulassungsbedingungen und Rechte und Pflichten der Mitglieder. Zudem enthält der Vertrag im allgemeinen finanzielle Bestimmungen betreffend den Vermögensstand beider Genossenschaften (deren Bilanzen dem Vertrag beigefügt werden) und allenfalls betreffend die Zahl der Anteile, auf welche die Mitglieder der übernommenen Genossenschaft Anspruch haben werden. Die Regelung dieser letzten Frage kann insbesondere dann heikel sein, wenn nicht beide Genossenschaften ihren Mitgliedern die gleichen Vermögensrechte gewähren. Nicht nur müssen die Mitglieder beider Genossenschaften gleich behandelt werden, sondern es muss auch die Gleichbehandlung der Mitglieder der übernommenen Genossenschaft gewahrt sein. Man denke beispielsweise an die Möglichkeit, dass die übernommene Genossenschaft die Verteilung des Liquidationsüberschusses nach Massgabe des Wertes der Anteile, die übernehmende Genossenschaft jedoch die Verteilung nach Köpfen vorsieht; besitzt eine der beiden Genossenschaften ein Genossenschaftskapital, entstehen schwierige Probleme, insbesondere wenn es sich dabei um die übernommene Genossenschaft handelt. In diesem Zusammenhang ist zudem zu erwähnen, dass Art. 854 OR die Möglichkeit ausschliesst, im Rahmen der übernehmenden Genossenschaft mehrere Kategorien von Mitgliedern zu schaffen, so dass die erforderlichen Anpassungen zwingend im Zeitpunkt der Fusion vorgenommen werden müssen[51].

2. Beschlüsse der Generalversammlungen

Der von der Verwaltung beider Genossenschaften abgeschlossene Fusionsvertrag ist nicht vollkommen und seine Bestimmungen bleiben in der Schwebe, bis sich die Generalversammlungen beider Genossenschaften dazu geäussert haben. Gemäss Art. 888 Abs. 2 OR muss die Generalversammlung der übernommenen Genossenschaft die Fusion und den Fusionsvertrag[52] mit einer Mehrheit von zwei Dritteln der abgegebenen Stimmen genehmigen, unter Vorbehalt einerseits einer statutarisch

---

50 Siehe CAPITAINE, SJK Nr. 1162, S. 6; HÄBERLING, S. 48 ff.; F. VON STEIGER, S. 154 ff.
51 Siehe dazu EGGER.
52 GUTZWILLER, ad Art. 914 OR, N. 9; HÄBERLING, S. 82; F. VON STEIGER, S. 153.

vorgesehenen qualifizierteren Mehrheit, und anderseits des Art. 914 Ziff. 11 OR. Obgleich die Notwendigkeit eines Beschlusses der fortdauernden übernehmenden Genossenschaft weniger offensichtlich ist, wird im allgemeinen angenommen, die Erwähnung der «Fusion» in Art. 888 Abs. 2 OR betreffe beide Genossenschaften[53]. Muss die übernehmende Genossenschaft ihre Statuten ändern, kann dies nur durch die Generalversammlung geschehen; unter Umständen ist die für diese Änderung statutarisch geforderte Mehrheit eine andere als diejenige für die Genehmigung der Fusion[54].

Sobald sich die zweite Generalversammlung (es kann diejenige einer der beiden Genossenschaften sein) zustimmend geäussert hat und die gefassten Beschlüsse im Handelsregister eingetragen sind[55], ist die übernommene Genossenschaft aufgelöst, ihr Vermögen durch Universalsukzession[56] in die übernehmende Genossenschaft übergegangen und der Fusionsvertrag voll wirksam.

3. Wechsel der Mitgliedschaft

Aufgrund von Art. 914 Ziff. 8 OR werden die Mitglieder der übernommenen Genossenschaft automatisch, «mit allen Rechten und Pflichten», Mitglieder der übernehmenden Genossenschaft. Geht aber dieser Wechsel mit der Einführung oder Erschwerung der persönlichen Haftung im Sinne der Art. 869 ff. OR einher, eröffnet Art. 914 Ziff. 11 OR denjenigen Mitgliedern, welche der Fusion nicht zugestimmt haben, die Möglichkeit des Austritts innert drei Monaten seit der Veröffentlichung des Fusionsbeschlusses; dabei finden die Haftungsvorschriften in den Statuten der übernehmenden Genossenschaft auf sie keine Anwendung und können nicht als vor ihrem Austritt auf sie angewandt gelten; vermutlich können solche Mitglieder zudem nicht zur Leistung einer Auslösungssumme verpflichtet werden (siehe Art. 889 Abs. 3 OR), obgleich Art. 914 Ziff. 11 OR dies nicht erwähnt. Hingegen unterstehen sie befristet weiterhin allfälligen Haftungsbestimmungen der übernommenen Genossenschaft (Art. 876 und 914 Ziff. 9 OR).

Angesichts der Vorschriften des Art. 914 Ziff. 8 OR erscheint ausgeschlossen, dass es ein Mitglied der übernommenen Genossenschaft vermeiden kann, Mitglied der übernehmenden Genossenschaft zu werden, ohne dass die Voraussetzungen des

---

53 Siehe dazu insbes. HÄBERLING, S. 76 ff.
54 Ibid., S. 84.
55 Zu den Einzelheiten und Wirkungen der Eintragung, siehe: HÄBERLING, S. 86 ff.; VON STEIGER, S. 153 ff. Wie das Bundesgericht in BGE 116 II, 1990, S. 713 bemerkt, hat die Eintragung keine absolut heilende Wirkung und verhindert insbesondere nicht die Anfechtung des von der Generalversammlung gefassten Fusionsbeschlusses (im vorliegenden Fall wegen einer nicht statutengemässen Einberufung).
56 Siehe HÄBERLING, S. 103 ff.

Art. 914 Ziff. 11 OR erfüllt sind[57]. Auch in einem solchen Fall ist jedoch anzunehmen, dass die Austrittserklärung grundsätzlich nur bezüglich der Haftung Rückwirkung zeitigt[58] und dass Ansprüche (insbesondere am Gesellschaftsvermögen) und Pflichten des ausscheidenden Mitglieds durch die Statuten der *übernehmenden* Genossenschaft bestimmt werden; die gegenteilige Lösung ist allerdings denkbar und entspricht zweifellos eher dem Willen des Gesetzgebers; dennoch ist sie besonders dann nicht zufriedenstellend, wenn sich das Mitglied erst nach Ablauf der dreimonatigen Frist zum Austritt entscheidet, nachdem es sich wie ein Mitglied der übernehmenden Genossenschaft verhalten hat und vielleicht Inhaber deren Anteile geworden ist. Allerdings schafft Art. 914 OR eine kurze Zeitspanne zwischen Fusionsbeschluss und Mitgliedschaftswechsel, da letzterer erst nach der *Eintragung* der Auflösung eintritt. Es ist somit anzunehmen, dass ein Mitglied während dieser Zeitspanne aus der übernommenen (nicht aus der übernehmenden) Genossenschaft austreten kann, entweder aufgrund von Art. 914 Ziff. 11 OR oder allenfalls unter Geltendmachung eines wichtigen Austrittsgrundes insbesondere dann, wenn die Fusion zu einer Zweckänderung führt, welche die Beibehaltung der Mitgliedschaft uninteressant macht[59], oder wenn das betreffende Mitglied die Voraussetzungen für den Erwerb der Mitgliedschaft der übernehmenden Genossenschaft nicht erfüllt und es sowieso austreten müsste (oder ausgeschlossen würde)[60].

4. Gläubigerschutz

Grundsätzlich sind die Bestimmungen des Gläubigerschutzes der übernommenen Genossenschaft gleich wie im Aktienrecht[61]. Nach Auflösung der übernommenen Genossenschaft ergeht ein Schuldenruf an die Gläubiger (Art. 914 Ziff. 1 OR und 742 OR), welche Befriedigung oder Sicherstellung (wenn ihre Forderungen nicht fällig sind) verlangen und zu diesem Zweck die übernehmende Genossenschaft sowohl an ihrem Sitz als auch am Gerichtsstand der übernommenen Genossenschaft belangen können (Art. 914 Ziff. 2 und 4 OR). Während der für die Befriedigung oder Sicherstellung der Gläubiger erforderlichen Zeit, und mindestens bis zum Ablauf der in Art. 745 Abs. 2 und 3 OR vorgesehenen Frist, muss das Vermögen der übernommenen Genossenschaft getrennt verwaltet werden (Art. 914 Ziff. 2 und 6 OR), und

---

57   Ibid., S. 21 ff., 102 ff. und 111 ff.
58   Contra: Laut HÄBERLING, S. 21 und 113 ff., wird ein Mitglied, welches den Austritt erklärt, behandelt, wie wenn es nie Mitglied der übernehmenden Genossenschaft gewesen wäre.
59   Contra: a.a.O., S. 21 ff., unter Berufung insbesondere auf Art. 842 Abs. 1 OR (welcher den Austritt nach der Auflösung untersagt); u.E. verlangt die ratio legis dieses Artikels jedoch nicht dessen Anwendung auf die Fusion.
60   Siehe dazu HÄBERLING, S. 46 ff., und F. VON STEIGER, S. 156 f.
61   Siehe insbes. BÜRGI, ad Art. 748 OR, N. 98 ff.

zwar mit persönlicher und solidarischer Haftung der Mitglieder der Verwaltung der übernehmenden Genossenschaft (Art. 914 Ziff. 3 OR). Im Konkurs (es kann sich dabei nur um denjenigen der übernehmenden Genossenschaft handeln) bildet dieses Vermögen eine gesonderte Masse zu Gunsten der Gläubiger der übernommenen Genossenschaft (Art. 914 Ziff. 5 OR), ohne Beeinträchtigung ihrer Ansprüche am Vermögen der übernehmenden Genossenschaft.

Die Situation wird allerdings etwas komplizierter, wenn die Statuten der einen oder beider beteiligter Genossenschaften die persönliche Haftung im Sinne der Art. 869 ff. OR vorsehen. Art. 914 Ziff. 9 und 10 OR, welche in diesem Fall zur Anwendung kommen, weichen von Ziff. 8 ab, indem erstere den Mitgliedern der übernommenen Genossenschaft Rechte und Pflichten verleihen, welche sich von denjenigen der Mitglieder der übernehmenden Genossenschaft unterscheiden[62]. Zudem ist der Wortlaut der Ziff. 9 und 10 nur schon deshalb nicht besonders geglückt, weil sich Ziff. 9, im Gegensatz zu Ziff. 10, nicht auf die Nachschusspflicht zu beziehen scheint. Entgegen der Ansicht von HÄBERLING[63] ist u.E. der Ausdruck «Haftung», wie in den Marginalien zu Art. 868 und 869 OR, in einem weiten Sinne zu verstehen. Fällt somit die aus der Fusion entstandene Genossenschaft während der Zeit der getrennten Vermögensverwaltung in Konkurs und vermag das Vermögen der übernommenen Genossenschaft die Forderungen deren früherer Gläubiger nicht zu decken, kann die Konkursverwaltung die vorgesehenen Nachschüsse einfordern. Zudem muss die Verwaltung der übernehmenden Genossenschaft nötigenfalls ihrerseits solche Nachschüsse einfordern, um entweder die Gläubiger der übernommenen Genossenschaft zu bezahlen oder sicherzustellen oder um zu verhindern, dass deren Überschuldung den Konkurs der «neuen» Genossenschaft herbeiführt. Wenn zudem Art. 914 Ziff. 9 OR auch die Nachschusspflicht betrifft, unterstehen die Mitglieder der übernommenen Genossenschaft während der Zeit der getrennten Vermögensverwaltung einer allfälligen gleichen statutarischen Pflicht der übernehmenden Genossenschaft nicht[64].

Im übrigen haben Art. 914 Ziff. 9 und 10 während der Zeit der getrennten Vermögensverwaltung folgende Wirkungen:
– Besteht in beiden Genossenschaften das System der persönlichen Haftung, so können die Gläubiger der übernommenen Genossenschaft, falls das Vermögen der früheren Genossenschaft und das vereinte Vermögen beider Genossenschaften sie nicht befriedigen können, sowohl die persönliche Haftung der Mitglieder der übernommenen Genossenschaft als auch diejenige der Mitglieder der überneh-

---

62 Siehe die Kritik von HÄBERLING, S. 21 ff., betreffend Art. 914 OR, wonach Ziff. 8 und Ziff. 9 und 10 einander widersprechen (S. 23); siehe auch F. VON STEIGER, S. 158.
63 S. 24 und 117 ff.
64 Contra: HÄBERLING, S. 118: da sich s.E. Art. 914 Ziff. 9 OR nicht auf die Nachschusspflicht bezieht, vertritt er die Anwendung der Ziff. 8.

menden Genossenschaft (in ihrem Bestand bei der Fusion) geltend machen; die Gläubiger der übernehmenden Genossenschaft haben dagegen nur Ansprüche an die Mitglieder der letzteren. Hat die übernehmende Genossenschaft bei der Fusion ihr Haftungssystem geändert, so unterstehen die Gläubiger der übernommenen Genossenschaft ausschliesslich der (vorteilhafteren oder weniger vorteilhaften) neuen Regelung, wohingegen die Gläubiger der übernehmenden Genossenschaften in den Genuss der Vorschriften der Art. 874 Abs. 3 und 4 OR kommen. Eine prioritäre Haftung der Mitglieder der übernommenen Genossenschaft, welche nur für die Schulden ihrer Gesellschaft haften (Art. 914 Ziff. 9 OR), wäre logisch und billig. Insoweit somit die Überschuldung der aus der Fusion entstandenen Genossenschaft auf das ungenügende Vermögen der übernommenen Genossenschaft zurückgeht, müsste die Haftung der Mitglieder der übernehmenden Genossenschaft subsidiär sein und erst greifen, wenn die von den Mitgliedern der übernommenen Genossenschaft entrichteten Beträge deren Passivenüberschuss nicht decken können. Es ist allerdings fragwürdig, ob Art. 914 OR dahingehend ausgelegt werden kann[65].
- Bestand das System der persönlichen Haftung nur in der übernommenen Genossenschaft, kommen nur die Gläubiger dieser Genossenschaft in deren Genuss. Da die Mitglieder dieser Genossenschaft nur für deren Verpflichtungen haften, können sie auch nur nach Massgabe der Überschuldung ihrer früheren Genossenschaft belangt werden.
- Besteht schliesslich nur in der übernehmenden Genossenschaft das System der persönlichen Haftung, so kommen alle Gläubiger gleichermassen in dessen Genuss. Gemäss dem Wortlaut des Art. 914 Ziff. 9 OR sind jedoch die Mitglieder der übernommenen Genossenschaft nicht betroffen, auch wenn einzig das Vermögen ihrer Genossenschaft überschuldet ist. Auch hierbei ist eine andere Auslegung des Art. 914 OR fragwürdig, obgleich das Ergebnis im Hinblick auf die ratio legis dieser Vorschrift ungerechtfertigt und unbillig erscheint[66]. Art. 914 Ziff. 9 und 10 OR bezweckt nämlich den Schutz der Gläubiger der übernommenen Genossenschaft, indem er ihnen einen prioritären Anspruch (gegenüber den Gläubigern der übernehmenden Genossenschaft) verleiht, einerseits am Vermögen der früheren Genossenschaft und anderseits am Vermögen deren Mitglieder, insoweit sie persönlich haften. Im hier untersuchten Fall führt aber die Anwendung des Art. 914 Ziff. 9 OR, welcher vom Grundsatz der Ziff. 8 abweicht, nur zu einer unbegründeten Begünstigung der Mitglieder der übernommenen Genossenschaft. Haben diese von der in Art. 914 Ziff. 11 OR angebotenen Möglichkeit nicht Gebrauch gemacht, sollten sie unverzüglich den Haftungsbestimmungen der

---

65 Die These der Subsidiarität wird von HÄBERLING stillschweigend abgelehnt, S. 119 ff. und 134 ff.
66 Das dadurch den Mitgliedern der übernommenen Genossenschaft gewährte Privileg wird auch von HÄBERLING kritisiert, S. 118 ff.

Statuten der übernehmenden Genossenschaft unterstehen; desgleichen sollten diese Mitglieder dann, wenn (wie oben besprochen) beide Genossenschaften die persönliche Haftung vorsehen, sogleich der Regelung der übernehmenden Genossenschaft unterstellt sein, falls diese strenger ist.

III. Übernahme durch eine öffentlich-rechtliche Körperschaft

Art. 915 OR deckt sich mit Art. 751 OR[67] und regelt die Übernahme einer Genossenschaft durch eine öffentlich-rechtliche Körperschaft. Im Gegensatz zu Art. 926 OR, welcher eine beispielhafte Aufzählung der Körperschaften enthält, auf welche er sich bezieht[68], betrifft Art. 915 OR ausschliesslich den Bund, die Kantone, die Bezirke und die Gemeinden; in der Praxis wurde allerdings diese Gesetzesbestimmung auch auf Übernahmen durch andere öffentlich-rechtliche Anstalten angewandt.

Die Übernahme einer Genossenschaft erfordert den Abschluss eines Vertrages zwischen der Gesellschaft und der übernehmenden Körperschaft. Der Vertrag entspricht einem Fusionsvertrag. Er nennt die beteiligten Parteien, bestätigt ihren Willen, das Verfahren gemäss Art. 915 OR zu befolgen, umfasst die Übertragung des gesamten Gesellschaftsvermögens durch Universalsukzession, ohne Liquidation[69], und setzt die Höhe der Gegenleistung der Körperschaft sowie die Einzelheiten deren Verteilung auf die begünstigten Personen fest.

Der Übernahmevertrag wird, wie der Fusionsvertrag, erst mit der Genehmigung durch die Generalversammlung der übernommenen Genossenschaft wirksam, welche zugleich der Auflösung der Genossenschaft ohne Liquidation zustimmt. Gemäss Art. 888 Abs. 2 OR müssen diese Beschlüsse mit der Zweidrittelmehrheit der abgegebenen Stimmen oder mit einer statutarisch vorgesehenen qualifizierteren Mehrheit gefasst werden.

Mit Eintragung der Auflösung im Handelsregister erfolgt der Übergang des Vermögens, und die Genossenschaft kann gelöscht werden (Art. 915 Abs. 3 OR). Durch die unverzügliche Löschung der übernommenen Genossenschaft kommen die üblichen Gläubigerschutzvorschriften nicht zur Anwendung; weder erlässt die Körperschaft einen Schuldenruf, noch verwaltet sie das übernommene Vermögen getrennt, und das allfällige Haftungssystem der übernommenen Genossenschaft endet

---

[67] Zu Art. 751 OR, siehe: BÜRGI, ad Art. 751 OR; F. VON STEIGER, Das Recht der Aktiengesellschaft, S. 350 ff.; F. WINIKER, Die Übernahme des Vermögens einer Aktiengesellschaft durch eine Körperschaft des öffentlichen Rechts, Diss. Freiburg i. Ue. 1952.
[68] Siehe vorn, Siebtes Kapitel, § 22.
[69] Selbstverständlich kann eine Genossenschaft auch ihr gesamtes Vermögen einer öffentlich-rechtlichen Körperschaft abtreten, im Sinn von Art. 181 OR, und anschliessend ihre Auflösung und Liquidation vornehmen.

unverzüglich. Wegen der sofort beendeten Existenz der Genossenschaft geht die Gegenleistung der öffentlich-rechtlichen Körperschaft, unter Vorbehalt einer anderslautenden Bestimmung im Übernahmevertrag[70], direkt an die Begünstigten. Diese werden gemäss Art. 913 OR und den geltenden statutarischen Bestimmungen ermittelt. Somit haben die Mitglieder Anspruch auf die Rückzahlung ihrer Anteile, falls ihre Gesellschaft ein Grundkapital besass. Über das Geschick des Liquidationsüberschusses bestimmt, insoweit die Statuten seine Verwendung nicht vorsehen, die Generalversammlung, anlässlich des Auflösungsbeschlusses (Art. 913 Abs. 5 OR); unter Umständen enthält schon der Übernahmevertrag Bestimmungen über die Verwendung des Überschusses, welchen die Generalversammlung mit der Genehmigung des Vertrages stillschweigend zustimmt.

---

70   Siehe dazu BÜRGI, ad Art. 751 OR, N. 6.

Gesetzesregister

Schweizerisches Obligationenrecht (OR)

Art. 5	85
Art. 20	186, 219
Art. 41	252. 261
Art. 41 ff.	60 f., 99, 144, 216, 252, 260
Art. 42	*Abs. 2:* 255
Art. 43	*Abs. 1:* 256
Art. 44	256
Art. 50	*Abs.1:* 216
Art. 51	*Abs. 2:* 216
Art. 55	215
Art. 60	252
Art. 97	*Abs. 1:* 254
Art. 99	*Abs. 2:* 256
Art. 101	216
Art. 127	257
Art. 144	*Abs. 1:* 166
Art. 164 ff.	121 f.
Art. 169	120
Art. 176	117
Art. 181	275
	Abs. 1: 272
Art. 321e	216, 254
Art. 331 ff.	11
Art. 394 ff.	226
Art. 398	216, 254
Art. 404	206
Art. 405	223
Art. 459	*Abs. 2:* 214
Art. 462	*Abs. 2:* 215
Art. 530 ff.	28
Art. 534	*Abs. 1:* 43
	Abs. 2: 178
Art. 545	*Abs. 1 Ziff. 2:* 28
Art. 552	47

Art. 562	13
Art. 602	13
Art. 620	*Abs. 3:* 3, 15, 272
Art. 620 ff.	2
Art. 625	*Abs. 2:* 267
Art. 626	*Ziff. 1 und 2:* 34
	Ziff. 5: 173
Art. 627	*Ziff. 2:* 210
Art. 628	*Abs. 1:* 60
	Abs. 2: 59
Art. 629	30, 59
Art. 633	58
Art. 635	42, 60
Art. 635a	60
Art. 637	27
Art. 641	*Ziff. 9:* 38
Art. 643	*Abs. 2:* 12, 46
	Abs. 3: 269
	Abs. 3 und 4: 43, 46, 265
Art. 647	*Abs. 3:* 179
Art. 652e	60
Art. 652f	60
Art. 658	74
Art. 662	*Abs. 2:* 73
Art. 662 ff.	72 f.
Art. 662a	170
Art. 662a ff.	224
Art. 663	73
	Abs. 1: 74
Art. 663b	*Ziff. 8:* 76
Art. 663–670	74
Art. 665–667	74 f.
Art. 668	74
Art. 669	74 ff.
	Abs. 4: 76, 224 f.
Art. 670	74 f.
Art. 671	66
	Abs. 2: 67 f.
	Abs. 3: 67
Art. 672	*Abs. 2:* 69
Art. 675	*Abs. 1:* 127

Art. 678	126
Art. 680	274
	Abs. 1: 62, 205
Art. 692	177 f.
	Abs. 2: 273
Art. 695	177
Art. 696	144
Art. 697	144
Art. 698	*Abs. 2:* 73
	Abs. 2 Ziff. 1: 179
	Abs. 2 Ziff. 2: 179
	Abs. 2 Ziff. 3–5: 180
Art. 699	*Abs. 1:* 172, 227
	Abs. 2: 172
Art. 700	173
Art. 701	175
Art. 702	183
	Abs. 2: 183
Art. 703	183
Art. 704	*Abs. 1 Ziff. 4:* 42
	Abs. 1 Ziff. 5: 59
Art. 706	*Abs. 1:* 189
Art. 708	*Abs. 2:* 203
	Abs. 4: 269
Art. 709	*Abs. 2:* 179, 184
Art. 712	*Abs. 1:* 208
Art. 713	*Abs. 1:* 208
	Abs. 2: 208 f.
	Abs. 3: 208
Art. 715	208
Art. 715a	208
Art. 716	*Abs. 1:* 210
	Abs. 2: 212
	Abs. 3: 212
Art. 716a	214
	Abs. 1: 255
	Abs. 2: 213
Art. 716b	*Abs. 1:* 212, 214
	Abs. 3: 37
Art. 718	*Abs. 1 und 2:* 212
Art. 719	214

Art. 721	*Abs. 1:* 214
	Abs. 2: 233
Art. 722	215, 254
Art. 726	214
Art. 727c	*Abs. 1:* 202
Art. 728 ff.	254
Art. 732	65
	Abs. 5: 65
Art. 732–735	63 ff.
Art. 734	65
Art. 736	265
Art. 737	266
Art. 738	270
Art. 739	*Abs. 1:* 270
	Abs. 2: 266, 270
Art. 739–747	270
Art. 740	*Abs. 1:* 182
	Abs. 4: 182, 258
Art. 741	*Abs. 2:* 206
Art. 742	270, 278
	Abs. 1: 159
Art. 742 ff.	254
Art. 743	165, 270
	Abs. 1: 270
	Abs. 2: 259, 270
	Abs. 4: 182
Art. 744	270
Art. 745	270
	Abs. 2 und 3: 278
Art. 746	270
Art. 747	270
Art. 748	275
	Ziff. 8: 276
Art. 748 ff.	101 f.
Art. 749	275
Art. 750–758	263
Art. 751	281
Art. 752 ff.	251
Art. 752 und 753	250
Art. 753	252
Art. 754	254

Art. 754 ff.	99, 169, 199 f., 223
Art. 754 und 755	252
Art. 754–761	250
Art. 755	254
Art. 756	262
Art. 756–758	252, 261
Art. 757	262
	Abs. 1: 263
Art. 758	*Abs. 1:* 181
Art. 759	*Abs. 1:* 250, 256
Art. 760	252, 257, 263
Art. 761	261
Art. 762	217
Art. 764 ff.	2
Art. 770	*Abs. 3:* 101 f.
Art. 772 ff.	2
Art. 775	*Abs. 2:* 267
Art. 803	*Abs. 1:* 159
Art. 805	72
Art. 808	*Abs. 2:* 190
Art. 814	102
Art. 824	101
Art. 824–826	272
Art. 828	3, 12 ff., 16, 19, 35 f., 49, 232
	Abs. 1: 2 f., 80, 134, 139, 150
	Abs. 2: 3, 14, 16, 50
Art. 828 ff.	43, 192, 230, 234
Art. 828–926	10
Art. 830	43, 46, 179
Art. 830 ff.	27, 232
Art. 831	32
	Abs. 1: 14, 30 f., 41, 231 f.
	Abs. 2: 204, 222, 232, 267 f.
Art. 831 und 834	30
Art. 832	34, 173, 232
	Ziff. 1: 34, 44
	Ziff. 2: 34
	Ziff. 3: 36, 50, 62, 64, 88, 134 f., 147, 149, 182
	Ziff. 4: 37, 214, 221
	Ziff. 5: 37
Art. 833	34, 36, 38 f., 134

	Ziff. 1: 49 ff., 64
	Ziff. 2: 58 ff., 242
	Ziff. 3: 29, 42, 58 f.
	Ziff. 4: 88, 91, 102
	Ziff. 5: 136, 154
	Ziff. 6: 40, 183, 211
	Ziff. 7: 176
	Ziff. 8: 75, 133
Art. 834	41
	Abs. 1: 33, 179
	Abs. 2: 29, 58, 60
	Abs. 2 und 3: 181
	Abs. 3: 42
	Abs. 4: 30 f., 43, 79
Art. 834 und 835	252
Art. 835	*Abs. 1:* 35, 44
	Abs. 2: 44, 214
	Abs. 3: 44, 211
	Abs. 4: 29, 44, 60, 154, 211, 224
Art. 835–838	44
Art. 836	45, 205
	Abs. 1 und 2: 214
	Abs. 2: 154
	Abs. 3: 154, 211
Art. 837	*Abs. 2:* 211
Art. 838	28 f.
	Abs. 1: 46
	Abs. 2: 29, 43
	Abs. 3: 29, 43, 58
Art. 839	80 ff.
	Abs. 1: 3, 61, 80
	Abs. 2: 37, 54, 80 ff., 106, 109, 136
Art. 839–841	79
Art. 839 f.	43
Art. 840	82
	Abs. 1: 83, 104, 106
	Abs. 2: 84, 102, 104 ff., 110, 154, 164
	Abs. 3: 83 ff., 104 ff., 118, 182, 212
Art. 841	10, 79, 97
	Abs. 1: 83, 108
Art. 842	107, 115, 265

	Abs. 1: 87, 95, 107, 266
	Abs. 2: 36 f., 88, 90, 92, 101, 107, 111, 150
	Abs. 3: 88, 92, 150
Art. 842 ff.	61, 131, 244
Art. 842–845	86
Art. 842–851	100
Art. 843	88, 92
	Abs. 1: 88, 91, 104, 111
	Abs. 2: 37, 88, 91, 150
	Abs. 3: 89, 107
Art. 844	91, 99
	Abs. 1: 87, 130
Art. 845	93, 122
Art. 846	56, 72, 86, 100, 107, 131, 148, 207
	Abs. 1: 151
	Abs. 1 und 2: 94
	Abs. 3: 95, 97 f., 108, 181, 199, 212
	Abs. 4: 37, 89, 100, 107, 135
Art. 847	79, 112
	Abs. 1: 86, 101, 106
	Abs. 2: 102 ff., 110 ff.
	Abs. 2 und 3: 86, 131
	Abs. 3: 104 f., 112
	Abs. 4: 103
Art. 847 ff.	83
Art. 848	83, 86, 97, 106 ff., 109, 116, 131
Art. 849	79, 116, 118 f., 122, 137
	Abs. 1: 25, 49, 116 ff., 125
	Abs. 2: 116 ff.
	Abs. 3: 86, 106, 108, 111, 131
Art. 850	79, 92, 110, 112, 115, 131
	Abs. 1: 82, 106, 109
	Abs. 2: 86, 102, 104, 106, 108 ff., 112 f., 115
	Abs. 3: 86, 102, 106, 109 f., 113 f.
Art. 851	104, 111
Art. 852	116, 212
	Abs. 1: 39, 52
	Abs. 2: 51 f.
Art. 852–878	123
Art. 853	54, 117
	Abs. 1: 14, 37, 50, 52 ff., 58, 61, 63 f., 117 f., 135

	Abs. 2: 50, 53 f., 61, 117, 142
	Abs. 3: 16, 25, 49, 52, 121
Art. 854	3, 18, 52, 54 f., 61, 63, 70 f., 82, 87, 125 ff., 131, 133, 140 ff., 148, 158, 176,
	184, 186, 188, 192 ff., 203 f., 218 f., 238
Art. 855	125, 189
Art. 856	144 ff., 197, 200, 242
	Abs. 1: 174
Art. 857	144 ff., 197, 200, 207, 227, 242
	Abs. 1: 145 f.
	Abs. 2: 146, 181, 199, 211
	Abs. 3: 123, 146, 242
	Abs. 4: 145
Art. 858	72, 224
	Abs. 2: 5, 10, 68
Art. 858–861	16
Art. 859	38, 50 f., 126
	Abs. 1: 51, 66 f., 69, 125, 180, 210, 226
	Abs. 2: 63, 126, 139, 142
	Abs. 3: 16, 49, 63, 67, 70 f., 120, 127, 141 f.
Art. 860	63, 67
	Abs. 1: 67, 69
	Abs. 2: 66, 69
	Abs. 3: 67, 126
	Abs. 4: 5, 10, 69
Art. 860 und 861	66
Art. 861	5, 10, 16, 68, 120
	Abs. 1: 127
	Abs. 3: 68, 127
Art. 862	69
Art. 863	69, 126, 180
Art. 864	10, 14, 17, 39, 51, 61, 65, 67, 90, 93, 100, 107, 111, 119 ff., 128 ff., 132
	Abs. 1: 101, 128 ff.
	Abs. 2: 55, 57 f., 90, 101, 128, 130 f., 136, 141
	Abs. 2 und 3: 94
	Abs. 3: 57 ff., 90, 101, 130, 212
Art. 865	14, 17, 50 f., 61, 67, 93, 128, 131
	Abs. 1: 87, 125, 128
	Abs. 2: 95, 101, 131 ff., 273
Art. 866	3, 37, 111, 135, 147, 149 ff., 194

Art. 867	61, 86, 97, 107, 131, 137, 148 f., 212
	Abs. 1: 62, 64, 135, 147, 160
	Abs. 2–4: 56, 100, 136, 166
Art. 868	2, 153, 279
Art. 869	153, 157 ff., 161, 167, 279
	Abs. 1: 5, 10, 157
	Abs. 2: 157, 166, 270
Art. 869 ff.	3, 33, 37 f., 50, 84, 120, 136, 248, 277, 279
Art. 870	153, 161, 167
	Abs. 1: 5, 10, 155 f.
	Abs. 2: 51, 121, 141, 155 f.
	Abs. 3: 51, 166, 270
Art. 871	62, 153, 262
	Abs. 1: 121, 154, 159
	Abs. 2: 141, 155, 158
	Abs. 3: 121, 141, 159
	Abs. 4: 165 f., 212, 270
	Abs. 5: 166
Art. 872	158, 161
Art. 873	166, 270
	Abs. 2: 167
	Abs. 4: 10
Art. 874	*Abs. 1:* 161
	Abs. 2: 10, 56, 63 f.
	Abs. 3: 161 ff., 164, 280
	Abs. 4: 154, 162, 280
Art. 875	163
	Abs. 1: 162
Art. 876	57, 101, 163 f., 277
	Abs. 1: 164
Art. 877	211
	Abs. 1: 164, 211, 224
	Abs. 2: 164
	Abs. 3: 10, 154
Art. 878	*Abs. 1:* 167
	Abs. 2: 167
Art. 879	178, 210, 218 f.
	Abs. 1: 171, 234
	Abs. 2: 171, 179, 201, 241
	Abs. 2 Ziff. 1: 179
	Abs. 2 Ziff. 2: 172, 180, 199, 222

	Abs. 2 Ziff. 3: 172, 180
	Abs. 2 Ziff. 4: 180, 199, 257
	Abs. 2 Ziff. 5: 134, 178, 182
Art. 879 ff.	234
Art. 879–910	169
Art. 880	169, 171, 189 ff., 197, 205, 222, 230, 232, 234, 240
Art. 881	144, 175, 190, 195, 197, 200, 207
	Abs. 1: 172, 195, 227
	Abs. 2: 173, 195, 206, 239
	Abs. 3: 173, 195, 239
Art. 881 ff.	239
Art. 881–889	187
Art. 882	174 f.
	Abs. 1: 173
	Abs. 2: 174, 267
Art. 883	174 f.
	Abs. 1: 173 f., 179
Art. 884	175, 196, 240
Art. 885	6, 16 f., 31, 49, 169, 176 f., 179, 184, 192 ff., 204, 218 f., 235 f., 238, 241,
	265, 273
Art. 886	169, 175, 178, 191, 196, 239
	Abs. 1: 178
	Abs. 2 und 3: 178
Art. 887	177, 180, 257
	Abs. 1: 199
Art. 888	161, 185, 196
	Abs. 1: 38 f., 42 f., 60, 85, 98, 183 f., 193, 205, 240
	Abs. 2: 38 ff., 42, 50, 60, 62, 64, 88, 102, 109, 113, 134, 136, 161, 184 f.,
	218, 244, 266, 273, 276 f.
Art. 889	38, 50, 62, 64, 88 f., 102, 109, 113, 136, 160 ff., 185, 196
	Abs. 1: 154, 184 f., 196, 240 f.
	Abs. 2: 38, 88, 92, 154, 196, 240
	Abs. 3: 154, 277
Art. 890	206, 223, 258
	Abs. 1: 172, 179 f., 194, 206 f., 219 f.
	Abs. 2: 144, 179, 200, 207, 219 f., 223
Art. 891	42 f., 143, 146, 186 ff., 197 f., 200 f., 204, 212, 232, 241, 247

	Abs. 1: 191
	Abs. 2: 38, 43, 247
Art. 892	169, 171, 192 ff., 222, 230 ff., 235
	Abs. 1: 196, 205, 240
	Abs. 2: 192 f., 195, 236, 239
	Abs. 3: 192
	Abs. 4: 195 ff., 239 f.
Art. 893	5, 10, 169, 171, 198 f., 201, 205, 219, 222, 235
	Abs. 2: 197, 199 f., 266
Art. 894	202, 218, 234, 242
	Abs. 1: 30 f., 42, 169, 188, 255, 268
	Abs. 2: 217, 220, 242, 253
Art. 895	202, 253
	Abs. 1: 37, 203, 214
	Abs. 2: 204, 269
Art. 896	*Abs. 1:* 205
	Abs. 2: 5, 10, 205
Art. 897	84, 211 ff.
	Abs. 2 Ziff. 2: 205
Art. 898	37, 182, 207, 211 ff., 255
Art. 899	214
	Abs. 1: 36, 215
	Abs. 3: 215, 220, 260
Art. 900	214
Art. 901	211, 214
Art. 902	210 f., 254
	Abs. 2 Ziff. 1: 182
	Abs. 2 Ziff. 2: 40, 211
	Abs. 3: 41, 154, 182, 208, 224, 259
Art. 903	76 f., 159, 165, 211, 254, 259 f.
	Abs. 1: 251
	Abs. 2: 77, 251, 259, 266 f.
	Abs. 3: 172, 181, 191, 199, 227, 259
	Abs. 4: 76, 154, 270
	Abs. 6: 10, 76
Art. 904	209 f.
Art. 905	214
	Abs. 1: 212
	Abs. 2: 172, 181, 191, 207, 212
Art. 906	221, 225
	Abs. 1: 170, 172, 221, 225, 254

	Abs. 2: 221 f.
	Abs. 3: 222
	Abs. 4: 222
Art. 906–910	221
Art. 907	*Abs. 1:* 154, 224
	Abs. 2: 76, 211, 224
Art. 907–909	223
Art. 908	268
	Abs. 1: 226
	Abs. 2: 226
	Abs. 3: 225 f.
	Abs. 4: 172, 227
Art. 909	227
Art. 910	182
	Abs. 1: 225 f.
	Abs. 2: 226
Art. 911	265
	Ziff. 1: 266
	Ziff. 2: 181, 200, 266
	Ziff. 3: 266
	Ziff. 4: 266 f.
Art. 912	211, 266
Art. 913	120, 272, 274
	Abs. 1: 10, 159, 165, 182, 254, 258, 266, 270
	Abs. 2: 50 f., 65, 120, 124 f., 132, 141, 165, 272 f.
	Abs. 3: 51, 132 f.
	Abs. 4: 134
	Abs. 5: 134, 182, 200
Art. 914	181, 212, 267, 275 ff.
	Ziff. 1: 278
	Ziff. 2: 161, 278
	Ziff. 3: 279
	Ziff. 4: 278
	Ziff. 5: 279
	Ziff. 6: 278
	Ziff. 8: 277, 279 f.
	Ziff. 9: 275, 277, 279 f.
	Ziff. 10: 161, 275, 279 f.
	Ziff. 11: 88 f., 154, 161, 184 f., 196, 277 ff., 280
Art. 914 f.	101 f.
Art. 915	181, 217, 267, 281

	Abs. 2: 267
	Abs. 3: 281
Art. 916	61, 180 f., 215, 220, 252 ff., 257 ff., 261 f.
Art. 916 ff.	99, 169, 216, 223, 226
Art. 916–919	250 f.
Art. 917	61, 144, 181, 220, 258 ff., 261 f.
	Abs. 1: 261
	Abs. 2: 10, 261 ff.
Art. 917 ff.	197
Art. 918	222, 256
Art. 919	257, 263
	Abs. 2: 257
Art. 920	5, 10, 61, 67, 99, 144, 199, 223, 250, 261
Art. 921	14, 231 f.
Art. 921 ff.	230 f., 233
Art. 921–925	229, 232
Art. 922	171, 222, 233 ff., 246
	Abs. 1: 205, 230, 234, 240
	Abs. 2: 233, 236
Art. 922–924	232
Art. 923	231, 234, 242, 246
Art. 924	230, 232 f., 245, 248
	Abs. 1: 244 ff.
	Abs. 2: 245 ff.
Art. 925	233, 248
Art. 926	33, 180, 188, 205, 217 f., 222, 281
	Abs. 1: 217, 219
	Abs. 2: 218, 220
	Abs. 3: 219 f., 223
Art. 927 ff.	10
Art. 930	154
Art. 932	46
Art. 933	46, 215
	Abs. 1: 33
Art. 939	*Abs. 1:* 267
	Abs. 2: 267
Art. 940	31, 45
Art. 941	44
Art. 944	*Abs. 1:* 35
Art. 944 ff.	35
Art. 950	10

	Abs. 1 und 2: 35
Art. 951	*Abs. 2:* 10
Art. 957	73
Art. 957 ff.	10, 73 f., 76, 170, 259
Art. 957–964	72, 224
Art. 958	180
Art. 959	72, 75
Art. 960	75
	Abs. 1: 113
	Abs. 2: 74 ff., 113
	Abs. 3: 72
Art. 965 ff.	52
Art. 979	121
Art. 992	*Abs. 1:* 240
Art. 1006	121
Art. 1007	121
Art. 1156 ff.	70

Schweizerisches Obligationenrecht vor der Revision der Titel 24–33 (OR 1936)

Art. 626	*Ziff. 1 und 2:* 34
Art. 630	*Abs. 2:* 42
	Abs. 2 Ziff. 1 und 2: 60
Art. 635	*Abs. 2:* 30
Art. 636	42
Art. 648	*Abs. 1:* 184
Art. 663	76
Art. 663 ff.	170
Art. 671	*Abs. 6:* 69
Art. 674	*Abs. 2 und 3:* 69
Art. 679	210
Art. 696	145
Art. 697	*Abs. 1:* 145
Art. 698	*Abs. 1:* 171
	Abs. 2 Ziff. 3: 180
Art. 698 ff.	169
Art. 699	*Abs. 3:* 173
Art. 700	174
	Abs. 1: 174
Art. 706	186

Art. 707	202
Art. 708	*Abs. 3:* 206
	Abs. 5: 179
Art. 709–711	202
Art. 710	*Abs. 1:* 205
Art. 711	*Abs. 3:* 203
	Abs. 4: 204, 269
Art. 712	*Abs. 2:* 40, 211
Art. 717	211 f.
	Abs. 2: 40
Art. 718	214
	Abs. 3: 215
Art. 721	211
	Abs. 1: 40
	Abs. 3: 214
Art. 722	211
	Abs. 2 Ziff. 2: 211
	Abs. 2 Ziff. 3: 40, 211
Art. 723	221
Art. 724	212
Art. 725	76 f., 254
	Abs. 2: 77
Art. 727	*Abs. 2:* 202, 221 f.
	Abs. 4: 221 f.
Art. 727–731	221
Art. 728	*Abs. 1 und 2:* 224
Art. 729	*Abs. 1:* 226
	Abs. 3: 225
Art. 730	227
Art. 731	*Abs. 1:* 221, 225
Art. 754	252 ff.
Art. 755–758	261
Art. 969	*Abs. 2:* 145

Schweizerisches Zivilgesetzbuch (ZGB)

Art. 2	125, 187, 257
Art. 27	219
Art. 38	101
Art. 52	*Abs. 3:* 12

Art. 52 ff.	2
Art. 55	*Abs. 2:* 215 f., 260
	Abs. 3: 216, 260
Art. 57	*Abs. 3:* 12 f., 268
Art. 58	270
Art. 59	*Abs. 3:* 7
Art. 60	*Abs. 1:* 2
Art. 60 ff.	2
Art. 64	*Abs. 1:* 234
Art. 64 ff.	169
Art. 68	177, 257
Art. 75	247
Art. 80 ff.	2
Art. 392	178
Art. 602	*Abs. 3:* 103
Art. 7121	*Abs. 2:* 13
Art. 746	*Abs. 1:* 122
Art. 812	*Abs. 2:* 114
Art. 900	*Abs. 1:* 122
Art. 935	121
Art. 973	46

Verordnung über das Handelsregister (HRegV)

Art. 3	*Abs. 3 und 4:* 45
Art. 5	45
Art. 9	154
Art. 11	45
Art. 21	45
Art. 22	*Abs.2:* 208, 266
Art. 22 f.	44
Art. 28	44
Art. 40	44
	Abs.2: 41
Art. 45	35
Art. 46	35
Art. 51	269
Art. 60	45, 232, 269
Art. 65	267
Art. 82	*Abs. 1:* 38

	Abs. 2: 38
Art. 86	204, 269
	Abs. 3: 269
Art. 88	266
Art. 88a	269
Art. 89	269
Art. 92	*Abs. 2:* 15
Art. 92–96	10, 44
Art. 93	45, 205
	Abs. 1 lit. d: 50
	Abs. 1 lit. e: 154
	Abs. 1 lit. f: 38
	Abs. 1 lit. g: 214
	Abs. 2: 50, 62, 64, 154
Art. 94	154
	Abs. 2: 13
Art. 94 f.	44
Art. 95	*Abs. 1:* 154
Art. 96	204, 266, 269
Art. 114	45
Art. 115	45

Bundesgesetz über die Banken und Sparkassen (BankG)

Art. 3	*Abs. 1:* 46
Art. 5	*Abs. 1:* 68
Art. 11	65
Art. 12	10, 129 f.
Art. 13	5, 10
	Abs. 1: 68
Art. 14	16, 272
Art. 38 ff.	250

Bundesgesetz über die Anlagefonds (AFG)

Art. 3	*Abs. 1:* 46

Gesetz über die direkte Bundessteuer (DBG)

Art. 49 ff.   20

Harmonisierungsgesetz (StHG)

Art. 20	22
Art. 25	*Abs. 1 lit. d:* 22
Art. 27	*Abs. 1:* 22
	Abs. 2: 22

Bundesgesetz über die Stempelabgaben (StG)

Art. 1	*Abs. 1 lit. a:* 21
Art. 5	*Abs. 1 lit. a und c:* 21
Art. 6	272
	Abs. 1 lit. b: 21
Art. 13	*Abs. 2 lit. a:* 21

Bundesgesetz über die Verrechnungssteuer (VStG)

Art. 4	*Abs. 1 lit. b:* 21
Art. 5	*Abs. 1:* 272

Bundesgesetz über Schuldbetreibung und Konkurs (SchKG)

Art. 46	*Abs. 2:* 35
Art. 92	93
	Abs. 1 Ziff. 3: 93
Art. 166 ff.	266
Art. 176	267
Art. 192	10, 267
Art. 195	267
Art. 213	*Abs. 3:* 10
Art. 221–270	270
Art. 253	*Abs. 2:* 258
Art. 260	258, 262
	Abs. 2: 262

Deutschland

Gesetz betreffend die Erwerbs- und Wirtschaftsgenossenschaften (GenV)

§ 1	163
§ 2	166
§ 5	262 f.
§ 7	25, 166
§ 8	156 f., 166
	Abs. 1 Ziff. 5: 24
§ 9	162, 166
§ 10	166
§ 11–16	167
§ 17	157 f.
§ 18	167
§ 19	25, 167
	Abs. 3: 165
§ 20	157
§ 21	167
§ 25	166
§ 73	25
§ 76	25
§ 91	*Abs. 2:* 25
§ 98 ff.	26
§ 105	26

Frankreich

Loi «portant statut de la coopérative» (Gesetz 1947)

Art. 3	24
Art. 4	25
Art. 9	25
Art. 11	25
Art. 14	25
Art. 15	25
Art. 18	25
Art. 19	25

Sachregister

Abänderung der Statuten, 184 f.
Abberufungsklage, bei Benachteiligung durch Verwaltungsratsbeschluss, 144
Abfindungsanspruch
– und Auflösung der Gesellschaft, 131
  – Liquidationsüberschuss, 132
  – Berechnungsgrundlage, 130
– Rückzahlung der Anteile, 128
– Umfang, 128
– und Übergang der Mitgliedschaft
  – unterschiedliche Regelung bei unterschiedlichen Ausscheidungsgründen, 131
– und Verschulden, 131
Absolut zwingende Statutenbestimmungen
  – Änderung, 38
  – Austritt, 38
Allgemeine Reserve, Bildung, 69
Anfechtbarkeit von GV-Beschlüssen, 186 ff.
– anfechtbare Beschlüsse
  – Art des Verstosses, 186
  – Beschlussfasser, 186
– Anfechtungsfrist, 189
– Ausführungsbeschlüsse, 187
– Passivlegitimation, 189
– wegen Verletzung des Gleichbehandlungsgrundsatzes, 143
– bei Verstoss gegen formellrechtliche Vorschriften, 187
– bei Verstoss gegen das Gesetz, 188
– bei Verstoss gegen materiellrechtliche Vorschriften, 188
– bei Verstoss gegen die Statuten, 188

– wichtige statutarische Bestimmung, 187
– Zuständigkeit, 189
Anfechtung
– der Beschlüsse der Gründungsversammlung, 47
– der Zeichnung von Anteilen wegen Willensmängeln, 57
Anleihen und Partizipationsscheine, 70 f.
Anmeldung zur Eintragung
– Inhalt, 44
– konstitutive Eintragung, 44
– Zuständigkeit, 44
  – örtliche, 44
Anteile, 51 ff.
– Art und Höhe, 51 f.
– Begriff, 51 ff.
– Besitz eines Anteils als einfache Eintrittsvoraussetzung, 53
– fakultative, 54
– Form, 52
– Nennwert, 51
  – Anteile mit unterschiedlichem Nennwert, 51
– obligatorische und freiwillig übernommene, 52 ff.
  – Erwerb der obl. Anteile als Folge der Mitgliedschaft, 53
– Prioritätsanteile, 51
  – Gleichbehandlungsgrundsatz, 52
– und Vermögensrechte, 51
Anteilscheine und Erwerb der Mitgliedschaft, 79
Anträge an GV

303

Sachregister

- Folgen bei Nichterreichung der Mehrheit, 185
Auffangkompetenz des Verwaltungsrates, 210
Auflösung, 265 ff.
- mit Liquidation, 265 ff.
  - von Amtes wegen, 269
  - Eintragung in das Handelsregister, 266
  - Eröffnung des Konkurses, 266 f.
  - Erreichen des Zwecks, 266
  - Gerichtsstand, 268
  - durch GV-Beschluss, 266
  - durch den Handelsregisterführer, 269
  - Löschung der Gesellschaft, 269
  - nach Massgabe der Statuten, 266
  - notwendiges Organ, 268
  - Passivlegitimation, 268
  - Unmöglichkeit des Zwecks, 266
  - Verfahren der Liquidation, 270
    - Bestellung der Liquidatoren, 270
    - Einforderung der geschuldeten Beträge, 270
    - im Konkurs, 270
    - Verteilung des Liquidationsüberschusses, 270
- ohne Liquidation, 271 ff.
  - Anfechtbarkeit des Umwandlungsbeschlusses, 272
  - obligatorische Mitwirkung an der Umwandlung, 273
  - Pseudogenossenschaften, 271
  - Umwandlung in AG
    - Gründe, 273
    - Probleme, 273
    - Vorgehensweise, 274
Aufnahme in die Genossenschaft
- Anspruch, 80
Aufnahmeverfahren, 82 ff.

Aufwertungen
- Grundsätze von Klarheit und Wahrheit der Bilanz, 75
Auskunftsrecht
- Anspruch auf Erteilung, 146
- Passivlegitimation, 146
- Begehren um Erteilung, Zeitpunkt, 146
- Klage auf Erteilung, 146
- Umfang, 146
- Verletzung, Folgen, 146
Auslösungssumme, 88 f., 100
- Angemessenheit, 89 f.
- Rechtsnatur, 89
- Zuständigkeit zur Festlegung, 90
  - Feststellungsklage, 90
Ausscheidender Genossenschafter
- Abfindungsanspruch, 128 f.
- Änderung des Grundkapitals, 61
- Begriff, 131
- Fälligkeit der Liberierungspflicht, 57
Ausschluss, 94 ff., 131
- und Auflösung, 95
- und Austritt, 95
- Beschluss, 95
- Gründe, 94 f.
  - wichtiger Grund, Begriff, 95
  - während Kündigungsfrist, 96
  - und Mitgliedschaftsvoraussetzungen, 94
- Wirkungen
  - Abfindungsansprüche, 100
  - Auslösungssumme, 100
- und Verschulden des Mitglieds, 94
Ausschlusspflicht, 95
Ausschlussrecht, 95
Ausschlussverfahren, 97 ff.
- Begründung, 97
- Recht auf Anhörung, 97
- Rekursverfahren, 98 f.
  - internes, 97 f.

- gerichtliches, 99
  - Rechtsstellung während des Verfahrens, 99
  - Schadenersatzklage, 99
  - unberechtigter Ausschluss, 99
  - Verwirkungsfrist, 99
- Schiedsverfahren als Ersatz des gerichtlichen Rekurses, 99
- Zuständigkeit, 97

Ausschuss des Verwaltungsrates, 211
Aussenverhältnis, 29
Austritt, 87 ff., 131
- bei Änderung von absolut zwingenden Statutenbestimmungen, 38
- während Ausschlussverfahren, 96
- bei Einführung oder Erhöhung der persönlichen Haftung oder der Nachschusspflicht, 88
- statutarische Beschränkungen, 88, 92
- aus wichtigem Grund, 88

Austrittsbeschränkungen
- Arten, 88
- Auslösungssumme, 88, s. auch dort
- statutarische, vertragliche, 88, 92
  - und Grundsatz der Gleichbehandlung, 89
- zeitliches Austrittsverbot, 88

Austrittserschwerungen, nachträgliche, 88

Austrittsrecht
- bei Benachteiligung durch Verwaltungsratsbeschluss, 144
- gesetzliches, 87 f.
  - Erklärung, 87
  - Erlöschen der Mitgliedschaft, 87
  - Frist, 87
- Sperrfrist, 91
  - Beginn, 91
  - und Kündigungsfrist, 91
  - Verlängerung, 91
- statutarische Beschränkungen, 88 ff.

Barliberierung, 58
Bedingt notwendiger Statuteninhalt, Begriff, 38 f.
- Nichtigkeit von Beschlüssen bei fehlender statutarischer Grundlage, 38

Beitrittsgesuch, 82 ff.
- Annahme der persönlichen Haftung, 84
- Entscheidung, Zuständigkeit, 84
- Rekursmöglichkeit, 85
  - an GV, 85
  - an Richter, 85
- Form, 83
- Formfehler, 83
- Versicherungsvertrag als solcher, 83

Beitrittsrecht, 83
Bekanntmachungen der Genossenschaft, 37
Benützung der genossenschaftlichen Einrichtungen, 139 f.
- Recht und Pflicht, 139 f.
- Verletzung des Rechts, 140
  - Austrittsrecht aus wichtigem Grund, 140
  - Schadenersatzansprüche, 140

Bericht der Verwaltung bei Kapitaleinführung oder -erhöhung, 60

Beschlüsse
- der GV, 182 ff.
  - gesetzliche Mehrheit, 183
  - statutarische Mehrheit, 183
- eines Gesellschaftsorgans ohne statutarische Grundlage, 38

Beschwerde an die Generalversammlung, 144
- bei Benachteiligung durch Verwaltungsratsbeschluss, 143 f.

Beteiligung einer öffentlich-rechtlichen Körperschaft an der Verwaltung, 217 ff.
- Abordnung im Verwaltungsrat, 217

305

– nachträgliche Einführung, 218
– Pluralstimmrecht im Verwaltungsrat, 218
– Stellung, 217
– Stimmrecht in der GV, 218
– Verantwortlichkeit, 220
   – Regressrecht, 220
– Vetorecht, 219
– Voraussetzungen, 217
Beteiligung am Wertzuwachs, 77
Betriebsbilanz, 77
Bewilligungspflichtige Genossenschaften, 46
Beziehungen zwischen Verband und Verbandsgliedern, 244 ff.
– Anfechtungsklage, Verfahren, 247
   – Folgen bei Verstoss gegen Vorschriften, 247
– Anfechtungsrecht, 246
   – anfechtbare Beschlüsse, 246
– Überwachungsrecht des Verbandes, 244
   – Auskunftsrecht, 244
   – Eingriffsrecht, 245
   – Übertragung, 244
   – Umfang, 244
   – Verlust, 244
Bilanz, 72 ff.
– Aufstellungs- und Bewertungsregeln, 74 ff.
– Aufwertungen, 75
– System, 73 f.
– Verlust
   – Begriff, 159
   – Deckung durch Nachschüsse, 159
   – massgebende Bilanz, 159
   – wiederholter, 159
Börsenhandel, Übertragung von Anteilen, 119, 122
Boykott, unzulässiger, 80
Buchführung, 72 ff.

– Bilanzaufstellungs- und Bewertungsregeln, 74 f.
– Gläubigerschutz, 73
– System, 73 f.
   – Genossenschaft und AG, Vergleich, 73 f.
– Wahl, 74

Delegation der Geschäftsführung an Dritte, 213 f.
– unentziehbare Befugnisse der Verwaltung, 214
Delegation im Rahmen des Verwaltungsrates
– Abberufung und Einstellung der Delegierten, 212
– Ausschüsse, 211, 212 f.
   – Zusammensetzung, 213
– Haftung, 213
Delegierte, 193 ff.
– Befugnisse, 196 f.
– Rechte der Mitglieder, welche nicht Delegierte sind, 197
– Wählbarkeitsvoraussetzungen, 194
– Weisungsabhängigkeit, 196
Delegiertenversammlung, 192 ff.
– Abweichung von zwingenden Vorschriften, 192
– Befugnisse der Delegiertenversammlung und der GV, 196
– Einberufung
   – Anwendung der Bestimmungen über die GV, 195
   – Recht der Delegierten zur Einberufung, 195
   – Recht der Genossenschafter zur Einberufung, 195
– Mitgliedersektionen
   – Befugnisse, 194
   – Rechtsnatur, 194
– Ratio legis, 192

Sachregister

– Wahl, 193
– Zuständigkeit, 193
– Zulässigkeitsvoraussetzungen, 192
Dritte als Verwaltungsräte, 202
Drittrechte aufgrund Statuten, 33

Einfache Gesellschaft, 28
Einführung des Grundkapitals, 50
Einsichtnahme in Geschäftsberichte und Korrespondenzen der Verwaltung, 211
Eintragung ins Handelsregister, 41 ff.
– Anmeldung, 44 f.
– bewilligungspflichtige Genossenschaften, 46
– Einschreibung, kein öffentlicher Glaube, 46
– Entstehung der Genossenschaft, Rechtspersönlichkeit, 46
– Errichtung der Genossenschaft, 43
– fehlerhafte, 46
– Gründungsstadium, 43
– heilende Wirkung, 46
– Nichteintragung, Folgen, 47
– Verstoss gegen Legaldefinition, 12
– Voraussetzungen bez. Statuteninhalt, 34
– Zeitpunkt, massgebender, 46
Eintrittsgeld, Rückerstattung, 130
Eintrittsvoraussetzungen, 82
Endzweck, 14
Entlastung
– Anspruch, 181
– Begriff, 180
– betroffene Personen, 180 f.
– Wirkung, 181
Erhöhung des Kapitals, 62 f.
– Austrittsrecht, 62
– Beschluss, 62
– Formen, 62
– Leistungspflicht der Mitglieder, 62

– Liberierung der neuen Anteile, 62
– und Nachschusspflicht, 62
Ermessensreserven, 75
Errichtung der Genossenschaft, 43
– Zeitpunkt, 31
Erste Gesellschafter, 29 ff.
Erwerb der Mitgliedschaft, 79 ff.
Erzwungener Austritt, 93 f.
– Konkurs des Genossenschafters, 93
– Pfändung des Genossenschafters, 93
– Verfahren, 93
– Wirkungen, 93
– Auslösungssumme, 93

Fakultative Anteile, 54
– und Übertragung der Anteile, 54
– zwingende Höchstzahl, 54 f.
Fakultativer Statuteninhalt (Begriff), 39
– Änderung einer fakultativen Klausel, 39
Fehlende Rechnungslegung, 145
Fehlerhafte Gründung, 46
Finanzierung der Genossenschaft, 49 ff.
– Finanzierung mit Fremdkapital, 66 ff.
– Selbstfinanzierung, 66 ff.
Firma, Sinn und Zweck als absolut notwendiger Statuteninhalt, 34 ff.
Freies Austrittsrecht, 14
Fremdfinanzierung, 70 f.
Führung des Genossenschafterverzeichnisses, Aufgabe der Verwaltung, 211
Fusion, 275 ff.
– Beschlüsse der Generalversammlungen, 276 f.
– Genehmigung durch GV, 276
– Mehrheit, 276

307

- Übergang des Vermögens durch Universalsukzession, 277
- Wirkungen der Genehmigung der GV, 277
- Fusionsvertrag
  - Gleichbehandlungsgrundsatz, 276
  - Zuständigkeit, 275 f.
- Gläubigerschutz, 278 ff.
  - getrennte Verwaltung, 278
  - Haftung, pers. in beiden Gesellschaften, 279 ff.
  - Konkurs der übernehmenden Gesellschaft, 279
  - Schuldenruf, 279
  - Sondervermögen, 279
- Pflichten der Verwaltung, 212
- Wechsel der Mitgliedschaft, 277 f.

Gemeinnütziger Zweck, 15 f.
Gemeinsame Selbsthilfe, 3, 139 f.
- Begriff, 14 ff.
- und genossenschaftlicher Zweck, 15 f.
- statutarische Pflicht zur Teilnahme, 140
Genehmigung der Statuten, 30
- analog Aktienrecht, 30
- durch Gründungsversammlung, 42
Generalversammlung, 171 ff.
- Befugnisse, 178 ff.
- Beschlüsse einer falschen Universalversammlung (Anfechtbarkeit/Nichtigkeit), 175
- Einberufung, 172 ff.
  - Form, 174
  - Frist, 173
    - Folgen der Nichtbeachtung von Einberufungsfrist und -form (Anfechtbarkeit/Nichtigkeit), 174
  - durch Richter, 173
  - durch unzuständiges Organ (Nichtigkeit der GV-Beschlüsse), 173
  - auf Verlangen der Genossenschafter, 173
- Kompetenzen, 178 ff.
- Traktandenliste, 174
  - Form, 174
  - Nichtbeachtung der Formvorschriften (Anfechtbarkeit/Nichtigkeit), 175
  - und Statutenänderung, 174
  - Zuständigkeit, 172
- Urabstimmung und Delegiertenversammlung, 197
- Zeitpunkt, 172
Generalversammlung und Verwaltung
- Weisungen der Generalversammlung, 210
Generalversammlungsbeschlüsse
- anfechtbare, 186 f.
  - Art des Verstosses, 186
  - Ausführungsbeschlüsse, 187
  - Beschlussfasser, 186
  - bei Verstoss gegen formellrechtliche Vorschriften, 187
- nichtige, 186 f.
  - Beschlussfasser, 186 f.
  - Klagebefugnis, 186 f.
  - statutarische Bestimmung, 187
Genossenschaft, s. auch unter einzelnen Begriffen
- und AG, Abgrenzung, 15
- und Anstalt, 4
- Begriff, 12 ff.
- Erscheinungsbild, 49 ff.
- Finanzierung, 49 ff.
- mit gemeinnützigem Zweck, 15 f.
- Gründung, 27 ff.
  - Verfahren, 29 f.
- als Körperschaft, 2 ff.
- Rechtsvergleichung, 23 f.

Sachregister

– Reformbedürftigkeit, Reformvorschläge, 17
– und Verein, Abgrenzung, 15
– wirtschaftliche Bedeutung, 4 ff.
– Zeitpunkt der Errichtung, 31
– Zweck, 14 ff.
  – subsidiärer, 16
– Zukunftsaussichten, 17 f.
Genossenschaft mit Genossenschaftskapital, 66 f.
– Bildung der gesetzlichen Reserve, 66 f.
– Verwendung der gesetzlichen Reserve, 67
Genossenschaft ohne Genossenschaftskapital
– Bildung der gesetzlichen Reserve, 67
– Verwendung der gesetzlichen Reserve, 67
Genossenschaft
– mit Grundkapital, Haftung, 155
– ohne Grundkapital, Haftung, 155
Genossenschafter
– persönliche Haftung, 153 ff.
Genossenschaftereigenschaft
– für Verwaltungsrat, 202
Genossenschafterpflichten, 14 f., 138 ff.
– bei Austritt, 87
Genossenschaftliche und kapitalistische Kriterien, 140 ff.
Genossenschaftliche Rechte, 138 ff.
– Merkmal der relativen Gleichbehandlung, 139
Genossenschaftlicher Zweck und Gewinn, 66
Genossenschaftsanteile, Übertragung, 116 ff.
– aller Anteile an einen Dritten, 117 f.
– Grundsatz der freien Übertragbarkeit, 117

– Ausnahmen, 117
– eines Teils der Anteile an einen Dritten, 118 f.
– Trennung von Vermögens- und Mitgliedschaftsrechten, 117
– Zulässigkeit, 116 ff.
Genossenschaftskapital, Schaffung, 50 ff.
Genossenschaftsrecht
– Rechtsquellen, 8 ff.
– Ursprung und Entwicklung, 7 ff.
Genossenschaftsverbände, 229 ff.
– Aufgaben, 230
– Begriff, 229 f.
– Beziehungen zwischen Verband und Mitgliedern angeschlossener Gesellschaften, 248
– Beziehungen zwischen Verband und Verbandsgliedern, 244 ff.
– Errichtung, 232 f.
– Genossenschafterpflichten, 248
– indirekte Wirkung der Verbandspflicht, 248
– Mitgliedschaft, 231
  – Sektionen ohne Rechtspersönlichkeit, 234
– Organisation, 234 ff.
– Delegiertenversammlung, 235 ff.
  – Befugnisse, 241
  – Beschlüsse, 240 f.
  – – Mehrheit, 240
  – Einberufung, 239 f.
  – Individualrechte der Delegierten, 241 f.
  – Mindeststimmrecht, Kopfstimmrecht, 235
  – Pluralstimmrecht, 237
  – Wahl, 236
  – – Voraussetzungen, 237
  – Weisungsabhängigkeit, 240

- Zuständigkeit (Organisation), 237
- Universalversammlung, 240
- Verwaltung, 234
  - Interessenvertretung im Verwaltungsrat, 243
  - Stellung der Verwaltung, 234
  - Wahl der Organisationsform, 234
  - Wählbarkeitsvoraussetzungen, 242
  - Zusammensetzung, 242
- Wirkungen
  - der Statuten und Reglemente des Verbandes, 248
  - der Verbandspflicht, 248
Genussscheine
- und Gleichbehandlungsgebot, 70
Geschäftsgeheimnis, Begriff, 147
Geschäftsreglemente, 40
Gesellschaftsklage, 252 ff.
Gesellschaftspflichten und gemeinsame Selbsthilfe, 36
Gesetzliche Reserve, 66 ff.
- Pflicht zur Bildung, 66
Gesetzliche und statutarische Pflichten der Verwaltung, 211 f.
Gesetzlicher Typus der Genossenschaft, 15
- Genossenschaft und Anstalt, 3
- Genossenschaft und AG, 3
- Genossenschaft und Verein, 3
Gewinnbeteiligte Organisationen, 70
Gewinnstrebige Zweckverfolgung, 16
Gleichbehandlungsgebot
- bei den Eintrittsvoraussetzungen, 82
Gleichbehandlungsgrundsatz
- Begriff, 140
- und nichtvermögensrechtliche Pflichten, 148
- Treuepflicht, 151

Gratisanteile, Ausgabe, 61 f.
- und Dividende, 63
- und fakultative Anteile, 63
- und Pflichtanteile, 63
Gründer, Begriff, 29
Gründer und Organe der Genossenschaft, Haftung, 249 ff.
- in Kreditgenossenschaften und konzessionierten Versicherungsgenossenschaften, 249 f.
- Solidarität, Auswirkungen, 250
- in den übrigen Genossenschaften, 251 ff.
- einfache Ordnung der Verantwortlichkeit, 251
- Gründungshaftung, 251 f.
  - mittelbarer und unmittelbarer Schaden, 252
- Organhaftung, 252 ff.
  - Beweisordnung, 253 ff.
  - Haftungsausschlussgründe, 256 ff.
  - -- Einwilligung, 256
  - Haftungsvoraussetzungen, 253 ff.
  - Klageerhebung, Zuständigkeit, 257
  - Organpflichten, 254
  - Passivlegitimation, 253
  - Rechtsnatur der Verantwortlichkeit, 253
  - Spezialisierung, 255
Gründeranteile, Zulässigkeit, 70
Gründerbericht, 60
- Sacheinlagen und -übernahmen, 60
Gründung, 27 ff.
- Sacheinlage, 59
- Verfahren, 29 f.
Gründungsprotokoll, 30
Gründungsstadium, 43
- Statut der Genossenschaft, 28 f.

Gründungsversammlung, Aufgaben, 41 ff.
- Anfechtung der Beschlüsse, 42
- Beratung des Gründerberichts, 41
- Bestellung der Organe, 41 f.
- Organisation, 41
- Teilnehmer, 41

Grundkapital
- Änderungen, 61 ff.
  - ausscheidende Mitglieder, 61
  - neue Mitglieder, 61
- Einführung, 50
- Liberierung, 55 ff.
- veränderliches, 50 f.

Grundkapital und Gesellschaftsanteile, 49 ff.
Grundkapital und Gläubiger, 49
Grundkapital und Mitgliedschaftsrechte, 49

Grundstücks- oder Betriebseigentum
- als Eintrittsvoraussetzungen, 109
- Verknüpfung mit Mitgliedschaft, 109

Grundstückveräusserung
- als wichtiger Ausschliessungs- und Austrittsgrund, 109

Gruppen (oder Minderheitenvertretung) in der Verwaltung, 179

Haftung, Aktivierung, 165 ff.
- ohne Konkurs, 165 f.
  - Nachschusspflicht, 165 f.
    - Feststellungsklage, 166
    - Zeitpunkt der Geltendmachung, 165
    - Zuständigkeit für Geltendmachung, 165
- bei Konkurs
  - Haftung/Nachschusspflicht, 166 f.
    - Zuständigkeit für Geltendmachung, 166

- individuelle Ansprüche von Gläubigern, 167
- Liste der haftbaren Mitglieder, 166
- provisorischer Verteilungsplan, 166
  - Anfechtung, 167
- rechtskräftiger Verteilungsplan, 167

Haftung der Gründer und Organe, 249 ff.

Haftung, Verminderung oder Vermehrung, 161 ff.
- Änderungsbeschluss, 161
- Begünstigung und Benachteiligung, 161 f.
- besondere Fragen, 162
- Ein- und Austritt der Mitglieder, 162
- Gläubigerschutz, 161
- indirekte Haftungsänderung, 162
- Stellung der neuen und ausscheidenden Mitglieder, 163 f.
- Übertragung der Anteile, 163

Haftung der Genossenschaft für Handlungen der Organe, 215 f.

Haftungsformen, 155 ff.
- beschränkte Haftung, 155 f.
- Nachschusspflicht, 158 ff.
- unbeschränkte Haftung, 157

Herabsetzung und Aufhebung des Kapitals, 63 ff.
- Beschluss, 64
- Formen der Herabsetzung, 63
- Rückzahlung der Anteile, 64
- Verfahren, 63

Höchstkapital, 51
Höhe der Gesellschafterpflichten (Statuten), 36

Idealer und wirtschaftlicher Zweck, Unterscheidung, 15
Innenbeziehungen, 28

311

Interessenkonflikt
- Stimmenthaltung des Verwaltungsrates, 209

Juristische Person, Genossenschaft, 2
- Auflösung als Erlöschungsgrund der Mitgliedschaft, 101

Kaduzierung, 131
- und Ausschluss, Unterschiede, 56
- Verfahren, 56
Kapitalerhöhung, 62 f.
- Sacheinlage, 59
Kapitalistische Kriterien, 140 f.
- falsche Ausnahmen in Statuten, 141
- gesetzliche Ausnahmen, 141
Klage der Genossenschafter und Gläubiger, 258 ff., s. auch mittelbarer, unmittelbarer Schaden, persönliche Haftung der Genossenschafter
- Geltungsbereich des Art. 917 OR, 258 f.
- Gerichtsstand, 263
- Klagerecht, Begriff, 258
- Passivlegitimation, 258
- Überschuldung, Pflichten, 258
- Verjährung, 263
Klarheit und Wahrheit der Bilanz, Grundsatz, 75 f.
Konkurrenzunterlassungspflicht, 150 f.
- Treuepflicht, 150 f.
Konkurs der Genossenschaft, 57
- Fälligkeit der Liberierungspflicht, 57
Konkurs und Pfändung des Genossenschafters
- wichtiger Ausschliessungsgrund, 93
Konstituierende Versammlung, 41 ff.
- Entscheide, 30
- Teilnehmer, 30
Kontrollrecht, 144 ff.
- Aktienrecht (Verweis), 144

- Auskunfterteilung, Recht auf, 145
Kontrollstelle, 221 ff.
- Abberufung durch den Richter, 223
- Amtsdauer, 222
- Befähigung der Revisoren, 223
- Erlöschen der Revisorenmandate, 223
- faktische Revisoren, 223
- Kompetenzen und Pflichten, 224 ff.
  - Abwesenheit des Revisors, Folgen, 227
  - Anzeigepflicht bei Mängeln in der Geschäftsführung, 226
  - besondere Aufträge, 226
  - fehlende Revisionsberichte, Folgen, 226
  - Mitgliederverzeichnis, 224
  - Prüfung
    - der Betriebsrechnung, 224
    - der Geschäftsführung, 225
  - Revisoren und Verwaltungsaufgaben, 225
  - schriftlicher Bericht der Revisoren, 226
  - Teilnahme der Revisoren an der GV, 227
  - Verwaltung und Revisoren, 224
- Rechtsnatur der Revisorenmandate, 223
- Suppleanten, 221
- Verantwortlichkeit der Revisoren, 223, 226
- Voraussetzungen für das Revisorenamt, 222
- Wahl, Zusammensetzung und Zuständigkeit, 221 ff.
  - Abberufung, 223
  - Amtsdauer, 222
  - Wiederwählbarkeit, 222

Konzessionierte Versicherungsgenossenschaften, Ausnahmebestimmungen, 5, 198 ff.
– Anfechtbarkeit von Verwaltungsbeschlüssen, 200 f.
– Befugnisse
  – gegenstandslose, 199
  – übertragbare, 199
– Bilanzvorschriften des Aktienrechts, 72
– Bildung der gesetzlichen Reserve, 69
– Generalversammlung: Urabstimmung/Delegiertenversammlung, 199
– Haftung der Mitglieder, 155, 157
– «Rentenanstaltsartikel», 198
– Verantwortlichkeit, 199
Kooptation
– bei der Delegiertenversammlung, 193
– des Verwaltungsrates bei konzessionierten Versicherungsgenossenschaften, 199
Kopfstimmrecht im Verwaltungsrat, 209
Kreditgenossenschaften, 5
– Begriff, 68
– Bilanzvorschriften des Aktienrechts, 72
– Bildung der gesetzlichen Reserve, 68

Legaldefinition, Tragweite, 12 f.
Liberierung des Grundkapitals, 55 ff.
– Entstehung der Liberierungspflicht, 55
– Folgen bei Nichtliberierung, 56
– durch Verrechnung, 61
Liberierungsarten, 58 ff.
Liberierungspflicht
– Fälligkeit bei Auflösung, 57
Liquidationsbilanz, 77

Liquidationsüberschuss (Begriff), 132 ff.
– berechtigte Personen, 133
– Fehlen von Vorschriften, 134
– nachträgliche Regelung der Verteilung, 133
– relativ wohlerworbene Rechte, 134
– Verteilungsschlüssel (möglicher), 132 f.

Maximalbetrag bei beschränkter Haftung, 155
– Solidarität, 155
Mindestkapital, 50
Mindestmitgliedzahl, 31
Mitglieder, 13 f.
Mitgliederverzeichnis
– Einsichtsrecht, 154
Mitgliedschaft
– Austritt, 87 ff.
– Erwerb, 79 ff.
  – Arten, 79
– Übergang an Nichtmitglied, 116 ff.
– Verlust und Übertragung, 86 ff.
– Verlustigerklärung, 56
Mittelbarer Schaden, 260 f.
– einklagbarer Schaden, 260 f.
– Genossenschafterklage, 260
– Gläubigerklage, 260

Nachschüsse
– bei Konkurs, 262
– Verwendungsmöglichkeiten, 160
Nachschusspflicht, 158 ff.
– beschränkte, 158 f.
– unbeschränkte, 159
– «versteckte», 160
– Verteilung der Passivenüberschüsse, 159
– wiederholte Bilanzverluste, 159
Nennwert der Anteile, 51

– unterschiedlicher, 51
Neue Mitglieder, 61
– Änderung des Grundkapitals, 61
Nichtige Beschlüsse, 186
– Beschlussfasser, 186
– Klagebefugnis, 186
Nichtiger Zweck, 46
Nichtliberierung der Anteile
– Folgen, 56
– Kaduzierungsverfahren, 56
Nichtmitgliedergeschäft, 16
– Überschuss, 128
Nichtvermögensrechtliche Pflichten
– Gleichbehandlungsgrundsatz, 148
– Verletzung, Folgen, 148
Nutzniessung an Anteilen, 122
– Stellung des Nutzniessers, 122

Öffentlich-rechtliche Körperschaft, s. auch Beteiligung und Vertreter einer öffentlich-rechtlichen Körperschaft
– Abordnung/Vertretung im Verwaltungsrat, 217
– Begriff, 217, 281
– Stellung, 217
– Voraussetzungen, 217
– Zusammensetzung der Verwaltung, 218
Offene Türe, Grundsatz, 14, 50, 80 ff.
Organe der Genossenschaft
– Begriff, 215
– faktische, 216
– Haftung der Genossenschaft für Handlungen, 215 f.
– Regressansprüche der Genossenschaft, 216
– solidarische Haftung von Organ und Gesellschaft, 216
– Statuten, 37
– vertragswidriges Handeln der Organe, 216

Organisation, 169 ff.
– Delegiertenversammlung, 192 ff.
– Generalversammlung, Besonderheiten, 169, 171 ff.
– Genossenschaft und Verein, 169
– Kontrollstelle, 170, 221 ff.
– Statuten, 37
– Verwaltung, Besonderheiten, 169, 202 ff.
  – Verwaltungsrat, 202 ff., 208 ff.
Organisation des Verwaltungsrates, 208 ff.
– Abstimmungen, 209
– Entschädigung, 209 f.
– Präsidium, 208
– Protokollführer, 208
– Vertretung im Verwaltungsrat, 209
Organisationsreglemente, 40
Ort der Generalversammlung, Bestimmung, 183

Persönliche Haftung der Genossenschaft, 153 ff., 261 ff.
– Abtretung
  – der Gesellschafterklage, 262
    – Voraussetzungen, 263
  – der Gesellschaftsklage, 262
– Begünstigung und Erschwerung, 185
– Beitritt, Annahme der persönlichen Haftung, 154
– beschränkte Haftung, 155 f.
– Einführung und Verschärfung, 185
– Formen, 155 ff.
– vor dem Konkurs, 262
  – Nachschüsse, 262
– nach erfolgtem Konkurs, 262
– nachträgliche Einführung, 154
  – Austrittsrecht, 154
– statutarische Grundlage, 154
– unbeschränkte Haftung, 157
Personenbezogene Struktur, 3

Pflicht zur Benützung der genossenschaftlichen Einrichtungen
– Treuepflicht, 150 f.
Pflicht zur Übernahme von Anteilen, 52
– Gleichbehandlungsgrundsatz, 53
Präsenzquorum, 184
– im Verwaltungsrat, 209
Prioritätsanteile, 51
– und Grundsatz der Gleichbehandlung, 52
Protokollführer, 183
– im Verwaltungsrat, 208
Pseudogenossenschaften, 8, 13, 271
– Nichtigkeit, 13

Recht, die Einberufung der Verwaltung zu verlangen, 209
Rechte der Mitglieder, welche nicht Delegierte sind, 197
– Anfechtbarkeit der Beschlüsse der Delegiertenversammlung, 198
– Verantwortlichkeitsklage, 197
Recht auf Rückzahlung des Anteils, 17
Recht des einzelnen Verwaltungsrates, die Einberufung der Verwaltung zu verlangen, 209
Rechtsquellen
– OR, 8 ff.
– Spezialgesetze, 10 f.
  – Verweise auf Aktienrecht, 10
Rechtsvergleichung, 23 ff.
– Anspruch auf Rückvergütung der Kapitaleinlage, 25
– Anteile, Ausgestaltung, 23
– Anteil am Liquidationsüberschuss, 25
– Anteilscheine
  – Übertragbarkeit, 25
  – Wertpapiercharakter, 25
– gemeinsame Selbsthilfe, 24

– gemeinsame Züge, 23 ff.
– Genossenschaftskapital, 25
– Gründung und Auflösung, 23
– juristische Person, 24
– Kopfstimmrecht, 24
– Nachschusspflicht, 26
– Nichtmitgliedergeschäft, 24
– Organisation, 23
– pers. Haftung des Genossenschafters, 25 f.
– personalistischer Charakter, 23
– System der Rückvergütungen, 25
– Unterschiede, 24 ff.
– Vermögensrechte, 23, 25
– wirtschaftlicher Zweck, 23 f.
Rechtswidriger Zweck, 46
Registerführer, Pflichten und Befugnisse, 45
– Abweisung der Anmeldung, 45
– Annahme der Anmeldung, 45
– offensichtliche Rechtswidrigkeit der Statuten, 45
– Prüfungsbefugnis, 45
– Voraussetzungen der Eintragung, 45
Reglemente, 40
– Geschäftsreglemente, 40
– Organisationsreglemente, 40
– Delegation von Verwaltungsaufgaben, 40
Reinertrag und Reserven, 125 ff.
Relative Gleichbehandlung, Merkmal, 139 f.
– genossenschaftliche Kriterien, 141
– keine kapitalistischen Kriterien, 140 f.
Relativ wohlerworbenes Recht, 144
«Rentenanstaltsartikel», 198
Reserven, 66 ff., 129
– Anspruch auf, 130
Revisoren als Verwaltungsräte, 202
Rückerstattung, Begriff, 127

315

Rückzahlung der Anteile, 61
– Umfang, 130

Sacheinlage, 58 ff.
– Beschluss, 59
– und Grundkapital, 59
– Inhalt der Klauseln, 59 f.
– Nichtigkeit, 60
– Überbewertung, 60
  – Verantwortlichkeit, 60
    – mittelbarer/unmittelbarer Schaden, 61
Sachübernahme, 29, 58 ff.
– Beschluss, 59
– von Dritten, 59
– und Grundkapital, 59
– Inhalt der Klauseln, 59 f.
– Nichtigkeit, 60
– Überbewertung, 60
  – Verantwortlichkeit, 60
    – mittttelbarer/unmittelbarer Schaden, 61
Schriftliche Stimmabgabe, s. Urabstimmung
Schutz des Rechtes auf Gleichbehandlung
– durch Rechtsmittel der Anfechtung der Generalversammlungsbeschlüsse, 143
  – Feststellung der Nichtigkeit von Verwaltungsbeschlüssen, 143
  – Verantwortlichkeit, 143
Selbstfinanzierung, 66 ff.
Selbsthilfe, 12
– historisch, 7
Spezielle Reserven, Bildung, 69
Statutarische Pflichten, 36
– Arten, 148
Statutarische Rechte, 17
Statutarische Reserven, Bildung, 69
Statuten, 33 ff.

– Abänderung, 184 f.
– Auslegung, 33
– Auslösungssumme bei Austritt, 89
– Inhalt, 33 ff.
  – absolut notwendiger, Begriff, 34 ff.
  – bedingt notwendiger, Begriff, 38 f.
  – fakultativer, Begriff, 39
  – Nichtigkeit rechtswidriger Statuten, 34
  – Verstoss gegen zwingendes Recht, 34
  – Wirkung rechtswidriger Statuten, 34
– Vorsehen des automatischen Verlustes der Mitgliedschaft bei Grundstückveräusserung, 109
Stellung der neuen und der ausscheidenden Mitglieder, 163 f.
– Anfechtung der Mitgliedschaft, 164
– betroffene Personen, 163
– Eintragung im Mitgliederverzeichnis, Wirkungen, 163
Stellung des Zessionars und Mass der Vermögensrechte, 120
Steuerrecht, 19 ff.
– direkte Bundessteuer, 20
– Harmonisierung der kantonalen Steuern, 22
– kantonale Steuern, 21 f.
– Minimalumsatzsteuer, 22
– Rückvergütungen und Rabatte, 20 f.
– Stempelabgaben, 21
– steuerlich zulässiger Aufwand, 20
– Steuern auf dem Gewinn, 21
– verdecktes Eigenkapital, 21
– verdeckte Gewinnausschüttung, 19 ff.
– Verrechnungssteuer, 21
– wirtschaftliche Doppelbelastung, 19

- wirtschaftliche Leistungsfähigkeit, 20
- Zuwendungen der Genossenschaft an Mitglieder, 20

Stille Reserven
- Arten, 75
- Grundsatz der Klarheit und Wahrheit der Bilanz, 76
- und Revisionsstelle, 76
- Zuständigkeit, 75

Stimmrecht der Mitglieder, 176 ff.
- (absolute) Gleichbehandlung, 176
- Kopfstimmrecht, 176
  - im Verwaltungsrat, 209
- Pluralstimmrecht, 176
- Reform, 17 f.
- Stimmrecht Dritter, 176
- Stimmrechtsentzug, 176
- Stimmverbote, 177
- Vertretung der Genossenschafter an der GV, 178
- Vetorecht, 176

Stimmverbot bei Interessenkonflikt im Verwaltungsrat, 209

Strohmann-Genossenschafter, 31

Subsidiäre Zwecke der Genossenschaft, 16

Suppleanten in der Kontrollstelle, 221

Tantieme des Verwaltungsrates, 210

Tod, 101 ff.
- Stellung der Erben, 101
  - Bestimmung des Erben, auf welchen Mitgliedschaft übergeht, 103
- Übergang
  - der Anteilscheine, 102
  - der Mitgliedschaft von Todes wegen, 102 ff.
    - automatischer, 102 ff.
    - auf Begehren, 104 f.

- Wirkung: Erwerb der Mitgliedschaft, 102
  - Annahme der pers. Haftung und Nachschusspflicht, 102 f.

Treuepflicht, 147 ff.
- Beziehung zum Rechtsmissbrauchsverbot, 149
- gesetzliche Pflicht, 149
- und Sanktionen bei Verletzung, 150 f.
- und statutarische Pflichten, 147 f.
- Umfang, 149 f.

Übergang der Mitgliedschaft von Todes wegen, 102 ff.
- automatischer Übergang, 102 f.
  - Annahme der pers. Haftung oder Nachschusspflicht, 102
  - Bestimmung des Erben, auf den die Mitgliedschaft übergeht, 103
    - bei mehreren Erben, 103
    - unliebsamer Erbe, 103
  - derivativer Erwerb, 104
  - nachträgliche Einführung durch Statutenänderung, 102
  - Vetorecht, 104
  - wichtiger Ausschlussgrund, 104
- auf Begehren, 104 f.
  - derivativer Erwerb, 104
  - Stellung der Erben, 104
  - Stellung der Genossenschaft, 105
  - Voraussetzungen, 104

Übernahme einer Genossenschaft durch öffentlich-rechtliche Körperschaft, 281 f.
- Begriff der öffentlich-rechtlichen Körperschaft, 281
- Übernahmevertrag, Vertragsinhalt, 281

Überpariemission, 55

Überschuldung, 77

317

– Pflichten der Organe, 259
Übertragung von Anteilen, 116 ff.
– Form, 121 f.
– Grundsatz der Gleichbehandlung und des Schutzes der Gesellschaft, 121
– an ein (künftiges) Mitglied, 117, 119
  – Stellung des Erwerbers, 119
  – Stellung des Zedenten, 119
– und persönliche Haftung (Nachschusspflicht), 121
Unbeschränkte Haftung
– Verteilung des Passivenüberschusses, 157
Unentziehbare Rechte
– Anfechtungsklage, 186
Ungleichbehandlung rechtfertigende Unterschiede, 142 f.
– veränderliches genossenschaftliches Kriterium als Mass und als Bedingung, 143
Universalsukzession, 277
Universalversammlung, 196
Unmittelbarer Schaden, 259 f.
– Organhaftung, 259 f.
– unerlaubte Handlung der Organe, 260
– vertragswidrige Handlung der Organe, 260
– Vorweisung einer unrichtigen Bilanz, 259
Unregelmässigkeiten in der Rechnungslegung und den Berichten, 145
Unterpariemission, 55
Unübertragbare Befugnisse der Generalversammlung, 178 ff.
– Entlastung der Verwaltung, 180
– Festsetzung und Änderung der Statuten, 179
– Genehmigung von Bilanz und Betriebsrechnung, 180

– Wahl der Verwaltung und der Kontrollstelle, 179
– Abberufungsrecht, 179
Urabstimmung, 189 ff.
– Anfechtungsklage, Frist, 191
– Folgen einer unzulässigen Urabstimmung, 189
– und GV, 191
– Mitteilung des Abstimmungsergebnisses, 191
– nicht geeignete Beschlüsse, 191
– Vertretung der Genossenschafter, 191
– Verweis auf Vorschriften über Generalversammlung, 190
– Zulässigkeitsvoraussetzungen, 189

Variables Grundkapital, Erfordernis, 14
Variable Mitgliederzahl, 14
Veräusserung eines Grundstückes oder eines Betriebs
– und Austrittsrecht der Genossenschafter, 115
– nicht vorgemerkte statutarische Bestimmung, 109 ff.
– vorgemerkte statutarische Bestimmung, 113 ff.
Verbot der übermässigen Erschwerung des Eintritts, 80
Verlust der Mitgliedschaft, 86 ff.
– Ausschluss, 94 ff.
– Austritt, 87 ff.
– Gründe, allgemein, 86
– Tod, 101 ff.
– Veräusserung eines Grundstückes oder eines Betriebes, 109 ff.
– Verlustigerklärung, 56, 100
– Wegfall einer Anstellung und Beendigung eines Vertrages, 106 ff.
– durch den Zedenten, 118

Sachregister

- mögliche statutarische Lösungen, 118
- Verlustigerklärung der Mitgliedschaft, 56, 100
  - Kaduzierung und Ausschluss, Abgrenzung, 100
- Vermögenspflichten, 124 ff., 134 ff.
  - Arten, 135 f.
    - absolut wohlerworbene, 124 f.
    - gesetzlich vorgesehene, 124
    - relativ wohlerworbene, 125
    - statutarische, 125
  - Einführung und Erschwerung, 136
  - und Gleichbehandlungsgrundsatz, 136
  - statutarische Umschreibung von Art und Höhe der Genossenschafterpflichten, 135
- Verpachtung des Grundstückes
  - Übergang der Mitgliedschaft, 114
- Verpfändung von Anteilen, 122
  - Stellung des Pfandgläubigers, 122
- Versicherungsantrag als Beitrittsgesuch, 83
- Verstoss gegen die öffentliche Ordnung, 13
- Verteilung
- nach Köpfen, 141
  - als Ausdruck einer absoluten Gleichbehandlung, 141
- des Passivenüberschusses
  - Haftung, 155 f., 157
- des Reinertrages, 126 ff.
- Verträge im Namen der Genossenschaft, 29
- Vertreter der öffentlich-rechtlichen Körperschaft in der Verwaltung, 180, 217 ff.
  - Abberufung, 219
    - aus wichtigen Gründen, 219
    - durch den Richter, 220

- unerlaubte Handlungen, 220
  - Regressrecht der Genossenschaft, 220
- Vertretung der Genossenschaft, 214 f.
  - Art, 214
  - Beschränkung der Vertretungsmacht, 215
  - Duldungsvollmacht, 215
  - Erteilung der Zeichnungsbefugnis, 214
  - Statuten, 37
  - Übertragung der Vertretung an Dritte, Grenzen, 214
  - Umfang der Vertretungsbefugnis, 214
- Vertretung im Verwaltungsrat, 209
- Verurkundung der Mitgliedschaft, 52
- Verwaltungsrat, 202 ff.
  - Abberufungsklage
    - betroffene Personen, 207
    - Gründe, 207
    - Passivlegitimation, 207
    - und Wählbarkeitsvoraussetzungen, 207
  - Abberufungsrecht, 206
  - Amtsannahme, 205
  - Amtsantritt, 205
  - Annahmepflicht, 205
  - Auflösung durch den Handelsregisterführer bei Verletzung der Vorschriften bez. schweizerischer VR, 204
  - Auflösungsklage bei Fehlen notwendiger Organe, 204
  - Beschlüsse, 208 ff.
    - Anfechtbarkeit, 209
    - Feststellungsklage bei nichtigen Beschlüssen, 209
  - Eintragung im Handelsregister, 205
  - Genossenschaftereigenschaft, 202

319

- Gruppenverteilung in der Verwaltung, 204
- Haftung der Genossenschaft, 215 f.
- kollegiale Verwaltung, 202
- Kompetenzen und Pflichten, 210 ff.
  - Anfechtung von GV-Beschlüssen, 211 f.
  - Aufgabenteilung, 211
  - Delegation, 211
  - Leitung der Geschäfte, 211
- Kooptation, 206
- Minderheitenrechte, 206
- Organisation, 208 ff.
  - Abstimmungen, 209
  - Ausschuss, 211
  - Entschädigung, 209 f.
  - Präsidium, 208
  - Protokollführer, 208
  - Vertretung im VR, 209
- Rechtsnatur des Anstellungsverhältnisses, 206
- Rücktrittsrecht, 206
- Wiederwahl, 205
- Verantwortlichkeit, 144
- Verletzung von Wählbarkeitsvoraussetzungen, 204
- Vertretung der Genossenschaft, 214
- Wahl und Abberufung, 205 ff.
- Zusammensetzung, 202 ff.

Verwaltungsratspräsident, Stichentscheid, 209
Verwaltungsreserven, 75
Vorbereitung der Geschäfte der Generalversammlung, 182 f.
Vorgemerkte statutarische Bestimmung betreffend Übergang der Mitgliedschaft, 113 ff.
- gerichtliche Durchsetzung der Übertragungsklausel, 113
- nachträgliche Einführung, 113
- Stellung des Erwerbers, 114
- Stellung der Genossenschaft, 114
- Stellung des Veräusserers
- Streichung der Vormerkung, 113
- Vormerkung bei Grundstückveräusserung, 113
  - keine bei Betriebsübernahme, 113
  - keine bei pers. Haftung und Nachschusspflicht, 113

Vorweisung einer unrichtigen Bilanz, 259

Wandelanleihen, 70
Wegfall einer Anstellung und Beendigung (oder Übernahme) eines Vertrages, 106 ff.
- analoge Anwendung des Art. 848 OR auf ähnliche Fälle?, 106
- Auflösung und automatischer Verlust der Mitgliedschaft, 107
- automatischer Verlust und Austrittsrecht, 107
- Beendigung eines Vertrages, 108
  - Nichtanwendung der Bestimmungen über den Ausschluss, 180
- statutarischer, automatischer Verlust der Mitgliedschaft, 106
- Übernahme eines mit der Mitgliedschaft verknüpften Vertrages, 108
  - derivativer Übergang der Mitgliedschaft, 108
- Wirkungen, 107 f.

Wertzuwachs, Beteiligung, 77
Wichtiger Austrittsgrund
- und Auslösungssumme, 92
- Begriff, 91 f.
- und Verschulden des Genossenschafters, 92

Widerrechtlicher oder sittenwidriger Zweck, 12
Wohlerworbene Rechte, 17

Zeichnungspflicht, 53
– Verpflichtung zum Erwerb und Besitz während der Dauer der Mitgliedschaft, 53
Zeitpunkt der Errichtung, 31
Zukunftsaussichten der Genossenschaft, 17 f.
Zwangsreserven, 75
Zweck
– Endzweck und Tätigkeitsbereich, 35
– genossenschaftlicher, 14
– gewinnstrebiger, 14
– idealer, 14
– wirtschaftlicher, 14

SCHWEIZERISCHES PRIVATRECHT

Inhalt des Gesamtwerks

Band I	**Geschichte und Geltungsbereich**
	Herausgegeben von
	MAX GUTZWILLER

FERDINAND ELSENER	Geschichtliche Grundlegung
MARCO JAGMETTI	Vorbehaltenes kantonales Privatrecht
GERARDO BROGGINI	Intertemporales Privatrecht
FRANK VISCHER	Internationales Privatrecht

Band II	**Einleitung und Personenrecht**
	Herausgegeben von
	MAX GUTZWILLER

HENRI DESCHENAUX	Der Einleitungstitel
JACQUES-MICHEL GROSSEN	Das Recht der Einzelpersonen
ERNST GÖTZ	Die Beurkundung des Personenstandes
MAX GUTZWILLER	Die Verbandspersonen – Gundsätzliches
ANTON HEINI	Die Vereine
MAX GUTZWILLER	Die Stiftungen

Neubearbeitungen
Herausgegeben von
PIERRE TERCIER

	Band II/3
HENRI-ROBERT SCHÜPBACH	Der Personenstand

Band III	**Familienrecht**
	Herausgegeben von
	JACQUES-MICHEL GROSSEN

Band III/1
Allgemeine Einführung ins Familienrecht/Eherecht
in Vorbereitung

	Band III/2
MARTIN STETTLER	Das Kindesrecht

Band III/3
Vormundschaftsrecht
in Vorbereitung

	Band IV	**Erbrecht**
		Herausgegeben von
		PAUL PIOTET
		Band IV/1 und IV/2
PAUL PIOTET		Erbrecht

	Band V	**Sachenrecht**
		Herausgegeben von
		ARTHUR MEIER-HAYOZ
		Band V/1
PETER LIVER		Das Eigentum
HANS HINDERLING		Der Besitz
PAUL PIOTET		Dienstbarkeiten und Grundlasten
		Band V/2
		Das Pfandrecht
		in Vorbereitung
		Band V/3
HENRI DESCHENAUX		Das Grundbuch

	Band VI	**Obligationenrecht –**
		Allgemeine Bestimmungen
		Band VI/1
		Herausgegeben von
		HANS MERZ
HANS MERZ		Einleitung, Entstehung, allgemeine Charakterisierung, die Obligation
		Band VI/2
		Herausgegeben von
		WOLFGANG WIEGAND
WOLFGANG WIEGAND		Entstehung der Obligation
		in Planung
		Band VI/3
		Herausgegeben von
		WOLFGANG WIEGAND
WOLFGANG WIEGAND		Leistungserfüllung und Leistungsstörung
		in Planung

Band VII	**Obligationenrecht – Besondere Vertragsverhältnisse** Herausgegeben von FRANK VISCHER

Band VII/1

PIERRE CAVIN	Kauf, Tausch, Schenkung
CLAUDE REYMOND	Gebrauchsüberlassungsverträge
FRANK VISCHER	Der Arbeitsvertrag
MARIO M. PEDRAZZINI	Werkvertrag, Verlagsvertrag, Lizenzvertrag
RENÉ J. BAERLOCHER	Der Hinterlegungsvertrag

Band VII/2

JOSEF HOFSTETTER	Auftrag und Geschäftsführung ohne Auftrag
BERNHARD CHRIST	Der Darlehensvertrag
KURT AMONN	Der Kollektivanlagevertrag
GEORGES SCYBOZ	Garantievertrag und Bürgschaft
KURT AMMON	Spiel und spielartige Verträge
WILLY KOENIG	Der Versicherungsvertrag
HELLMUTH STOFER	Leibrentenversprechen und Verpfründungsvertrag
WALTER R. SCHLUEP	Innominatverträge

Neubearbeitungen
Herausgegeben von
WOLFGANG WIEGAND

Band VII/1, III

FRANK VISCHER	Der Arbeitsvertrag

Band VIII	**Handelsrecht** Herausgegeben von WERNER VON STEIGER

Band VIII/1

ROBERT PATRY	Grundlagen des Handelsrechts
WERNER VON STEIGER	Gesellschaftsrecht – Allgemeiner Teil Besonderer Teil – Die Personengesellschaften

Band VIII/2

CHRISTOPH VON GREYERZ	Die Aktiengesellschaft
HERBERT WOHLMANN	Die Gesellschaft mit beschränkter Haftung

Neubearbeitungen
Herausgegeben von
ARTHUR MEIER-HAYOZ

Band VIII/1
Grundlagen des Handelsrechts
in Planung

Band VIII/2
Allgemeiner Teil – Gesellschaftsrecht
Besonderer Teil – Die Personengesellschaft
in Planung

Band VIII/3
Aktienrecht
in Planung

Band VIII/4
Gesellschaft mit beschränkter Haftung
in Planung

Band VIII/5
JACQUES-ANDRÉ REYMOND   Die Genossenschaft

Band VIII/6
ROLAND VON BÜREN   Der Konzern

Band VIII/7
Strukturanpassung
in Planung

Band VIII/8
Wertpapierrecht
in Planung

Band IX   **Bankenrecht**
Herausgegeben von
WOLFGANG WIEGAND
in Planung

Band X   **Internationales Privatrecht**
Herausgegeben von
FRANK VISCHER
in Planung